KB201370

BEST **520**

다함께 주찬양

CCM2U

Contents 가나다순 | 가사첫줄 · 원제목

Contents

Contents

Contents

Contents

Contents

Contents

Contents

Contents

차

Contents

Contents 코드순 | 가사첫줄 가나다순

Contents

Contents

E

Contents

F

G

Contents

Contents

Contents

가시밭 같은 괴로운 세상 1

(새벽 별처럼 빛나리)

B♭ E♭ B♭ F F7 B♭
가시 밭 같은괴로운 세 상 거 쳐 가는나그네 들 –
이세 상 에서재물도 없 고 또 명 예권세없어 도 –
초가 삼 간집쓸쓸히 홀 로 이 세 상떠날지라 도 –
B♭ E♭ B♭ F7 C7 F F7
장차주 께서영광의관 을 다 씌 워주시리도다 –
주의평 화를누리리로 다 임 마 누엘이름으로 –
은밀히 중심보시는주 님 빠 짐 없이기억하네 –
B♭ B♭7 E♭ B♭ C7 F F7
새벽별 처럼밝게빛나 리 주 예 수를찬양하며 –
B♭ B♭7 E♭9 E♭ B♭ F7 B♭
태양보 다더밝게빛나 리 주 예 수의영광찬양 –

2

갈릴리 마을 그 숲속에서

(가서 제자 삼으라)

(신) 1285
(구) 1166

최용덕

A E7 A D/A A
갈 - 릴 리 마 을 그 숲 속 에 서 - -
A D E E7
주 님 그 열 한 제 자 다 시 만 나 시 사 - -
A D Esus4 E
마 지 막 그 들 에 게 말 씀 하 시 기 를 -
A E7 3 A D/A A
너 희 들 은 - 가 라 저 세 상 으 로 -
D/E A A7 D Bm7
가 서 제 자 삼 으 라 세 상 많 은 사 람 들 을
Esus4 E 3 A D/E
세 상 모 든 영 혼 이 네 게 달 렸 나 니 -
E7 A A7 D Bm7
가 서 제 자 삼 으 라 나 의 길 을 가 르 치 라
Esus4 E7 3 A D/A A
내 가 너 희 와 - 항 상 함 께 하 - 리 라 -

(신) 1971
(구) 624

갈릴리 바닷가에서

3

Alison Huntley

D Asus4 A7 D
갈 릴 리 바 닷 가 에 서 –
사 마 리아 우 물 가 에 서 –
D Em A7 D D7
주 님 은 시 몬 에 게 물 으 셨 네 –
주 님 은 여 인 에 게 물 으 셨 네 –
G G♯dim7 D/A Bm
사 랑 하 는 시 몬 아 넌 날 사 랑 하 느 냐
사 랑 하 는 여 인 아 넌 날 사 랑 하 느 냐
Gm6/B♭ D/A G/A A7 G/D D
오 주 님 당 신 만 이 아 십 니 다 –

4 감사하신 하나님 에벤에셀 하나님

(에벤에셀 하나님)

홍정식

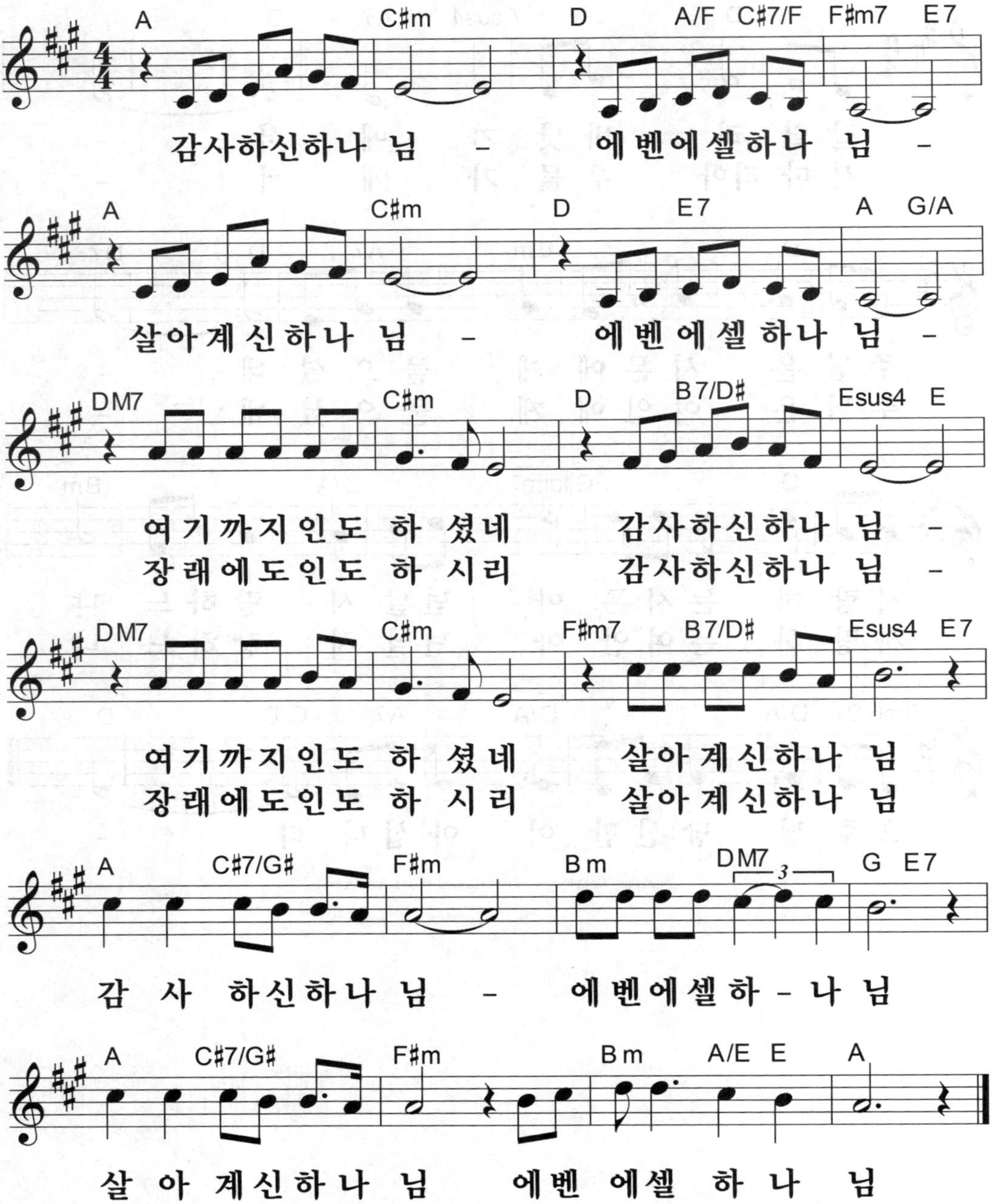

A C#m D A/F C#7/F F#m7 E7

감사하신하나 님 - 에벤에셀하나 님 -

A C#m D E7 A G/A

살아계신하나 님 - 에벤에셀하나 님 -

DM7 C#m D B7/D# Esus4 E

여기까지인도 하 셨네 감사하신하나 님 -
장래에도인도 하 시리 감사하신하나 님 -

DM7 C#m F#m7 B7/D# Esus4 E7

여기까지인도 하 셨네 살아계신하나 님
장래에도인도 하 시리 살아계신하나 님

A C#7/G# F#m Bm DM7 G E7

감 사 하신하나 님 - 에벤에셀하 - 나 님

A C#7/G# F#m Bm A/E E A

살 아 계신하나 님 에벤 에셀 하 나 님

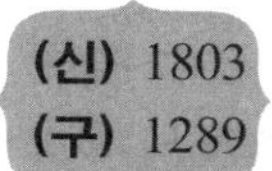
(신) 1803
(구) 1289

감사함으로 그 문에 들어가며

(He has made me glad)

Leona Von Brethorst

E A E A B7
감사 함으로그문에 들어가-며 그의 궁전에들어 가

E A E G♯/D♯ C♯m F♯m B7 E
주께 감사드리며그 이름-을 송 축 할-지 어- 다

E A E A B7 E A E
주님의기쁨 내게임하네 나 항상기쁨안 에서 주 찬 양

E A E G♯/D♯ C♯m F♯m7 B7 E
주님의기쁨 내게임하네 나 기쁜찬송주께드리네

6 감사해 시험이 닥쳐올 때에

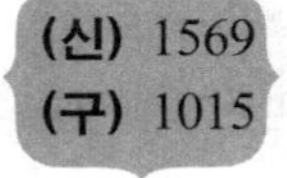

(Thank You Lord)

(신) 1569
(구) 1015

Dan Burges

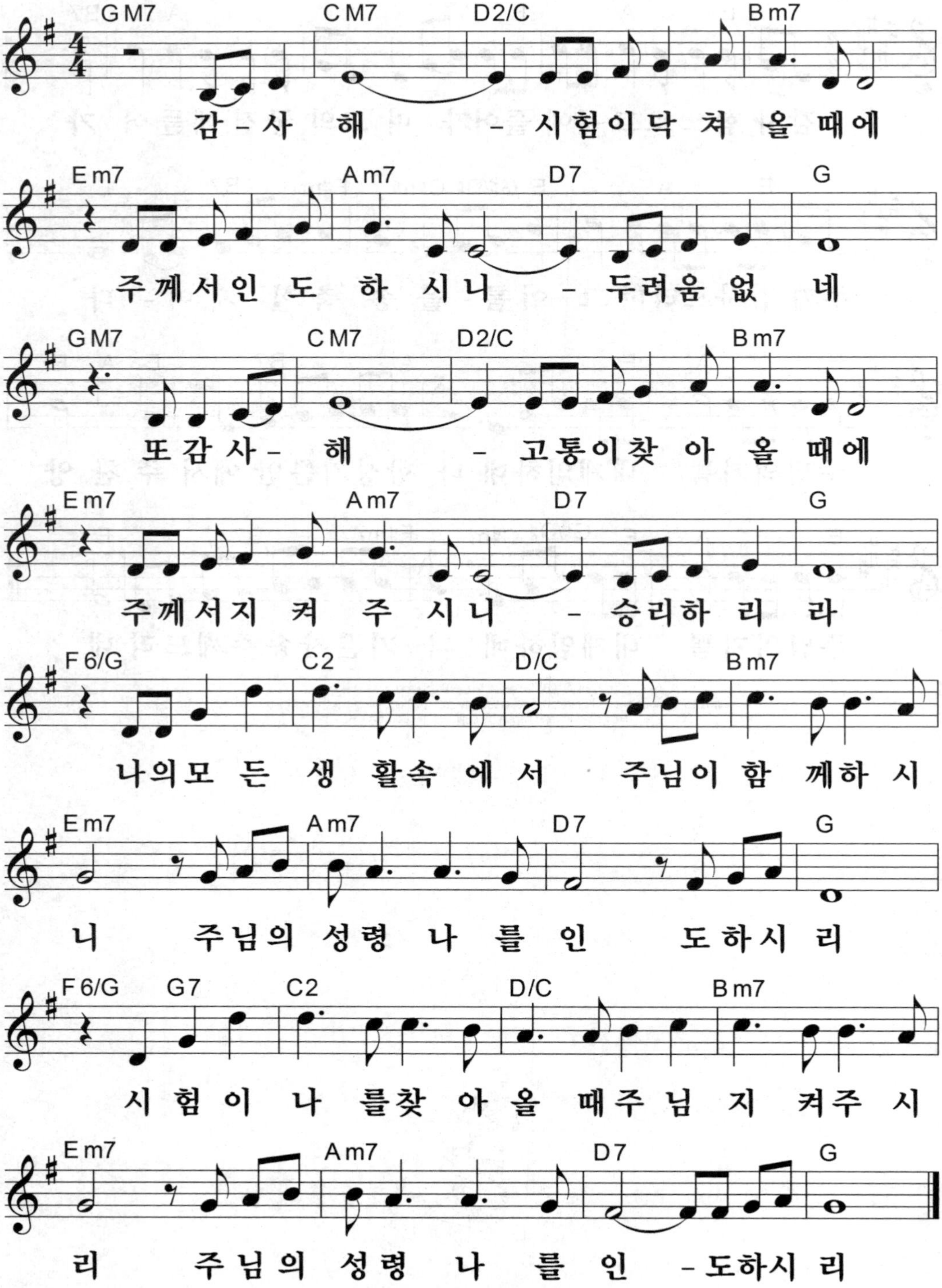

G M7 C M7 D2/C B m7
감-사 해 -시험이닥 쳐 올 때에
E m7 A m7 D7 G
주께서인 도 하 시 니 - 두려움 없 네
G M7 C M7 D2/C B m7
또감 사- 해 - 고통이찾 아 올 때에
E m7 A m7 D7 G
주께서지 켜 주 시 니 - 승리하 리 라
F 6/G C2 D/C B m7
나의모 든 생 활속 에 서 주님이 함 께하 시
E m7 A m7 D7 G
니 주님의 성령 나 를 인 도하시 리
F 6/G G7 C2 D/C B m7
시 험 이 나 를찾 아 올 때주 님 지 켜주 시
E m7 A m7 D7 G
리 주님의 성령 나 를 인 -도하시 리

(신) 1978
(구) 1632

감사해요 깨닫지 못했었는데

7

(또 하나의 열매를 바라시며)

설경욱

D A/C# Bm Bm/A G A
감사 해요 깨닫지못했 었는데 - 내가 얼마나 - 소중한존재
D Am D7 G A D F#m/C# Bm
라 는걸 - 태초부터지금까지 하 나 님 의 사랑은 - 항
Em Em/D G/A A7 D A/C#
상 날향하고있었 다 는걸 - 고 마 워 요 - 그사랑을가르
Bm Bm/A G A D Am C/D
쳐준당신께 - 주 께서허락하 - 신당신 께 그 리 스
G A F#m B7 Em G/A
도의사랑으 - 로더욱 섬 기 며 - 이제 나도세상에 - 전하리
D G/A D A/C# Bm B7
라 당신 은 사랑받기 - 위 해 그 리 고
Em A7 D Am C/D G A7
그사랑 - 전하기 - 위 해 주 께서 택 하시고 - 이땅에
F#m Bm Em A7 3 D
심 으셨네 또 하 나의 - 열 매를바라시 며

8 감사해요 주님의 사랑

(Thank you Jesus)

(신) 1684
(구) 731

Alison Revell

Em A7 D DM7 D6

감 사 해 요 주님의 사 랑 –

D♯dim7 Em A7 D

감 사 해 요 주님의 은 혜

C/D D7 C/E D/F♯ GM7 A7 D F♯m Bm

목 소 리 높 여주님 을 영 원히찬 양해 요

Em A D

나 의 전부이신– 나의주 님 –

강물같이 흐르는 기쁨

정성원

Ab
Eb/G
Db
/Eb
강물같이흐르는-기쁨 - 성령의 강림-하심 정결
하늘에서단비내-리고 - 햇빛찬 란함-같이 우리
Cm
Fm
Bbm
/Eb
1.Ab
2. Ab
Db/Eb
한맘-이- 영원 하도록-주의거처되-겠네 - - 주님주
마음-에- 성령 임하니-주의보내심-이라
Ab
Db/F
Ab/Eb
Db
Ab/C
시는참된평-화가-나의맘에넘-치네- 주의말씀에-거센풍랑도잠잠
Bbm
/Eb
Ab
Db/F
Ab/Eb
하게되-도다 -생명시 내가흘러넘-쳐서 마른광야적-시니- 의의
Db
Ab/C
Bbm
Db/Eb
Ab
열매가-무르익어서-추수 를 기 다 리 네 -

10 거룩하신 성령이여

(Holy Spirit we welcome You)

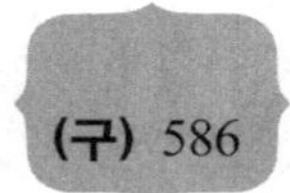

Chris Bowater

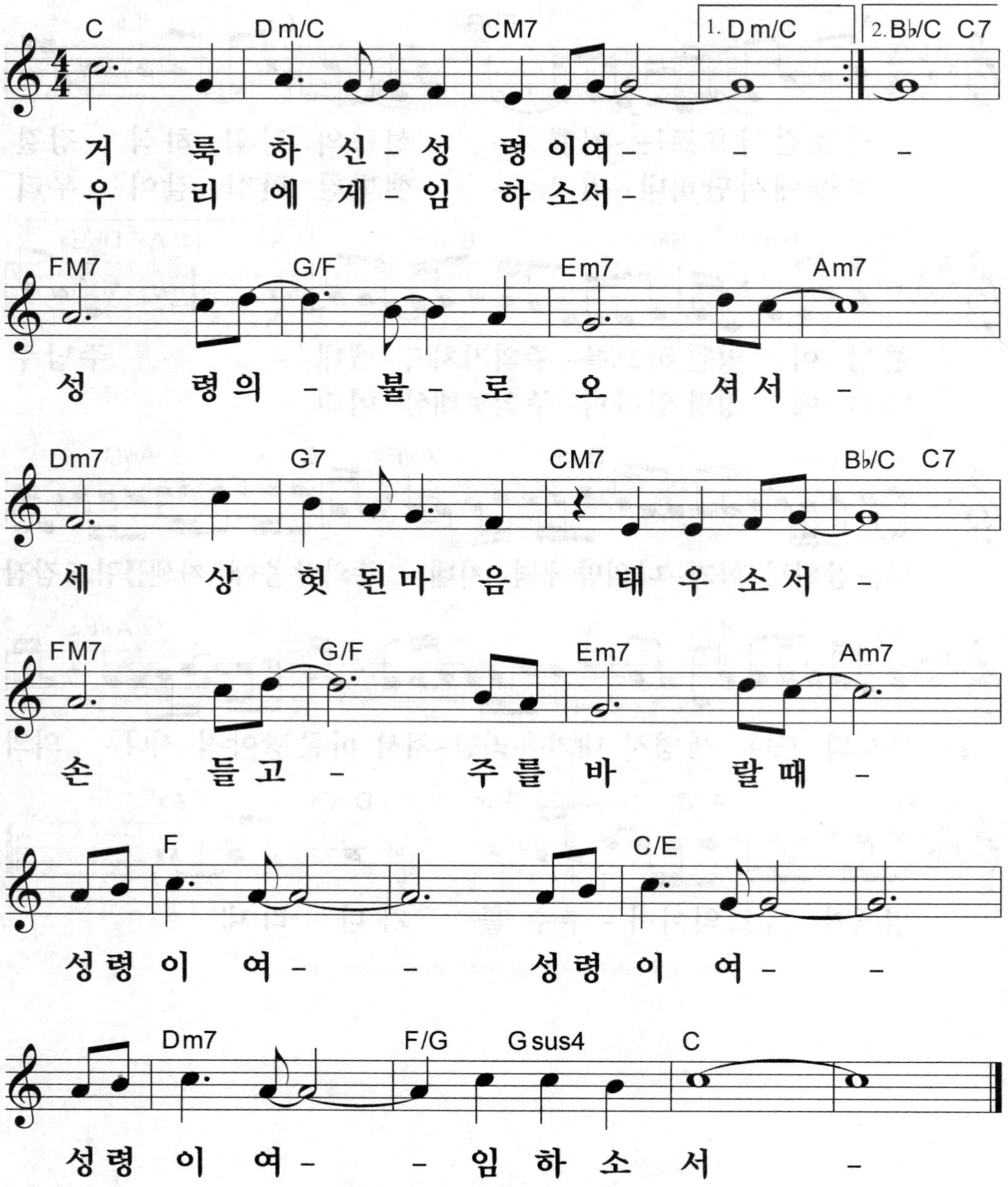

C Dm/C CM7 1. Dm/C 2. B♭/C C7

거 룩 하 신 - 성 령 이여 - - -
우 리 에 게 - 임 하 소서 -

FM7 G/F Em7 Am7

성 령의 - 불 - 로 오 셔서 -

Dm7 G7 CM7 B♭/C C7

세 상 헛 된마 음 태 우 소 서 -

FM7 G/F Em7 Am7

손 들고 - 주를 바 랄때 -

F C/E

성령 이 여 - - 성령 이 여 - -

Dm7 F/G Gsus4 C

성령 이 여 - - 임 하 소 서 -

(신) 1615
(구) 712

거룩하신 하나님

(Give thanks)

Henry Smith

F C/E Dm Am
거 룩 하신 하 나님 - 주 께 감사 드 리세 -
의 맘과 뜻 다해 - 주 를 사랑 합 니다 -
B♭ F/A E♭M7 1. C7
날위해 이땅에 오신 독 생 자 예 수 나
2. C7 B♭/C C/B♭ Am9 Dm C/E F Gm
수 내 가 약할 때 강 함 주 고
C7 B♭/D C/E FM7 A7/E Dm7 E♭
가난 할 때 우 리 를 부요케 하 신나 의 주
1. C7 C/B♭ 2. C7 F
감 - 사 내 사 감 사 -

12 거리마다 기쁨으로

(Hear our praise)

Reuben Morgan

C Csus4 C G/B
거 리 마 – 다 기 – 뻠 으 – 로 –
– 앞 에 – 행 할 – 때 –
Am F Gsus4 G
춤 을 추 – 게 하 – 시 고 –
주 의 빛 – 비 추 – 시 고 –
C Csus4 C G/B
주 의 백 – 성 기 – 도 할 – 때 –
물 이 바 – 다 덮 – 음 같 – 이 –
Am F Gsus4 G
이 땅 회 – 복 하 – 소 서 – 산 위
주 영 광 – 채 우 – 소 서 –
C G/B F/A F Am7
에 서 – 계 곡 까 지 – 우 리 찬 양 –
Em7 F Gsus4 Csus4/G C G/B
울 리 네 하 늘 에 서 – 열 방
F/A F Am7 Em7 F
까 지 – 우 리 노 래 – 가 득 하 네

G sus4
C
C sus4
C
1. C sus4
C
Fine
십 자 가
2. C sus4
F
Dm7
Am7
Em7
할 렐 루 야- 할 렐 루 -야- 할 렐
F
Dm7
G sus4
1.G
2.G
G sus4
D.S.
루 야- 할 렐 루 야- - 할 렐 - 산 위

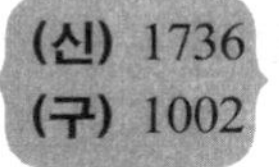
(신) 1736
(구) 1002

결코 나는 변치않으리

13

G
D7
G
결-코 나 는 변 치 않 으 리 결-코 나 는 변 치 않 으 리
예 수 내 생 명 변 치 않 으 리 예 수 내 생 명 변 치 않 으 리
C
G
D7
G
물 가 에 심 기 운 나 무 처 럼 난 변 치 않 으 리

14

거친 풍랑을 잠재울

(물위로 오라)

윤시내

거친 풍랑을-잠재울-힘 이 내게-는없어-뱃 머 리를-돌려-다른

곳으로-갈까 -나의 능력을-의지해-맘 이고단-해질때-내

게다가-오는 -그의음성들-리네 -오 라 오라-

물위로오라- 강한믿음으-로담대히-주님께나오라-오 라 오라 -

물 위 로 오 라- 그의 능 력으-로 이 기 리- 참 평안얻으리-

(신) 1549
(구) 864

겟세마네 동산에서

15

조용기 & 김주영

G C G D7 G

1. 겟세마네 동산에서 기도하실 - 때
2. 빌라도의 뜰에 서서 가시관 쓸 - 때
3. 빌라도의 군인들이 때린 채찍 - 에
4. 골고다의 십자가에 달리신 주 - 님

C G Am C D7 G

주님의 땀방울은 - 피로 변했네
주님의 온 얼굴은 - 피로 젖었네
찢어져 피로 물든 - 주님 등어리
손과 발 옆구리에 - 입은 상처로

G C D7 Bm C A B7

하나님을 거역 - 한 나를 위하여
온 인류의 저주 - 를 속하시려고
온 인류의 질병 - 을 속하셨으니
온몸의 물과 피 - 를 다 흘리셔서

C G C G D7 G

순종의 속죄 피 - 를 흘려 주셨네
저주의 가시 채 - 로 관을 쓰셨네
치료의 강물에 - 서 넘쳐 흐르네
멸망의 죽음에 - 서 날 건지셨네

Bm D C G D

아아 아아 주의 사랑 깊고 크셔 - 라

G G7 C G D G

내 - 영혼에 파도처럼 메아리쳐 온 - 다

16 고개들어 주를 맞이해

(Lift up your heads)

(신) 1655
(구) 790

Steve Fry

A AM7 A7 D E7 A E7

고 개 들 어 주 를맞 이 해

A AM7 A7 D E2 E7

엎 드리 어 경 배하 며 찬 양

A AM7 A7 D E7 A E7/G#

왕 의 위 엄 을 신 령과 진 정 한

F#m F#m/E D A/C# B m7 E7 A

찬 양으 로 영 광 돌 려 만 왕 의 왕 께

17 구원이 하나님과

(Salvation unto our God)

(신) 1583
(구) 1621

Kenneth Jackson

C F C Dm G7 C G7
구 원 이 -하나님 과 보 좌 위의어린-양 께
C F C B♭ G7 C
구 원 이 -하나님 께 영 원 토 록

고단한 인생길

(예수 늘 함께 하시네)

소진영

D
B m7
G
A7
A 7sus4
A7
고단한인생길- 힘겨운오늘도-- 예- 수 내마음아시 네
하루를살아도- 기쁨으로가리-- 예- 수 늘함께하시 네
D
B m7
G
A7
1.D
G/D
A/D
지나간아픔도- 마주할세상도-- 예- 수 내마음아시 네
후회도염려도- 온전히맡기리-- 예- 수 늘함께하시
2.D
G/B
A/C♯
D
F♯m7
G
D/F♯
네 믿음의 눈들어 주를보리 이 또 한지나가-리라
D/E
E7
G/A
D
F♯m7
B m7
G
G/A
- 주어진 내삶의 시간속에 주 의 뜻알게하소
1. D
2.D
D/C
A/B
E
서 서 믿음의 눈 들 어 주
G♯m7
A
E/G♯
E/F♯
F♯7
A/B
를 보 리 이 또 한지나가-리라 - 주어진
E
G♯m7
C♯m7
A
A/B
E
내 삶 의 시 간 속 에 주 의 뜻알게하소 서

19 고통많은 이 세상

(찬란한 아침이 오면)

F F7 B♭ F Am
고통 많은이세상어려 운일당할때 지금 이해할수없는것이
어지 러운이세상우리 살아갈때에 주님 뜻이무엇인지확실
G7 C7 F F7 B♭
많이있지만 우리 주님앞에가 모든 것을볼때에 그때
히모르지만 주의 말씀따라서 모든 것을행하면 주님
F Dm Gm C7 F F7 B♭ F
주님뜻을밝히알리라 찬 란한-- 아침이오면
우리들을도와주시 리
F Dm G7 C7 F
주 의은총 감사하여서 우리 주 님께--
B♭ F Dm Gm C7 F
감사찬송을 그때 주님뜻을밝히알리라

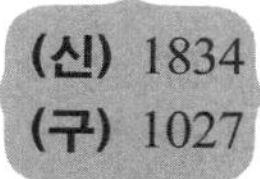

괴로울 때 주님의 얼굴 보라 20

(In These Dark Days)

Harry John Bollback

괴로울 때 주님의얼굴보 라 평화의 주 님바라보아 라
힘이없 고 네마음연약할 때 능력의 주 님바라보아 라

세상에 서 시달린친구 들 아 위로의 주 님바라보아 라
주의이 름 부르는모든 자 는 힘주시 고 늘지켜주시 리

눈을들 어 -주를보 라 -네모든 염 려주께맡겨 라

슬플때 에 주님의얼굴 보 라 사랑의 주 님안식주리 라

21 그가 찔림은 우리의 허물을

(신) 1894
(구) 1293

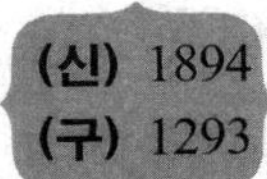

노문환

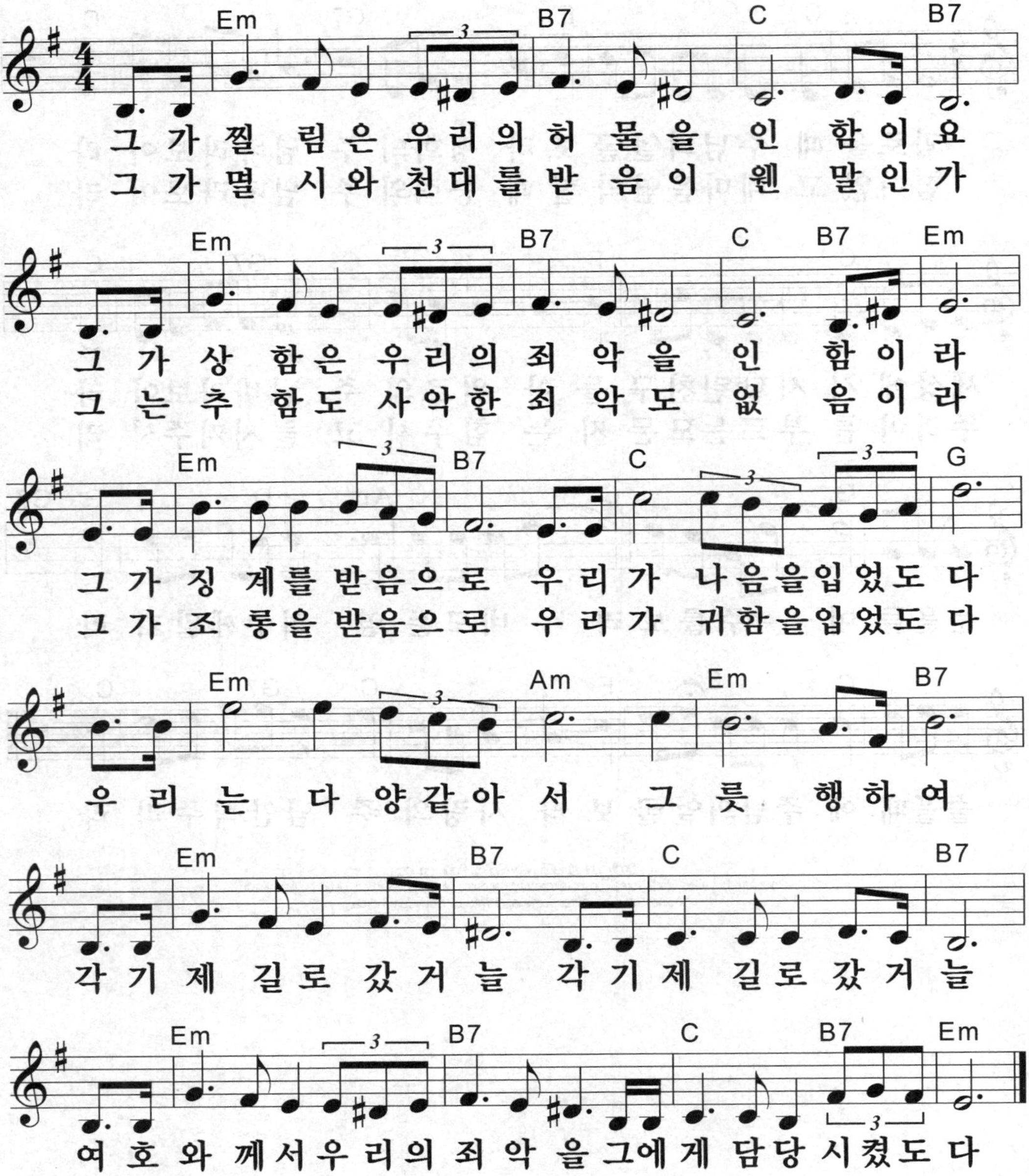

Em B7 C B7
그 가 찔 림 은 우 리 의 허 물 을 인 함 이 요
그 가 멸 시 와 천 대 를 받 음 이 웬 말 인 가
Em B7 C B7 Em
그 가 상 함 은 우 리 의 죄 악 을 인 함 이 라
그 는 추 함 도 사 악 한 죄 악 도 없 음 이 라
Em B7 C G
그 가 징 계 를 받 음 으 로 우 리 가 나 음 을 입 었 도 다
그 가 조 롱 을 받 음 으 로 우 리 가 귀 함 을 입 었 도 다
Em Am Em B7
우 리 는 다 양 같 아 서 그 릇 행 하 여
Em B7 C B7
각 기 제 길 로 갔 거 늘 각 기 제 길 로 갔 거 늘
Em B7 C B7 Em
여 호 와 께 서 우 리 의 죄 악 을 그 에 게 담 당 시 켰 도 다

(신) 1559
(구) 1073

그 날이 도적같이

22

김민식

A AM7 Bm Bm7
그 날 이 도 적 같 이 이 를 줄
평 강 의 하 나 님 이 너 희 를
Esus4 E A A7
너 희 는 모 르 느 냐 –
거 룩 하 게 하 시 고 –
D DM7 A F♯m
늘 깨 어 있 으 라 – 잠 들 지 말 아 라 –
온 몸 과 영 혼 이 – 주 오 실 그 날 에 –
Bm7 E A
주 님 과 동 행 하 라 –
흠 없 기 원 하 노 라 –
D A F♯m
항 상 기 – 뻐 하 라 – 쉬 지 말 고 기 도 하 라 –
이 는 예 수 안 에 서 – 너 희 에 게 향 – 하 신 –
1. E E7 A A7
범 사 에 감 사 하 라 –
2. Bm E7 A D/A A
하 나 님 뜻 이 니 라 –

23 그는 나의 주 아버지

(다윗의 노래)

임선호

D F#m7 G D/F# Em7 G/A D G/D

그 는 나의 주 아버지 – 내영혼을 풀 밭에 누 이시고 –

D F#m7 G D/F# Em7 G/A D G/D

새 와 나무 의 노래로 – 내맘을 위 로 하여 주시네 –

D F#m7 G D/F# Em7 G/A D G/D

양 들 이 – 주인찾듯이 – 오직한 분 목 자인 내 주님을 –

D F#m7 G D/F# Em7 G/A D

내 가 찾고 또 따르니 – 주곁에 나 를 매어 주소서 –

GM7 F#7 Bm7 Esus4 E Em7 G/A D

주는내 피 난처 내 요새되시니 – 내 피 할 곳은 주뿐이네 –

GM7 F#7 Bm7 Esus4 E Em7 G/A D

나돌아 갈 내본 향 주의집에서 – 내 주 님맞아 주시리 –

그는 우리 죄를 위해

(He Was Pierced)

Moggi Dawn

25 그때 그 무리들이

(신) 1944
(구) 869

(세 개의 못)

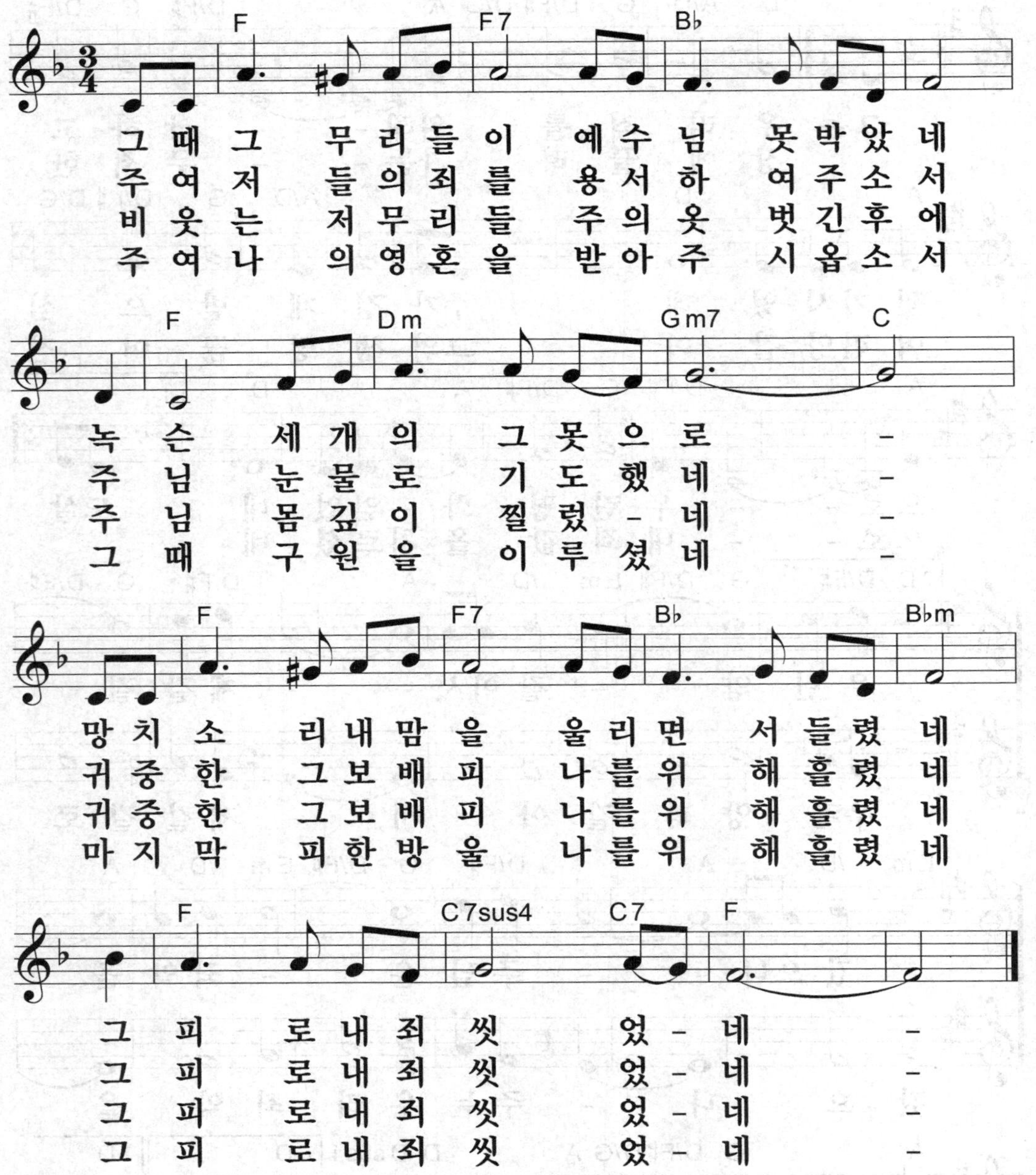

F F7 B♭
그 때 그 무 리 들 이 예 수 님 못 박 았 네
주 여 저 들 의 죄 를 용 서 하 여 주 소 서
비 웃 는 저 무 리 들 주 의 옷 벗 긴 후 에
주 여 나 의 영 혼 을 받 아 주 시 옵 소 서
F Dm Gm7 C
녹 슨 세 개 의 그 못 으 로 -
주 님 눈 물 로 기 도 했 네 -
주 님 몸 깊 이 찔 렀 - 네 -
그 때 구 원 을 이 루 셨 네 -
F F7 B♭ B♭m
망 치 소 리 내 맘 을 울 리 면 서 들 렸 네
귀 중 한 그 보 배 피 나 를 위 해 흘 렸 네
귀 중 한 그 보 배 피 나 를 위 해 흘 렸 네
마 지 막 피 한 방 울 나 를 위 해 흘 렸 네
F C7sus4 C7 F
그 피 로 내 죄 씻 었 - 네 -
그 피 로 내 죄 씻 었 - 네 -
그 피 로 내 죄 씻 었 - 네 -
그 피 로 내 죄 씻 었 - 네 -

그 때까지 내 맘에

Stuart Hamblen

그때까지 내 맘에 찬송 있네 –
세상 재물 그 가치 상실하며 –

애통하는 슬픔이 있어도 –
잠시 동안 주어진 것일세 –

지나치는 세상일 생각하니 –
세상 재물 날 괴롭게 하여도 –

이 세상은 내 집이 아닐세 –
천국에선 기쁨만 있으리 –

그때까지 난 항상 찬송하며 –

기쁘게 주를 따라가리 –

그때까지 주님만 바라보리 –

주 날 부를 그때까지 –

27 그리 쉽지 않아요

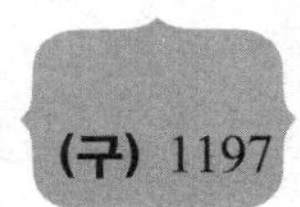

(구) 1197

John W. Perterson

3/4
D D7 G D
그리 쉽 지않아 요 천국가는 - 길이그 길 엔어려
그리 쉽 지않아 요 환난풍파 가와도위 험 이헤칠
D A A7 D D7
움 많 아 요 - 구 주 예수님께서 우리
수 없 네 요 - 구 주 예수님께서 우리
G D Bm A D D7
함 께 계 시 니매 일 기쁘게 살아가 네 -
보 호 하 시 니평 탄 한길을 걸어가 네 -
G D D7 G
하 지 만 그리 쉽 지않아 요 하 지 만 그리
D A A7 D
쉽 지않아 요 예 수 님내곁에 서 날
G D Bm A7 D
도 와 주 시 니무 거 운짐도 가벼우 네 -

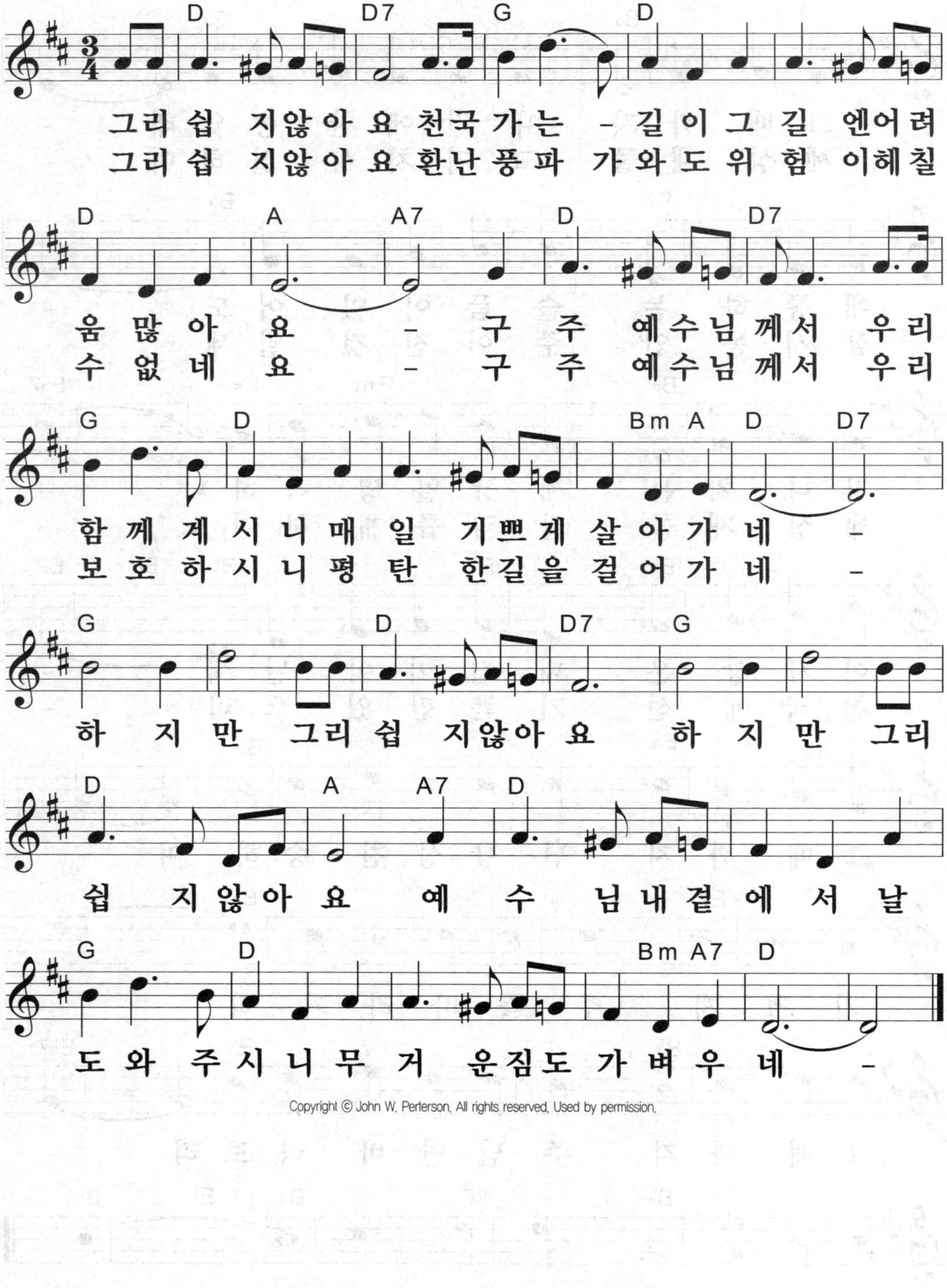

(신) 1006
(구) 768

그리 아니하실지라도

안성진
G Em C D G
그 리 - 아니하실지라 도 감 사 해 요
그 리 - 아니하실지라 도 사 랑 해 요
Em C D G Dm F/G G7
주님 뜻을 믿기때문이죠 -
합력 해서 선을이루어요 -
C D7 G Bm7/F♯ Em
언 제나 나를향-한 신실한사 랑 -
C D G F/G G7
우리를향한 그크신사 랑 -
C D G Bm7/F♯ Em Em/D
우 리가 함께높이며 주를찬 양 해 -
C D G C/G G
할렐루 야 하 나 님께영광 -

29 그의 빛 안에 살면

G C G
그의 빛 -안에살 면 갈길인 도하시 리
엎드려 -기도하 면 주님이 들으시 리
G Em7 C G Am7 D
주의 눈 -내일생 을 -지키시 리 늘지 키시 리
모든 것 -협력하 여 -선하게 이 뤄지 리-라
G D Em E♭
죽음의 -골짜기 도 주의 손 -굳게잡 고 -
내곁에 -주계시 니 두려움 -전혀없 네 -
G C G D7 G
담대하 게 -나아가 면 -밝은아 침 보 게 되 리
주님 날 -사랑하 니 -세상이 감 당 못 하 네
G D C G C G Am7 D7
주앞 에 -소리를 높 여 그사 랑 -찬양하 리
G D7 C G C D7 G
온땅 에 -주의사 랑 전파하리 라 외치리 라

그 이름 비길데가 어디 30

Alfred B. Smith

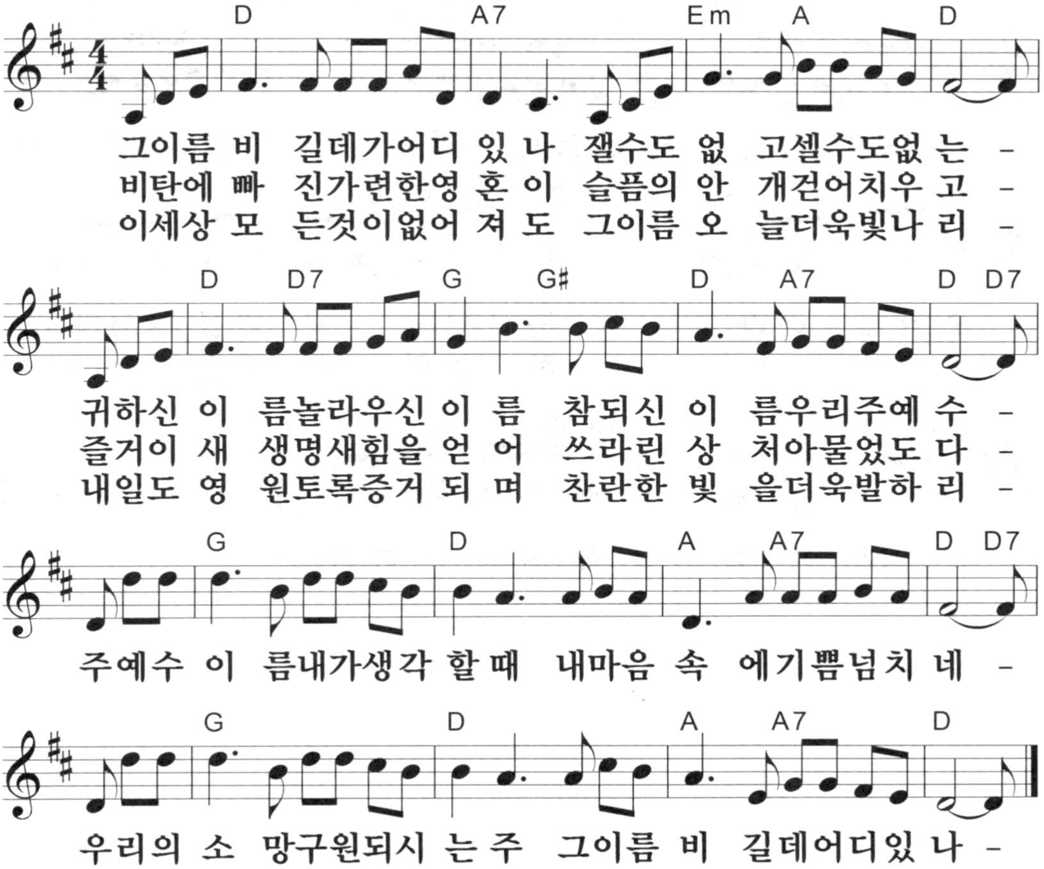

그이름 비 길데가어디 있 나 잴수도 없 고셀수도없 는 -
비탄에 빠 진가련한영 혼 이 슬픔의 안 개걷어치우 고 -
이세상 모 든것이없어 져 도 그이름 오 늘더욱빛나 리 -

귀하신 이 름놀라우신 이 름 참되신 이 름우리주예 수 -
즐거이 새 생명새힘을 얻 어 쓰라린 상 처아물었도 다 -
내일도 영 원토록증거 되 며 찬란한 빛 을더욱발하 리 -

주예수 이 름내가생각 할 때 내마음 속 에기쁨넘치 네 -

우리의 소 망구원되시 는 주 그이름 비 길데어디있 나 -

31 기도의 불이 타오르게 하라

김진영 & 이영진

F C/E B♭ Csus4 C7 Dm C/E

기도의-불이- 타 오르게-하라- 성령의-불이- 타

B♭ Csus4 C7 Gm7 C C7/B♭ A7 Dm

오르게 - 하라 - 하나님의 - 군 대를부르라 -
하 - 늘의 - 군 대를부르라 -

Dm7/C B♭ Gm7/C C7 F

여 호 와로 일 하 시게 - 하라 -

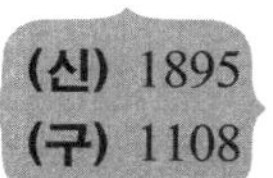

(신) 1895
(구) 1108

기도하자 우리 마음 합하여

32

Maori Tune

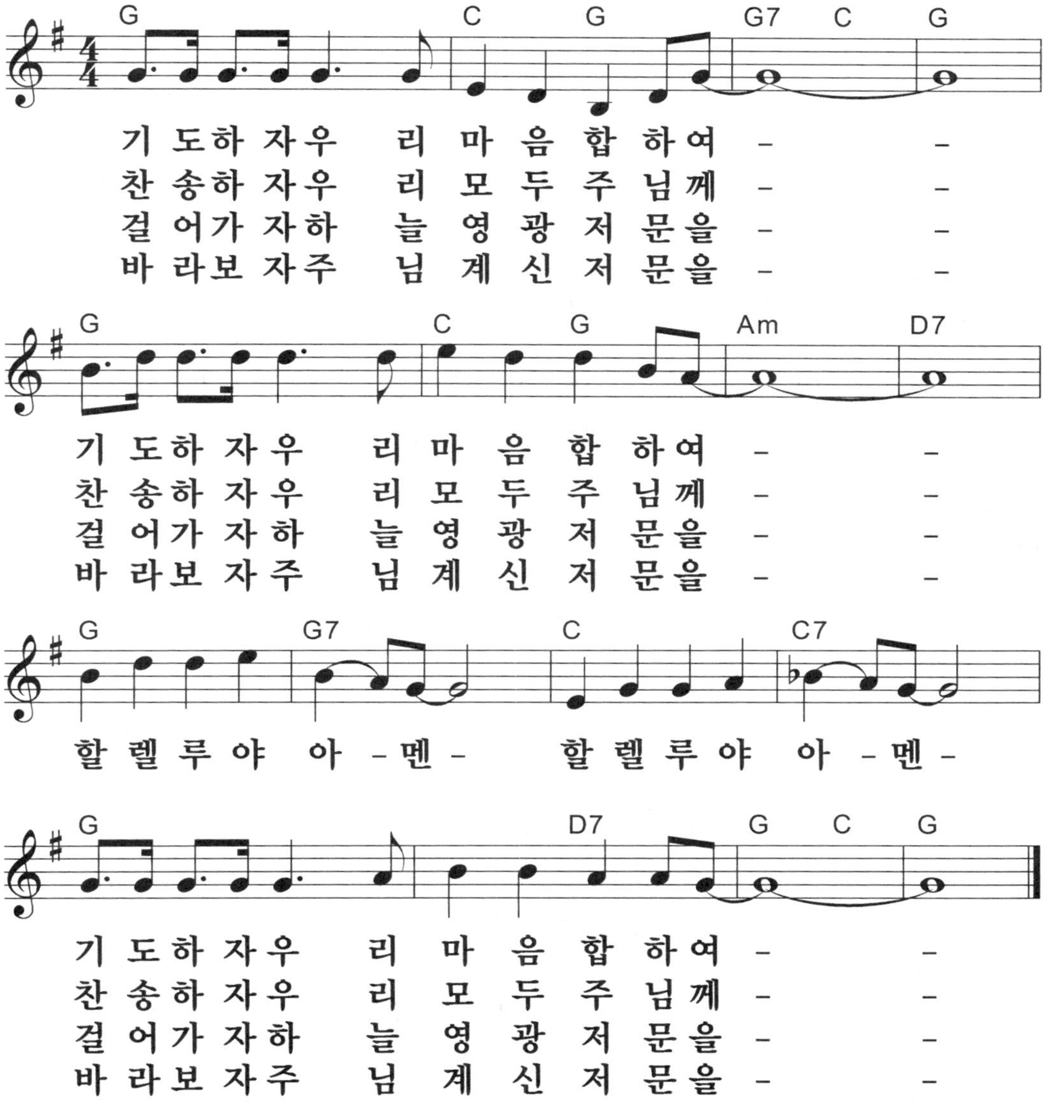

G C G G7 C G
기 도하 자우 리 마 음 합 하여 – –
찬 송하 자우 리 모 두 주 님께 – –
걸 어가 자하 늘 영 광 저 문을 – –
바 라보 자주 님 계 신 저 문을 – –
G C G Am D7
기 도하 자우 리 마 음 합 하여 – –
찬 송하 자우 리 모 두 주 님께 – –
걸 어가 자하 늘 영 광 저 문을 – –
바 라보 자주 님 계 신 저 문을 – –
G G7 C C7
할 렐 루 야 아 – 멘 – 할 렐 루 야 아 – 멘 –
G D7 G C G
기 도하 자우 리 마 음 합 하여 – –
찬 송하 자우 리 모 두 주 님께 – –
걸 어가 자하 늘 영 광 저 문을 – –
바 라보 자주 님 계 신 저 문을 – –

33 기도할 수 있는데

(신) 1072
(구) 1099

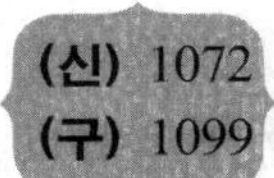

고광삼

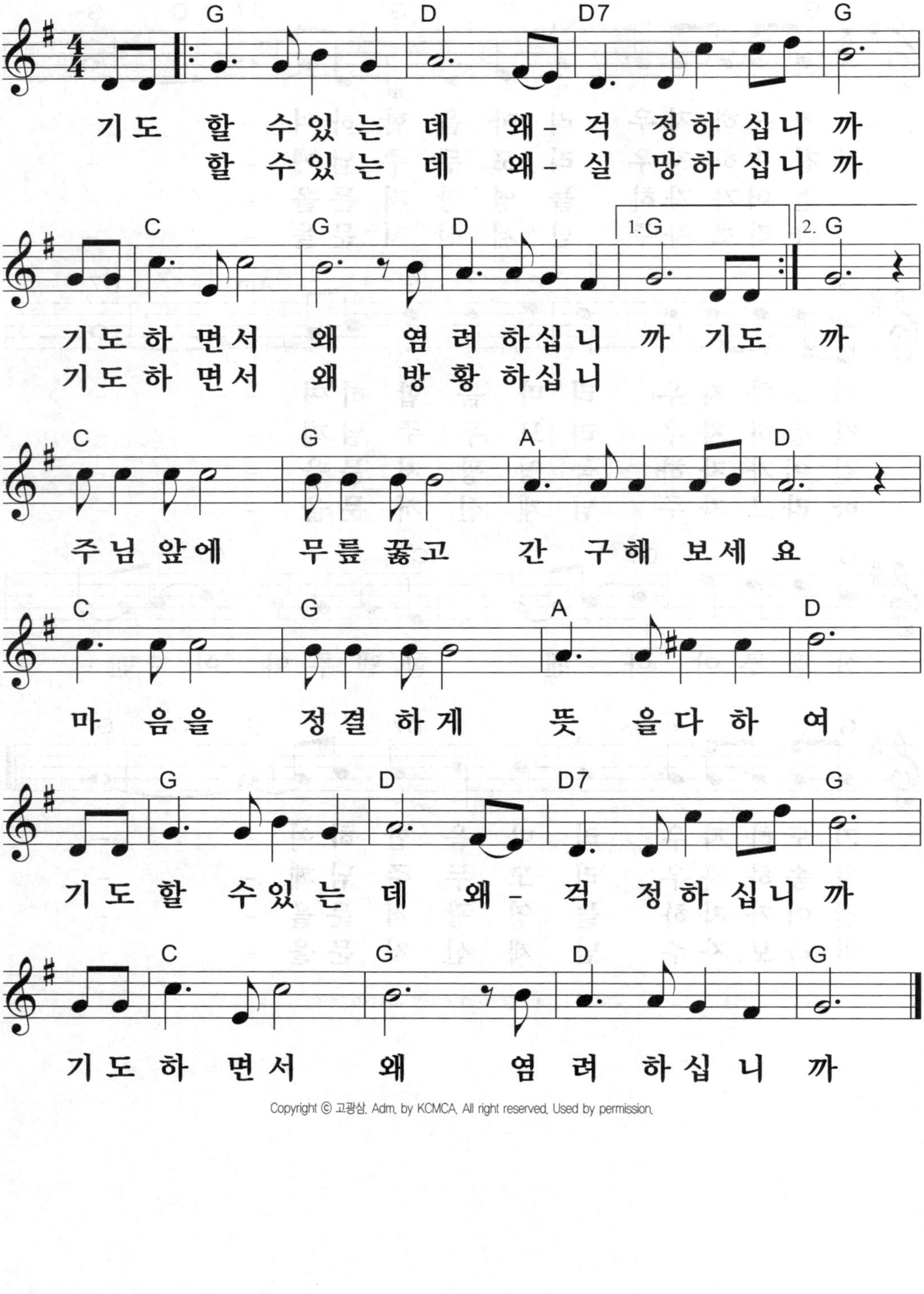

G D D7 G
기도 할 수있는 데 왜- 걱 정하 십니 까
할 수있는 데 왜- 실 망하 십니 까
C G D 1.G 2. G
기도하 면서 왜 염 려 하십니 까 기도 까
기도하 면서 왜 방 황 하십니
C G A D
주님 앞에 무릎 꿇고 간 구해 보세 요
C G A D
마 음을 정결 하게 뜻 을다 하 여
G D D7 G
기도할 수있는 데 왜- 걱 정하 십니 까
C G D G
기도하 면서 왜 염 려 하십 니 까

(신) 1670
(구) 767

기뻐하며 왕께

34

(Shout for joy and sing)

David Fellingham

G G/F♯ Em /D C Am D
기 뻐 하 며 왕 께 노 래 부 르 리 -
G G/F♯ Em /D C Am D
소 리 높 여 할 렐 루 야 부 르 리 -
Em B7/F♯ Em/G E/G♯ Am D
주 님 앞 에 나 와 찬 양 드 리 며 -
Bm7 Em7 Am7 Dsus4 D7 G C/G G
우 리 주 님 과 함 - 께 기 뻐 하 리 라 -
G♯dim7 Am7 D7 G Em
나 의 창 조 - 자 나 의 구 원 - 자 -
Am D7 G
가 장 귀 한 나 의 예 수 님 - 찬 양 합 니 - 다 -
G♯dim7 Am7 D G B7/F♯ Em
나 의 치 료 - 자 - 나 의 선 한 목 자 되 - 신 주 -
Am7 D7 G C/G G
예 수 나 의 주 찬 양 하 리 -

35 기뻐하며 승리의 노래 부르리

(신) 1677
(구) 663

(We will rejoice and sing our song of victory)

David Fellingham

E C#7 F#m B6 B

기 - 빼하며 - 승리의노래부르리

G#m B/A A F#m/A E/B B

그 백성 주가회복시 - 키시 네

E C#7 F#m E/B

그 - 사랑으로 억눌렸던자모아

B E F#m B E

3

칭찬과 명 - 성얻 계 하시네 -

B E

전심으로 - - - - 기 빼하 리 -

전심으로기 빼하리 - 전능의 왕우리함께 -

B E

전능의왕 - - - - 함께하시 네 -

우리의강하 신용사 - 구원과승리주시네 -

기뻐하며 승리의 노래 부르리

A E C#7
기 뻐 외 치 며 - 주 께 두 손 들 리 - -
F#m B7 E
춤 을 추 며 - 왕 께 찬 양 해 - -
A E C#7
모 든 원 수 를 - 멸 하 신 주 님 - -
F#m B E
전 능 의 왕 - 함 께 하 시 네 -

36

긴 어둠속에

(하나님의 등불)

엄항용 & 임선호

(신) 1811
(구) 1115

꿈 결 같은 이 세상에

(인생 모 경가)

이성봉 & P.P.Knapp

38 나갔네 나갔네 나갔네

브라운 편곡

나갔 네 나갔네 나갔 네 나 의 마 음고통은 나갔 네
벗었 네 벗었네 벗었 네 나 의 무 거운짐을 벗었 네

나 갔 네 나갔네 나 갔 네 나의 마음고통은 나갔 네
벗 었 네 벗었네 벗 었 네 나의 무거운짐을 벗었 네

나 의 죄 씻 었 네 예 수 님 피 로 써

나갔 네 나갔네 나갔 네 나 의 마 음고통은 나갔 네
벗었 네 벗었네 벗었 네 나 의 무 거운짐을 벗었 네

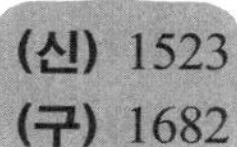

나 기뻐하리

(I will rejoice)

Brent Chambers

나 기 뻐 하 리 - 나 기 뻐 하 리 -

나 기 뻐 하 리 - 나 주 안 - 에 - 서 - 기 뻐 하 - 리 - 라 -

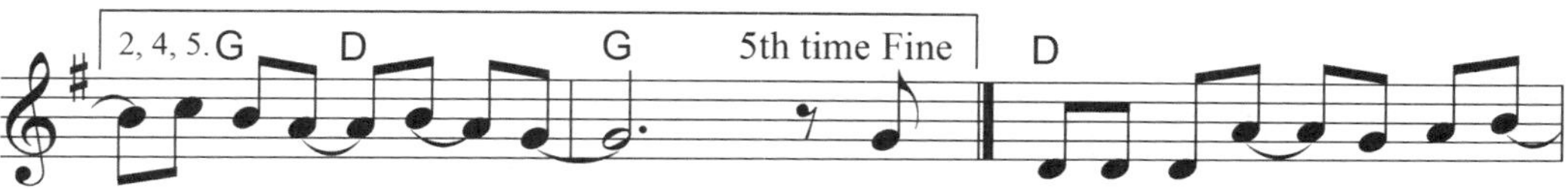

- 기 뻐 하 - 리 - 라 - 1. 원 수 가 나 를 - 무 너 뜨
2. 환 경 에 지 배 - 를 받 지

- 리 려 고 - 내 마 음 에 속 - 삭 - 였 - 네 내
- 않 - 고 - 내 팔 의 힘 과 - 목 - 소 - 리 느

영 이 깨 어 - 넘 어 지 지 않 고 나 의
끼 는 감 정 - 과 상 관 없 이 - 내 마

믿 음 의 고 - 백 이 원 수 를 - 묶 네 -
음 기 뻐 하 - 기 로 결 심 을 - 했 네 -

40

나는 믿음으로

(As for me)

(신) 1664
(구) 1582

Daniel Dee Marks

(신) 1654

나는야 친구되신 하나님과 41

나는야 친 구되신하나 님 과 푸른초 장 한없이거니 네
지나간 날 들내게말씀 하 며 앞날의 될 일내가들을 때
나는야 친 구되신하나 님 과 영원히 다 정하게지내 리

손을잡 고 기쁨을나누 면 서 단둘이 서 한없이거니 네
믿을수 없 는꿈만같은 사 실 믿으니 이 세상천국같 아
천지는 모 두없어진다 해 도 우린영 원 히지내게되 리

손을잡 고 기쁨을나누 면서 단둘이 서 한없이거니 네
믿을수 없 는꿈만같은 사실 믿으니 이 세상천국같 아
천지는모 두없어진다 해도 우린영 원 히지내게되 리

42 나는 아네 내가 살아가는 이유

(구) 2274

(불을 내려 주소서)

천관웅

C G Am F
1. 나 는 아 네 내 가 살 아 가 는 이 유
작 은 불 이 큰 산 모 두 태 우 듯 이
2. 주 발 앞 에 신 을 벗 고 기 도 하 니
성 령 으 로 연 단 받 은 불 의 사 람
1. C G F 2. C G F
불 이 되 는 것 나 를 쓰 소 서
불 을 주 소 서 되 게 하 소 서
FM7 C Gsus4 Am F
불을– 내려주– 소서 – 내게– 성령의–불을 –
C Gsus4 Am F
죽 어진–영 혼 – 살 릴 수있–도 록 – 나를–
C Gsus4 Am F
태 워주– 소서 – 제단– 위 에나–를 드 –리 니–
C Gsus4 F
열 방의–불–로 – 세우–소 서 – –

나는 아네 내가 살아가는 이유

43 나는 용서받았네

(I'm accepted Im forgiven)

Rob Hayward

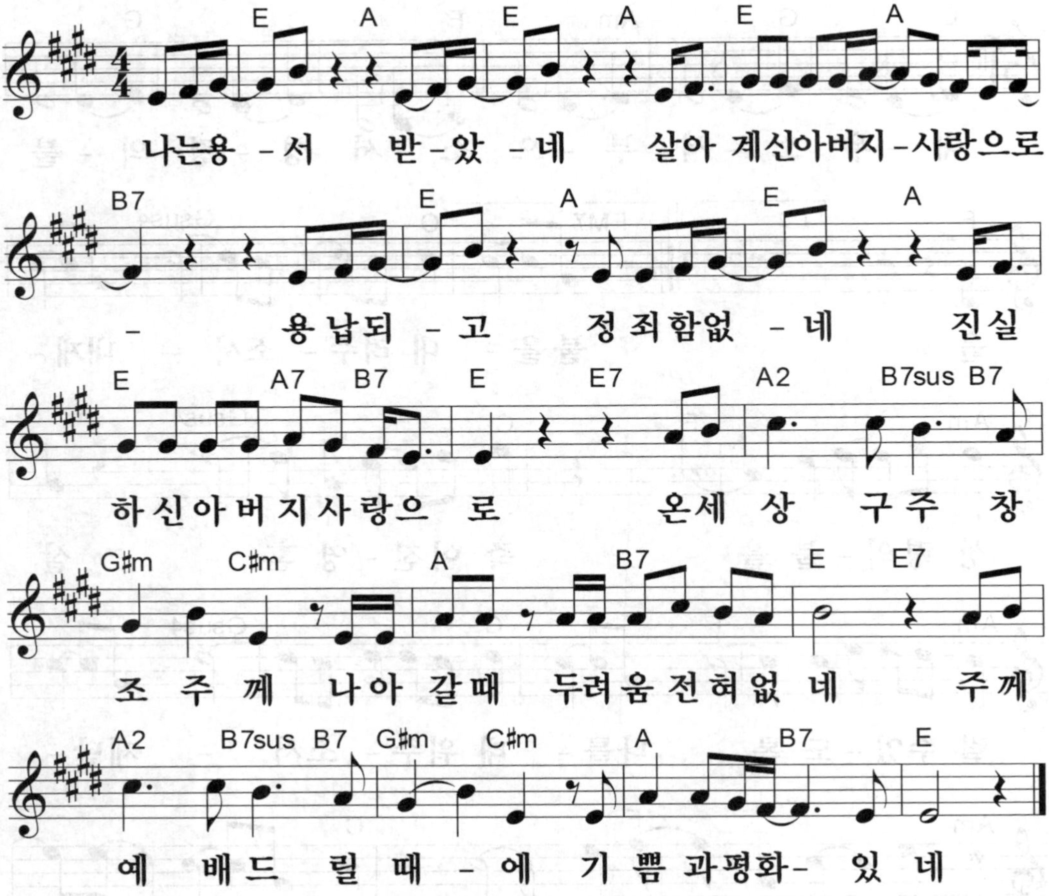

E A E A E A

나는용 - 서 받 - 았 - 네 살아 계신아버지 - 사랑으로

B7 E A E A

- 용납되 - 고 정 죄함없 - 네 진실

E A7 B7 E E7 A2 B7sus B7

하신아버지사랑으 로 온세 상 구주 창

G♯m C♯m A B7 E E7

조 주 께 나아 갈때 두려움전혀없 네 주께

A2 B7sus B7 G♯m C♯m A B7 E

예 배드 릴 때 - 에 기 쁨 과평화 - 있 네

나는 죽고 주가 살고 44

최인혁
나는 죽고- 주가 살고- 나는 없고- 주만
있으-면- 이땅 에서- 하나 님의- 아름 다운나-라이루-
리 나는 리 내안에-서 내가산다 면 육
체의 열매맺으 며 내안에-서 주가산다- -면- 성령
의열- -매를맺-으 리 나는 죽고- 주가 살고- 나는
없고- 주만 있으-면- 이땅 에서- 하나 님의- 아름
다운나-라이 루- 리 나는죽고 주가 살면 나는죽고
주가 살면 나는죽고 주가살면 주의나라이 루- 리

45

나는 찬양하리라

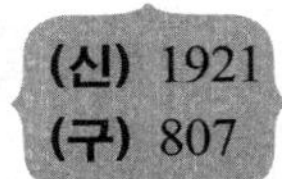

(I sing praises to Your name O Lord)

(신) 1921
(구) 807

Terry MacAlmon

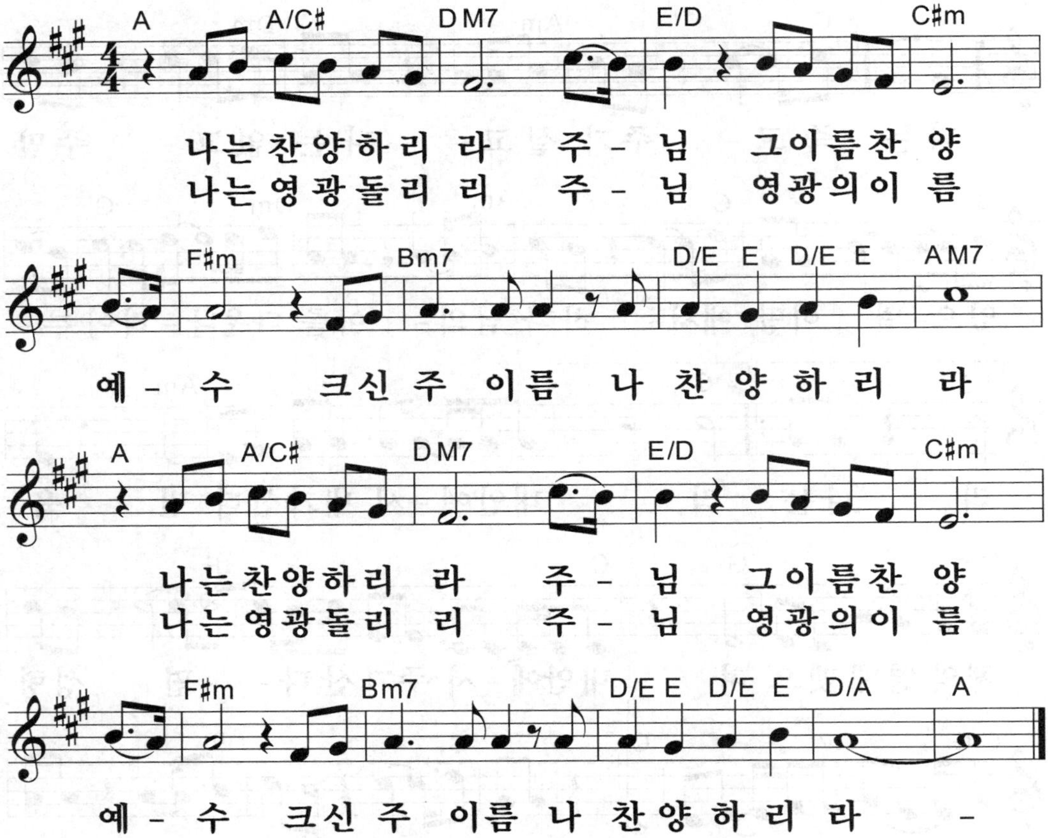

A A/C# DM7 E/D C#m
나는찬양하리 라 주 - 님 그이름찬 양
나는영광돌리 리 주 - 님 영광의이 름
F#m Bm7 D/E E D/E E AM7
예 - 수 크신주 이름 나 찬 양 하 리 라
A A/C# DM7 E/D C#m
나는찬양하리 라 주 - 님 그이름찬 양
나는영광돌리 리 주 - 님 영광의이 름
F#m Bm7 D/E E D/E E D/A A
예 - 수 크신 주 이름 나 찬양하 리 라 -

나는 하나님을 예배하는

(나는 예배자입니다)

송세라 & 전종혁

F C/E B♭/D F/C B♭ C Dm Csus4
나는하나님을 예배하-는 예배자입니다
F C/E B♭/D F/C B♭ Dm7 G/B Csus4
내가서있는곳 어디서-나 하나님을예배합니다
Am7 B♭ C Dm7 F/A
내 영혼 - 거 룩한- 은 혜를 - 향 하여-
B♭ C F F/A
내 마음 - 완 전한-하나님 향하여 - 이 곳
B♭ F/A Dm7 Gm7 Csus4 F
에서 바 로 이시간 하나님을예배합니다

47 나를 사랑하는 주님

(신) 1720
(구) 691

A
D
나를사랑하는 주 님 나를위해죽으시 고
나를사랑하는 주 님 나의목자되시어 서
D
E7
A
부활승천하시 어 서 나의주가되셨 네
나를항상인도 하 니 주만따라가리 라
A
A7
D
A
주 오 시 면 – 천 국 에 서
A
E7
A
주 님 과 살 리라 – 영 원 토 록
A
A7
D
A
주 오 시 면 – 천 국 에 서
A
E7
A
주 님 과 살 리라 – 영 원 토 록

(신) 1539
(구) 2212

나를 지으신 이가

(하나님의 은혜)

조은아 & 신상우

4/4
D Daug D GM7 Em7
나를 지으신이가 - 하 나 님 나를 부르신이가 - 하 나
A7 D /F# G Em
님 나를 보내신 이도 - 하 나 - 님 - 나의
D/A A 3 D Daug
나된것은다 하나님 은혜라 - 나의 달려갈길 다 가도록
D GM7 Em7 A7
- 나의 마 지 막호흡 - 다 하 도 록 - 나로
D /F# G Em7 D/A A 3
그십자가 - 품게 하시니 - 나의 나된것은다 - 하나님
D D7 D/F# GM7 A7
은혜라 - - 한량없는 은 혜 - 갚을길없는
F#m Am B7 Em7 A7 D Em
은혜 내삶을에워 싸는 - 하나님의 - 은 혜
D/F# D7 GM7 A7 F#m
- 나 주 저 함 없 이 - 그 땅을밟 음 도
Bm7 Em7 A A7 D
- 나를붙드시 는 - 하나님의은 혜 -

49

나를 지으신 주님

(내 이름 아시죠 / He knows My Name)

(신) 1560
(구) 1712

Tommy Walker

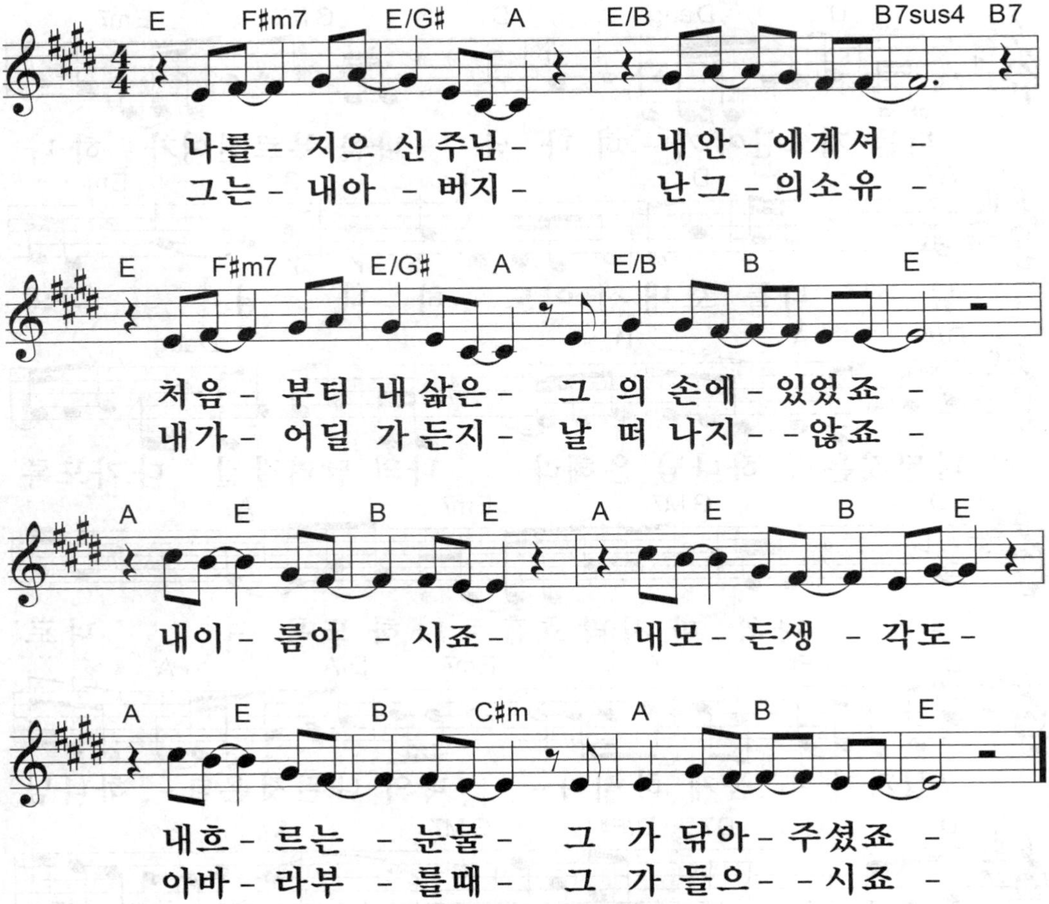
E F#m7 E/G# A E/B B7sus4 B7
나를 - 지으 신 주님 - 내안 - 에계셔 -
그는 - 내아 - 버지 - 난그 - 의소유 -
E F#m7 E/G# A E/B B E
처음 - 부터 내삶은 - 그 의 손에 - 있었죠 -
내가 - 어딜 가든지 - 날 떠 나지 - - 않죠 -
A E B E A E B E
내이 - 름아 - 시죠 - 내모 - 든생 - 각도 -
A E B C#m A B E
내흐 - 르는 - 눈물 - 그 가 닦아 - 주셨죠 -
아바 - 라부 - 를때 - 그 가 들으 - - 시죠 -

나를 향한 주님의 사랑 50

주영광

E C#m

나를 향 한 주님의사 – 랑 그누구 – 도 바꿀수없 – 네

A B E *Last time to* 𝄌 1. 2.

나의영 – 혼 언제나주 – 를 원해 – – 나를 –

F#m E/G# F#m E/G#

주 의 권 세 – 와 능 력 – 이 영원영 – 원 – 토 록 내 삶 – 에

F#m E/G# A B *D.S.* 𝄌 E

언제나 – 날 – 이끌 – 어 주 – 소 서 – – 나를 –

51 나를 향한 주의 사랑

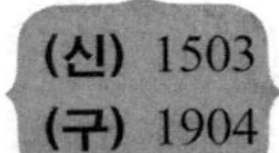

(I could sing of Your love forever)

Martin Smith

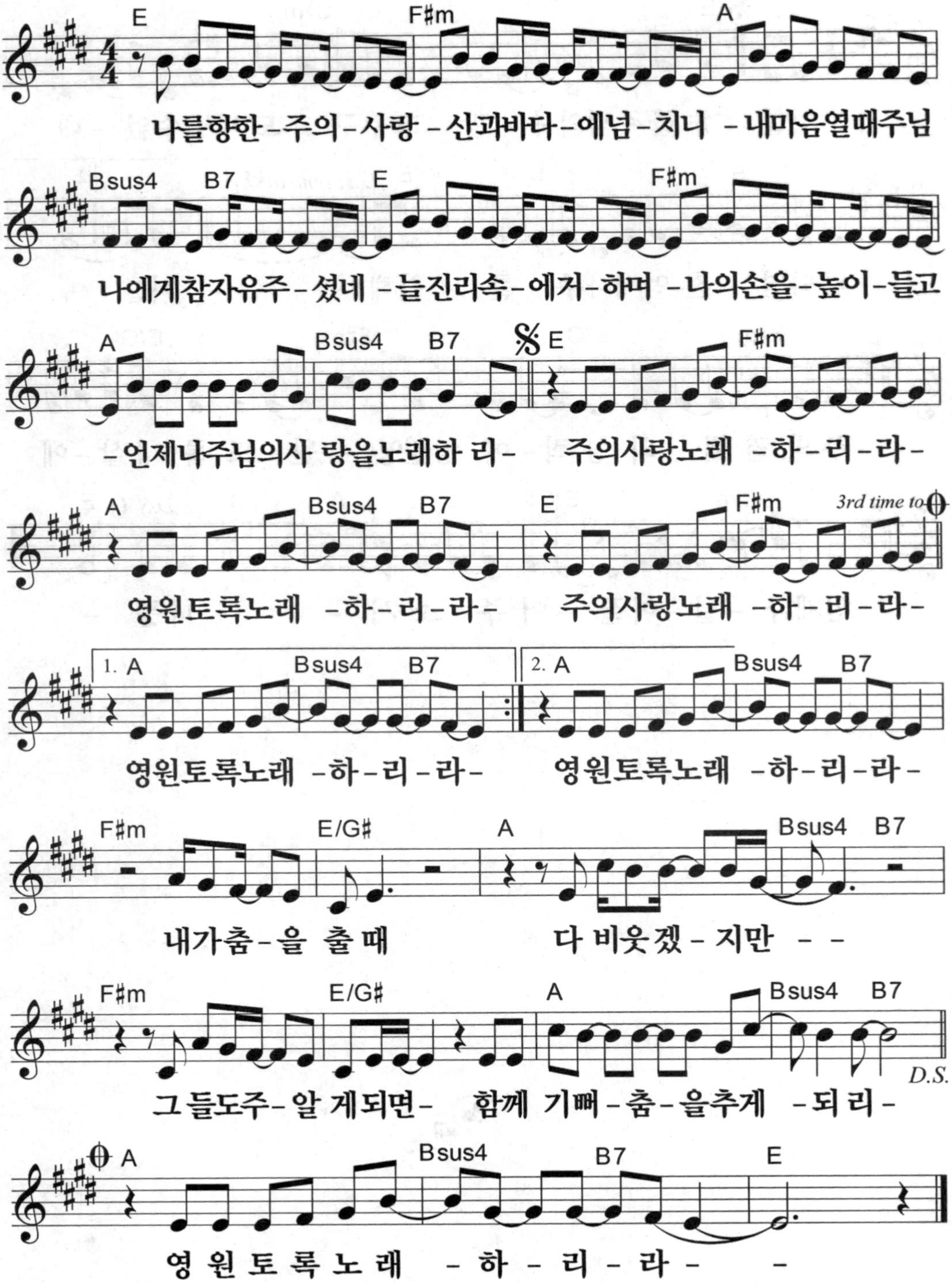

E F#m A

나를향한-주의-사랑 -산과바다-에넘-치니 -내마음열때주님

Bsus4 B7 E F#m

나에게참자유주-셨네 -늘진리속-에거-하며 -나의손을-높이-들고

A Bsus4 B7 𝄋 E F#m

-언제나주님의사 랑을노래하 리- 주의사랑노래 -하-리-라-

A Bsus4 B7 E F#m *3rd time to* 𝄌

영원토록노래 -하-리-라- 주의사랑노래 -하-리-라-

1. A Bsus4 B7 2. A Bsus4 B7

영원토록노래 -하-리-라- 영원토록노래 -하-리-라-

F#m E/G# A Bsus4 B7

내가춤-을 출 때 다 비웃겠-지만 - -

F#m E/G# A Bsus4 B7

그 들도주-알 게되면- 함께 기뻐-춤-을추게 -되리-

D.S.

𝄌 A Bsus4 B7 E

영 원 토 록 노 래 -하 - 리 - 라 - -

(신) 1693
(구) 1713

나 무엇과도 주님을

52

(Heart and Soul)

Wes Sutton

53 나보다 나를 잘 아시는 주님

(시편139편 / Psalm 139)

주민정

A2 E/A A2 E2 B/E

나 보다나를- 잘 -아시는 주 - 님 - - -

E2 B/E A2 E/A A2 E2 B/E

내가 주를떠나 - 어디 로가겠나 - 이 까 -

E2 B/E A2 E/A A2 E2 B/E

나 어딜가든 - 지 주의 손이나를 인도하 - 시며

E2 B/E A2 B/A A2 A/B B2

주의 오른손이 - 나 를붙드시 - 리다 - -

A/C# B/D# E /G# A

나 를 창세전 -부 - 터 - 계 획하 - 시 고 -

D A/C# A/B

지금까지 - 인 - 도 하 - 시 네 - - - 하나님

E E/G# A2

- 이 여 주의생 - 각 이 어찌그 - 리보배 로우신

Am E/B F#/A#

- 지 - 요 나의생 - 각보다 나 의뜻 - 보다 - 더

나보다 나를 잘 아시는 주님

F♯m7 A/B E
크 고 놀 - 라 우 신 - 주 - 님 하 나 님 - 이 여 나 를 살
E/G♯ A2 Am/C
- 피 - 사 나 의 마 - 음 을 다 아 시 - 오 - 니 - 나 를
E/B C♯m7 F♯m7 A/B Esus4 E
영 원 한 길 - 로 인 - 도 하 - 소 서 - -

54 나보다 먼저 날 사랑하신

(주신 믿음 안에서)

지한수

A E7 F#m7 F7
나 보다먼저 날 사랑하신 주님의열 심으 --로 십
보다먼저 날 사랑하신 주님의헌 신으 --로 부
A E7 F#m7 1. D7
자가 사 랑 구원 의 주 내게 믿음 주셨 --네 나
활의 능 력 영원 한 삶 내게 믿음 주셨
2. D7 C#m Bm7 E Bm
--네 나의 눈 앞에 주님볼 -순없어 도- 내 삶을 이끄시
E A E7
-는주를 믿-네 - 주신 믿음안에서 나 는예배하-리 주신
F#m7 D E7 A
믿음안에서 담 대히찬양-해 주신 믿음안에서- 예수를
E7 F#m7 D E7 A
닮게하소서- 주신 믿음안에서 세 상을이 기-네 -

(신) 2013
(구) 1931

나 비로소 이제 깊고

55

(항해자)

조영준

나 비로소 이제 - 깊고 넓은 바다 - - 다 - 두려
나 비로서 이제 - 폭풍우를 뚫고간 - 다 - 비바
움에 - 떨고있는 - 내손을주는 - 결 코 놓치지 않으셨다
람에 - 흔들리는 - 나약한나를 - 잡
아 주시는 - 그분 은 나의주 님 주나를놓치
마 소서 - 이깊고넓은 바 다에 - - 홀로 - - 내삶에
항 해의 - 끝이되 시는 주 - 님이시 - 여 - 난
의 지합 - 니 다 - - - 날포기하지 마 소서 -
나잠시나를 의 지하 - - 여도 - - 내 삶 의
항 해에 - 방향을 잡아 주 - 시옵소 - 서 -

56

나 약해있을 때에도

(주님 만이)

(구) 1819

조효성

G G7 C E7 Am A7
나 약해있을때 에도 주 님은함께계 시
시험당할때 에도 주 님이지켜주 시
D7 G G7 C E7
고 나 소망잃을때 에도 주
고 나 실망당할때 에도 주
1. Am A7 D7 2. Am D7 G
님은내게오 시 네 나 님이위로하 시 네
G Am D7 G B7
주 님 만 - 이 내 힘 이 시 며
Em Am D7 G
오 주님 만 - 이 날 도우 시 네
G Am D7 G B7
오 나의 주 - 님 내 아버 지 여
Em Am D7 G
오 나의 주 - 님 내 사랑 이 여

(신) 1593
(구) 1988

나의 가는 길

(God will make a way)

Don Moen

58 나의 가장 낮은 마음

(낮은 자의 하나님)

(신) 1621
(구) 1490

양영금 & 유상렬

A F#m7 Bm/D E

나의가-장- 낮은마-음- 주님께-서- 기뻐하-시고
내가지-쳐- 무력할-때- 주님내-게- 힘이되-시고

A F#m D E7 A E7 (A7)

작은일-에- 큰기쁨-을- 느끼게하시는도 -다-
아름다-운- 하늘나-라- 내맘에주시는도 -다-

D E/D C#7 F#m

우리에게- 축복하신- 하나님 사랑 -

D E A G/A A7

낮은자를- 높여 주시고 - -

D E/D C#7 F#m

아름다운- 하늘 나라- 허락하시고 -

D B7/D# Esus4 E7

내모든-것- 예비하시네 - -

A F#m F#m7 D Esus4 E

찬양함에 기쁨을- 감사함에 평안을-

C# F#m D Dm A

간구함에 하나님- 알도록- 하셨네 -

나의 기도하는 것보다

59

홍정식

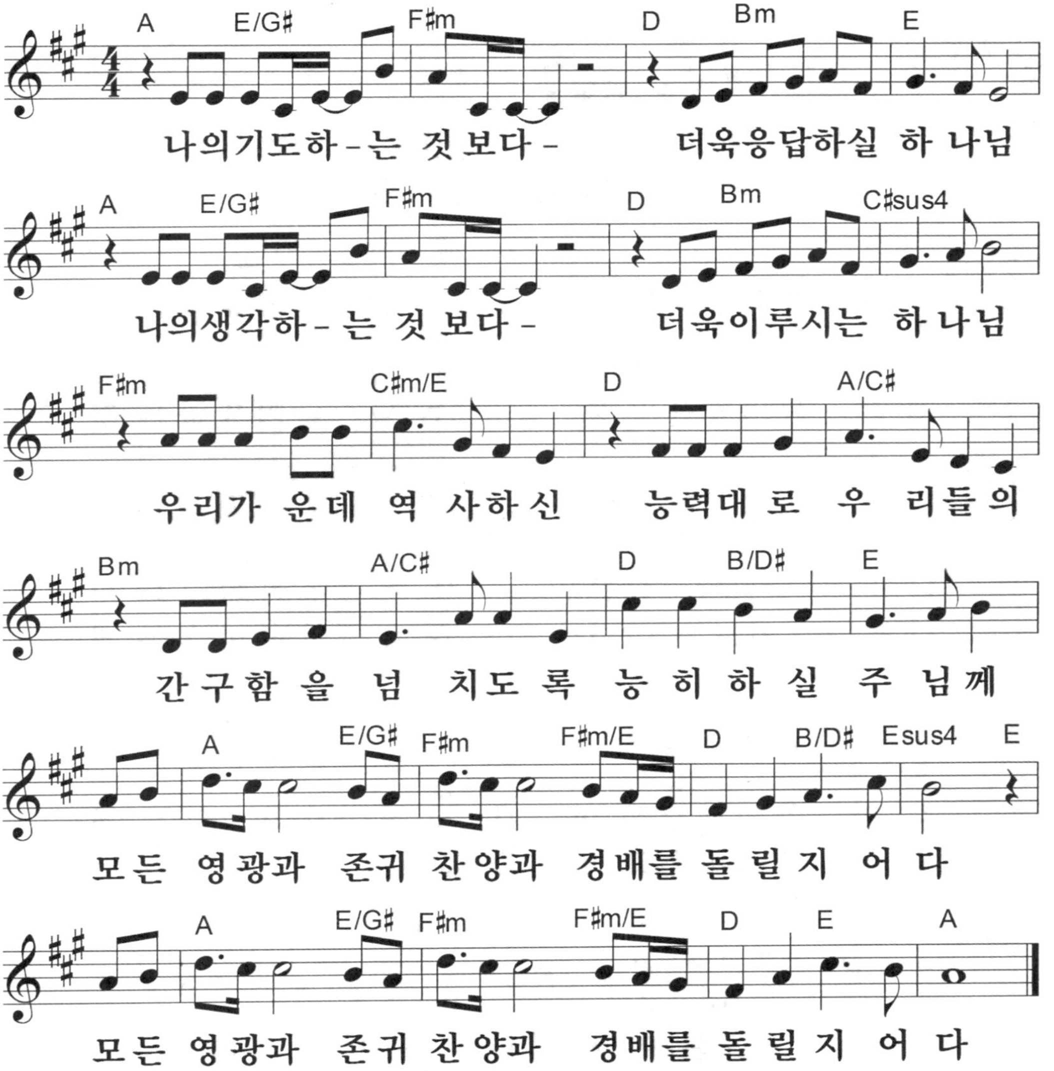

A E/G♯ F♯m D Bm E

나의기도하-는 것보다- 더욱응답하실 하 나님

A E/G♯ F♯m D Bm C♯sus4

나의생각하-는 것 보다- 더욱이루시는 하 나님

F♯m C♯m/E D A/C♯

우리가 운데 역 사하신 능력대 로 우 리들의

Bm A/C♯ D B/D♯ E

간 구 함 을 넘 치도 록 능 히 하 실 주 님께

A E/G♯ F♯m F♯m/E D B/D♯ Esus4 E

모든 영광과 존귀 찬양과 경배를 돌릴지 어 다

A E/G♯ F♯m F♯m/E D E A

모든 영광과 존귀 찬양과 경배를 돌릴지 어 다

60 나의 기도는 이런 것

(신) 1054
(구) 1106

최선자 & 박형근

나의 기도는 이런 것

A
E C#m F#m B7
1. E
이 어 두운세상속에 서 등 불 되기원하는 것
주 의 영광노래부르 며 주 곧 오심바라는
2. E E7 A E C#m F#m B7
것 제 자 들의발을씻기 신 주 님 닮기원하는
E F#m B7 E A Am E
것 주 님 닮기원하는 것 아 멘

61 나의 등 뒤에서

(일어나 걸어라)

(신) 1081
(구) 1016

최용덕

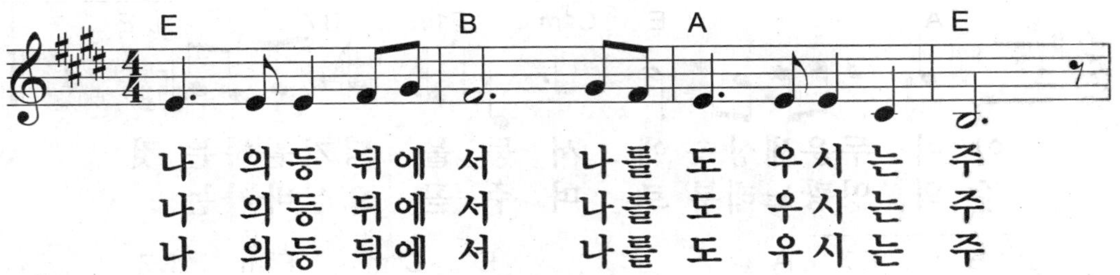
E B A E
나 의등 뒤에서 나를 도 우시는 주
나 의등 뒤에서 나를 도 우시는 주
나 의등 뒤에 서 나를 도 우시는 주

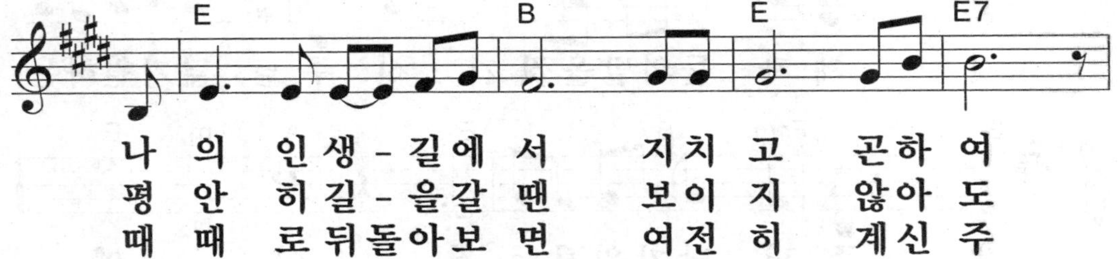
E B E E7
나 의 인생-길에 서 지치 고 곤하 여
평 안 히길-을갈 땐 보이 지 않아 도
때 때 로뒤돌아보 면 여전 히 계신 주

A G#m C#m F#m7 B7 E
매 일 처럼주저 앉고싶을-때 나를 -밀어주시 네
지 치 고곤하여 넘어 질때-면 다가 와손내미시 네
잔 잔 한미소로 바라보시-며 나를 -재촉하시 네

E B7
일 어나 걸 어라 내가 새힘을주리 니
(O O 야! 일어 나라)

E A E B7 E
일 어나 너걸 어라 내 너를 도 우 리

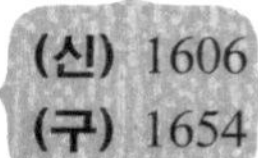

(신) 1606
(구) 1654

나의 마음을

62

(Refiner's Fire)

Brian Doerksen

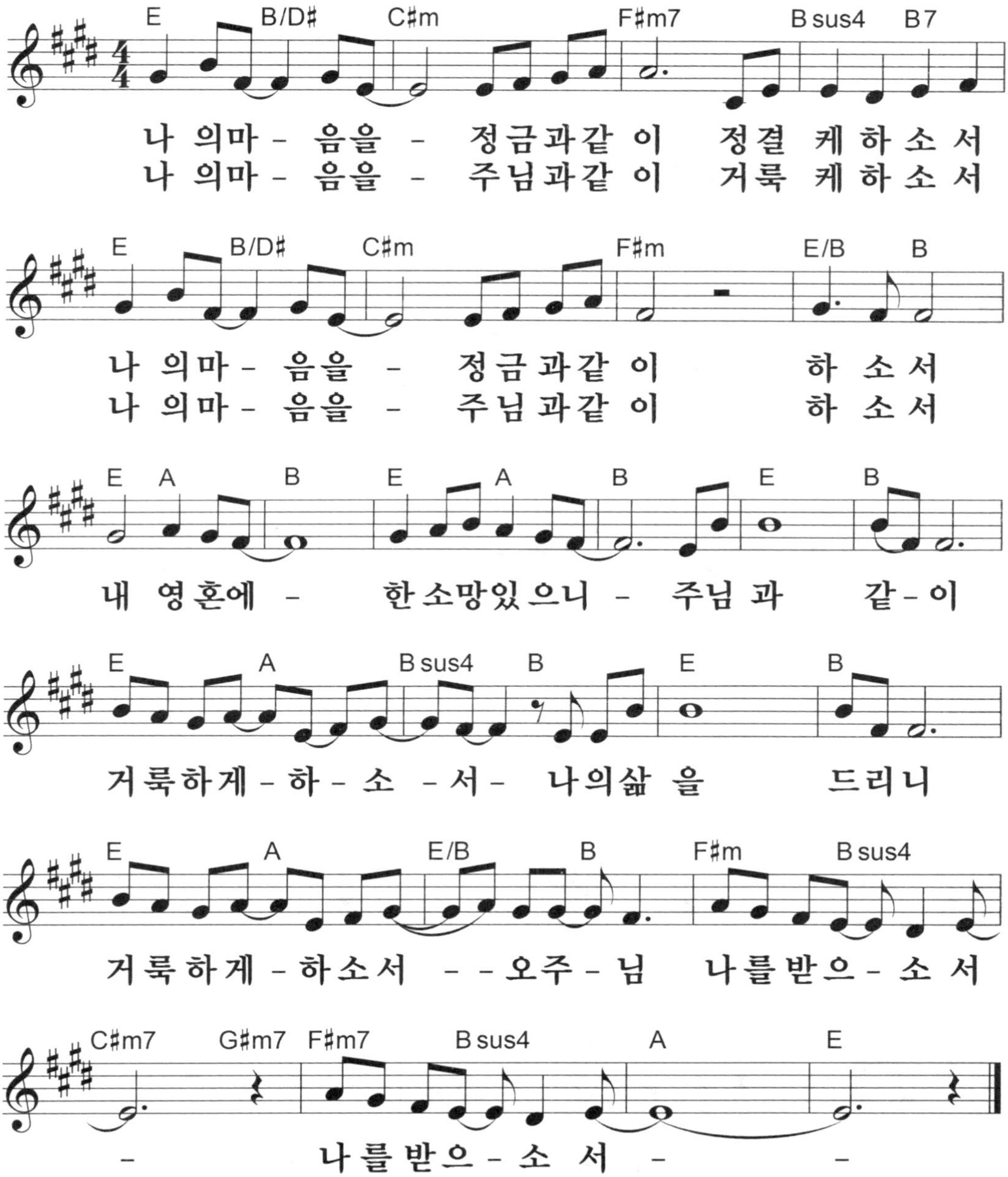

E B/D# C#m F#m7 B sus4 B7
나 의마 - 음을 - 정금과같 이 정결 케하소 서
나 의마 - 음을 - 주님과같 이 거룩 케하소 서
E B/D# C#m F#m E/B B
나 의마 - 음을 - 정금과같 이 하 소 서
나 의마 - 음을 - 주님과같 이 하 소 서
E A B E A B E B
내 영혼에 - 한소망있으니 - 주님과 같 - 이
E A B sus4 B E B
거룩하게 - 하 - 소 - 서 - 나의삶 을 드리니
E A E/B B F#m B sus4
거룩하게 - 하소서 - - 오주 - 님 나를받으 - 소 서
C#m7 G#m7 F#m7 B sus4 A E
- 나를받으 - 소 서 - -

63 나의 맘 속에 온전히

(주님만을 섬기리)

(신) 1757
(구) 971

김보훈

D A7 G A6 D
나 의맘속에 온 전히 주 님만모 셔놓고
항 상나함께 계 셔서 떠 나지마 옵소서
주 만섬기고 사 는것 더 없는기 쁨이요
D A Em A7 D
나 의정 성을다 하여 주-를-섬 기 리
주 를섬 기는내 정성 받-으-옵 소 서
주 가내 안에계 셔서 동-거-함 이 라
G D G A
나 기쁠때나 또 슬플때나 늘 오직한맘 주위해
D A7 G D A6 D
한 평생 주만 모 시고 찬송하며살리 라
D G E7 A
주는 나 의큰 능 력 주는 나 의큰 소 망
D G D A7 D
내가 항 상영 원 히 주님 만 을섬 기 리

(신) 1789
(구) 855

나의 모든 행실을

65 나의 모습 나의 소유

(신) 2081
(구) 1517

(I offer my life)

Claire Cloninger & Don Moen

(신) 1952
(구) 575

나의 반석이신 하나님

66

(Ascribe greatness)

Mary Lou King & Mary Kirkbride

A C#m D Bm
나 의 반 석 이 신 하 나님 행 하 신
A/C# D Esus4 E7 A
모 든 것 완 전하 시 니 - 나 의
C#m D Bm A/C# D
생 명 되 신 하 나 님 내 게 행 하 신 일 찬 양합 니
Esus4 E7 A C#m D
다 - 신 실 하 신 하나 - 님 실수 - 가
E Bm E A E
없으 - 신 - 좋 으 신 나 의 주 - - - -
A C#m D E
신 실 하 신 하나 - 님 실수 - 가 없으 - 신 -
Bm E A D/A A
좋 으 신 나 의 주 -

67 나의 발은 춤을 추며

(신) 1920
(구) 662

나의 사랑하는 자의 목소리 68

(나의 사랑 나의 어여쁜자야)

69 나의 삶이 다 할 때까지

(내면, 가장 치열한 전쟁터)

조영준

F C Dm Am
나의삶이 – 다 할때까지 – 주의자릴 – 뺏지 않길 –
B♭ F Gm C
나의생각 – 나의결정 – 매일주께 – 양 보 하길
F C Dm Am
나의숨이 – 꺼 질때까지 – 주의말씀 – 덮지 않길 –
B♭ F Gm C F
나의의지 – 나의판단 – 말씀 이 기초가되기 를
F Dm Gm C
내가드러나고 있 을때 내가높아지고 있 을때
Am D Gm C
내 가 – 스스로멈춰 서 내가 주보다 – 눈에띄 지 않기를
F Dm Gm C Am
드러나고싶은 이 마음 높아지고싶은 이 마음 주 여 – 이마음붙드
D Gm C F
사 주보 다내가 눈에 띄 – 지 – 않게하 소서 – –

나의 소망되신 주

70

(밤이나 낮이나)

레베카황

Em A7 D Em A Bm

나의소망되 - 신주 - 주를바라봅 - 니다 -

Em A F#7/A# Bm F#m/A G D/F# Em A D

다시오실나 - 의왕 - 예 - - 수 주를기다립 - 니다 -

G D/F# Em G/A D

밤이나 낮이나 - 어제나 오늘도 - 영원히 주만찬 양 해

G A/G F#m Bm Em A7 D

괴롭고 슬플때 - 낙망하여 넘어져도 언제나 주만찬양하 겠 네

71 나의 아버지 그 거룩한 사랑

(우리 그 날을 위해)

유지은
A E/G♯ D/F♯ A/E D F♯7/C♯ D6/B Esus4
나의 아 버지 그 거룩한사랑 아 들 의생 명 보내주시어
아 들아 내 사랑하는자 내 가 너희 를 기뻐하노라
E/D C♯sus4 C♯7/F F♯m F♯m/E D G Esus4
그피 로 주앞 에 나아가오니 주 여호와 – 여구원하 – 소 서
오주 여 당신 께 예배하오니 주 여호와 – 여임하옵 – 소 서
E F♯m C♯m D A D A/C♯ B/D♯ C♯7/E
우리 안 에 한 성령부으사우리 사랑할 – 때하나 님 보게하소서
우리 안 에 한 소망있으니참 – 진리되 – 신예수 님 여기계시니
F♯m C♯m D A D A/C♯ D E
우리 앞 에선 저 푯대향하여 주 복음위 – 해힘써싸 우 겠네
우리 부 르 신 이 땅위에서서 주 이름위 – 해크게외 치 겠네
A E/G♯ D/F♯ A/E D A/C♯
그날 에 예 수 주 다 시 오셔 – 서 하 늘과땅 – 모든권세 –
G Esus4 E A E/G♯ D/F♯ A/E
위엄 나타내리 – 니 보좌 위 영 광 빛 흘러넘쳐 – 서
D A/C♯ D/B D/E E 1. D A D/E
우리 흘린눈물모두새 찬양되겠 – 네그날 에 – 나의
2. D A/C♯ Bm D/E E D A
에 주의 영광 – 주의나라 – 임하 겠 네 –

(신) 1689
(구) 2081

나의 안에 거하라

72

류수영

A A7 D Bm
나의 안에 거하라 - 나는네 하나님이니 - 모든
E E7 A E E7 A A7
환난가운데 - 너를 지키는자라 - 두려 워하지말라 - 내가널
D Bm E E7 A E7
도와주리니 - 놀라 지말라 - 네손잡아주리라 - 내가너를
A A7 D E
지명하 - 여불렀나 - 니너는 내것이라 - 내 것이라 - 너의
A E E7 A A7
하나님이라 - 내가너를 보배롭 - 고 존귀하 - 게
Bm E E7 A
여 기노라 - 너를 사랑하 - 는네여호와라 -

73 나의영혼이 잠잠히

(오직 주만이)

(신) 1666
(구) 805

이유정

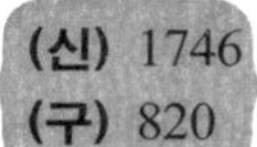
(신) 1746
(구) 820

나의 입술의 모든 말과

74

(Let the words of my mouth)

Joe Mackey

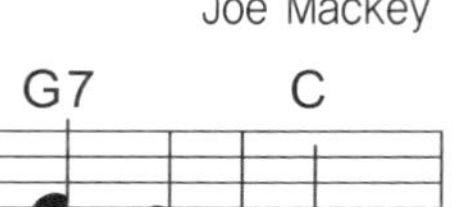

C G Dm G7 C

나 의 입 술의모든말 과 나 의 마 음의묵상 이

F/G C G F/G C C
주 께 열납되기 를 원 하 네 –
Fine

F C
생 명 이 – 되 신 주 –
소 망 이 – 되 신 주 –

F Gsus4 G7
반 석 이 – 되 신 주 –
능 력 이 – 되 신 주 –
D.C.

75 나의 주 나의 하나님이여

(신) 2146
(구) 1741

(깨뜨릴 옥합 내게 없으며 / Adonai)

Stephen Hah

E B/D# A A/B B E A/B B
나의 주 나의하나 님 이여 주 를경배합니 다

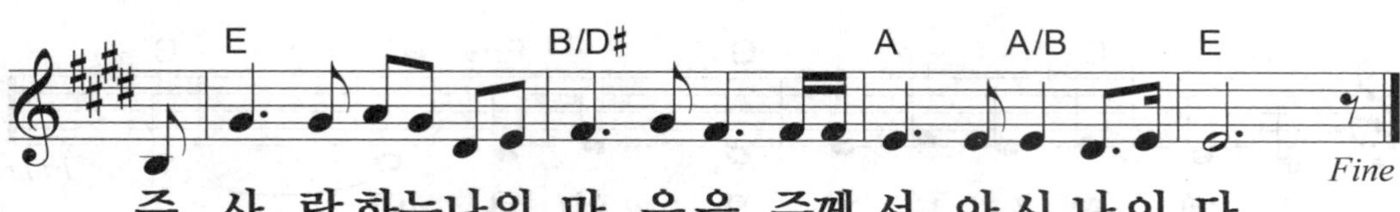
E B/D# A A/B E
Fine
주 사 랑하는나의 마 음을 주께서 아시나이 다

A B/A G#m7 C#m7 F#m7 B7 E D/F# E/G#
깨 뜨 릴옥합내게 없 -으며 주께 드 릴향유없지 만
고 통 속에방황하 는내마음 주- 께 로갈수없지 만

A B/A G#m7 C#m7 F#m7 E/B B D.S.
하 나 님형상대로 날빚으사 새 영 을내게부어 주 소-서 나의
저 항 할수-없는 그은혜로 주 님 의길을걷게 하 소-서 나의

나의 피난처 예수

Herlin Pirena
C G/B Am/G F C/E Am7
나의 피난처 - 예수 - 의지해 요 나의 피난처 - 예수 - 의지해
나는 영원히 - 주님 - 사랑해 요 나는 영원히 - 주님 - 사랑해
Dm7 G C/E FM7 Dm7 C G/B Am Fm7/G♯
- 요 - - 나의 가는길 - 에거센바 - 람 몰아쳐 - 와도 - 나의
- 요 - - 세상 어떤것 - 도나의사 - 랑 끊을수 - 없네 - 나는
C/G G C G C G/B
피 난 처 - 예 수 - 의 지 해 요 아 바 아 버 지 나 를
영 원 히 - 주 님 - 사 랑 해 요
Am Em/G F C/E Dm7 G C G/B
사랑하시니 나의 모든것주께 드려 요 아바 아 버 지 내가
Am Em/G FM7 C/E Dm7 F/G C
3
여 기 있으 니 주 님 영 광 위 하 여 써 주 세 요
교 회 위 하 여 써 주 세 요

77 나의 힘이 되신 여호와여

(신) 1205
(구) 809

최용덕

(신) 1771
(구) 940

나 자유 얻었네

나자유 얻었네 너자유 얻었네 우리자유 얻 - 었 네 - -
나구원 받았네 너구원 받았네 우리구원 받 - 았 네 - -
나성령 받았네 너성령 받았네 우리성령 받 - 았 네 - -
나기뻐 하겠네 너기뻐 하겠네 우리기뻐 하 - 겠 네 - -
나은혜 받았네 너은혜 받았네 우리은혜 받 - 았 네 - -
나믿음 얻었네 너믿음 얻었네 우리믿음 얻 - 었 네 - -
나감사 하겠네 너감사 하겠네 우리감사 하 - 겠 네 - -

나자유 얻었네 너자유 얻었네 우리자유 얻 - 었 네 -
나구원 받았네 너구원 받았네 우리구원 받 - 았 네 -
나성령 받았네 너성령 받았네 우리성령 받 - 았 네 -
나기뻐 하겠네 너기뻐 하겠네 우리기뻐 하 - 겠 네 -
나은혜 받았네 너은혜 받았네 우리은혜 받 - 았 네 -
나믿음 얻었네 너믿음 얻었네 우리믿음 얻 - 었 네 -
나감사 하겠네 너감사 하겠네 우리감사 하 - 겠 네 -

주말씀 하시길 죄사슬 끊겼네 우리자유 얻 - 었 네 할렐루야

79 나 주님의 기쁨되기 원하네

(신) 1550
(구) 1284

(To be pleasing You)

Teresa Muller

G G/B C G/B Am D
나주님 - 의기쁨되 - 기 원하네 - 내 마음을 - 새롭게하 - 소-
겸손히 - 내마음드 - 립 니 - 다- 나의모 - 든것받으 - 소-
Am/G G G/B C G/B
서 - - 새부대 - 가되 - 게하 - 여 - 주 - 사- 주
서 - - 나의맘 - 깨끗 - 케씻 - 어 - 주 - 사- 주
Am C/D Am/G G C/D G D/F#
님의빛 - 비추게하 - 소- 서 - - 내가 원 - - 하는-
의길로 - 행하게하 - 소- 서 - -
C/E G C Am7 C/D D7
한 - - 가지 - 주님의 - 기쁨이 되는것 - 내 가
G D C D Em Am D7 G
원 - -하는- 한가 - 지 - - - 주님의 - 기 - 쁨이되는것 - - -

(신) 1896
(구) 981

나 주의 믿음 갖고

(I just keep trusting the Lord)

John W. Peterson
나 주 의 믿 음 갖 고 - - 홀 로 걸 어 도 -
내 주 는 선 한 목 자 - - 나 를 인 도 해 -
나 주 의 믿 음 갖 고 - - 노 래 부 르 네 -
사 망 의 골 짜 기 로 - - 다 닐 지 라 도 -
폭 풍 구 름 몰 아 치 고 - - 하 늘 덮 어 도 -
주 님 께 서 나 의 길 을 - - 인 도 하 시 니 -
나 주 의 믿 음 갖 고 - - 실 망 치 않 네 -
나 주 를 따 라 가 리 - - 언 제 까 지 나 -
Fine
주 는 내 친 구 - 진 실 한 친 구 -
주 는 내 목 자 - 선 하 신 목 자 -
세 상 끝 까 지 - 주 의 지 하 리 -
어 디 가 든 지 - 함 께 하 시 네 -
D.S. al Fine

81 날 구원하신 주 감사

(신) 1679
(구) 1601

(Thanks for God for my redeener)

Arr. Roy Brunner & John A Hultman

A Bm E A
날 구 원 하 신 주 감 사 모 든 것 주 심 감 사
응 답 하 신 기 도 감 사 거 절 하 신 것 감 사
길 가 에 장 미 꽃 감 사 장 미 꽃 가 시 감 사
A D E A
지 난 추 억 인 해 감 사 주 내 곁 에 계 시 네
헤 쳐 나 온 풍 랑 감 사 모 든 것 채 우 시 네
따 스 한 따 스 한 가 정 희 망 주 신 것 감 사
D A F#m B7 E
향 기 론 봄 철 에 감 사 외 론 가 을 날 감 사
아 픔 과 기 쁨 도 감 사 절 망 중 위 로 감 사
기 쁨 과 슬 픔 도 감 사 하 늘 평 안 을 감 사
C#/F F#m A/E D Bm A/E E7 A
사 라 진 눈 물 도 감 사 나 의 영 혼 평 안 해
측 량 못 할 은 혜 감 사 크 신 사 랑 감 사 해
내 일 의 희 망 을 감 사 영 원 토 록 감 사 해

날 대신하여 지신 십자가로 82

(십자가로 갑니다)

F B♭2 Gm7 C Dm2 C
날 대신하여 지신 십자가로 은 혜구하-며 지금 나갑니-다
F B♭2 Gm7 C7 1.F
연약함벗고 보 혈힘입어 겸손히나갑니 다 날
2. F Am Dm Gm F B♭ G7
다 길잃 은자녀 기 다리시-네 그 품에날부르시
C C7 Dm F/C B♭2 Gm7 C
네 - 내모든죄 대신 지고가신 십자가-로
Am7 Dm7 Gm7 C7 F
십자가-로 십 자 가-로갑니 다 -

83 날마다 숨쉬는 순간마다

(신) 1808
(구) 1009

(Day by day)

Brentwood Benson Music Publications(Arr.) &
PD. Ahnfelt Oscar / Carolina Vilhelmina Sandell Berg

날마 다 숨쉬는순간 마 다 내앞 에 어려운일보 네
날마 다 주님내곁에 계 셔 자비 로 날감싸주시 네
인생 의 어려운순간 마 다 주의 약 속생각해보 네

주님 앞 에이몸을맡 길 때 슬픔 없 네두려움없 네
주님 앞 에이몸을맡 길 때 힘주 시 네위로함주 네
내맘 속 에믿음잃지 않 고 말씀 속 에위로를얻 네

주님 의 그자비로운 손 길 항상 좋 은것주시도 다
어린 나 를품에안으 시 사 항상 평 안함주시도 다
주님 의 도우심바라 보 며 모든 어 려움이기도 다

사랑 스 레아픔과기 쁨 을 수고 와 평화와안식 을
내가 살 아숨을쉬는 동 안 살피 신 다약속하셨 네
흘러 가 는순간순간 마 다 주님 약 속새겨봅니 다

날 만나라

84

(commune with Me)

Kirk Dearman

C G/B Am /G F C/E Dm7 G7

날 만 나 라 날 만 나 라
주 경 배 해 주 경 배 해
주 만 나 리 주 만 나 리

C G/B Am /G G/D D7 G

그 - 룹 날개 사 - 이 에서 날 만 나 라
그 - 룹 날개 사 - 이 에서 주 경 배 해
그 - 룹 날개 사 - 이 에서 주 만 나 리

C G/B Am /G F C/E Dm7 G7

날 만 나 라 날 만 나 라
주 경 배 해 주 경 배 해
주 만 나 리 주 만 나 리

C G/B Am Fm6/A♭ C/G G7 C

그 - 룹 날개 사 - 이 에서 날 만 - 나 라
그 - 룹 날개 사 - 이 에서 주 경 - 배 해
그 - 룹 날개 사 - 이 에서 주 만 - 나 리

85

날이 저물어 갈때

(주가 일하시네)

이혁진

C M7 G2/B F/A C/E D m7 G♭7 C G♭9

날이 저물어 – 갈때 – 빈들 에서걸 – 을때 – 그때 가 – 하나님 의때 –

우리 모인이 – 곳에 – 주님 함께계 – 시네 – 누리 네 – 아버지 은혜 –

C M7 G2/B F/A C/E D m7 G♭7 C

내힘 으로안 – 될때 – 빈손 으로걸 – 을때 – 내가 고백해 – 여호와이 레 –

적은 떡과물 – 고기 – 내모 든걸드 – 릴때 – 모두 고백해 – 여호와이 레 –

C/E F G/F E m7 A m7 /G D m7 G♭9 C

주가 일 하시네 – 주가 일 하시네 – 주께 – 아끼지않 – 는 자에 게

C/E F G/F E m7 E/G♯ A m7 D m7 G♭9 C M7

주가 일 하시네 – 주가 일 하시네 – 신뢰 하며걷는자 – 에게 –

날 채워주소서

양승훈
D G D/F♯
4/4
날 채 워 주 소 서 날 만 져 주 소 서 날 일 으 키 소
Em7 3 G/B C G/B
서 지 금 이 시 간 끝 없 는 - 주 님 의 생 명 수 로 - 나 의
Am7 D G
영 혼 에 - 부 으 소 서 날 채 워 주 소 서 날 만 져 주 소
D/F♯ Em7 3 Bm7 C
서 날 일 으 키 소 서 주 볼 수 있 게 세 상 의 - 누 구 도
Bm7 Em7 Am7 D G
채 울 수 없 는 - 나 의 마 음 을 - 채 우 - 소 서

87 낮엔 해처럼 밤엔 달처럼

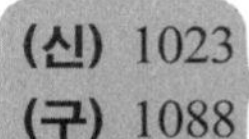

최용덕

낮 엔해처 럼 밤 엔달처 럼그렇게 살 순없을 까 –
예 수님처 럼 바 –울처 럼그렇게 살 순없을 까 –

욕 심도없 이 어둔 세 상비추 어온전 히 남을 위 해살듯 이 –
남 을위하 여 당신 들 의온몸 을온전 히 버리 셨 던것처 럼 –

나 의일생 에 꿈 이있다 면 이땅 에 빛과 소금되 어 –
주 의사랑 은 베 푸는사 랑 값없 이 거저 주는사 랑 –

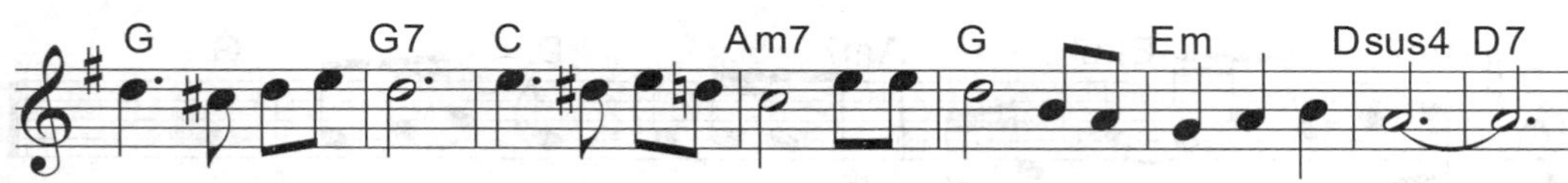

가 난한영 혼 지 친영혼을 주님 께 인도 하 고픈 데 –
그 러나나 는 주 는것보다 받는 것 더욱 좋아하 니 –

나 의욕심이 나의못 난자아 가 언제나 –커 다 란짐되 어 –
나 의입술은 주님닮 은듯하 나 내맘은 –아 직 도추하 여 –

나 를짓눌러 맘을 곤 고케하 니 예수 여 나를 도 와주소 서 –
받 을사랑만 계수 하 고있으 니 예수 여 나를 도 와주소 서 –

(신) 1785
(구) 1249

내가 그리스도와 함께

88

박윤호

D D7 G D A7
내가 그 리스 도 와함 - 께 십자가 에못박 혔나니 -
D G A7 D /F♯
그런 즉 이- 제 내가산 것아니 요 오 직 내안 에
G D A7 D D7
예수 께 - - 서 사 신 - 것 이- 라 -
G D D7 G E7 A A7
이제내 - - 가 육체 가 운- 데 사 는 것 은 - - -
D D7/F♯ G D A7 D
나를사 랑하사 자 기 몸 버 리 신 예수 위 해 산 것이 라 -

89

내가 너를 얼마나

(너는 아느냐)

송명희 & 김석균

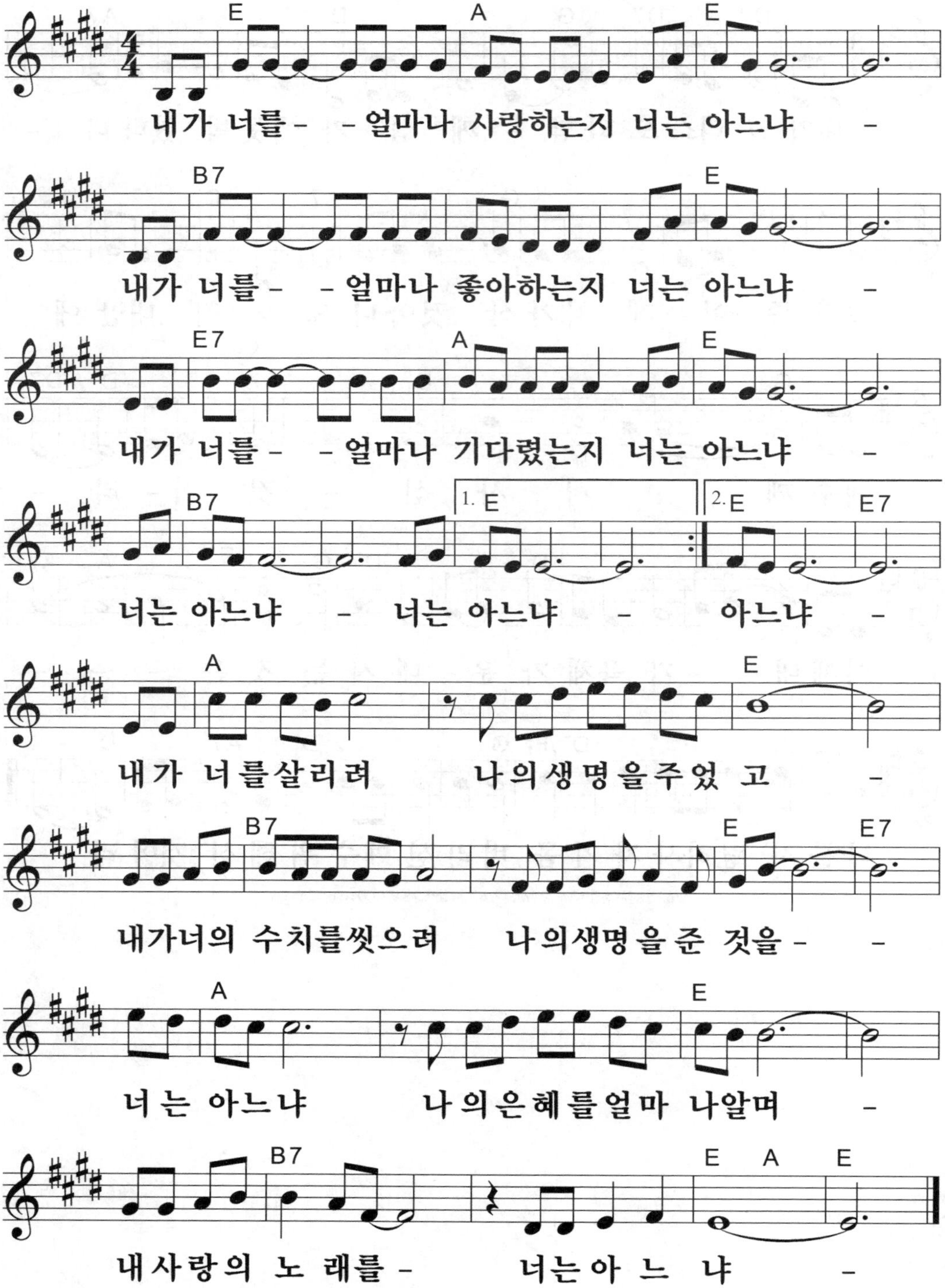

E A E

내가 너를- -얼마나 사랑하는지 너는 아느냐 -

B7 E

내가 너를- -얼마나 좋아하는지 너는 아느냐 -

E7 A E

내가 너를- -얼마나 기다렸는지 너는 아느냐 -

B7 1. E 2. E E7

너는 아느냐 - 너는 아느냐 - 아느냐 -

A E

내가 너를살리려 나의생명을주었 고 -

B7 E E7

내가너의 수치를씻으려 나의생명을준 것을- -

A E

너는 아느냐 나의은혜를얼마 나알며 -

B7 E A E

내사랑의 노 래를- 너는아 느 냐 -

(신) 1098
(구) 592

내가 산을 향하여

김영기
C F C
내가 산을 향하여- 눈을 들리라
내가 손을 들고서- 기도하리라
C G7 G7 Dm7 D/F♯ F/G G7
나의 도움이 어디서 올-꼬
나의 응답이 어디서 올-꼬
C F C
천지 지으신 여호와- 나의 왕이여
전지 전능한 하나님- 나의 주시여
C Dm7 G7 C
영원 무궁히 지키시리로다
나의 출입을 지키시리로다

91 내가 먼저 손 내밀지 못하고

(신) 1039
(구) 1244

(오늘 나는)

최용덕

내가 먼저 손 내밀지 못하고

G G7 C G D7
오- 늘 나 는 오 늘 나- 는
G Em C D7
주님앞에서- 몸둘바모르- 고 이렇게 흐느끼며서있 네
G C D7 G
어찌 할 수 없는이맘을- 주님께 -맡긴채로

92 내가 어둠 속에서

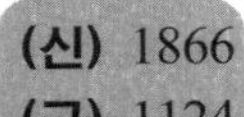

문경일

내가 어둠 – 속에서 – 헤맬때에도 – 주님 은 함께계 셔
내가 은밀한곳에서 – 기도할때도 – 주님 은 함께계 셔
힘이 없고 – 연약한 – 사람들에게 – 주님 은 함께계 셔

내가 시험 – 당하여 – 괴로 – 울때도 – 주님 은 함께계 셔
내가 아무도모르게 – 선한일할때도 – 주님 은 함께계 셔
세상 모든 – 형제와 – 자매 – 들에게 – 주님 은 함께계 셔

기뻐찬양하네 할렐루 할렐루 야 할렐 루 할렐루 야

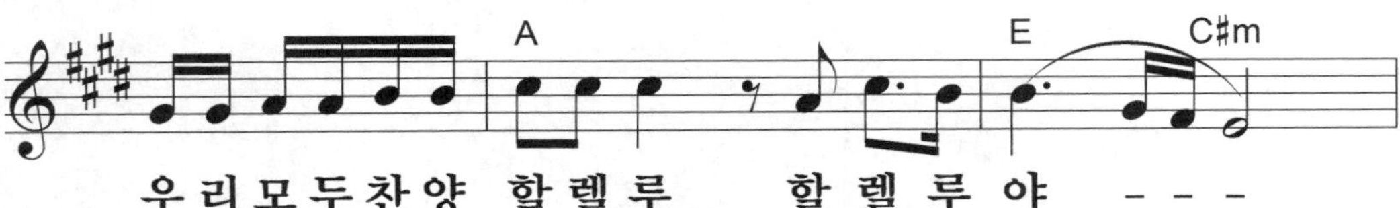

우 리 모 두 찬 양 할 렐 루 할 렐 루 야 – – –

주 님 나 와 함 께 계 시 네 –

내가 여호와께 바라는 한 가지 일

93

정성실
G C2
내가 여호와 - 께 바라 - 는 한가지 - 일 - 내
Am7 D7 G
평생에 - 여호와의집에 살 면 - 서 그 성전에 - 서 여호와의
C2 Am D7 G
아름다 - 움을 - 바라보는것 그것 - 이 라 내가
C2
그의장 - 막에 - 서즐거운 제사를드리겠 - 고노래
C2 D7 G
하며 - 여호와를찬 - 송하 - 리 할렐 - 루야 - 마음다
CM7 G CM7
하여 - 할렐 - 루야 - 뜻을다 하여 - 주안 -
G C2 G
에 - - 거하 - 리 - - 주안 - 에 - - 거하 - 리 - -

94 내가 주님을 사랑합니다

(고백)

이길승

내가 주 님을주 님을 사랑합니다 내가 주 님을사 랑합니 다
내가 주 위해주 위해 죽겠습니다 내가 주 위해죽 겠습니 다
내가 주 위해주 위해 살겠습니다 내가 주 위해살 겠습니 다

주님 먼 저날 - 사랑 하 셨 - 네 내가 주님을사랑 합니 다
주님 먼 저날 - 위해 죽 으셨네 내가 주위해죽겠 습니 다
주님 먼 저날 - 위해 사 셨 - 네 내가 주위해살겠 습니 다

95 내가 할 수 있는 것은

(All That I Can Do)

Ted Sanquist

내가 주인 삼은

전승연

G D/F♯ Em /D C G/B Am
내가 주인삼은 - 모든것 내려놓고 - 내 주 되 신
G/D D2 G D/F♯ Em Em2/D
주앞 에 나가 - 내가 사랑했던 - 모든것 내려놓고 -
C D7 1. G 2. G D G
주 님 만 사 랑해 - 내가 - 주사 랑
D/F♯ Em7 C G/B Am7 D7 G
거친 풍랑에도 - 깊은 바다처럼 - 나를 잠잠케해 - 주사 랑
D/F♯ Em7 Am7 D7 G
내영 혼의반석 - 그 사랑위에 - 서 리 -

97 내가 처음 주를 만났을 때

(신) 1947
(구) 946

(주를 처음 만난 날)

김석균

내가 처 음 주 를만났 을 때외롭 고 도 쓸쓸한모 습 -
내가 다 시 주 를만났 을 때죄악 으 로 몹쓸병든 몸 -
내가 이 제 주 를만남 으 로죽음 의 길 벗어나려 네 -

말없 이 홀로 걸 어가신 길 은영-광 을 다- 버 린나그 네 -
조용 히 내손 잡 아이끄 시 며병-든 자 여- 일 어나거 라 -
변찮 는 은혜 와 사랑베 푸 신그-분 만 이- 나 의구세 주 -

정녕 그 분이 내 형제구원 했 나 나의 영 혼도 구 원하려 나 -
눈물 흘 리며 참 -회하였 었 네 나의 믿 음이 뜨 거웠었 네 -
주예 수 따라 항 -상살리 로 다 십자 가 지고 따 라가리 라 -

의심 많은 도 마처럼 울었 네 내가 주 를 처 음만난 날 -
그러 나 죄 악 이나를 삼 키 고 내영 혼 갈 길 을잃었 네 -
할렐 루 야 주 를만난 이 기 쁨 영광 의 찬 송 을돌리 리 -

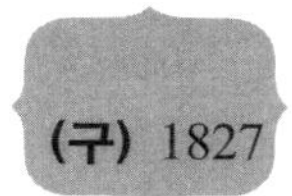

내 갈급함

98

윤주형

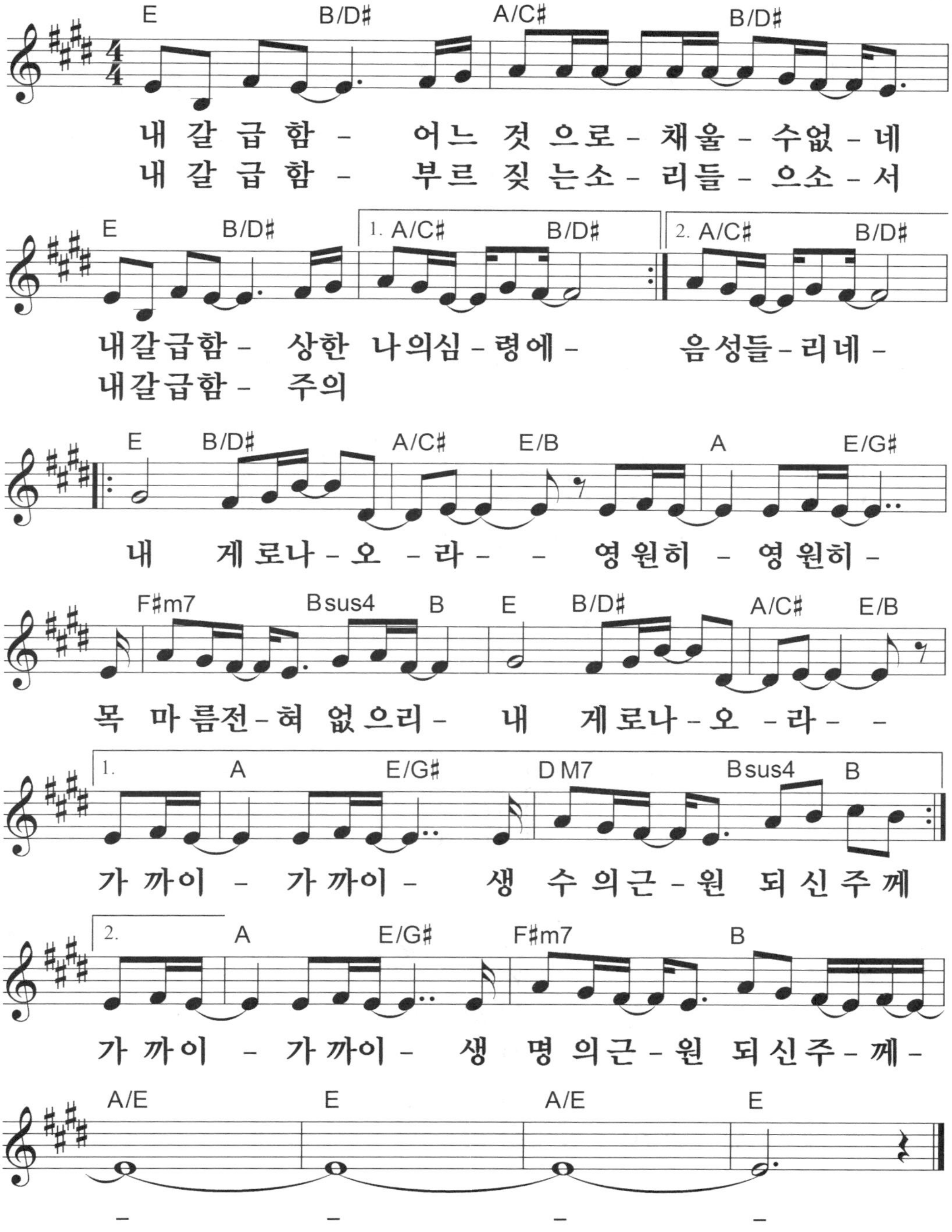

내 갈 급 함 - 어느 것 으 로 - 채 울 - 수 없 - 네
내 갈 급 함 - 부 르 짖 는 소 - 리 들 - 으 소 - 서

내갈급함 - 상한 나의심 - 령에 - 음성들 - 리네 -
내갈급함 - 주의

내 게로나 - 오 - 라 - - 영원히 - 영원히 -

목 마름전 - 혀 없으리 - 내 게로나 - 오 - 라 - -

가 까이 - 가 까이 - 생 수 의근 - 원 되 신 주 께

가 까이 - 가 까이 - 생 명 의근 - 원 되신주 - 께 -

\- - - -

99 내게 강 같은 평화

(Peace Like A River)

(신) 1662
(구) 1496

내게로 부터 눈을 들어 100

(시선)

101 내게 있는 향유 옥합

(옥합을 깨뜨려)

(신) 1498
(구) 613

박정관

D A/C♯ Bm F♯m G E/G♯ A A/C♯
내 게 있 는 향 유 옥 합 주 께 - 가 져 와
D A/C♯ Bm F♯m G A7 D
그 발 위 에 입 맞 추 고 깨 뜨 - 립 니 다
Bm F♯m G F♯m Em7 E7/G♯ Asus4 A7
나 를 위 해 험 한 산 길 오 르 - 신 그 발
나 를 위 해 십 자 가 에 오 르 - 신 예 수
주 님 다 시 이 땅 위 에 임 하 - 실 그 때
D A/C♯ Bm F♯m G A7 D
걸 음 마 다 크 신 사 랑 새 겨 - 놓 았 네
흘 린 피 로 나 의 죄 를 대 속 - 하 셨 네
주 의 크 신 사 랑 으 로 날 받 아 주 소 서

내게 허락하신

(나는 믿네 / Rompendo em fe)

Ana e Edson Feitosa

내게 허락하 - 신 - 시련 을 통해 - 나의
믿음더 - 욱강 - 하게 - 자 라나고 - 험한 산과골짜 - 기 지
나는동안 - - - 주께 더가까이 - 나를이 - 끄시네 - 내가
겪는시 - 험이 - 어렵고 힘겨워도 - 내 - 주님보 - 다 - 크지 - 않네
- - - 내앞 의바다가 - 갈라 지지않으 면 주가
나로바 - 다위 - 걷게 - 하리 - - - 나는믿네 - 주의
능 력으 - 로내 - 삶새 - 롭 게되리 - 나는믿네 - 주의
능력으 - 로담 - 대히 - 나아 가리라 - 주 와 함께싸워 - 승 리
하 - 리라 - 날마다 믿음으 - 로나 - 살아 - 가리 -

103 내 구주 예수님

(Shout to the Lord)

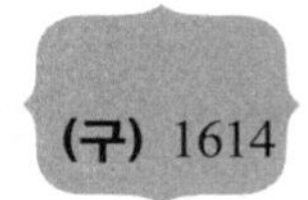

(구) 1614

Darlene Zschech

C G Am G F
내 구 주 예 수 님 주같은분 - 없 - 네 - 내평생에
위 로 자 되 시 며 피난처되 - 신주님 - 나의영혼
1. C/E F C/G Am B♭ Dm7/A Gsus4 G7
- 찬양하리 - - 놀라운주의 사 랑 을
2. C/E F C/G Am B♭ B♭/A Gsus4 G7
- 온맘다해 - 주를경배 합 니 다
C Am F Gsus4 G7 C Am
온땅이여 - 주님께 - 외쳐라 - - 능력과위 - 엄의왕
FM7 Gsus4 G7 Am F
- 되신주 - 산과바다 - 소리쳐 - 주의 - 이름
G Am G/B G7 C Am
을 - - - 높 이 리 - 주행한일 - 기 뻐 노
F Gsus4 G7 C Am FM7 Gsus4 G7
- 래하며 - 영 원히주님 - 을사랑 - 하리라 -
Am F G7 C F/C C
신실하신 - 주의약 - 속나받 - 았 네 - -

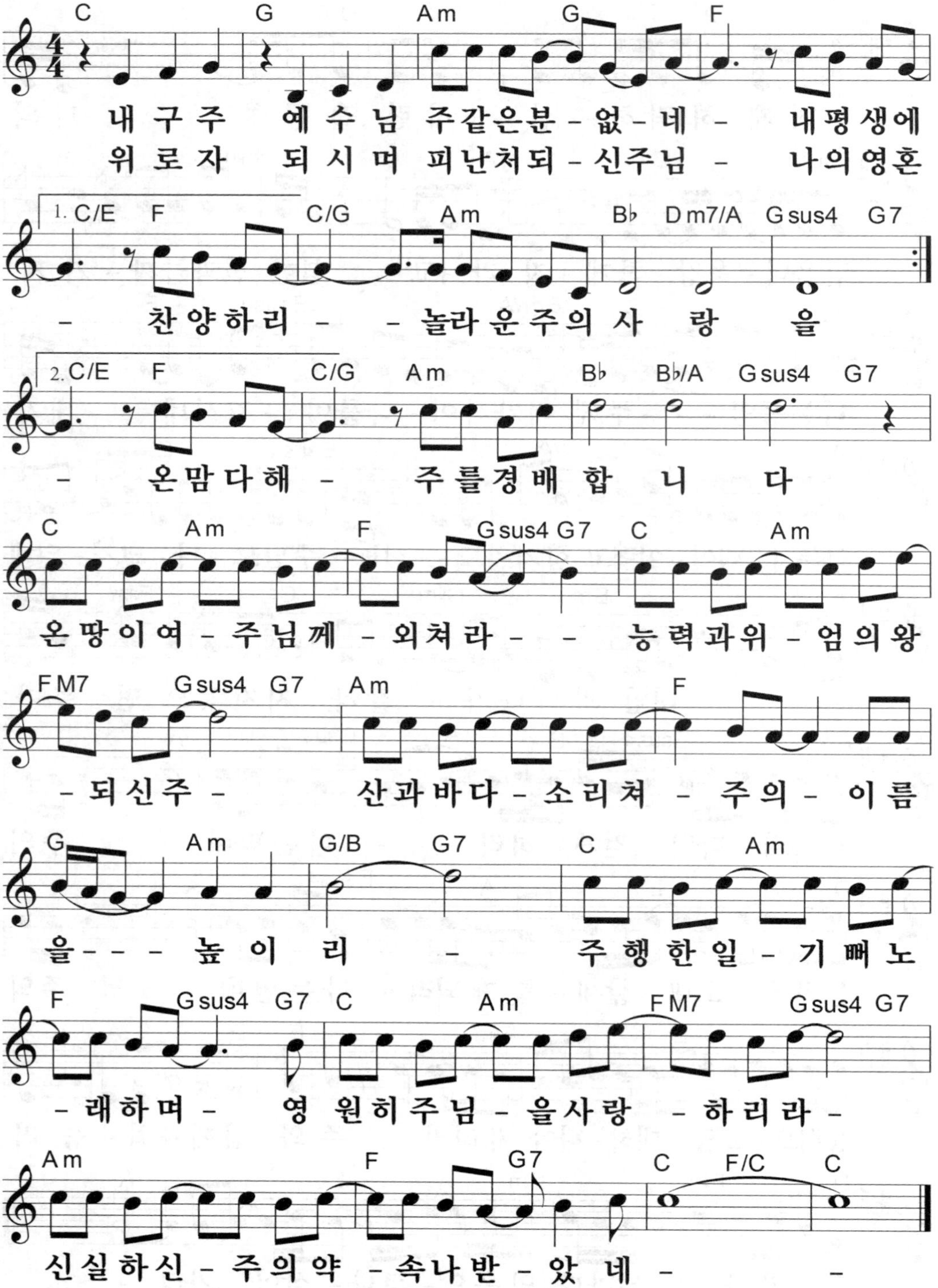

(신) 1488
(구) 1742

내 눈 주의 영광을 보네

(모든 열방 주 볼 때까지)

고형원

G D C G C/G G D/F♯ Em G/D
내 눈 주의 영광을 보네 우리가운데 - 계신주 님
C D/C Bm Em C Am Dsus4 D7
그빛난영광 온하늘덮고 그찬송온땅가 - 득 해 내
G D/G C/G G C/G G D/F♯ Em
눈 주의 영광을 보네 찬송가운데 - 서신주 님 주
Am7 D Bm Em C Am Dsus4 D7
님의얼굴은 온 세상향하네 권능의팔을드 - 셨 네 주의
G D/F♯ C C/D D7 G Bm Am
영광 이곳에 - 가득 해 우린 서네 주님과 함 께 - - -
D7 G D/F♯ Em Dm7 G/B C D7 C/G G
찬양하 며 우리는 전진 하 - 리 - 모든열 - 방주볼때까 지
Fine
G/F E♭ F B♭ E♭ F
하늘 아버지 - 우릴 새롭게 하사 열방 중에서 - 주를
B♭ E♭ F/E♭ Dm7 Gm
섬기게 하소서 - 모든 나라일어나 - 찬송부르며 -
Cm7 Am7(♭5) Dsus4 D7
영광의 주님을 - 보게하 - 소 서 주의
D.S

105 내 마음 다해

(My Heart Sings Praises)

(신) 2100
(구) 1745

Russell Fragar

(신) 1840
(구) 1608

내 마음에 주를 향한 사랑이 106

(십자가의 길 순교자의 삶 / The way of cross the way of martyr)

Stephen Hah

내마음에주를향한 사랑이 - 나의말엔주가주신 진리로 -
내입술에찬 - 양의 향기가 - 두손에는주를닮은 섬김이 -

나의눈에주의눈물 채 워 주 소 서 서
나의삶에주의흔적 남 게 하 소

하나 님의사랑이 - 영원 히 함 께하리 -

십자 가의길을걷는자에 게 순교 자의삶을사는이에 게

조롱 하 는 소 리와 - 세상 유 혹 속 에도 -

주의 순결한신부가되리 라 내생 명 주님 께 드리 리

107 내 마음을 가득 채운

(신) 2113
(구) 2241

(Here I Am Again)

Tommy Walker

내마음을가득채운 주향한찬양과사랑 어떻게표현할수
수많은멜로디와 찬양들을드렸지만 다시고백하기원

있 나 수 많 은 찬 양 들 로 그 맘 표 현 할 길 없 어
하 네 주 님 은 나 의 사 랑 삶 의 중 심 되 시 오 니

다 시 고 백 합 니 다 - 주 사 랑 해 요
주 를 찬 양 합 니 다 -

온 맘 다 하 여 말 로 다 - 할 수 - 없 어 - 오 주

사 랑 해 요 찬 양 받 아 주 소 서 - -

주님사랑다시고백 하는새날주심감사 해 - - 요 -
주님사랑다시고백 하는찬양주심감사 해 - - 요 -

내 마음의 중심에

108

(하나님을 초대해요)

송세라 & 김문정

C G/B Am7 C/G F C/E Dm7 Gsus4

내마 음 의 중 심 에 하 나 님을 초 대 해 요

C G/B Am7 C/G C/E F C/E Dm7 Gsus4

마 음 다 해 하 나 님 - 높 이 높 이 찬 양 해 요

C/E F G Em7 Am7 Dm7 F/G C Dm7

전 능 하 신 나 의 하 나 님 영 원 하 신 나 의 하 - 나 님 -

C/E D/F# G/F Em7 Am7 Dm7 F/G C

목 자 되 신 나 의 하 나 님 신 실 하 신 나 의 하 나 님 -

109 내 마음이 참 외로울 때

안선

F F/A B♭9 B♭9/C F F/A Dm Dm7/C
내마음이-참외 -로울때- 주님께서- 찾 아와- 내맘을
B♭M7 F/A Gm7 F E♭ C7
위로하시네- 따뜻한주의손길- 언제나 내곁에- 계시 네
F F/A B♭9 F Am7 Dsus4 D
내마음이-참괴 -로울때- 주님께서- 다 가 오 시 며
Gm7 F/A B♭M7 B♭/C F Am7 D7
그 분의뜻을-내게 말씀하- 시 - 네
Gm7 C7 Am7 D7 Gm7 C7 F
바랄수없-는- 상황에서도- 소망을주-시는 나의하-나님-
Gm7 C7 Am7 D7 Gm7 C7 Fsus4 F
비록내앞-길- 캄캄하-여 도 - 믿음으로써가게 하시네-

내 마음 주께 바치옵니다 110

김순세

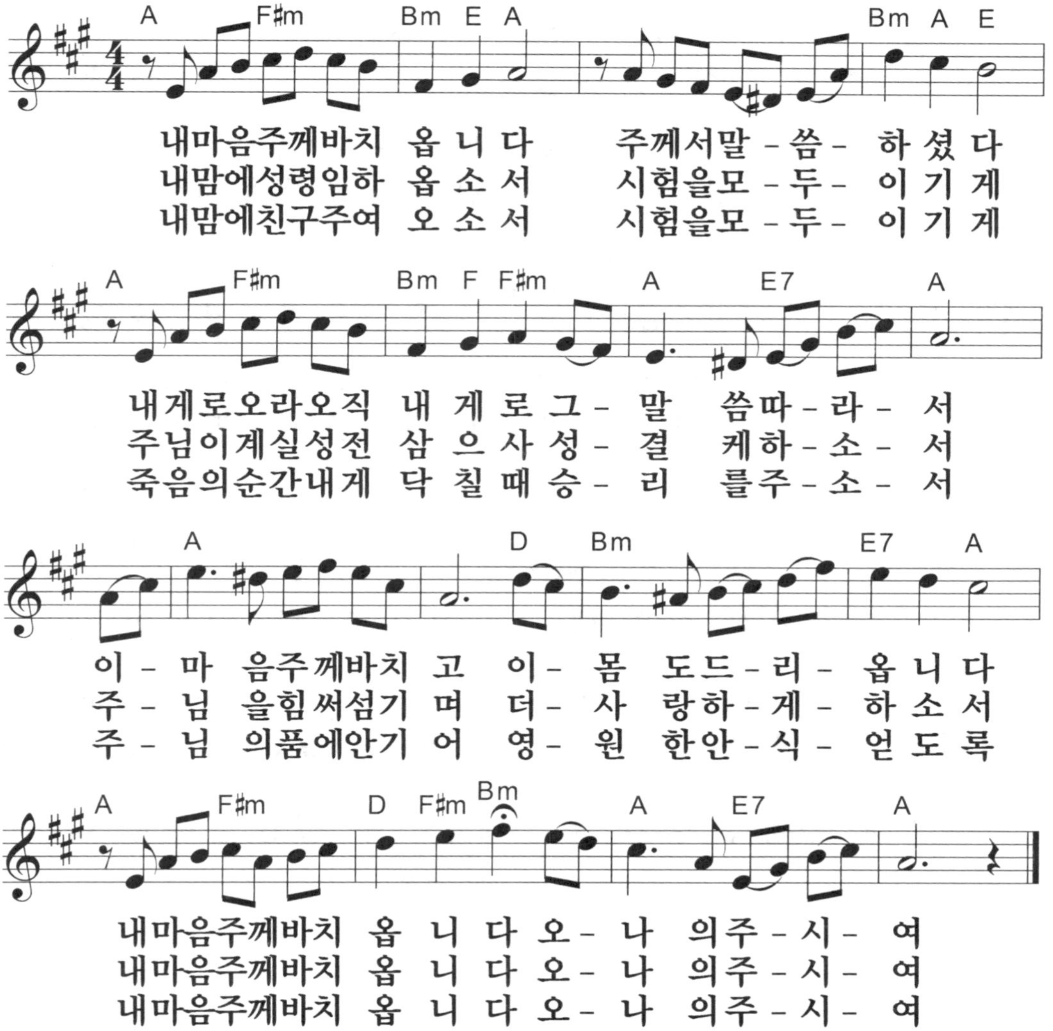

A F♯m Bm E A Bm A E
내마음주께바치 옵 니 다 주께서말 – 씀 – 하 셨 다
내맘에성령임하 옵 소 서 시험을모 – 두 – 이 기 게
내맘에친구주여 오 소 서 시험을모 – 두 – 이 기 게
A F♯m Bm F F♯m A E7 A
내게로오라오직 내 게 로 그 – 말 씀따 – 라 – 서
주님이계실성전 삼 으 사 성 – 결 케하 – 소 – 서
죽음의순간내게 닥 칠 때 승 – 리 를주 – 소 – 서
A D Bm E7 A
이 – 마 음주께바치 고 이 – 몸 도드 – 리 – 옵 니 다
주 – 님 을힘써섬기 며 더 – 사 랑하 – 게 – 하 소 서
주 – 님 의품에안기 어 영 – 원 한안 – 식 – 얻 도 록
A F♯m D F♯m Bm A E7 A
내마음주께바치 옵 니 다 오 – 나 의주 – 시 – 여
내마음주께바치 옵 니 다 오 – 나 의주 – 시 – 여
내마음주께바치 옵 니 다 오 – 나 의주 – 시 – 여

111 내맘 속에 있는

(신) 1731
(구) 1144

(오 주 없인 살 수 없네 / Oh I Could Not Live Without Him)

Ruth Caye Jones

내맘속 에있는 참된이평화는 누구도 빼앗을수없네 –
평화없 는세상 고통과싸움뿐 사람들 은무서워떠네 –

주는내 마음에 구주 되 시었네 오 – 주 없인살수없 네 –
평화의 주님이 다시 올 때까지 죄와전 쟁은끝이없 네 –

오 – 주 없인살 수없 네 – 오직주 께만구원있 네 –

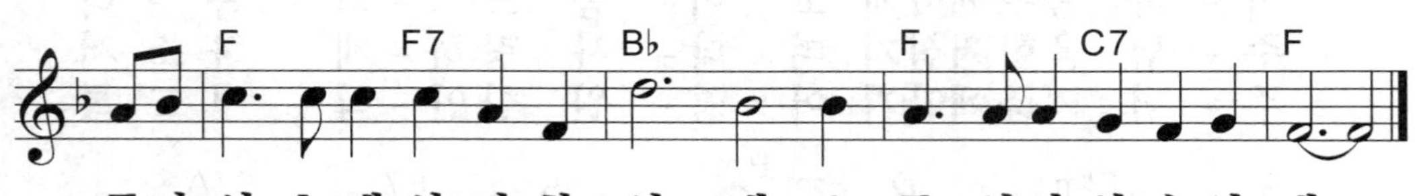

주님 없 는세상평화 없 네 오 주 없인 살수없 네 –

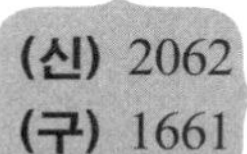

내 모든 삶의 행동 주 안에 112

(Every move I make)

David Ruis

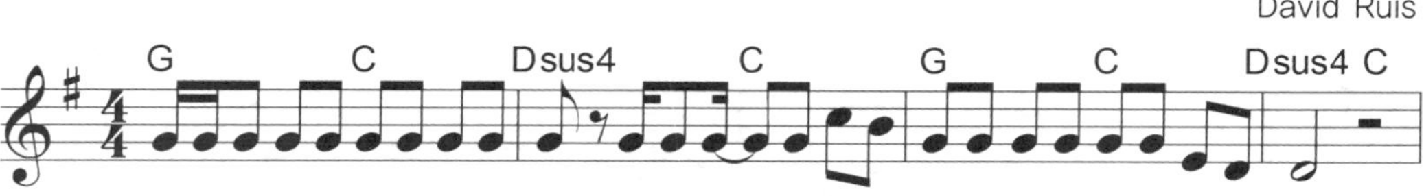

내모든삶의행동주안 에 주님안 - 에있네 나의숨쉬는순간들 도

내모든삶의걸음주안 에 - 내길 도 - 주안에 나의숨쉬는순간들 도

라라라라 - 라라 라라라라 - 라라 자비와은 혜의물결

어 디 서 나주 - 얼굴 - 보네 - 주 사 랑 날 붙 드 네

오 놀 라 운주 - 님 의 사 랑 -

113 내 모습 이대로

(Just As I Am)

김지은
내모습 이대로 – 사랑하 시네 연약함그대로 – 사랑
하 시네 – 나의 모든발 – 걸음 – 주가 아 시 – 나니 –
날인도하 – 소서 – 내 모습 날인도하 – 소 –
서 주의날 개 – 아래 거하 – 는것 – 주의
임 재 – 안에 거하 – 는것 – – – 나의 가장큰 – 소망 – 나의
가장큰 – 은혜 – 주와함께동행하 – 는 – 일 주의
날 개 – 아래 거하 – 는것 – 주의 임 재 – 안에 거하 – 는것
– – – 나의 가장큰 – 소망 – 나의 가장큰 – 은혜 –
주와함께동 행하 – 는 일 –

내 백성이 나를 떠나 114

(여호와께 돌아가자 / Love Never Fails)

김준영 & 주민정

내백성이 나 를 떠나- 돌아-섰지만 -

내사랑이 내 백 성을- 포기-못하-니- 내

모 든것 내어주 고 나그들- 을 얻으리라 - 여호와-

께 돌아- 가자 - 우린돌 -아서도 그는변 -치않네 여호와-

께 돌아- 가자 - 우린넘어져도 그사랑 영원하 네 사랑-은

- 오래- 참고 - 자신-을 - 내어- 주네 - 서로사

-랑할때 세상은 주보네 사랑은 -절대지-지않네 - 사랑-은

- 여호와- 께 돌아- 가자 - 우린돌 -아서도 그는변

-치않네 여호와- 께돌아-가자- 우린넘어져도 그사랑 영원하 네

115 내 사랑하는 그 이름

(신) 1796
(구) 695

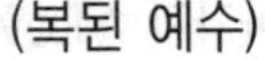

A.H. Acley

G C G D D7

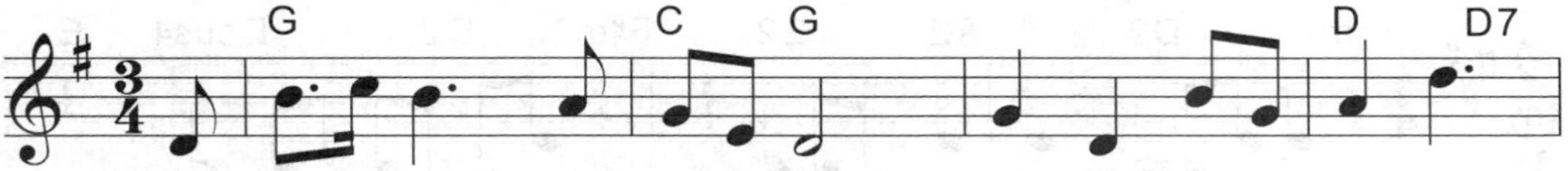

내 사랑하 는 그이름 예 수 복된예 수
내 맘에계 신 그이름 예 수 복된예 수
주 예비하 신 하늘집 예 수 복된예 수

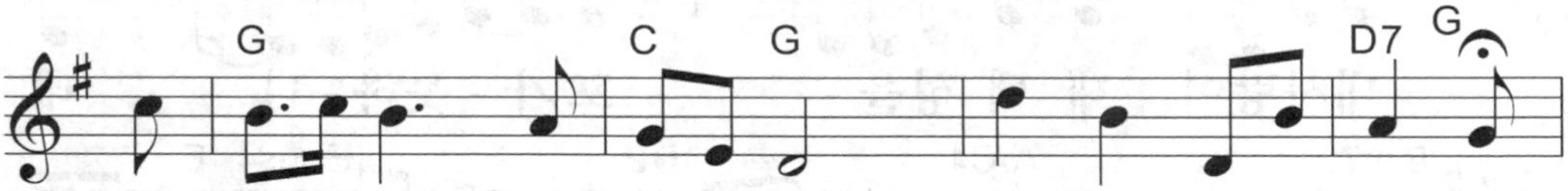

G C G D7 G

내 귀에음 악 같도다 예 수 복된예 수
내 눈의눈 물 씻기는 예 수 복된예 수
내 구원하 신 그이름 예 수 복된예 수

D7 G G7 C A D

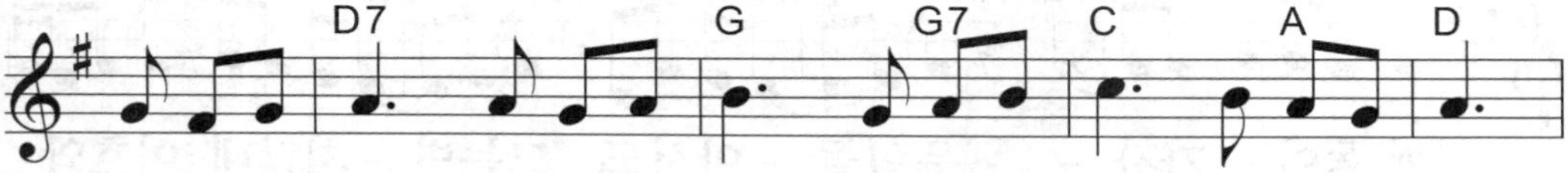

아귀하다 그의이름 갈보리 산 의어린양

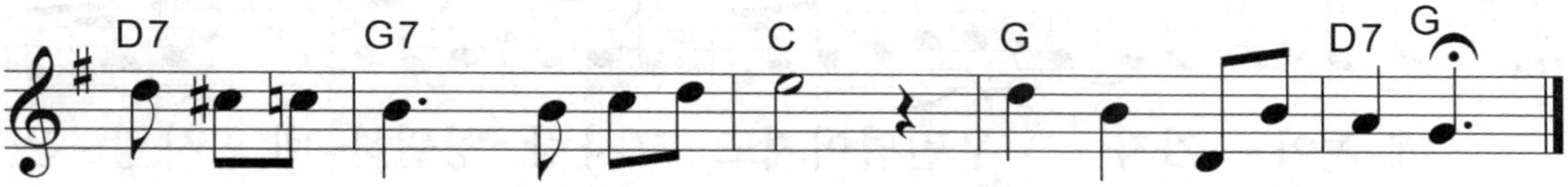

D7 G7 C G D7 G

귀한생명 버리셨네 예수 복된예수

내 삶에 들어 온 주님의 말씀이 116

만나교회

F C/E Dm F/C B♭ F/A Gm C7
내 삶에들어온 - 주 님의말씀이 내게빛이되 - 시 니 내
삶에들어온 - 주 님의말씀이 나를인도하 - 시 니 내
F C/E Dm F/C B♭ F/C C7 1.F
삶의어두운 - 절망가운데 소망보게하 - 시 네 내
삶의막막한 - 문제가운데 주뜻보게하 - 시
2. F B♭ C7 F Dm
네 말 씀 이 - 내게역사하 - 기 를 말 씀 이
B♭ C7 F Dm B♭ C7
- 내게살아있 - 기 를 하 나 님 - 말 씀 을 듣 겠
F C/E Dm B♭ C7 F
나 이 다 주님의 - 음 성 을 듣 겠 나 이 다 -
말 씀 을 듣 겠 나 이 다 -
뜻 대 로 살 겠 나 이 다 -

117 내 생에 가장 귀한 것

(The greatest thing in all my life)

Mark Pendergrass

D Bm D/E Em Asus4 A7
내 생에 - 가장 귀한것 주 앎이라 -
내 생에 - 가장 귀한것 주 사랑함 -
내 생에 - 가장 귀한것 주 찾는것 -
내 생에 - 가장 귀한것 섬 기는삶 -
Em G/A A7 G/D D C/D D7
내 생에 - 가장 귀한것 주 앎이라 -
내 생에 - 가장 귀한것 주 사랑함 -
내 생에 - 가장 귀한것 주 찾는것 -
내 생에 - 가장 귀한것 섬 기는삶 -
G D Em A7 D
주님을 알 기 를 간절히 원 하 네
주사랑 하 기 를 간절히 원 하 네
주님을 찾 기 를 간절히 원 하 네
주님을 섬 기 기 간절히 원 하 네
D Bm Em G/A D
내 생에 - 가장 귀한것 주 앎 이 라
내 생에 - 가장 귀한것 주 사 랑 함
내 생에 - 가장 귀한것 주 찾 는 것
내 생에 - 가장 귀한것 섬 기 는 삶

내 손을 주께 높이 듭니다 118

(찬송의 옷을 주셨네)

박미래 & 이정승

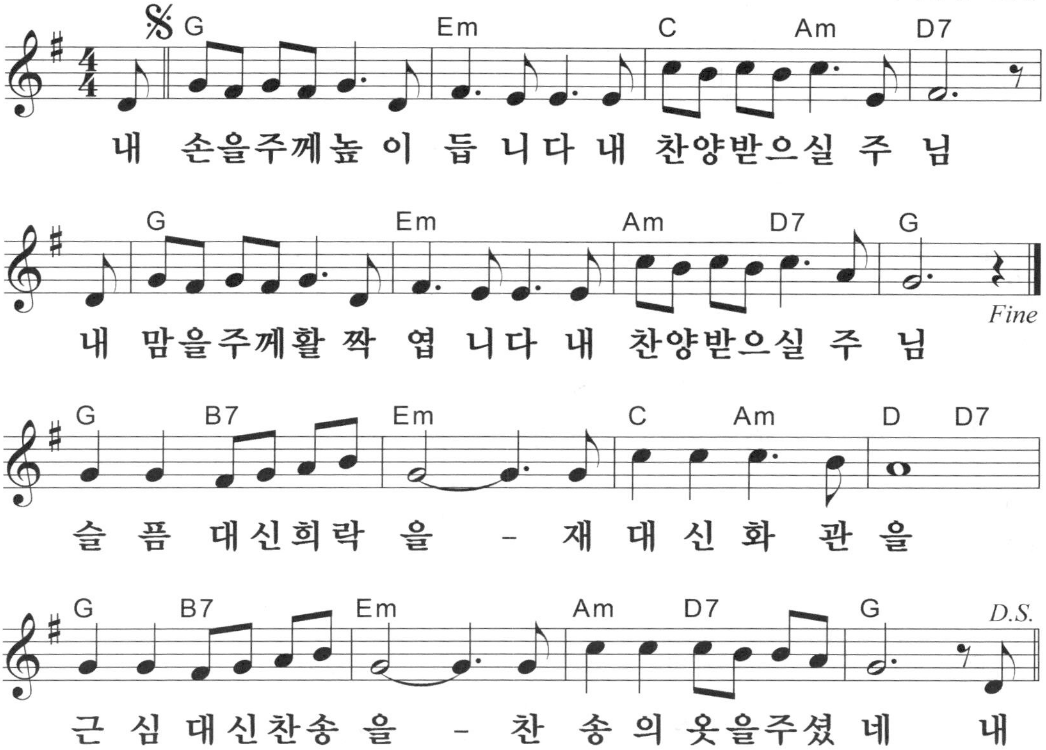

𝄋 G Em C Am D7
내 손을주께높이 듭니다 내 찬양받으실 주 님

G Em Am D7 G
내 맘을주께활짝 엽니다 내 찬양받으실 주 님 *Fine*

G B7 Em C Am D D7
슬 픔 대신희락 을 - 재 대 신 화 관 을

G B7 Em Am D7 G *D.S.*
근 심 대신찬송 을 - 찬 송 의 옷을주셨 네 내

119 내 안에 가장 귀한 것

C G/B Am C/G F C/E Dm7 G7

내 안에가장귀 한것 예 수 를앎 이 라
상 지식보다귀 한것 예 수 를앎 이 라

C G/B Am C/G F G7 1. C 2. C

금 은보다더귀 한것 예 수 를앎 이 라 세 라
내 안에가장귀 한것 예 수 를앎 이 라

F C/E Dm7 G7 C

예 수 의 이 름 존 귀한 그 - 이름 -

F C/E Am Dm7 G7 C

예 수 의 이 름 능 력의 그 - 이름 -

내 안에 부어 주소서

A C#m F#m C#m
내 안에 - 부 어 주 소서 - 성 령의 - 충만한 기 름을 -
D A Bm E7
내 안에 - 충만케 하 소서 - 성 령의 - 기 름 으 로 -
D Dm C#m F#m
내 게기 - 름 가 득할 - 때 주 의복 - 음전할 수 있 - 네 -
D Dm Bm E
내 게기 - 름 가 득할 - 때 주 의사 - 랑베푸 네 그 날 에
A E/C# F#m C#m
우 리주 - 님께서 - 밤 중 - 에 찾아 오 - 실때에 -
D C#m F#m D A
기 름준 - 비 된 자만 이 - 잔 치 자 리들 - 어가네 -

121 내 안에 사는 이

(신) 1742
(구) 752

(Christ in me)

Gary Garcia

C G/B Am /G F G C Gsus4 G7
내 안에 사는 이 예 수 - 그리 스 도 - 니

C G/B Am /G F G C (C7)
나 의 죽 음 - 도 유 익 - 함 이 라 *Fine*

FM7 G/F Em7 Am7 Dm7 G7 C B♭/C
나 의 왕 내 노 래 내 생 명 - 또 내 기 쁨

C7 FM7 G/F Em7 Am7 B♭ F/A C/G Gsus4 G7
나 의 힘 나 의 검 내 평 화 나 의 주 - *D.C.*

122 내 영혼이 내 영혼이

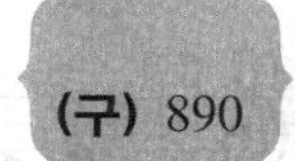

(구) 890

Taize

G C D7 G G C D7 G
내 영혼이 내 영혼이 주 님을 찬양하며 기 뻐 합니다

G C D7 G C D7 G
내 영혼이 내 영혼이 주 님을 찬 - 양 합 니 다

(신) 1512
(구) 674

내 영이 주를 찬양합니다

123

124 내 영혼아 여호와를 송축하라

(신) 1787
(구) 600

(Bless the Lord O my soul)

Pete Sanchez Jr.

(신) 1330
(구) 719

내 영혼의 구세주 125

(Saviour of My Soul)

Kathryn Kublman

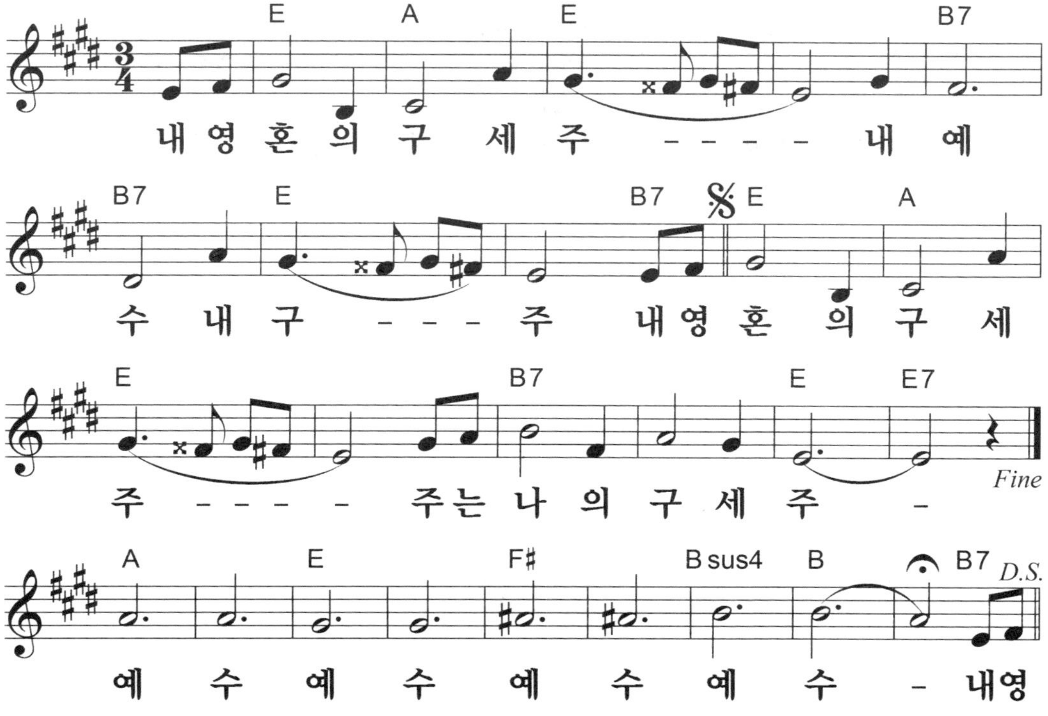

E A E B7
내 영 혼 의 구 세 주 – – – – 내 예

B7 E B7 𝄋 E A
수 내 구 – – – 주 내 영 혼 의 구 세

E B7 E E7
주 – – – – 주 는 나 의 구 세 주 –
Fine

A E F# B sus4 B B7 *D.S.*
예 수 예 수 예 수 예 수 – 내 영

126

내 영혼 지치고

(You raise me up)

Brendan Graham & Rolf Lovla

D5 Dsus4 D5

내영혼 지 - 치고 피곤할 때에 근심걱

D/F♯ Gsus2 G/B A4 G2 G

정 내맘짓-누를 때 난잠잠 히 - 주님을 기다

D2/F♯ D/F♯ G D A7/D D

리 네 주님내 곁 에오실때-까 지 주날일

Bm G D/F♯ A/C♯ Bm G D

으 켜산위에세 우 네 거친바 다 위걷게하시- 네 주만

D G D/F♯ A/C♯ D A7/D D

의 지할때강함 주 네 크신능 력 내게부어주-시 네

(신) 1824
(구) 1024

내 인생 여정 끝내어

127

(Jesus led me all the way)

John W. Peterson

G C E7 Am D
내 인 생여정끝내 어 강 건 너언덕이를 때
이 가 시밭길인생 을 허 덕 이면서갈때 에
내 밟 은발걸음마 다 주 예 수보살피시 사
G Em Am7 G/D D G G7
하 늘 문향해말하 리 예 수인도하셨 네
시 험 과환난많으 나 예 수인도하셨 네
승 리 의개가부르 며 주 를찬송하리 라
C G A7 D7
매 일 발걸음마 다 예 수 인도하셨 네
G Em C Am7 G D7 G
나의 무거운죄짐을모두 벗고하는말 예 수 인도하셨 네

128 내 입술로 하나님의 이름을

(신) 1530
(구) 565

정종원

C G Am G F Dm Gsus4 G7
내입술로- 하나님의- 이 름을 -찬송하며 -
황소를드림보-다 진정한예배를 기 쁘게받-아주시는 -주님-
C G Am G F G G7 C
내맘으로- 하나님을- 즐 겁게 -찬양하네 -
찬송을부르며- 영원히섬기리 주 님께 영-광돌리 -리-
C G Am G F Dm Gsus4 G7
할 렐루-야- 할 렐루-야-할 렐루 -할렐루야 -
C G Am G F G C
할 렐루-야- 할 렐루-야-할 렐루 -할렐루야 -

(신) 1837
(구) 935

내 주는 반석이시니

129

E B7
내 주는반석 이시니 저 곳은안전하도 다
바 람이불고 비와도 저 곳은안전하도 다
자 비한반석 이시니 저 곳은안전하도 다
E B7 E
질 병과고통 없으니 저 곳은안전하도 다
물 결이넘쳐 밀려도 저 곳은안전하도 다
구 원의손이 있으니 저 곳은안전하도 다
A E B7 E E7
오 나 의예수는 반석 이시니 반 석이니 반석이니
A E B7 E
오 나 의예수는 반석 이시니 저 곳은안전하도 다

130 내 주님께 더 가까이

(주님께 더 가까이)

고형원

F B♭M F B♭M
내 주 님 께 - 더 가 까 이 -
F Dm7 B♭M
내 영 기 뻐 - - - 노 래 하 네 -
F B♭M F B♭M
내 주 님 께 - 더 가 까 이 -
F Dm7 B♭M
내 영 기 뻐 - - - 춤 을 추 네 -
F Dm B♭ F
주 님 의 - 임 재 - 를 - 갈 망 합 - 니 다 -
F Dm B♭ C
주 님 의 - 얼 굴 - 을 내 영 사 모 합 - 니 다 -
Dm Am B♭ C Dm
주 님 의 - 장 막 에 - 거 하 렵 - 니 다 -
B♭ C F
주 님 의 - 성 소 에 - 영 원 히 - -

(신) 1976
(구) 2161

내 주의 은혜 강가로

(은혜의 강가로)

오성주

132 내 평생 사는동안

(I will sing)

(신) 1258
(구) 1572

Donya Brockway

너 결코 용기 잃지 말아라 133

한웅재

C C/B♭
너 결-코- 용-기잃지 말 아-라- 주-가너와
Am F
함 께- 하 시 리니 -
C F/B♭
너 결-코- 용-기잃지 말 아-라- 주-가너와
Am G F
함 께- 하 시 리라 -
Fine
C9 D9
너는 결 -코 작-지 않 도다- 너를위해
Am F Am G
- 이루 신 - 주님 의 - 능 력을 보 -라-
C D9
너는이제 - 약 하 지 않 도다- 네안 에
Am D7 FM7 G D.C. al Fine
- 계신주님 -이- 세 상보다크시 -니-

134 너 근심 걱정와도

(주 너를 지키리)

A/B E EM7 C#m7

너 근심걱정 와도- 어려운일당 해도-

C#m7 F#m7 B7

걱정말아 라 주너를지 키리 -

A/B E EM7 C#m7

위 험한일당 해도- 슬픈일이 와도-

C#m7 F#m7 B7

걱정말아 라 주너를지 키리 -

B7 E E7 A

늘지켜주 시리 - 주 님 의 사랑속에거하 라

B7 G#m7 C#m7 F#m7

- 그 의 평화속에유하라 - 그분의 영원속에자유하라

1. B7 E 2. B7 E

- 주지키 리 - 주지 키리 -

(신) 1105
(구) 1664

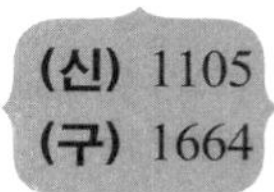

너는 부유해도 가난해도 135

(너는 내 것이라)

송명희 & 최덕신

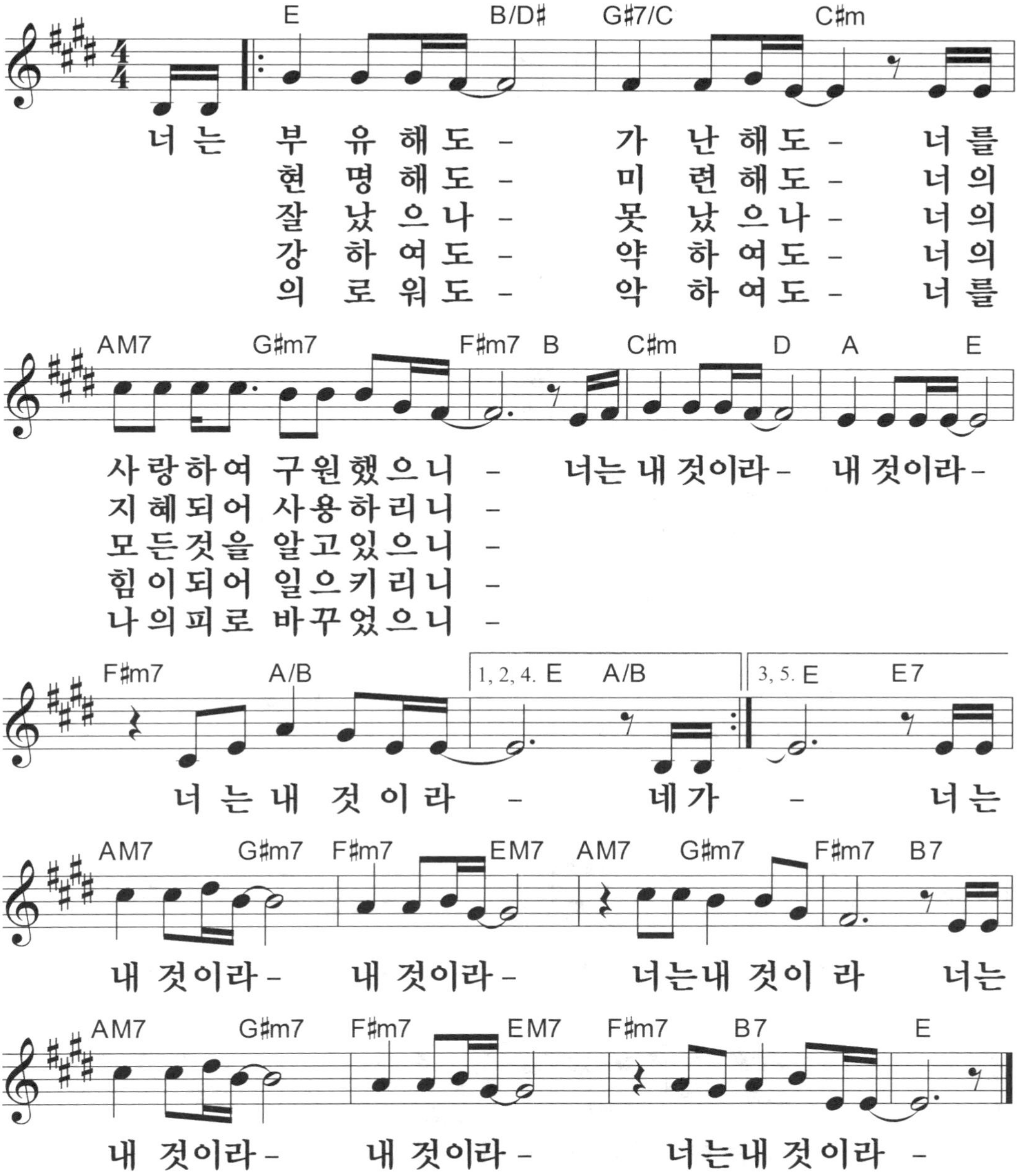

E B/D♯ G♯7/C C♯m
너는 부 유 해도 - 가 난 해도 - 너를
현 명 해도 - 미 련 해도 - 너의
잘 났으나 - 못 났으나 - 너의
강 하여도 - 약 하여도 - 너의
의 로워도 - 악 하여도 - 너를
AM7 G♯m7 F♯m7 B C♯m D A E
사랑하여 구원했으니 - 너는 내 것이라 - 내 것이라 -
지혜되어 사용하리니 -
모든것을 알고있으니 -
힘이되어 일으키리니 -
나의피로 바꾸었으니 -
F♯m7 A/B 1, 2, 4. E A/B 3, 5. E E7
너는내 것이라 - 네가 - 너는
AM7 G♯m7 F♯m7 EM7 AM7 G♯m7 F♯m7 B7
내 것이라 - 내 것이라 - 너는내 것이 라 너는
AM7 G♯m7 F♯m7 EM7 F♯m7 B7 E
내 것이라 - 내 것이라 - 너는내 것이라 -

136 너는 담장 너머로 뻗은 나무

(야곱의 축복)

(신) 1977
(구) 1733

김인식

Dm7
G7
C
- 네 길 을 - 축 복 할 - 거 야 너 는 하 나 님 의
G/B
Am7
Em/G
F
- 선 - 물 - 사랑스런하나 - 님 의 - 열 - 매 - 주의품에
C/E
Am
Dm7
G7
F/C
C
- 꽃 피 운 - 나 무 가 되 어 줘 - -

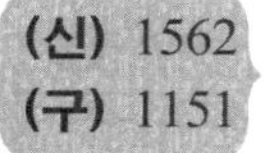
(신) 1562
(구) 1151

너는 시냇가에 심은 137

박윤호

E2
C#m7
F#m7
B7
E
너 - 는 시냇가 에 심 - 은 - 나 무 라
주 의 시 절을좇 아 구 원 열 매 맺 으 면
A2
E
C#m
F#m7
B7
E
하 나 님 의 사 랑 안 에 믿음 뿌 리 내 리 고
주 의 영 화 로운 빛 - 너를 보 호 하 리 니
A
Am6
E/B
C#m7
F#m7
B7
E2
주 의 뜻 대 로 주 의 뜻 대 로 항 - 상 사 세 요
주 의 뜻 대 로 주 의 뜻 대 로 항 - 상 살 리 라

138 너 어디 가든지 순종하라

(신) 1638
(구) 1239

(Wherever you may go)

Stephen Hah

D A/C# Bm F#m
너 어 디 가 든 지 순 종 하 라
나 어 디 가 든 지 순 종 하 리
G D/F# E A
너 어 디 있 든 지 충 성 하 라
나 어 디 있 든 지 충 성 하 리
D A/C# Bm F#m
주 너 의 하 나 님 왕 되 신 주
주 나 의 하 나 님 왕 되 신 주
G D/F# Em A7 D
영 원 히 주 님 만 찬 양 하 라
영 원 히 주 님 만 찬 양 하 리

(신) 1104
(구) 1670

너의 가는 길에

139

140 너의 하나님 여호와가

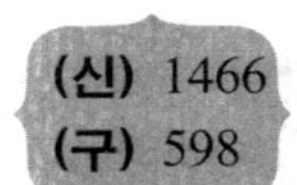

(스바냐 3장 17절)

(신) 1466
(구) 598

김진호

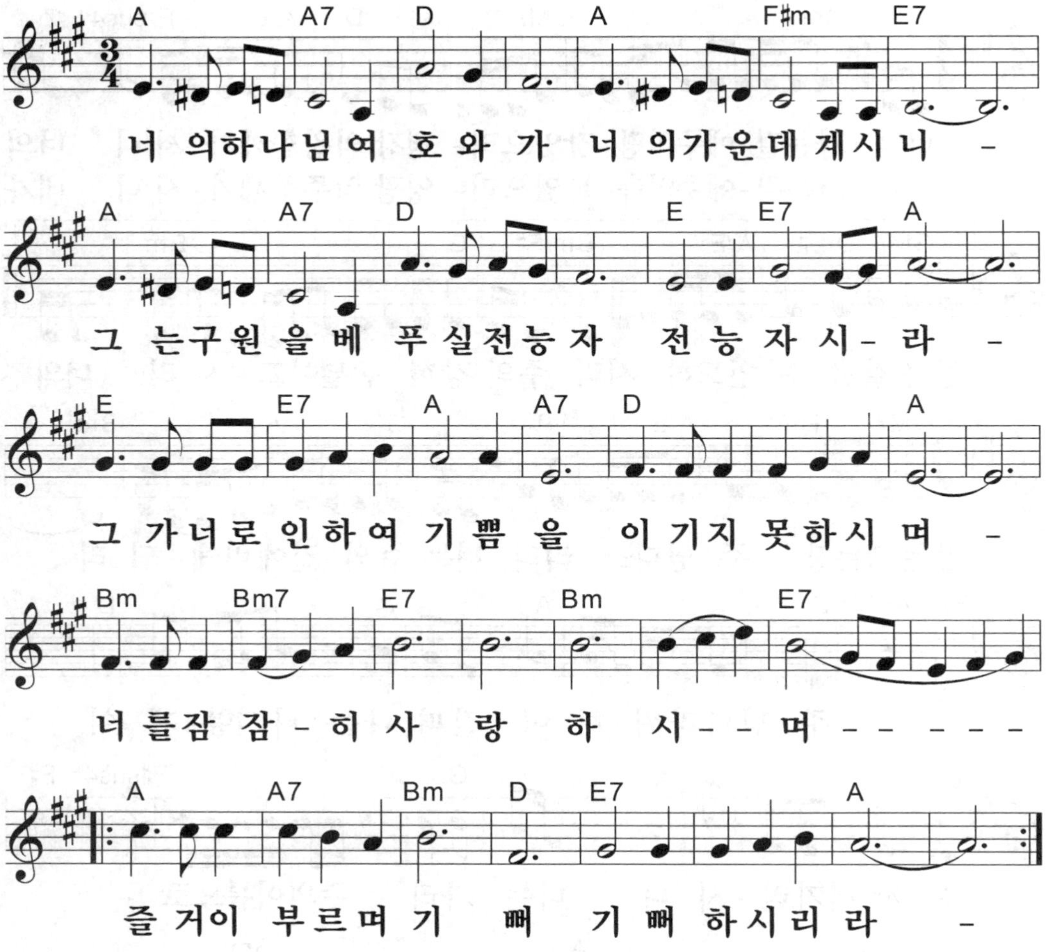

A A7 D A F#m E7
너 의하나님여 호와 가 너 의가운데 계시니 -
A A7 D E E7 A
그 는구원을베 푸 실전능자 전 능 자 시 - 라 -
E E7 A A7 D A
그 가너로 인하여 기 쁨 을 이 기지 못하시 며 -
Bm Bm7 E7 Bm E7
너 를잠 잠 - 히 사 랑 하 시 - - 며 - - - - - -
A A7 Bm D E7 A
즐 거이 부르며 기 뻐 기 뻐 하시리 라 -

(신) 1280
(구) 1228

너 주님의 가시관 써 보라 141

(주님을 찬양하라)

송명희 & 김석균

142 넘지 못할 산이 있거든

(신) 1467
(구) 1075

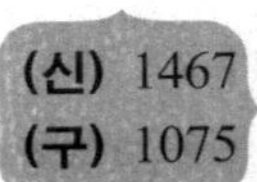

최용덕

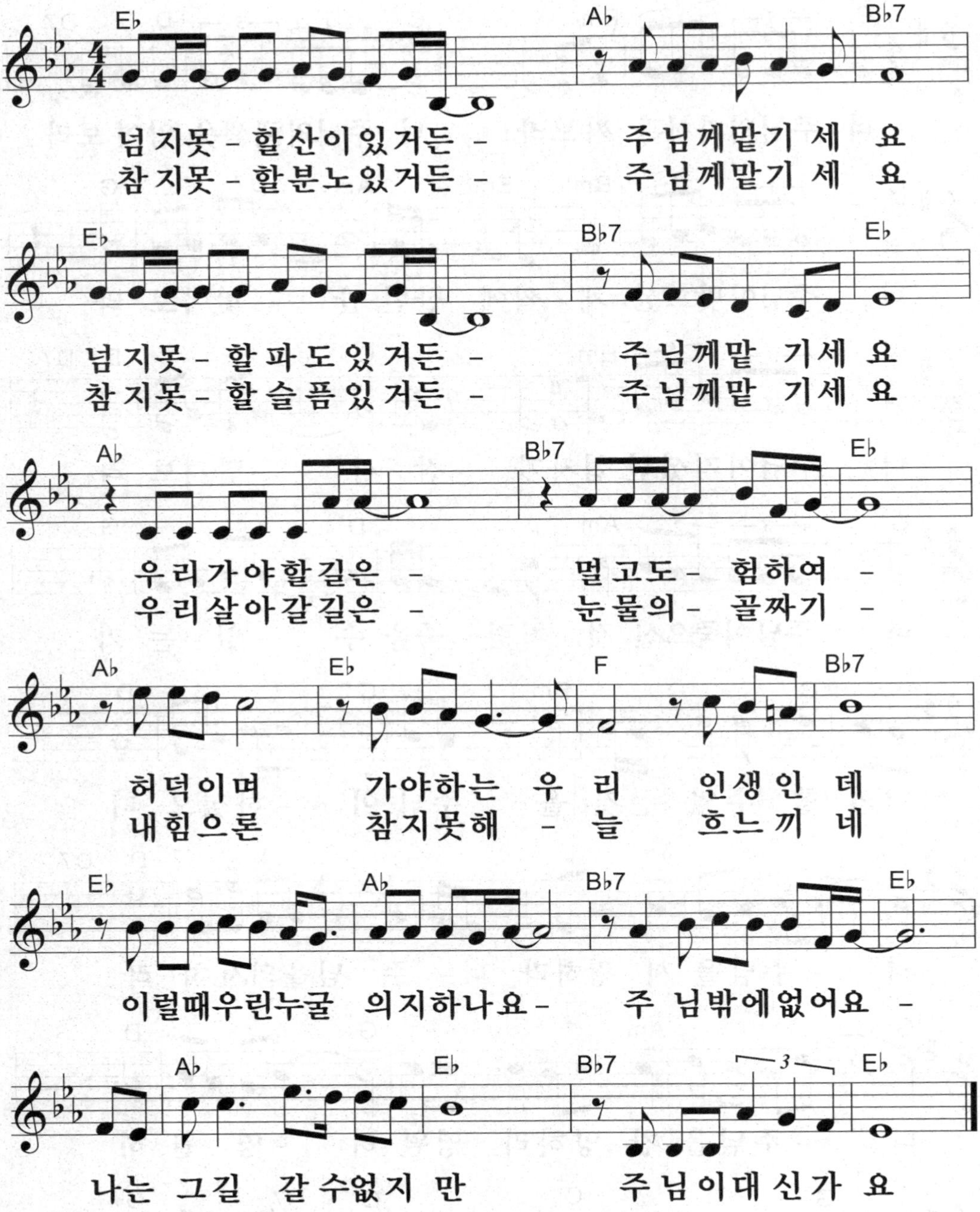

E♭ A♭ B♭7
넘 지 못 - 할 산 이 있 거 든 - 주 님 께 맡 기 세 요
참 지 못 - 할 분 노 있 거 든 - 주 님 께 맡 기 세 요
E♭ B♭7 E♭
넘 지 못 - 할 파 도 있 거 든 - 주 님 께 맡 기 세 요
참 지 못 - 할 슬 픔 있 거 든 - 주 님 께 맡 기 세 요
A♭ B♭7 E♭
우 리 가 야 할 길 은 - 멀 고 도 - 험 하 여 -
우 리 살 아 갈 길 은 - 눈 물 의 - 골 짜 기 -
A♭ E♭ F B♭7
허 덕 이 며 가 야 하 는 우 리 인 생 인 데
내 힘 으 론 참 지 못 해 - 늘 흐 느 끼 네
E♭ A♭ B♭7 E♭
이 럴 때 우 린 누 굴 의 지 하 나 요 - 주 님 밖 에 없 어 요 -
A♭ E♭ B♭7 3 E♭
나 는 그 길 갈 수 없 지 만 주 님 이 대 신 가 요

(신) 1860
(구) 858

누구든지 목마르거든

(내게로 와서 마셔라)

권재환
G C D7 G
누 구 든 지 목마르거든 내 게로와서 마 셔라
누 구 든 지 예수믿으면 구 원을얻으 리 로다
누 구 든 지 예수믿으면 영 생을얻으 리 로다
누 구 든 지 예수믿으면 기 쁨을얻으 리 로다
G C D7 G
누 구 든 지 목마르거든 내 게로와서 마 셔라
누 구 든 지 예수믿으면 구 원을얻으 리 로다
누 구 든 지 예수믿으면 영 생을얻으 리 로다
누 구 든 지 예수믿으면 기 쁨을얻으 리 로다
G Em C G6 D7
나 를 믿 는 자는- 성 경에이름 과 같이
G Em7 D7 G
그 배 에 서 생수의강이 흘 러 나 리 라

144 놀라운 주의 사랑

(Beautiful One)

Tim Hughes

놀라운 주의 사랑

1. G A D
- 느 누 가 - 내 주 - 와 같 - 으 리 -
2. G A D
- 느 누 가 - 내 주 - 와 같 - 으 리 -
D G A
내 영 - 노 래 - 하 리 - 내 영
G/B A/C♯ G
- 노 래 - 하 리 - 내 영 - 노 래 - 하 리
A D
- 예 수 님 께 - - 아 름 다
D.S.

145

누구 때문에

(신) 1332
(구) 1747

송명희 & 최덕신

F F♯dim Gm9 C7 B♭/F F Dm D7
누 구 때 문에 - 주님십자가지 셨 나-요 - 무엇
Gm9 C♯dim 1.B♭m/F F F♯dim 2. B♭m F
때 문-에 - 주님이못박히 셨 나요 - 누구 셨 나-요
B♭/F F7 B♭ C/B♭ B♭M7 C 9/b Am7 Dm
- 나를 위 하여 - 주님십자가를 지 시-고 -
D7 Gm7 C7 FM7 Gm7 Am7
나의 자 랑이-되시기 위해- 못박혀 죽 으셨으 니 -
B♭M7 Am7 D/F♯ Gm7
십자가를-지신주 님을- 사랑 합 니-- 다 못박
Gm7/C D7/C Gm7 C7 Gm7/F F
혀 죽으 신 주님을 자랑 합 니다 -

(신) 1533
(구) 1133

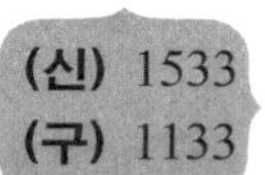

눈으로 사랑을 그리지 말아요 146

(영원한 사랑)

김민식

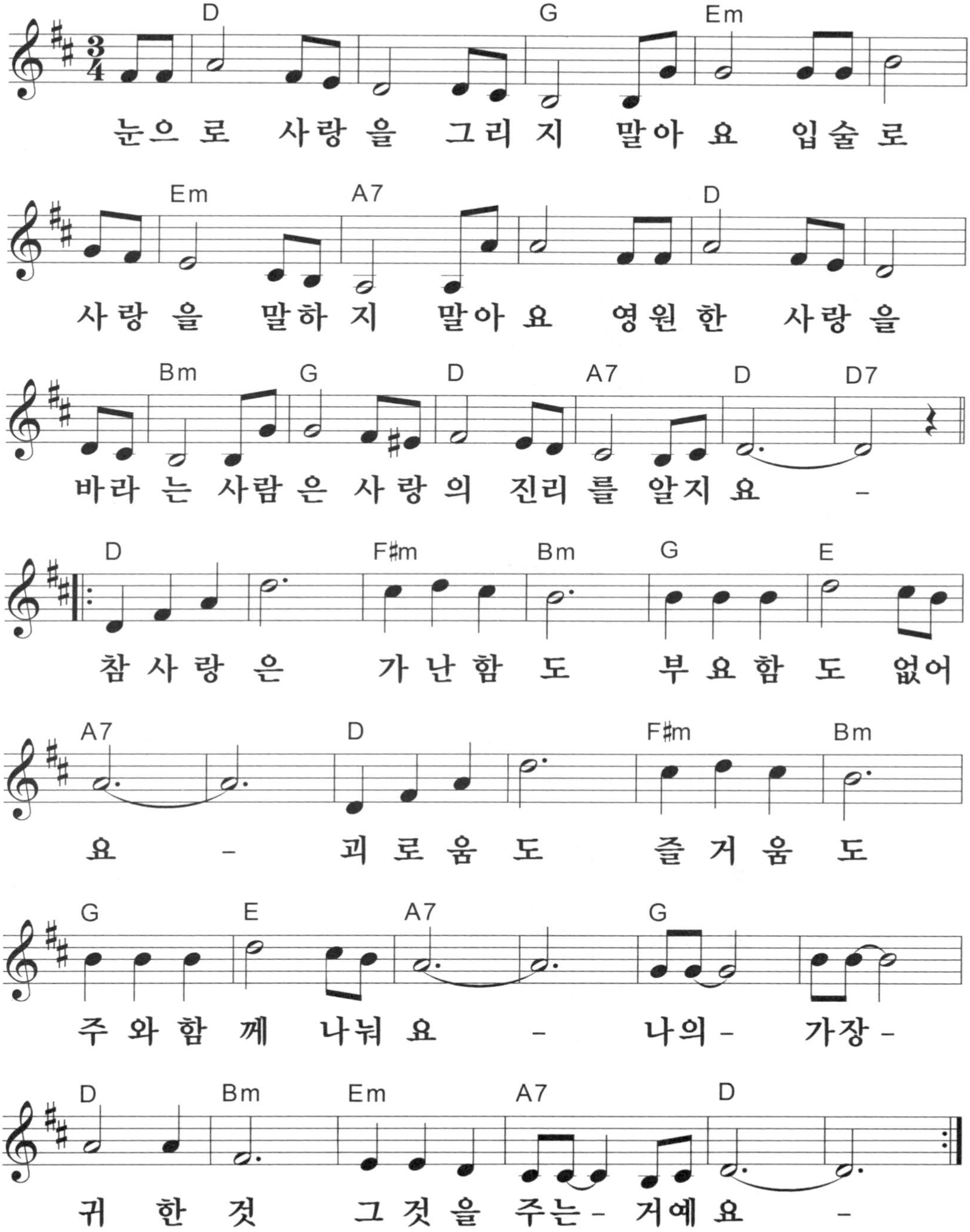

D G Em
눈으로 사랑을 그리지 말아요 입술로
Em A7 D
사랑을 말하지 말아요 영원한 사랑을
Bm G D A7 D D7
바라는 사람은 사랑의 진리를 알지요 –
D F♯m Bm G E
참사랑은 가난함도 부요함도 없어
A7 D F♯m Bm
요 – 괴로움도 즐거움도
G E A7 G
주와함께 나눠요 – 나의– 가장–
D Bm Em A7 D
귀한것 그것을 주는– 거예요 –

147 능력의 이름 예수

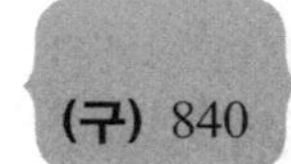
(구) 840

(Jesus Your Name)

Claire Cloninger & Morris Chapman

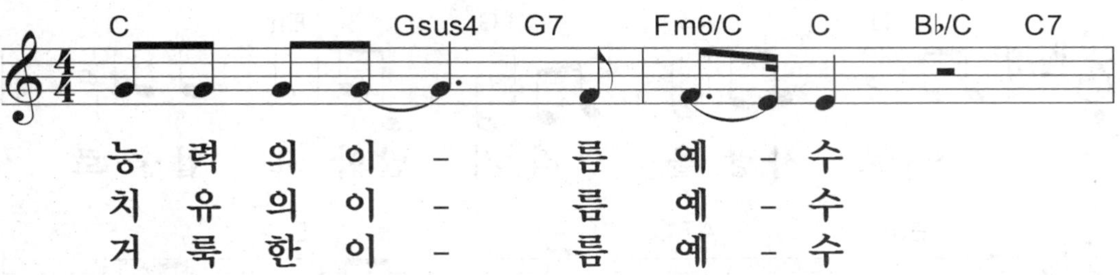
C
Gsus4
G7
Fm6/C
C
B♭/C
C7
능 력 의 이 - 름 예 - 수
치 유 의 이 - 름 예 - 수
거 룩 한 이 - 름 예 - 수

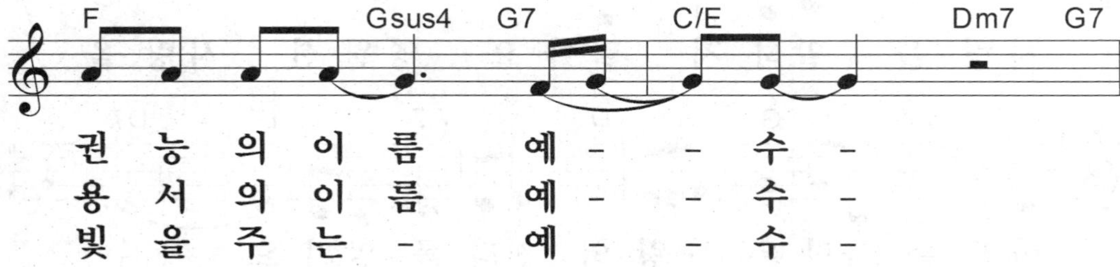
F
Gsus4
G7
C/E
Dm7
G7
권 능 의 이 름 예 - - 수 -
용 서 의 이 름 예 - - 수 -
빛 을 주 는 - 예 - - 수 -

C
G/F
F
C/E
G♯dim7
Am7
G/A
Am
모 든 강 력 - - 을 - 파 하 는 예 - 수 -
자 유 주 시 - - 는 - 그 이 름 예 - 수 -
모 든 이 름 - - 위 에 뛰 어 난 예 - 수 -

Dm7
Gsus4
G7
C
생 명 되 신 - 예 수 -

(신) 1535
(구) 1216

다 와서 찬양해

148

(Come on and celebrate)

Trish Morgan & Dave Bankhead
다 와 서 찬 양해 - 사 랑 을 주 신 주 찬 양해 -
사 랑 의 우 리 주 - 님 - 생 명 주 셨 네 -
소 리 쳐 찬 양해 - 기 쁨 을 주 시 는 우 리 왕 -
찬 양 의 제 사 드 리 며 - 주 님 께 경 배 해
다 와 서 찬 양해 - 찬 양해 - 찬 양해 - 주 님
찬 양 해 주 님 우 리 왕 -
찬 양 해 주 님 우 리 왕 - -

149 다윗처럼

장종택

G D Em C G D G D
다윗처럼 - 다윗처럼 - 아무것에구애받지 않 - 고 -

G D Em C G D G D
성령님이 - 주시는 자유함으 - 로 - 노래부를거야 -

G D Em C G D G D
하박국처 - 럼 - 하박국처 - 럼 - 가진것아무것없 어 - 도 -

G D Em C G D Gsus4 G
주로인해 - 갖 는 기쁨으로 - 감사드릴거야 -

D C D G
내가섬기는 하나님의 - 기쁨이된다면 -

C G Am7 Dsus4 D D7
부끄러워하지 - 않 고 - 소리치며찬양 - 해 - -

G D/F# Em C G D2
할 렐 루야 - 할 렐 루야 -

G D/F# Em C D G
할 렐 루 야 - 영원하신주찬 - 양 -

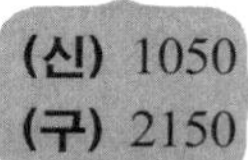

다 표현 못해도

(그 사랑 얼마나)

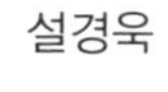

설경욱

다 표현못해도 - 나 표현하리라 - 다 고백못해도 -

나 - 고백하리라 - 다 알수없어도 - 나 알아가리라 -

다 닮지못해도 - 나 - 닮아가리라 - 다 닮아가리라

- 그사랑얼마나 - 아름다운지 - 그사랑얼마나 - 날

부요케하는지 - 그사랑얼마나 - 크고 놀라운지를 -

그사랑얼마나 - 나를 감격하게하는지

151 당신은 사랑받기 위해

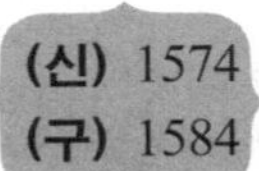

(신) 1574
(구) 1584

이민섭

D A/C# Bm Bm/A
당신 은 사랑받기위 - 해 태어난사람 - 당신
G D/F# 1. Em Asus4 A7 2. Em G/A D
의삶속에서 - - 그사랑 받고있지요 - 당신 받고있지 - 요
Fine
G/A D A/C# Bm Bm/A
태초부터 - 시작된 하나님 - 의사랑은 - 우리
G D/F# Em A7 D A/C#
의만남 - 을통해 - 열매를맺고 - 당신이이세상 - 에존
Bm Bm/A G D/F# Em A7 D
재함으로인 - 해 우리 에게얼마나 - 큰기 쁨이되는지 -
G/A A7 D A/C# Bm Bm/A
당신은사랑받 - 기위해 태어난사람 -
G D/F# 1. Em A7 2. Em G/A D G/A D.S.
지금도그사랑 - 받고있지요 - 받고있지요 - 당신

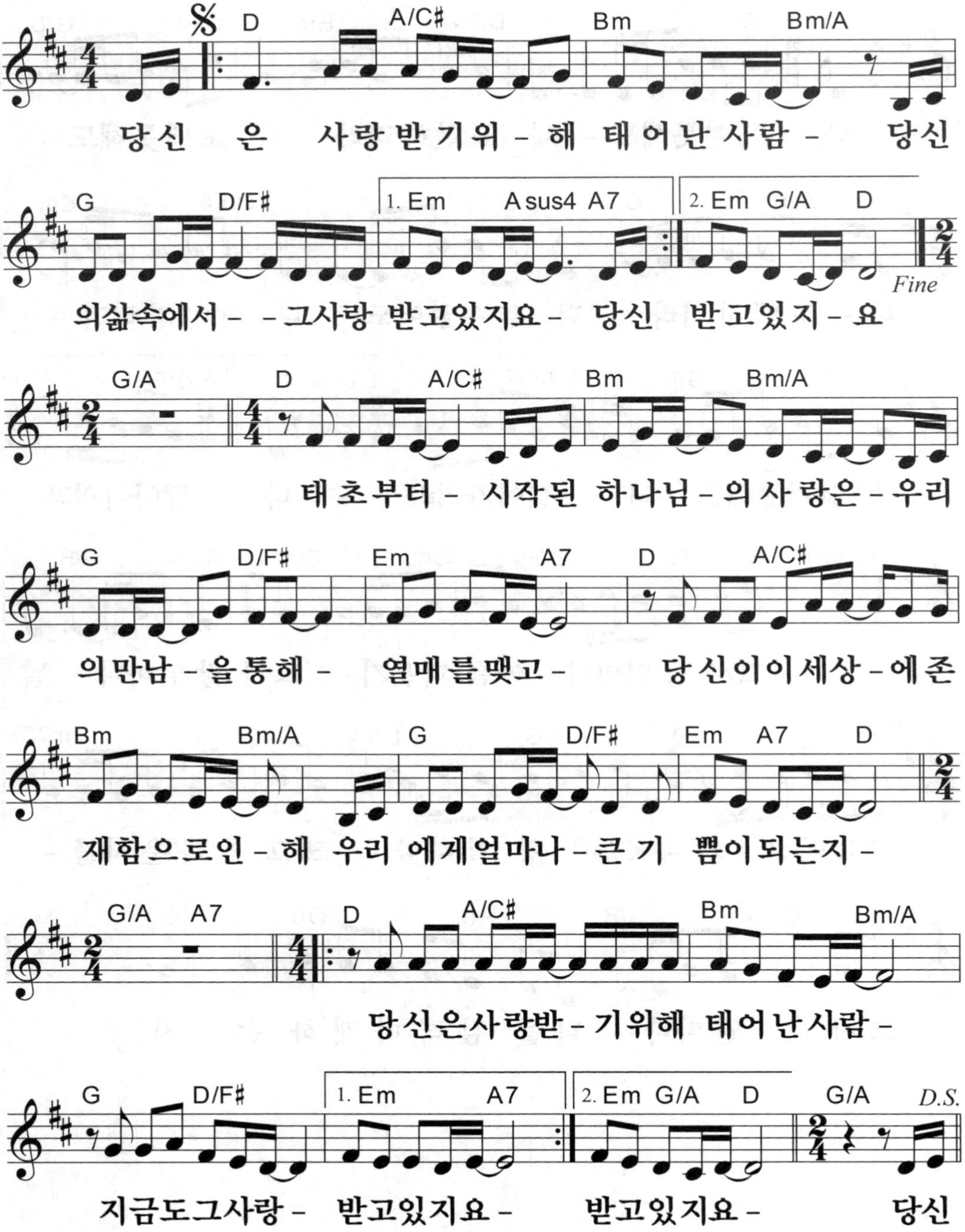

(신) 1699
(구) 742

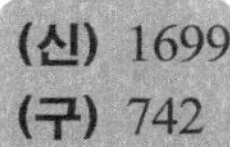

당신은 영광의 왕

152

(You are the King of glory)

Mavis Ford

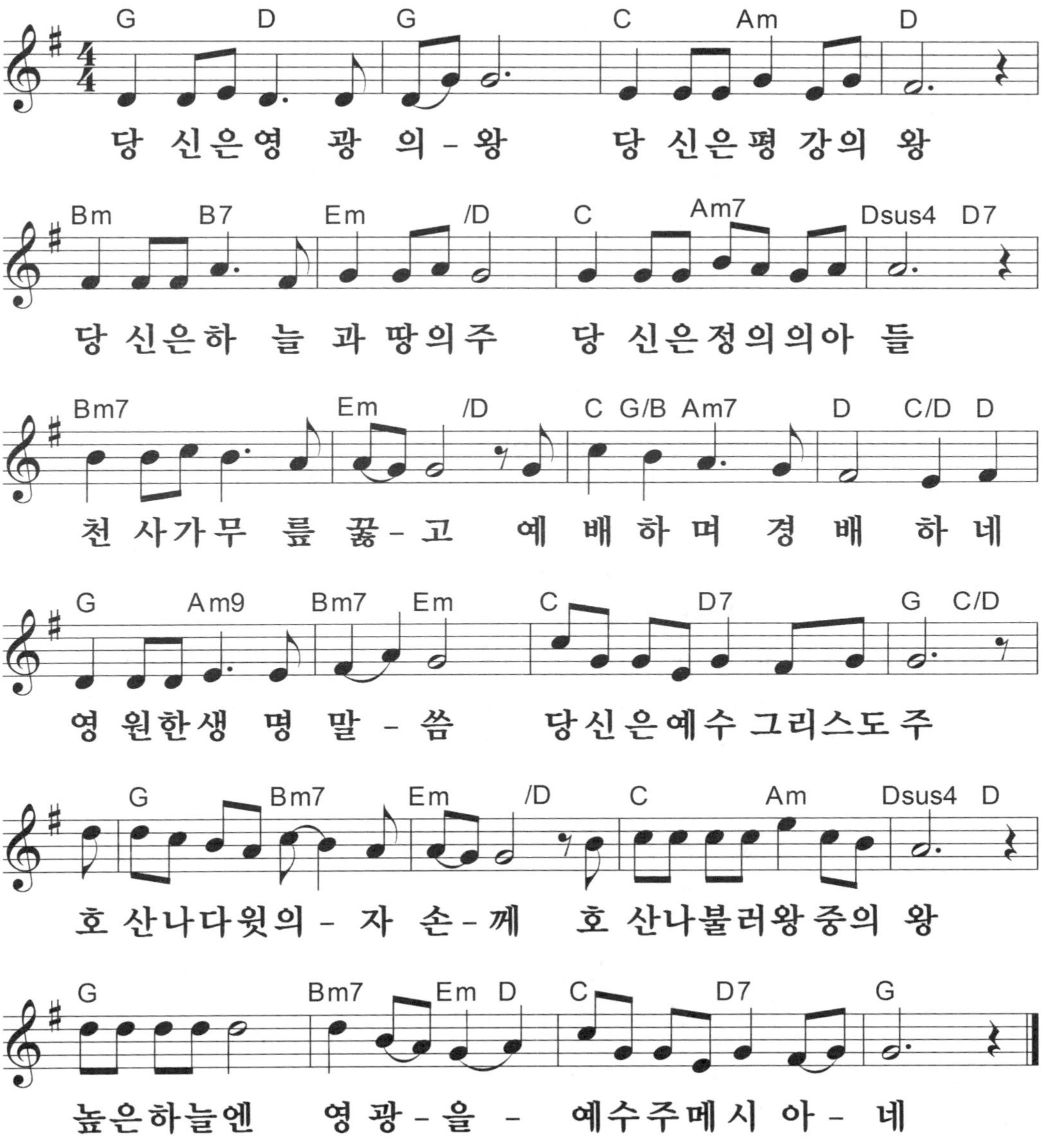

G D G C Am D
당 신은영 광 의 - 왕 당 신은평 강의 왕
Bm B7 Em /D C Am7 Dsus4 D7
당 신은하 늘 과 땅의주 당 신은정의의아 들
Bm7 Em /D C G/B Am7 D C/D D
천 사가무 릎 꿇 - 고 예 배 하 며 경 배 하 네
G Am9 Bm7 Em C D7 G C/D
영 원한생 명 말 - 씀 당신은예수 그리스도주
G Bm7 Em /D C Am Dsus4 D
호 산나다윗의 - 자 손 - 께 호 산나불러왕중의 왕
G Bm7 Em D C D7 G
높은하늘엔 영 광 - 을 - 예수주메시 아 - 네

153 당신은 지금 어디로 가나요

(예수 믿으세요)

김석균

당신 은 지금 - 어디 로 가나요 발 걸음무겁 게
은 오늘 - 누굴 만 났나요 위 로 받았나 요
를 믿고 - 새롭 게 되니 - 기 쁨 이넘쳐 요

이세 상 어디 쉴곳 있 나요 - 머 물 곳있 나 요
이세 상 누가 나를 대 신하여 목 숨 버렸 나 요
어둠 걷 히고 새날 이 되니 - 행 복 이넘 쳐 요

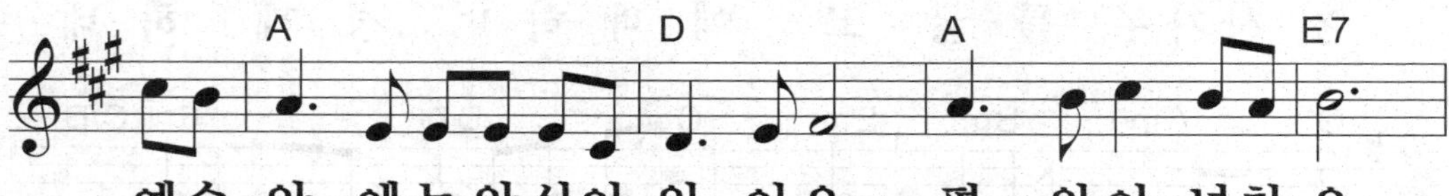

예수 안 에는안식이 있 어요 평 안이 넘쳐 요
고통 의 멍에벗어버 리 세요 예 수이 름으 로
이전 에 없던평안을 얻 으니 찬 송이 넘쳐 요

십자가 보혈 믿는 자 - 마다 구 원 을 받 아 요
마음문 열고 주님 맞으 세요 기 쁨 이 넘 쳐 요
샘솟는 기쁨 전해 주 - 어요 예 수 이 름 으 로

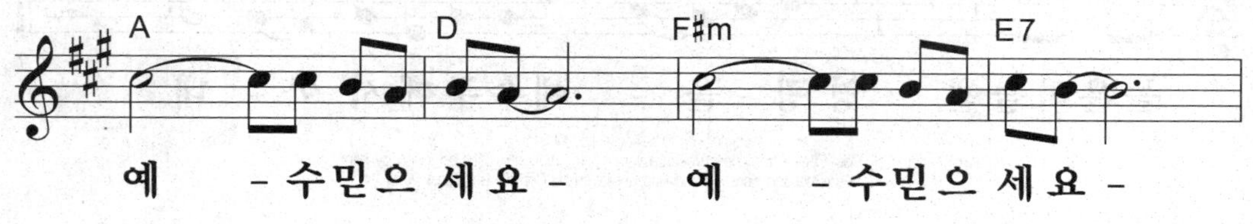

예 - 수믿으 세요 - 예 - 수믿으 세요 -

예 - 수믿으 세요 - 예수 믿 으 세 요 당신
예수

3.A
D
F♯m
E7
요 주를 믿는자 그는 행복해요 – 영원한 생명 얻으니 하나
A
D
F♯m
E7
1.A
2.A
님 나라 그의 것이 라 – – 어서 예수믿으세 요 주를 요

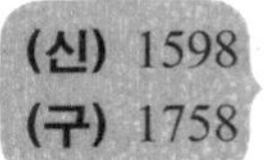
(신) 1598
(구) 1758

당신은 하나님의 언약안에

154

(축복의 통로)

이민섭

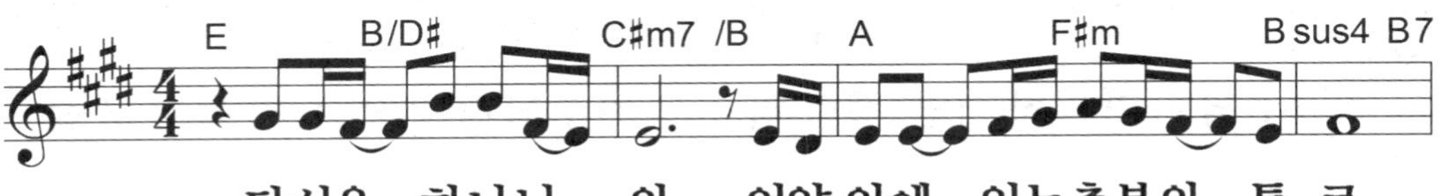
E
B/D♯
C♯m7 /B
A
F♯m
B sus4 B7
당신은 – 하나님 – 의 언약 안에 – 있는축복의 – 통 로

E
B/D♯
C♯m7
/B
A
B7
E
당신을 – 통하여 – 서 열방이 – 주께 – 돌아오게되 리
주께 – 예배하게되 리

155 당신의 그 섬김이

(신) 1069
(구) 1854

(해같이 빛나리)

김석균

당신의 -그섬김 이 천국 에서 해같이빛나 리
당신의 -그순종 이 천국 에서 해같이빛나 리

당신의 -그겸손 이 천국 에서 해같이빛나 리
당신의 -그사랑 이 천국 에서 해같이빛나 리

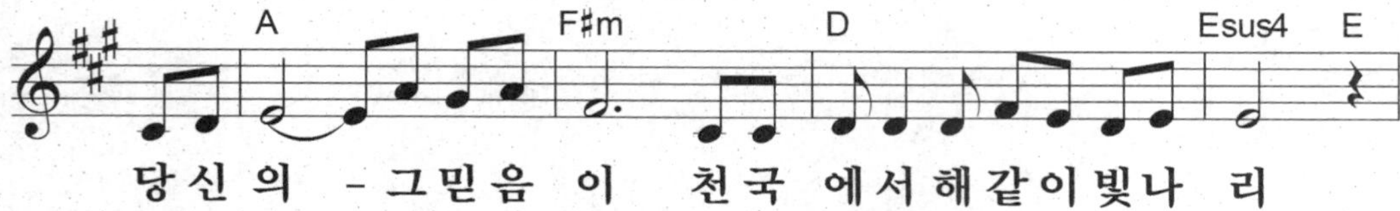

당신의 -그믿음 이 천국 에서해같이빛나 리
당신의 -그찬송 이 천국 에서해같이빛나 리

당신의 -그충성이 천국 에서 해같이빛나 리
당신의 -그헌신이 천국 에서 해같이빛나 리

주님이기억하시면 족하리 예수님사랑으로 가득한모습

천사도흠모하는 아름다운그모습 - 천국 에서해같이빛나 리

(신) 1642
(구) 1095

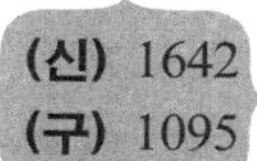

당신이 지쳐서

(누군가 널 위해 기도하네 / Someone is praying for you)

Lanny Wolfe

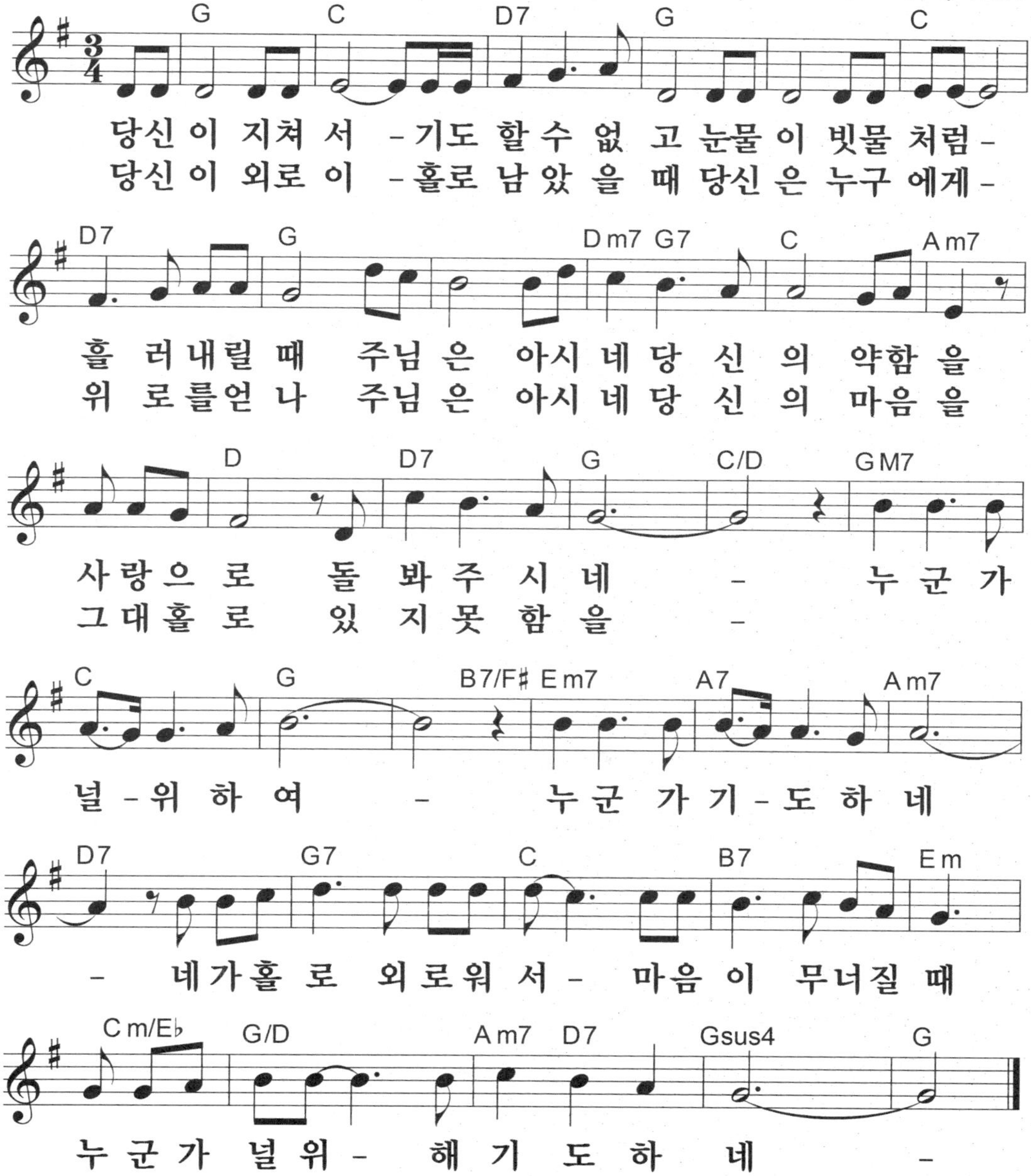

G C D7 G C
당신이 지쳐서 -기도 할수 없고 눈물이 빗물 처럼-
당신이 외로이 -홀로 남았을 때 당신은 누구 에게-
D7 G Dm7 G7 C Am7
흘러내릴때 주님은 아시네 당신의 약함을
위로를얻나 주님은 아시네 당신의 마음을
D D7 G C/D GM7
사랑으로 돌봐주시네 - 누군가
그대홀로 있지못함을 -
C G B7/F♯ Em7 A7 Am7
널-위하여 - 누군가기-도하네
D7 G7 C B7 Em
- 네가홀로 외로워서- 마음이 무너질때
Cm/E♭ G/D Am7 D7 Gsus4 G
누군가 널위- 해기도하네 -

157 두려운 마음 가진 자여

(구) 2254

(주 오셔서 구하시리 / He will come and save you)

Bob Fitts & Gary Sadler

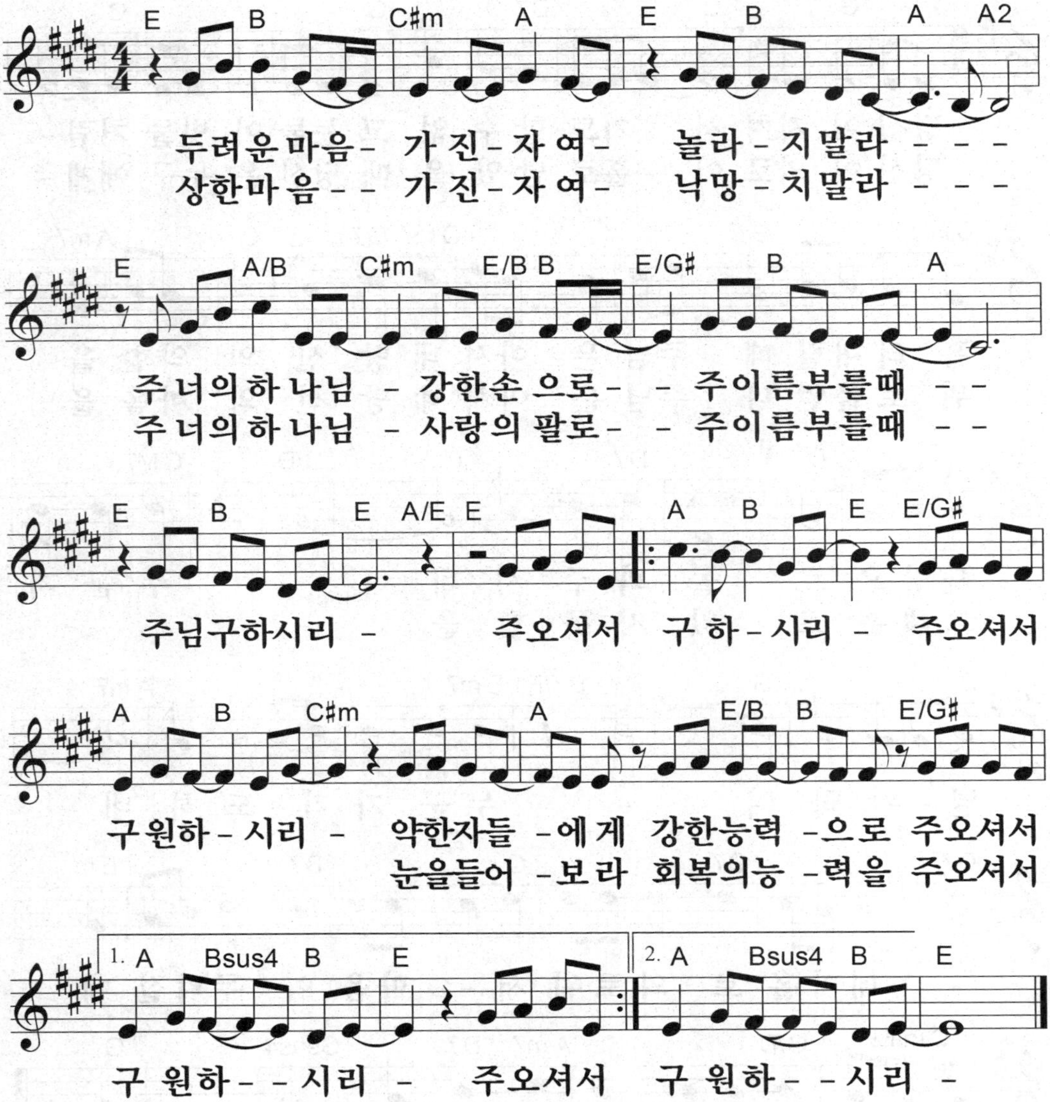

E B C#m A E B A A2
두려운마음- 가 진-자 여- 놀라-지말라 - - -
상한마 음- - 가 진-자 여- 낙망-치말라 - - -
E A/B C#m E/B B E/G# B A
주 너의하 나님 - 강한손 으로- - 주이름부를때 - -
주 너의하 나님 - 사랑의 팔로- - 주이름부를때 - -
E B E A/E E A B E E/G#
주님구하시리 - 주오셔서 구 하-시리 - 주오셔서
A B C#m A E/B B E/G#
구원하-시리 - 약한자들 -에게 강한능력 -으로 주오셔서
눈을들어 -보라 회복의능 -력을 주오셔서
1. A Bsus4 B E
구 원하- -시리 - 주오셔서
2. A Bsus4 B E
구 원하- -시리 -

두려워 말라

158

한은택

A E/A D/A

두려워 말라 너와 함께 함이니- 놀라

Bm Esus4 A E/A

지 -말라- 나는네 하나님됨이니- 무서워 말라 내가널

D A/C# Bm7 D/E E A D/E

도와주리니- 너는 마음에- 염려치-말라- 내

𝄋 A E/G# F#m E D A/C#

가 너를 굳세게하-리라- 내손으로- 너를 꼭

Bm Esus4 A E/G# F#m

붙잡아주리라- 내 가 너를 의롭게함-이니-너는마음에

Bm D/E E 1. A *D.S. al Fine* 2. A

- 염려치 말 라 내 라 나는

D E C#m7 F#m7

너의하-나님이라-하늘 을지은-창조주라-땅의

D2 E D/A A A/C# D E

소산을-베푸는자-나는 여호와니라- 나의 의로부-름받은자-나의

C#m7 F#m7 D A/C# Bm Esus4 *D.S.*

찬송을-부르는자-너 는 두려워-말라 - 내

159 두렵지 않네 이 땅 가운데

(New leader)

이 천

A F#m Bm D/E

두렵지않 네 이땅가 – 운데 어둠이 – 가 득하다해도 – 전능하
네 이땅가 – 운데 평화가 – 사 라졌다해도 – 신실하

A 1. D F#m E7

– 신주 우리들 – 에 – 게 – 승 리를 – 약속하셨 – 으니 낙심치않
– 신주

2. D F#m E D/E E7 A

– 에 – 게 – 회 복을 – 명령하셨 – 으니 – 주가 – 우리와

D C#m F#m D E/D A/C#

– 함께 시 작하 – 셨으니 – 그가 – 또한 – 역사 – 를 –

A/E Esus4 A F#m

이루시 – 리 – 라 – 나두렵지않 네 이땅위 – 에 서 어둠을

DM7 Dm6 Bm Bm/A

– 깨고일어나리 – 라 – 여호수아처럼 – 마음을 – 지켜 다시담

E E7 A

– 대 함 을 가 지 리 라 – – 난 낙 심 치 않 네

F#m
DM7
Dm6
A
이땅위 - 에서 다시복 - 음을외치리라 - 다윗왕 - 처럼
Bsus4 B7
D
Esus4 D/E
A
D/A
A
보좌앞 - 에서 새로운소망의노래 - 부르 리라 - -

당신은 하나님의 축복의 사랑 160

(축복송)

정권

D
A/C#
Bm7
D/A
당신 - 은 하나님 - 의 축복의사랑 - 주
G
D/F#
Em7
G/A
D
A/C#
께서이땅가운데 - 보내신 - 사랑 당신 - 은 하나님 - 의
Bm7
D/A
G
D/F#
Em7
A
D
축복의사람 - 주 께서이땅가운데 - 보내신사랑 -

161 두 손 들고 찬양합니다

(I lift my hands)

Andre Kempen

E
F#m7
E/G#
두 손들고 찬양 합니다 다시 오실왕
A2
E
F#m7
B7
Esus4
E
여 호와께 오직 주만이 나 를 다스리 네 -
Bsus4
B7
A/E
E
나주님만을 섬 기리 - 헛된마음 버 리고 -
Bsus4
B7
A/E
E
성령이여 내 영혼 - 충만하게 하 소 서 -
A
F#m
B
B7
A2/E
E
주 님앞 에 내생 명 드리리 라 -

(신) 1600
(구) 1263

(신) 1597
(구) 2256

따스한 성령님

162

(부르신 곳에서)

김준영 & 송은정

163 때가 차매

(Now is the time)

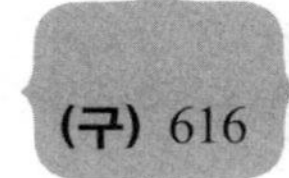

D Em7 D/F♯ G Em7 A7 F♯m7 Bm7

때 가 차 매 아 버 지 께 -

Em7 A7 G/A A7 D Em7 D/F♯

신 령과 진정 으로 예배 드 리 네 - -

D Em7 D/F♯ GM7 Em7 A7 F♯m7 Bm7

때 가 차 매 아 버 지 께 -

Em7 A7 G/A A7 D G/D D

신 령과 진정 으로 예배 드 리 네 -

(신) 1183
(구) 1149

때로는 너의 앞에 164

(축복송)

송정미

GM7
Bm7
C
Cm
때 - 로 는 너의앞 에 어려 움과 아픔있지 만
너 는택 한 족속이 요 왕같 은 - 제사장이 며
Am7
D7
GM7
E7
담대하 게 - 주를바 라 보 는 너 의 영 혼 -
거룩한 나 라 하 나 님 의 소 유 된 백 - 성 -
Am
D7
CM7
Am7
너 의영 혼 우 리볼 때 얼마 나 아 름 다 운 - 지
너 의영 혼 우 리볼 때 얼마 나 사 랑 스 러 운 지
CM7
D7
Bm9
E7
너 의영혼 통 해 큰영광받 으 실
Am7
D7
C6
G
하 나 님을 찬 양 오 할 렐 루 야

165 마라나타

고형원

마라나타 – 주예수여 – 어서 오시옵 – 소 서
땅의모든끝 모든족속 주를찬송하 – 게 하소서 –
마라나타 – 주예수여 – 어서오시옵 – 소 서
모든열방 이 주께돌아 와 춤추며경배하 – 게
하소서 – 우리주님 다시오실 길을만들자 – 십자
가를들 – 고 땅끝까 – 지 우린가리라 – 우리주님 하늘영광
온땅덮을때 – 우린 땅끝에 – 서주를맞 – 으 리 – 마라나타
– –마라나타 – 아멘 주예수 – 여오시옵 – 소 서 –마라나타
– –마라나타 – 아멘 주예수 – 여오시옵소 서

(신) 1882
(구) 1624

마음이 상한 자를

(He binds the broken-hearted)

Stacy Swalley

F C/E Dm7 F/C
마 음 이상 - 한자 - 를 고 치 시는 - 주 님 -
성 령 으로 - 채우 - 사 주 보 게하 - 소 서 -
B♭2 F/A Gm7 B♭/C C
하 늘의 - 아 버 - 지 날 주 관하 - 소 서 - -
주 의입 - 재 속 - 에 은혜 알 게하 - 소 서 - -
F C/E Dm7 F/C
주 의 길로 - 인 도 - 하 사 자 유 케 하 - 소 서 -
주 뜻 대로 - 살 아 - 가 리 세 상 끝날 - 까 지 -
B♭ F/A Gm7 B♭/C
새 일 을 행 하 - 사 부흥 케 - 하 - 소 서 -
나 를 빛 으 시 - 고 새날 열 어 주 - 소 서 -
C F Am7 B♭2 F/A Gm7 B♭/C F C7
의에 주 리고 - 목이 마 르니 - 성령의 - 기름 - 부으 - 소 서
F Am7 B♭M7 F/A Gm7 C F
의에 주 리고 - 목이 마 르니 - 내잔을 - 채워 - 주소 서

167 마지막 날에

(신) 1570
(구) 1625

이 천

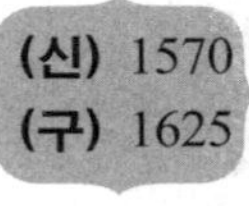

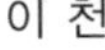

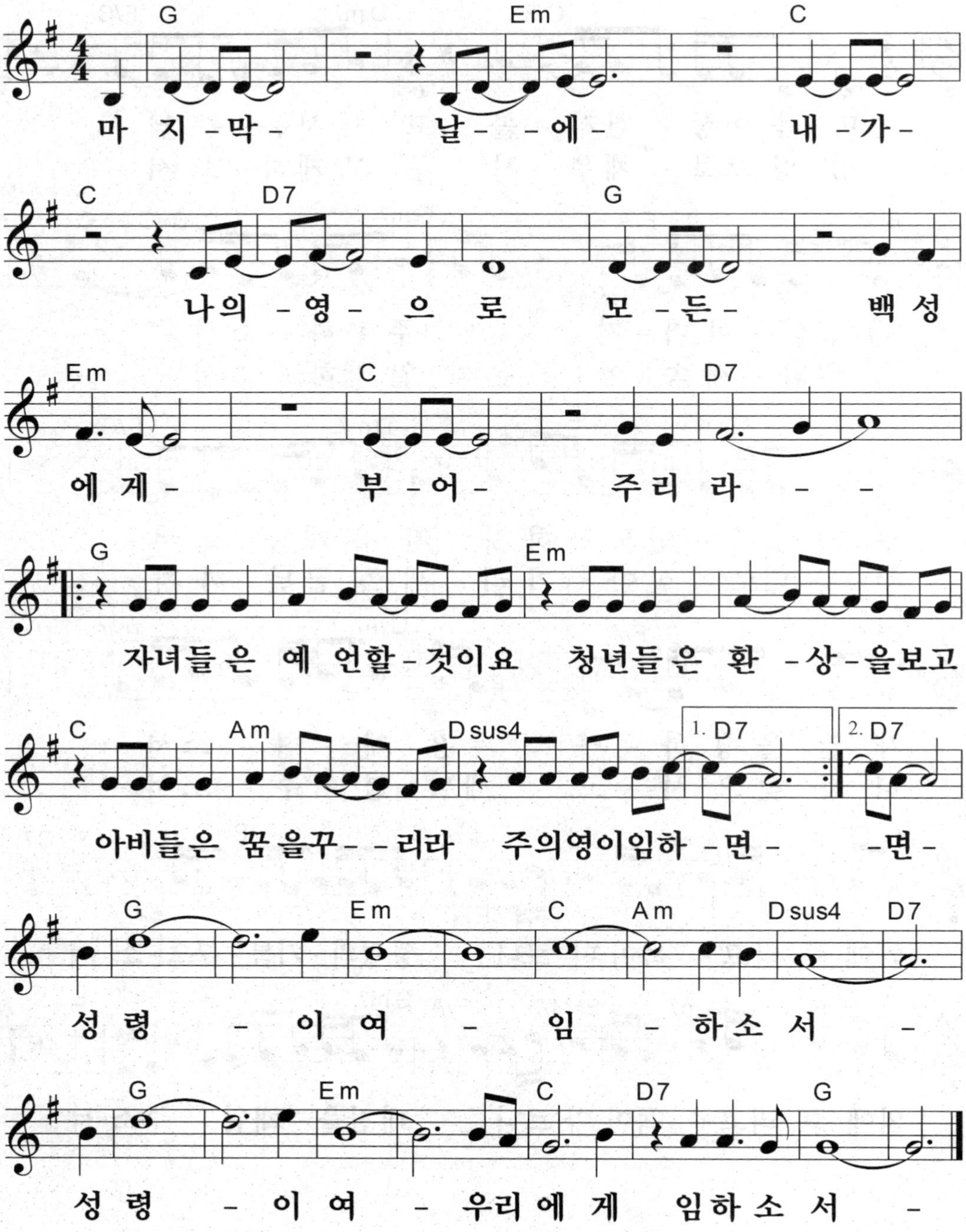

G Em C
마 지 -막- 날- -에- 내 -가-
C D7 G
나의 -영- 으 로 모 -든- 백 성
Em C D7
에 게- 부 -어- 주 리 라 - -
G Em
자녀들은 예 언할-것이요 청년들은 환 -상-을보고
C Am Dsus4 1. D7 2. D7
아비들은 꿈 을꾸- -리라 주의영이임하 -면- -면-
G Em C Am Dsus4 D7
성 령 - 이 여 - 임 - 하소 서 -
G Em C D7 G
성 령 - 이 여 - 우리에게 임하소 서 -

만복의 근원 하나님

168

(송영 / Doxology)

Jimmy Owens

D F#m7 GM7 F#m
만 복 - 의 - 근 원 하 - 나 님

Em D Em A D
온 만 - 물 주 - 께 찬 - 양 해

D F#m7 Gm7 F#m7
만 유 - 의 - 주 다 찬 양 하 세

Bm7 G D/F# Bm7 Em7 A7 A D
찬 양 - 성 부 성 자 - 성 령

169 많은 사람들

(난 예수가 좋다오)

(신) 1411
(구) 891

김석균

A C♯m D D♯dim A/E
많 은 – 사람 들 – 참된 진 리를모른채 – 주님곁을
무 거운짐진자 – 다 – 내 게 – 로오라 – 내가너를
그 대 – 가만 일 – 참된 행 복을찾거든 – 예수님을
F♯m Esus4 E7 A C♯m
떠 나 갔 지만 – – 내가만난주님 – 은 – 참
쉬 게 하 리라 – – 이길만이생명의길 – 참
만 나 보 세요 – – 그분으로인하 – 여 – 참
D D♯dim A/E E7 A D A
사 랑 – 이었 고 – 진리였고 소 망 이었 소 – –
복 된 – 길이 라 – 항상내게 들 려 주셨 소 – –
평 안을얻으 면 – 나와같이 고 백 할거 요 – –
A F♯m D
난 예수가좋 다오 – – 난 – –
B7/D♯ Esus4 E7 A A7
예수가좋 다오 – – 주를 사 랑 한 다던 –
D Dm A/E E7 A D/A A
베 드로고백처럼 – 난 예수를사랑한다 오 –

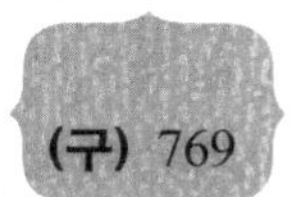
(구) 769

맑고 밝은 날

(It's a happy day)

Gary Pfeiffer

E
G♯m
A
F♯m
E/B B7
맑고밝은 날 - 나는주이름찬양하 겠 네
E
G♯m7
F♯m7
B7
맑고밝은 날 - 나는 주를위해살 리
E
G♯m7
A
F♯m
E/B B7
맑고밝은 날 - 내생활새로워 지 니
A
E/G♯
F♯m7
B7
E
매일주님사랑따라 말씀대로살 리라 - -

171 맑은 시내와 같은 가정을

(여호와는 나의 목자 나의 아버지)

주숙일

F Gm7 C F
맑 은시 내와 같은 가 정을 주시 고
흑 암의 권- 세가 나 를에 워싸 도
이 땅의 수- 고가 끝 나는 그- 날
F FM7 Gm7 C7 F
푸 른초 장과 같은 일 터를 주 신
결 코두 렵지 않네 찬 송하 겠 네
내 가돌 아가 쉴곳 예 비해 주 신
B♭ Gm7 Am7 G G7 Csus4 C
여호와 는 나의목 자 나 의아 버 지
DM7 D7 Gm7 G#°7 F C7 F
나 는 그안에 - 그는내 안 -에 - 영 원 영 원 히

머리들라 문들아

172

Graham Kendrick

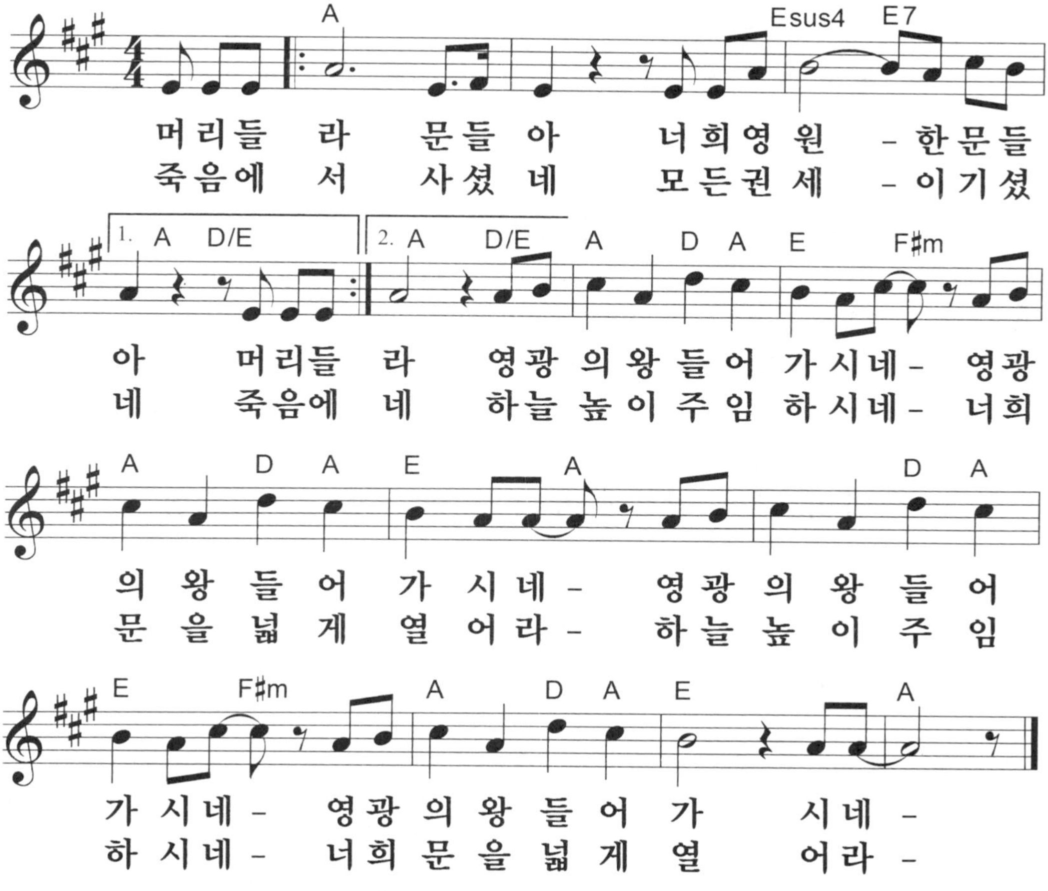

머리들 라 문들 아 너희영 원 -한문들
죽음에 서 사셨 네 모든권 세 -이기셨

아 머리들 라 영광의왕 들어 가시네- 영광
네 죽음에 네 하늘 높이주 임 하시네- 너희

의 왕 들 어 가 시 네- 영광의 왕 들 어
문 을 넓 게 열 어 라- 하늘 높 이 주 임

가 시네- 영광의왕 들어 가 시네 -
하 시네- 너희문을 넓게 열 어라 -

173 먼저 그 나라와 의를

(신) 1850
(구) 1098

(Seek ye first)

Karen Lafferty

먼 저그나 - 라와 의를구하라 그 나라와 - 그의 를
사 람이떡으로만 살것아니요 하 나님말 - 씀으 로
구 하라그리하면 주실것이요 찾 으라찾을것이 요

그 리하면 이 - 모 - 든것을 너희에게더 하시 리 라
그 리하면 이 - 모 - 든것을 너희에게더 하시 리 라
두 드리라 문이 열릴것이니 할 - 렐 - 루 할렐 루 야

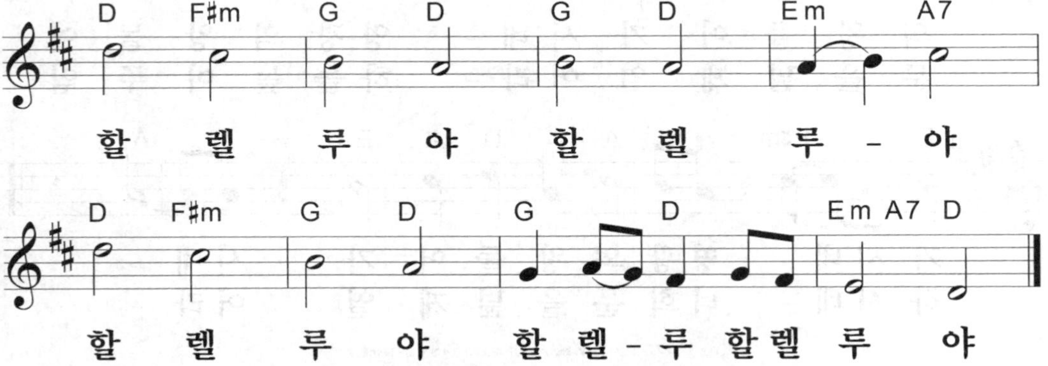

(신) 1563
(구) 2102

모든 상황 속에서

174

김영민

175 모든 영광을 하나님께

(heavenly Father I appreciate You)

(신) 1815
(구) 727

Anonymous

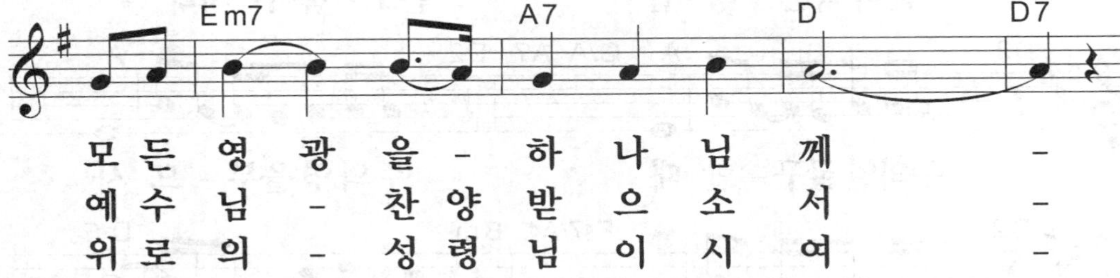

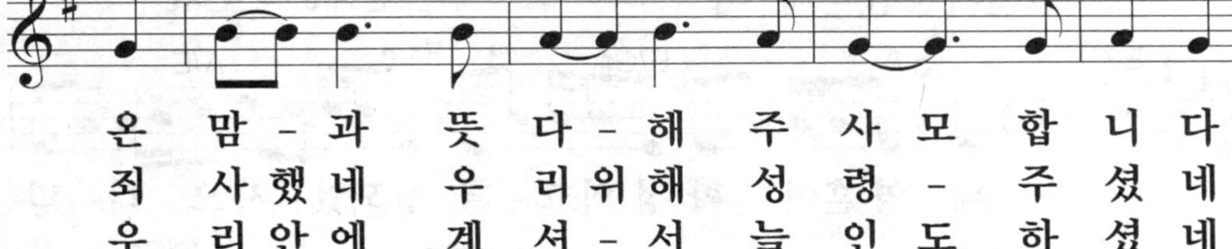

(신) 1819
(구) 1363

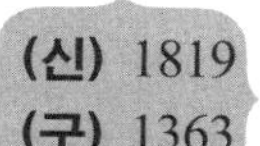

모든 이름 위에 뛰어난 이름 176

고형원

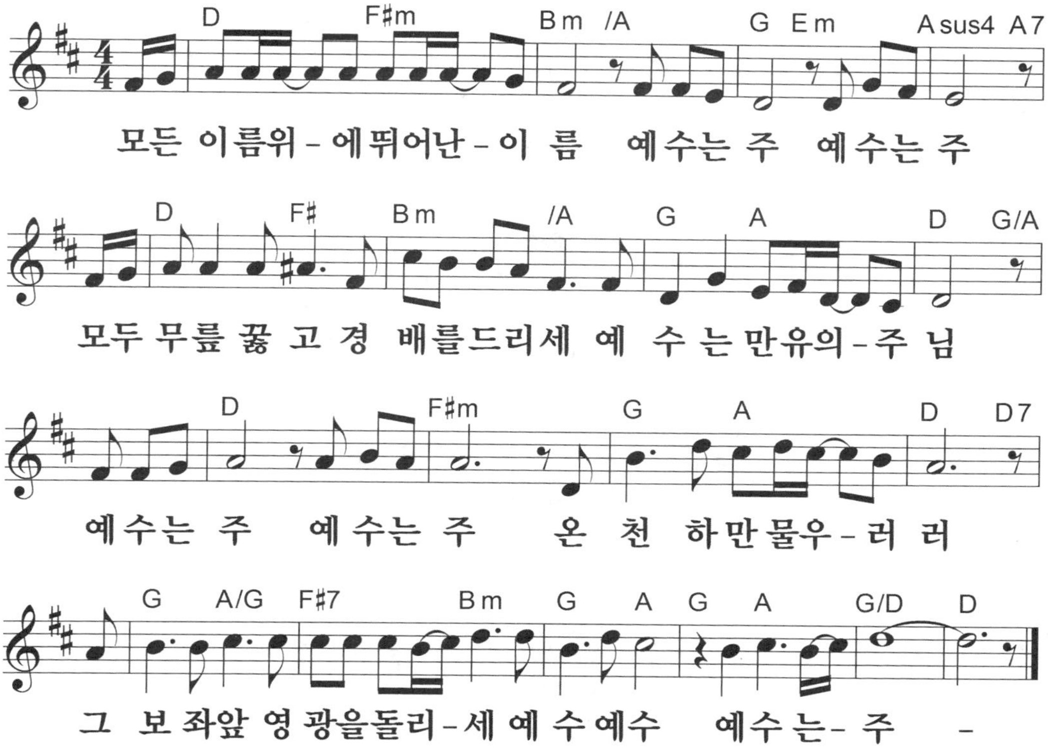

D F♯m Bm /A G Em Asus4 A7
모든 이름위 - 에뛰어난 - 이 름 예수는 주 예수는 주
D F♯ Bm /A G A D G/A
모두 무릎 꿇 고 경 배를드리세 예 수 는만유의 - 주 님
D F♯m G A D D7
예수는 주 예수는 주 온 천 하만물우 - 러 러
G A/G F♯7 Bm G A G A G/D D
그 보 좌앞 영 광을돌리 - 세 예 수 예수 예수 는 - 주 -

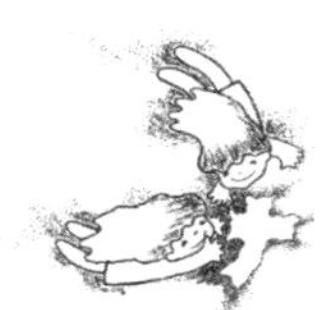

177 모든 지각에 뛰어나신

(아무것도 염려치 말고)

방영섭

G C/G G C Am7 Dsus4 D7
모든지각에 - 뛰 - 어나신 - 하나님의평강 이
G Am7 G/B C D7 G D7
예수안에서 - 너의마음과 - 너의생각을 지키 리
G G/B C Am7 G Em7 Dsus4 D7
아무 것 도 너는 염려치말고 - 오 직 기도와간구 로
G G/B C Am7 G/D D7 G
하나 님 께 너의 구할것 - 을 - 감 사 함으로아뢰라 -

(신) 1830
(구) 608

목마른 사슴 178

(As the deer)

Martin Nystrom

목 마 른 사슴 시 냇 물을찾아 헤 매이 듯 이
금 보 다 귀한 나 의 주님내게 만 족주 신 주

내 영 혼 주를 찾 기 에 – 갈급 하 – 나 이 다
당 신 만 이 – 나 의 기쁨또한 나 의참 보 배

주 님 만 이 – 나 의 힘 나 의 방 패 나의참 소 망

나 의 몸 정성 다 바 쳐서주님 경 배합 니 다

179 목적도 없이

(신) 1989
(구) 1155

(험한 십자가 능력있네 / The old rugged cross made the difference)

William J. Gaither & Gloria Gaither

A A7 D A
목 적 도 없이 나 는방황 했네 - -

D A E7
소 망 도 없 - 이 살았 네 -

A A7 D
그때 에 못자 국 난 그 손길 - -

A E Bm E7 A
나에 게 새생 명 주 셨 네 -

A D A
험한 십 - 자가 에 - 능력 있네 - -

D A E
거기 서 나의 삶이 변했 네 -

A A7 D
찬 양 하 - 리 주 이 름 영 원 - 히 -

A E7 A
주 의 십 자 가 능 력 있 네 -

D A
나는믿 네 갈 보 리 언 덕 십 - 자 가 -

목적도 없이

F♯m B7 E E7
나는믿네 그누가 뭐 라해도 –
A C♯7 F♯m B9
이세상 다지나고 끝날 이와도
E E7 A
험한십 자가붙 들 겠 네 –
A7 D A D A
나는믿네 십자가 에서못 박 힌 주
E AM7 A7
오늘도 새삶 을 주 시 네 –
D Dm A F♯m C♯m
날새롭게 하셨네 나는새 피 조 물
Bm E9 D E A A7
십자가 잡고살 아 가 리 –
D A
나는믿네 갈보리 언 덕 십자가 – 나는믿
D.S.
A D E7 A
– 험한십 자가붙 들 겠 네 –

180 무너진 땅 바라보며

(예레미야의 노래)

정신호

C G F/A G/B C
무너진땅 - 바라보며 - 주님 마음구 - 하 - 며 - 오늘도난
F G C /E F G/F Em Am
- 예배를세 - 우네 - 진 리를전 - 하고 - 공 의를세 - 우네 - 주님
Dm Gsus4 Fm/G C G
그토록원 - 하시는 - 다시오실 - 예수그리스도 - 우리
F/A G/B C F G C
에게주 - 셨 - 네 - 주와함께 - 물러서지않 - 으리 - 세
F G/F Em7 E/G♯ Am Dm Gsus4
상이변 - 하고 - 무 너질지 - 라도 - 주의 나라는굳 - 게서리 -
F/G C G/B Gm/B♭
주의영광 - 온땅에가 - 득해 - 세세토록 - 홀로영광받 - 으실
F/A Dm Em
- 만 왕의왕 - 이요 - 만 주의주 - 되신 - 주
영원 토록계 - 시는 - 다시 오실나 - 의왕 -
F Dm 1. Gsus4 F/G 2. Gsus4 C
하나님찬 - 양하세 - 주의영광 -

무덤 이기신 예수

181

(할렐루야)

Scott Brenner

F C/E F B♭/D C/E F /A B♭ F/A G/B G C

무 덤이 - 기 - 신 - 예 - 수 죽으 시고다 - 시 - 사 - 셨 - - 네
보 좌에 - 앉 - 으 - 신 - 주 영원 토록다 - 스 - 리 - 시 - - 네

F C/E F B♭/D C/E Dm /C G/B C /B♭ F/A B♭ Dm/A

죄 의저 - 주 - 끊 - 으 - 셨네 예수 승 리의 - 주 할 렐루 - 야
예 수사 - 단 - 정 - 복 - - 하 고 - 사 망권 - 세 무 너 뜨렸 - 네

Gm F/A B♭ F/C C F B♭/F

예 수 - 만 - - 유 의 - 주

F /A B♭ G G/B C

할 렐루 - 야 할 렐루 - 야

A /C# Dm Gm F/A B♭ F/C C B♭2/C F

할 렐루 - 야 영 - 광 - 의 찬 양 - 주께 -

Fine

G G/B C7 G G/B C7

주께영광 드리 - 세 주께영광 드리 - 세

D.S.

182 무화과 나뭇잎이 마르고

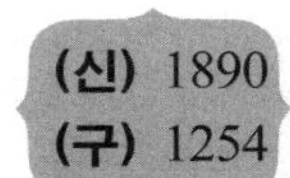

(신) 1890
(구) 1254

(Though the fig tree)

Tony Hopkins

A
A7
D
A
무화과 나 뭇 잎 이 - 마 르고 - 포도 열 매가없 으며 -

A
F#m
B7
E7
감 람 나무열매 그 치고 논밭에 식 물이없 어도 -

A
A7
D
A
우리 에 양 떼 가 없 으며 외양간 송 아지없 어도 -

A
F#m
Esus4
E7
D
A
난 여호와 로 즐거워하리 난 여호와 로 즐거워하리

A
F#m
B7
E7
A
난 구 원의하 나 님 을 인해 기 뻐 하 - 리라 -

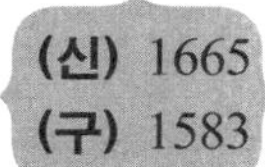

(신) 1665
(구) 1583

문들아 머리 들어라

G D C CM7 G D G G7
문 들 아머리들-어 라 들릴 지 어다영원한문 들 아
C G 3 B7/F♯ Em C D G
영광 의 왕들어가 시 도 록 영광 의 왕들어가-신 다
G D/F♯ Em /D C G D
영 광의왕 뉘 시 뇨 강 하 고능 하신 주로다-
G B7 C A7 C G D G
전 쟁에능 하신 주 시라 다 찬 양 위대하-신 왕
G D Em /D C G Dsus4 D
왕 께 만 세 왕 께 만 -세-
G D C A7 C G D G
당 신은영 광의 왕 이라 다 찬 양 위대하-신 왕

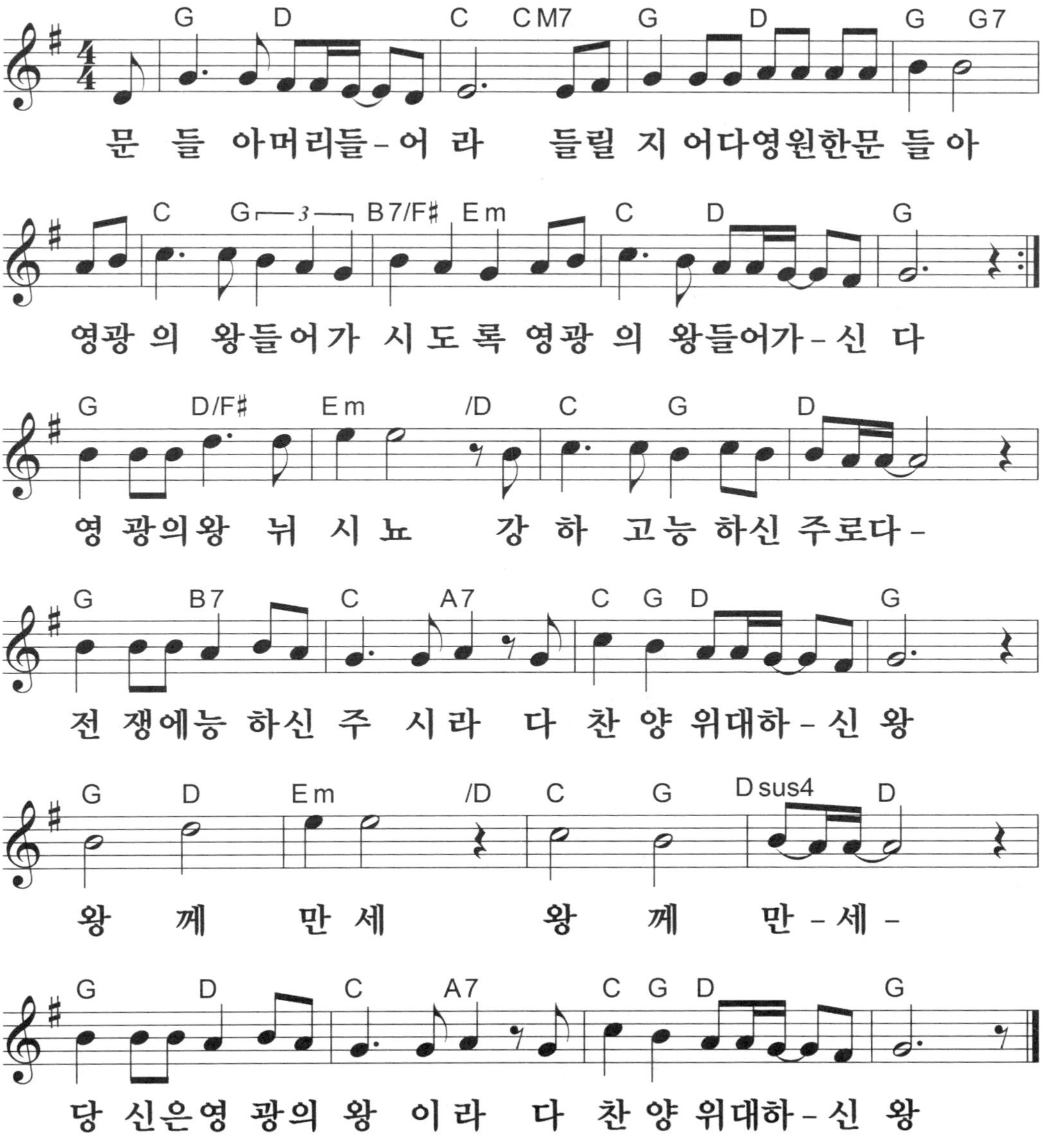

184 바다 같은 주의 사랑

(Here Is Love)

Matt Redman(Arr.) &
PD Robert S. Lowry / William Rees

G C2 G D
바다 같 은주의 사랑 내맘 속 에넘치네 생명
박 힌언덕 위에 생명 의 문열렸네 깊고
3rd time to
G C2 G D 1. G C2
의 주우릴 위해 보혈 흘 려주셨 네
넓 은은혜 의샘 강과 같 이흐르
GM7/B C 2. G D/F#
바다 네 영원하 신주의 사랑 어찌
D7 G Em7 C G D/F#
우 리잊으리 생명 주 신주님 만을 영원 히 찬양하
G C2 GM7/B C2 G C2 GM7/B C2
리 주못
G D/F# D7 G
고 하나 님 의자비 하심 이땅 위 에넘치네 평강
하 신주의 사랑 어찌 우 리잊으리 생명
Em7 C 1. G D/F# G 2. G D/F#
의 왕주님 예수 세상 죄 구속했네 영원 히 찬양하
주 신주님 만을 영원

바다 같은 주의 사랑

G
C2
GM7/B
C2
G
리
더높은사랑
C2
G/B
C2
G
더넓은사랑
더깊은사랑
진실한사랑
더높은사랑
C2
G/B
1.C2
2.C2
더넓은사랑
주같은사랑
없-네-
없-네-바다
G
C2/G
D/G
C2/G
같 은주의 사랑-
바다
G
C/G
D/G
1. C2/G
2. C2/G
같 은주의 사랑-
바다

185 반드시 내가 너를

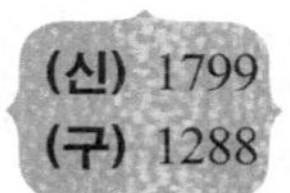

(신) 1799
(구) 1288

박이순

Dm A7 Dm C7 A7
반 드시내가너를 축복하리라 반 드시내가너를 들어쓰리라
Dm A7 Dm A7 Dm
천 지는변 해도 나의약속은 영 원히변치않으 리
세 상의소 망이 사라졌어도 온 전히나를믿으 라
F B♭ C7 F B♭ C7 F
두 려 워 말 라 강 하 고 담 대 하 라 낙 심 하 며 실망치말라
두 려 워 말 라 강 하 고 담 대 하 라 인 내 하 며 부르짖으라
B♭ C7 F B♭ A Dm A A7
낙 심 하 며 실망치말라 실 망 치 말 라 –
인 내 하 며 부르짖으라 부 르 짖 으 라 –
Dm A7 Dm F A7
네 소원이루는날 속히오리니 내 게 영광돌리 리
영 광의그 – 날이 속히오리니 내 게 찬양하리 라
Dm Gm7 A7 Dm
네 소원이루는날 속히오리니 내 게 영광돌리 리
영 광의그 – 날이 속히오리니 내 게 찬양하리 라

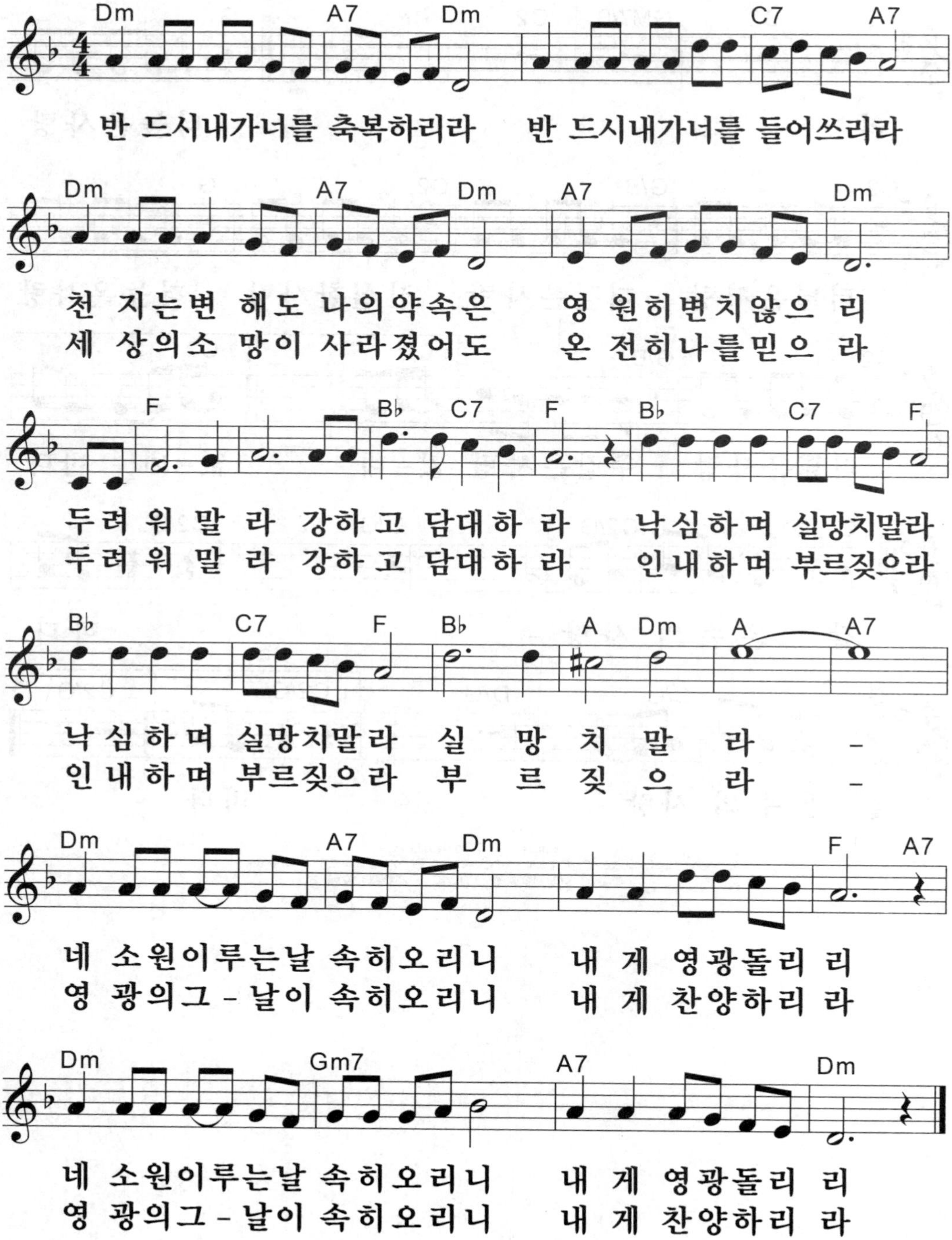

(신) 1786
(구) 1058

보라 내가 새 일을

186

G C G D
보 라내 가새 일을 - 다 이 루어 놓았 다
정 녕히 내가 사막에 샘 물 을내 리 - 니
나 를존 경할 것은 - 광 야 에샘 물 - 을
나 의택 한백 성으로 마 시 게할 것이 라
G C G D7 G
이제 나 타났 으 니 너희 가 보고 앎이 라
장차 들 짐승 들 과 시 - 랑 과타 조 - 도
사 - 막 에강 들 을 내백 성 에게 주리 라
나의 택 한자 들 로 마 - 시 게할 것이 라

187 보라 너희는 두려워 말고

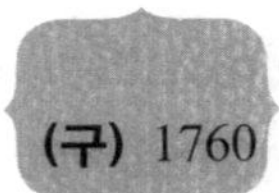

이연수

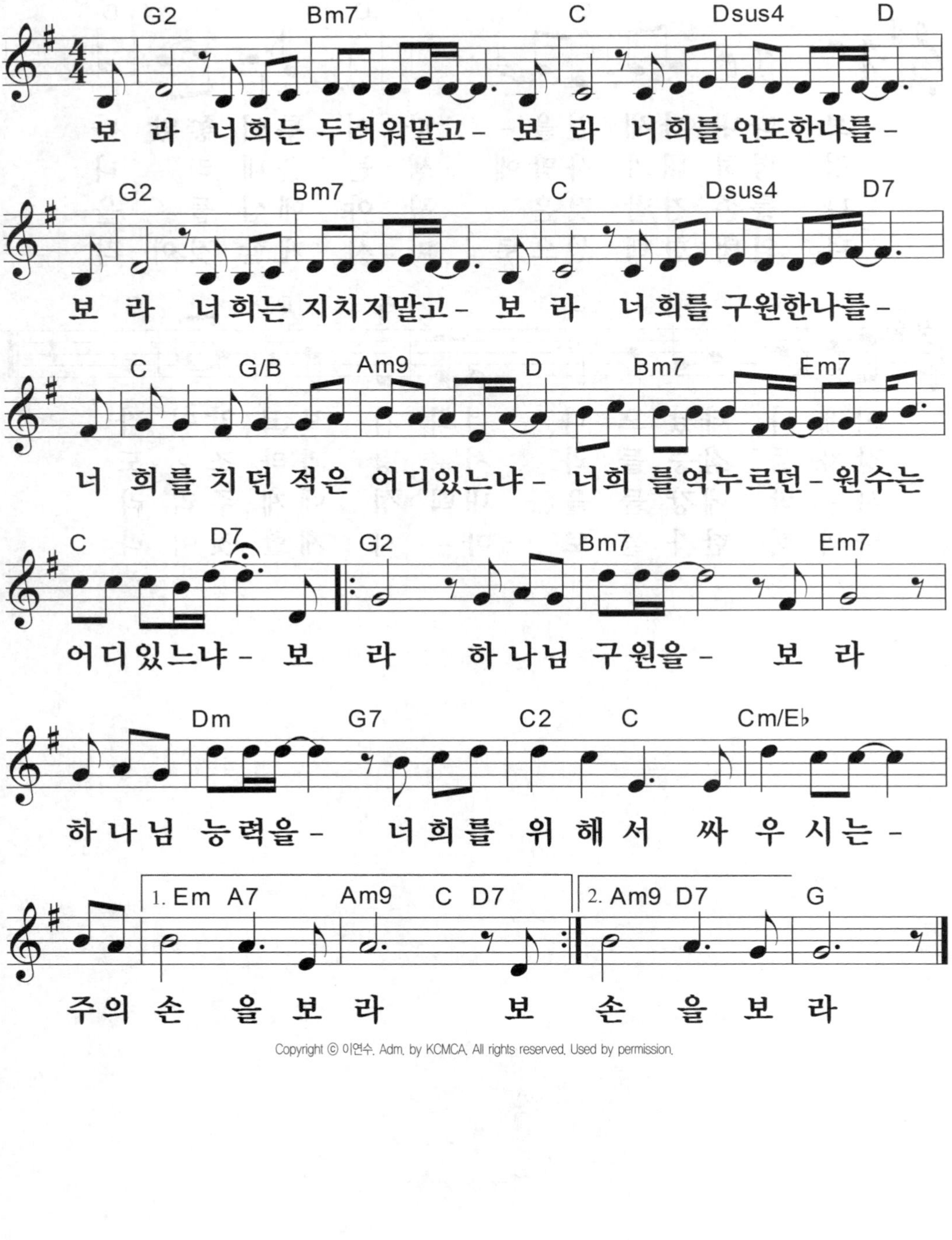

G2 Bm7 C Dsus4 D

보 라 너희는 두려워말고 - 보 라 너희를 인도한나를 -

G2 Bm7 C Dsus4 D7

보 라 너희는 지치지말고 - 보 라 너희를 구원한나를 -

C G/B Am9 D Bm7 Em7

너 희를 치 던 적은 어디있느냐 - 너희 를억누르던 - 원수는

C D7 G2 Bm7 Em7

어디있느냐 - 보 라 하나님 구원을 - 보 라

Dm G7 C2 C Cm/E♭

하나님 능력을 - 너희를 위해서 싸 우 시는 -

1. Em A7 Am9 C D7 2. Am9 D7 G

주의 손 을 보 라 보 손 을 보 라

(신) 1463
(구) 1627

보라 새 일을

이길로
G D Em F
보 라 새 일을 – 행 하 시 리 니 –
C D G Am7 C/D
이 제 – 곧 나 – 타 내 리 라 – –
G Am6/F♯ B7 Em F
주 를 위 하 여 – 지 으 신 백 성 –
C D G
주 의 – 찬 송 – 부 르 게 되 – 리 – –
Fine
C D G
광 야 의 물 솟 – 아 나 리 라 – –
C D G
사 막 에 꽃 피 – 어 나 리 – –
C D Bsus4 B7 Em7
이 전 일 들 을 – 너 희 는 기 억 지 말 며 –
C Am7 Dsus4 D7
옛 적 일 들 을 – 생 각 지 도 말 – 라 – –
D.C.

189 보혈을 지나

(신) 1272
(구) 1623

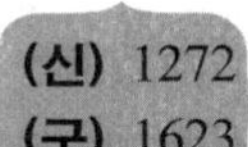

김도훈

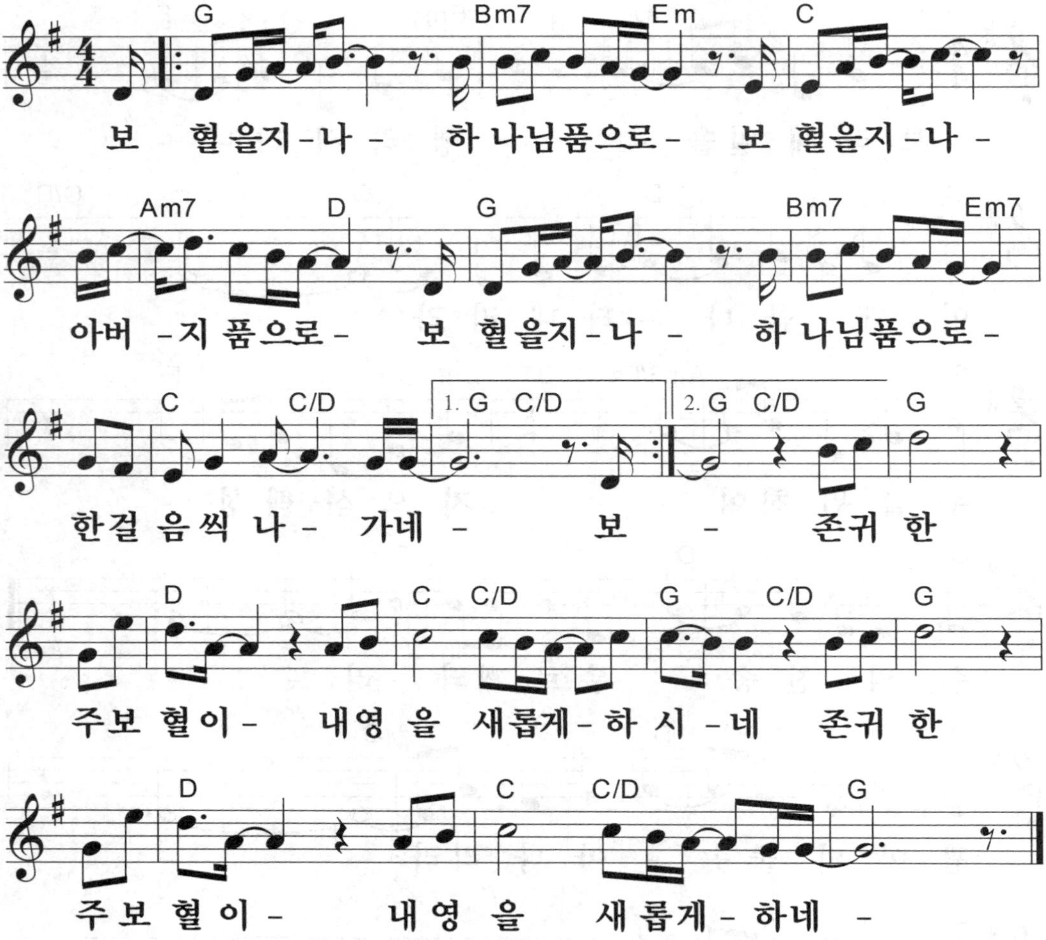

G Bm7 Em C
보 혈을지-나- 하나님품으로- 보 혈을지-나-
Am7 D G Bm7 Em7
아버 -지 품으로- 보 혈을지-나- 하나님품으로-
C C/D 1. G C/D 2. G C/D G
한걸 음씩 나- 가네- 보 - 존귀 한
D C C/D G C/D G
주보 혈이- 내영 을 새롭게-하 시 -네 존귀 한
D C C/D G
주보 혈이- 내영 을 새롭게-하네 -

(신) 1603
(구) 1170

복음 들고 산을

(주 다스리시네 / Our God Reigns)

Leonard E Jnr. Smith

C F G7 Em7
복음들고 산 을 넘는자 들 의 발길
A7 Dm7 G7 C
아름답고 도 아름답도 다
C7 F G7 CM7
평화전하 며 복 된소식 을 외 치네
Am Dm7 G7 C F/C C
주 다 스 - 리 시 네 -
C7 F FM7 C C7
주 다 스 - 리 시 네 -
F G7 C
주 다 스 - - - - 리 시 네

191 부흥 있으리라

(There's gonna be a revival)

Renee Morris

G C G
부 흥 - 있 - 으리 - 라 - 이 땅에 - - - -

G C D B/D#
부 흥 - 있 - 으리 - 라 - 이 땅에 - - - 동쪽과

Em B7/D# Em7/D C#m7(♭5)
- (동쪽) 서쪽 - (서쪽)남 쪽 - (남쪽)북 쪽 에 -

Am7 G/D D7aug 1. G C/D
부 흥 - 있 - 으리 - 라 - 이 - 땅에 - -

2. G F G B♭ C B♭ G F G F7 F#7 G
3
이 땅 에

(신) 1491
(구) 1028

비바람이 갈 길을 막아도

192

(나는 가리라)

김석균

C Em Dm G C
비바람이갈길을 막 아도 나는가리 - 주의길을가 리
험한파도앞길을 막 아도 나는가리 - 주의길을가 리
F C G G7 C
눈보라가앞길을 가 려도 나는 가리 - 주의길을가 리
모진바람앞길을 가 려도 나는 가리 - 주의길을가 리
Em G Dm C
이 길 은 영광 의길 이 길 은 승리 의길
이 길 은 고난 의길 이 길 은 생명 의길
F C D G
나를구원하신 주 님이 십자가지고가신 길
G7 C Em F
나는가리 라 주의길을가리 라
F C/G D G
주님발자취 따 라 나는가 리 라
G7 C Em F
나는가리 라 주의길을가리 라
F C/G G7 C
주님발자취 따 라 나는가 리 라

193 빛나는 왕의 왕

(위대하신 주 / How great is our God)

Chris Tomlin, Jesse Reeves & Ed Cash

A
F#m
빛 나 는왕 - 의 왕 - 영 광의 - 주님
영 원 한주 - 의주 - 시 간 의주 - 관자
F#m7
DM7
A
- 온땅기뻐-하라 - - 온땅기뻐-하라 - 광채 - 의옷 - 입고
- 알파와오-메가 - - 알파와오-메가 - 삼위 - 의하 - 나님
A
F#m7
F#m7
DM7
- 어 두 움물 - 리쳐 - - 저원수는-떠네 - - 저원수는-떠네
- 아 버 지성령아들 - - 사자와어-린양 - - 사자와어-린양
D2
A
F#m7
- 위대 - 하신주 - 찬양해-위 - 대 하신주
F#m7
DM7
Esus4
A
- 모두알게되리라 - - 위대 - 하신주 -
A
F#m7
모 든이 - - 름위에 - 뛰 어나신이름 - 다
DM7
Esus4
A
찬 양해 - 위대 - 하신주 -

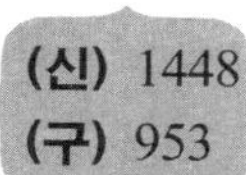

빛이 없어도

194

(주 예수 나의 당신이여)

이인숙 & 김석균

빛이 없어도 환하게 다가오시는주예 수 나의 – 당신이 여
나는 없어도 당신이 곁에계시면나는 언 제나 – 있습니 다

음성이 없어도 똑똑히 들려주시는 주예 수 나의 – 당신이 여
나 – 는 있어도 당신이 곁에없으면 나는 언 제나 – 없습니 다

당 신 이 있음으로 나도있 고 – 당신의 노래가머묾으로

나는 부를수있어요주 여 – 꽃처럼 향기나는 – 나의 생 활이아니어 도

나는 당 신 이좋을수 밖에없어요 주예 수 나의당 신이 여

195 사람을 보며 세상을 볼땐

(신) 1037
(구) 926

(만족함이 없었네)

최영택

F Dm F C7
사람을보며 세상을볼땐 만족함이없었네
F Dm Gm7 C7 F
나의하나님 그분을뵐땐 나는만족하였네
1. F Bb C7
저기빛나는 태양을보라 또 저기서있는 산을보아라
F Dm Gm7 C7 F
천지지으신 우리여호와 나를사랑하시니
F Dm Gm7 C7 F
나의하나님 한분만으로 나는만족하겠네
2. F Bb F Bb F C
동남풍아 불어라 서북풍아 불어라
F Dm Gm7 C7 F
가시밭의백합화 예수향기날리니 할렐루야아 - 멘
F Dm Gm7 C7 F
가시밭의백합화 예수향기날리니 할렐루야아 - 멘

사랑스런 주님 음성

Ronaldo Bezerra

G2 C Bm7 Em
사 랑스런 - 주님음성 - 당신 곁에가 - 까이 - 이 -
Am7 D7 G C
끄시네 - 주님 사 랑을나 - 누리며 - 그 -
Bm7 Em Am7 Dsus4 D7 G Bm7
아 름다우 - 심 나 누기원 - 하네 - 예 - 수 내
Em Em/D Am7 G/B C Dsus4 D
선하신 - 목자 - 나의 앞길 - 아시네 - - - 예 -
G Bm7 Em Em/D Am7 D7 G
수 신 실하신 - 주께 - 내삶을 - 드립 - 니다 -

197 사랑의 나눔

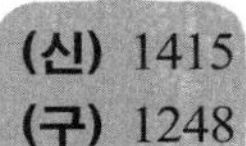
(신) 1415
(구) 1248

Taize

F C7/E Dm F/C B♭ F C7
사 랑 의 나 눔 있 는 곳 에
F C7/E Dm B♭ C7 F
하 나 님 께 서 계 시 도 - - 다

198 사랑의 주님 닮기 원하네

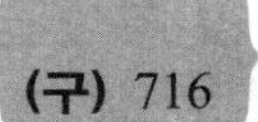
(구) 716

D D7 G D
*사 랑 의 주 님 - 닮 기 원 하 네 - 그 - 아 름
A A7 D D7 G
다 운 - 주 님 예 수 - 이 세 상 에 서 - 저 천 국
D A A7 G D
까 지 - 닮 - 기 원 하 네 - 주 님 예 수 -

* 소망, 용서
위로, 능력

(신) 1043
(구) 1146

사랑의 주님이

199

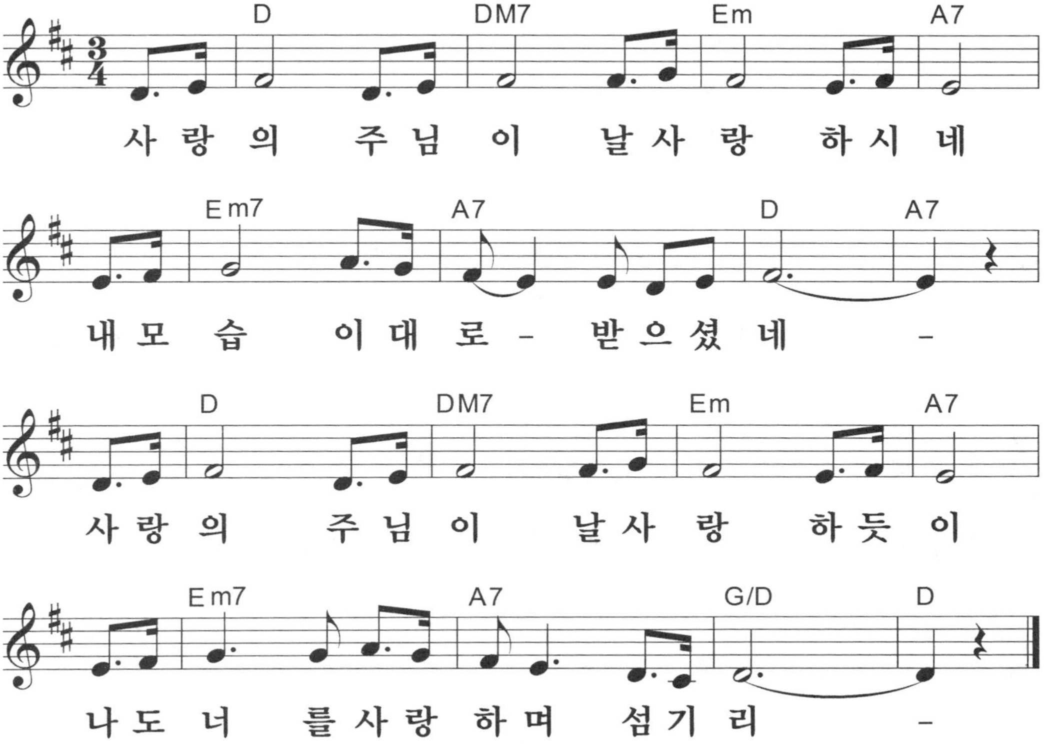

D DM7 Em A7
사 랑 의 주 님 이 날 사 랑 하 시 네
Em7 A7 D A7
내 모 습 이 대 로 - 받 으 셨 네 -
D DM7 Em A7
사 랑 의 주 님 이 날 사 랑 하 듯 이
Em7 A7 G/D D
나 도 너 를 사 랑 하 며 섬 기 리 -

(구) 877

사모합니다

200

(Father I adore You)

Terrye Coelho

G Am D7 G Am D G C Am D7 G
사 모 합 - 니 다 몸 과 마 음 을 다 해 나 의 하 나 님
사 모 합 - 니 다 몸 과 마 음 을 다 해 나 의 예 수 님
사 모 합 - 니 다 몸 과 마 음 을 다 해 나 의 성 령 님

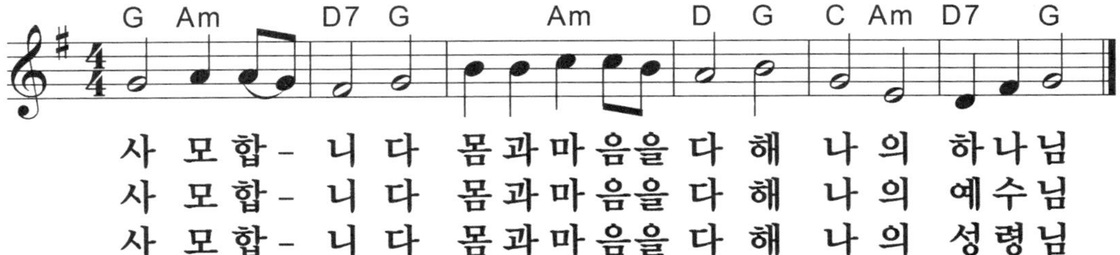

201 사랑하는 나의 아버지

(신) 1516
(구) 560

(Blessed be the Lord God Almighty)

Robert D Fitts

(신) 1716
(구) 1616

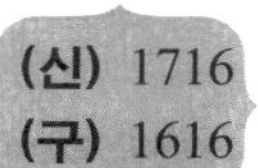

사랑합니다 나의 예수님

202

김성수 & 박재윤

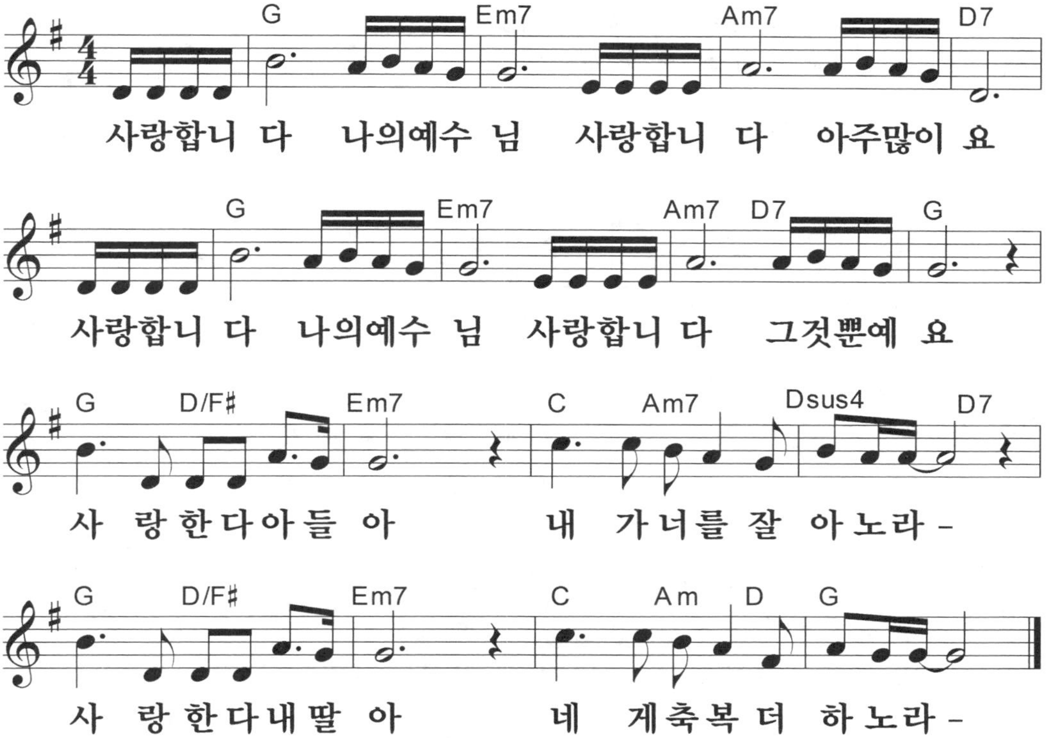

G Em7 Am7 D7
사랑합니 다 나의예수 님 사랑합니 다 아주많이 요
G Em7 Am7 D7 G
사랑합니 다 나의예수 님 사랑합니 다 그것뿐예 요
G D/F♯ Em7 C Am7 Dsus4 D7
사 랑한다아들 아 내 가너를 잘 아노라 -
G D/F♯ Em7 C Am D G
사 랑한다내딸 아 네 게축복더 하노라 -

사랑해요.

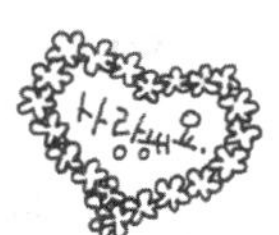

203 사랑하는자여

송일화

사랑하는자여

B7/A
B7
E
A
/B
E
이렇게고-백합-니다 - - - - 사랑하-는자-여 네영
C♯m7
A
E/G♯
혼이잘-됨같-이 -네가범사에-잘되-고 -강건
F♯m7
A/B
E9
하기를-나간-구하-네 사랑하-는자-여 네영
C♯m7
A
E/G♯
혼이잘-됨같-이 -네가범사에-잘되-고 -강건
F♯m7
A/B
C
C♯m7
F♯m7
A/B
E9
하기를-나간-구하노라- -강건 하기를-나간-구하노라-

204 사랑해요 목소리 높여

(I love You Lord)

(신) 1667
(구) 654

Laurie Klein

E F♯m7 E/G♯ F♯m/B EM7

사 랑 해 요 - 목 소 리 높 여 -

E A E/G♯ F♯m E/G♯ Bsus4 B7

경 배 해 요 내 영 혼 기 뻐 -

E F♯m E/G♯ F♯m/B E9

오 나 의 왕 - 나 의 목 소 리 -

E/G♯ A E/G♯ F♯m7 B7 E A/E E

주 님 귀 에 곱 게 곱 게 울 - 리 길 -

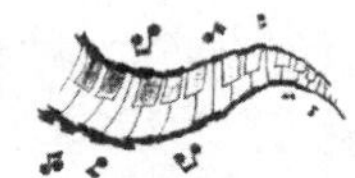

(신) 1374
(구) 1598

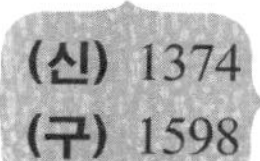

사망의 그늘에 앉아

(그날)

고형원

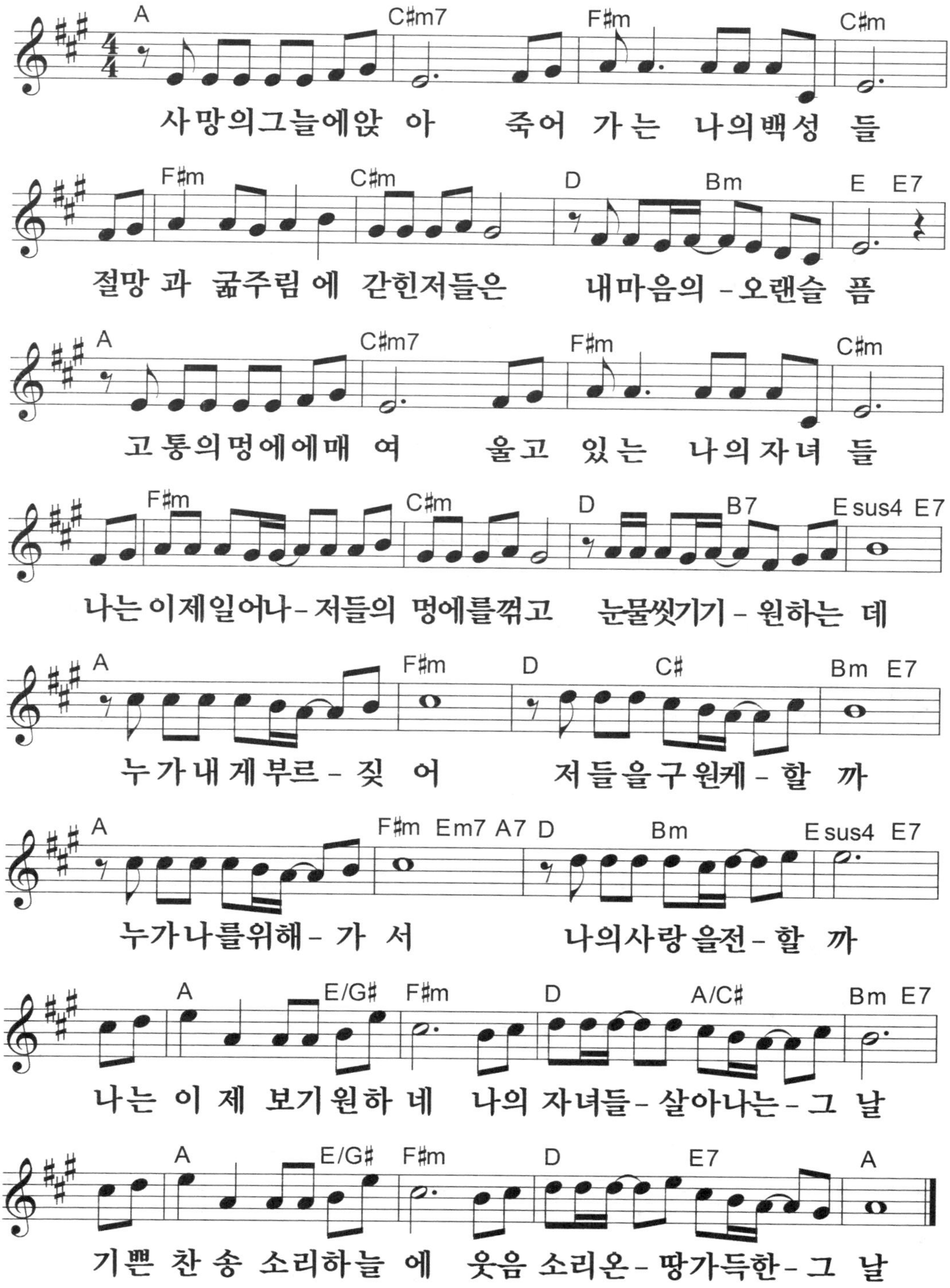

A C#m7 F#m C#m
사망의그늘에앉 아 죽어 가는 나의백성 들
F#m C#m D Bm E E7
절망 과 굶주림 에 갇힌저들은 내마음의 -오랜슬 픔
A C#m7 F#m C#m
고 통의멍에에매 여 울고 있는 나의자녀 들
F#m C#m D B7 Esus4 E7
나는이제일어나-저들의 멍에를꺾고 눈물씻기기-원하는 데
A F#m D C# Bm E7
누가내게부르-짖 어 저들을구원케-할 까
A F#m Em7 A7 D Bm Esus4 E7
누가나를위해-가 서 나의사랑을전-할 까
A E/G# F#m D A/C# Bm E7
나는 이 제 보기원하 네 나의 자녀들-살아나는-그 날
A E/G# F#m D E7 A
기쁜 찬 송 소리하늘 에 웃음 소리온-땅가득한-그 날

206 살아있다고 느낄 수 있네

(Because of You)

Jared Ming

D2 A Bm G

살아있다 - 고 느 - 낄 수있네 - -

D2 A Bm G

날아갈것 - 만 같 - 은 기분에 - -

G Em D/F# G

주님이함 - 께 계 - 시 기때문에 -

D

자유롭게 - 예 배 - 를 드리네 - - 주의임

Em D/F# Gm7 Am7

- 재 - - 나를덮 - 네 - - Be-cause of You

D Em Bm

I can dance Because of You I lift my hands

G D Em

Be-cause of You I can sing I am free

C2 1. C2 2.

Be - cause of You

Fine

살아있다고 느낄 수 있네

D
Em
D/F♯
Gm7

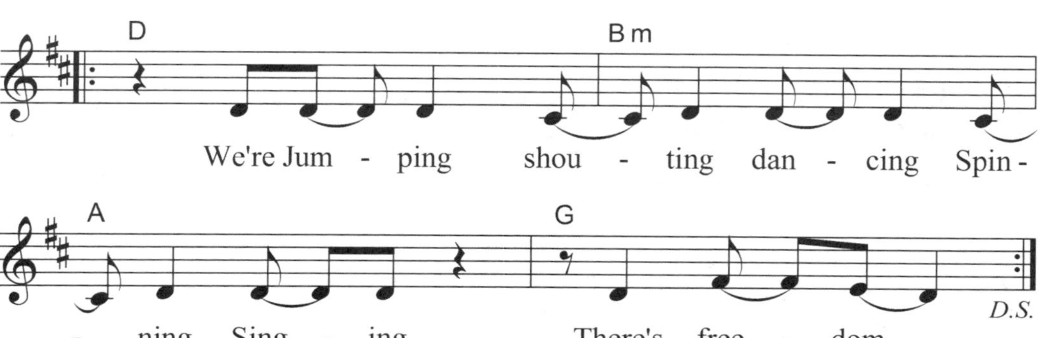
D
Bm
We're Jum - ping shou - ting dan - cing Spin -
A
G
- ning Sing - ing There's free - dom
D.S.

207 삶의 작은 일에도

(소원)

한웅재

F C2/E Dm F/C B♭2 F/A

삶의작 - 은일 - 에도 - 그맘을알 - 기원 - 하네 - 그길 - 그

Gm B♭/C F C2/E Dm F/C

좁은길 - 로가 - 기원 - 해 나의작 - 음을 - 알고 - 그분의크 - 심을 - 알며

B♭2 F/A Gm B♭/C F B♭M7 F/A C

- 소망 - 그 깊은길 - 로가 - 기원 - 하네 -

Gm7 B♭M7/C C7 Dm Am7

저 높이솟 - 은산 - 이되 - 기보 - 다 여기

Dm Am7 Dm

오름직 - 한동 - 산이 - 되길 - 내 가는길 - 만비 - 추기 - 보다

Am7 B♭2 G B♭/C C7

- 는 누군 가 의길 - 을비 - 춰준 - 다 면 -

F C2/E Dm F/C B♭2 F/A

내가노 - 래하 - 듯이 - 또내가애 - 기하 - 듯이 - 살길 - 난

삶의 작은 일에도

Gm B♭2/C F C2/E Dm F/C
그렇게 - 죽기 - 원하 - 네 삶의한 - 절이 - 라도 - 그분을닮 - 기원 - 하네
B♭2 F/A Gm B♭2/C F
- 사랑 - 그 높은 길 - 로가 - 기원 - 하네 -
좁은 길 - 로가 - 길원 - 하네 -
깊은 길 - 로가 - 길원 - 하네 -

208 살아계신 성령님

(Spirit of the living God)

Paul Armstrong

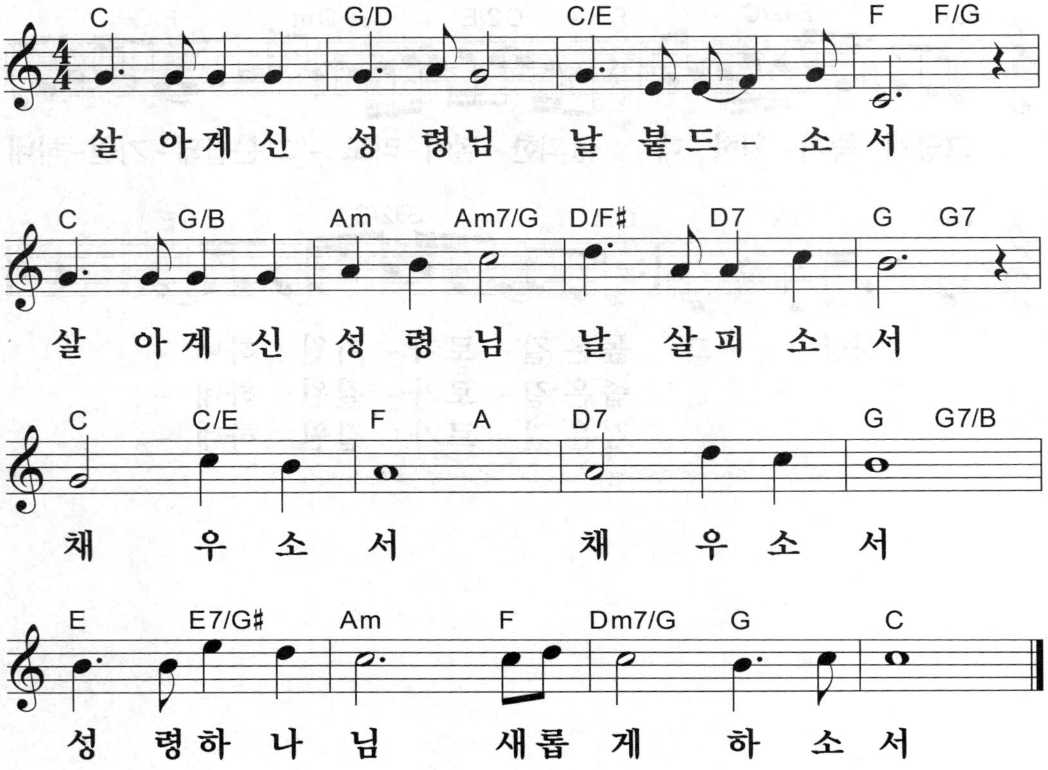

C G/D C/E F F/G

살 아계신 성 령님 날 붙드- 소 서

C G/B Am Am7/G D/F♯ D7 G G7

살 아계 신 성 령 님 날 살피 소 서

C C/E F A D7 G G7/B

채 우 소 서 채 우 소 서

E E7/G♯ Am F Dm7/G G C

성 령하 나 님 새롭 게 하 소 서

(신) 2111
(구) 2239

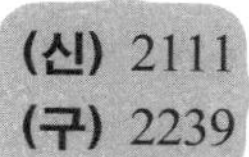

새힘얻으리

(Everlasting God)

Brenton Brown & Ken Riley

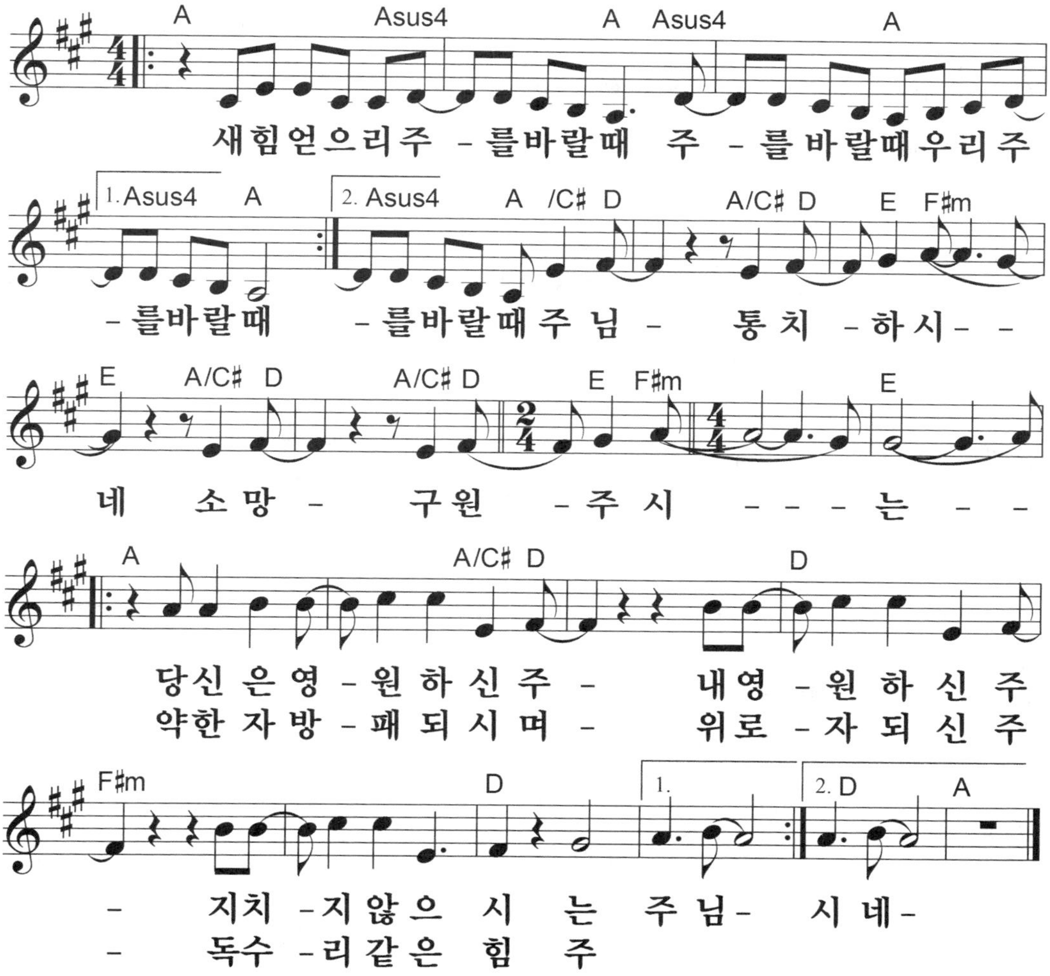

A Asus4 A Asus4 A
새힘얻으리주 - 를바랄때 주 - 를 바 랄 때 우 리 주
1. Asus4 A 2. Asus4 A /C♯ D A/C♯ D E F♯m
- 를바랄때 - 를바랄때주 님 - 통 치 - 하 시 - -
E A/C♯ D A/C♯ D E F♯m E
네 소 망 - 구 원 - 주 시 - - - 는 - -
A A/C♯ D D
당 신 은 영 - 원 하 신 주 - 내 영 - 원 하 신 주
약 한 자 방 - 패 되 시 며 - 위 로 - 자 되 신 주
F♯m D 1. 2. D A
- 지 치 - 지 않 으 시 는 주 님 - 시 네 -
- 독 수 - 리 같 은 힘 주

210 생명 주께 있네

(My life is in You Lord)

(신) 1687
(구) 1553

Daniel Gardner

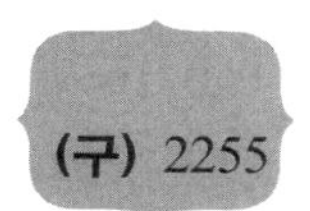

(구) 2255

생수의 강이 내게서 흐르네 211

Anonymous

G C G A7 D7
생수의강이내 게서 흐 르 네 저는자걷고눈먼자 보 겠 네
G C G D7 G
옥문열고갇힌자 푸 시 는 생수의강이내게흘러 넘 치 네
G C G
우물물 아 – 솟아나 라– – 솟아나 라
A D7 G C
– 넘 치 – 도 록 – 솟아나 라 – 넘쳐나
G D7 G
게 – – 솟아나 서 – 날푸소 서

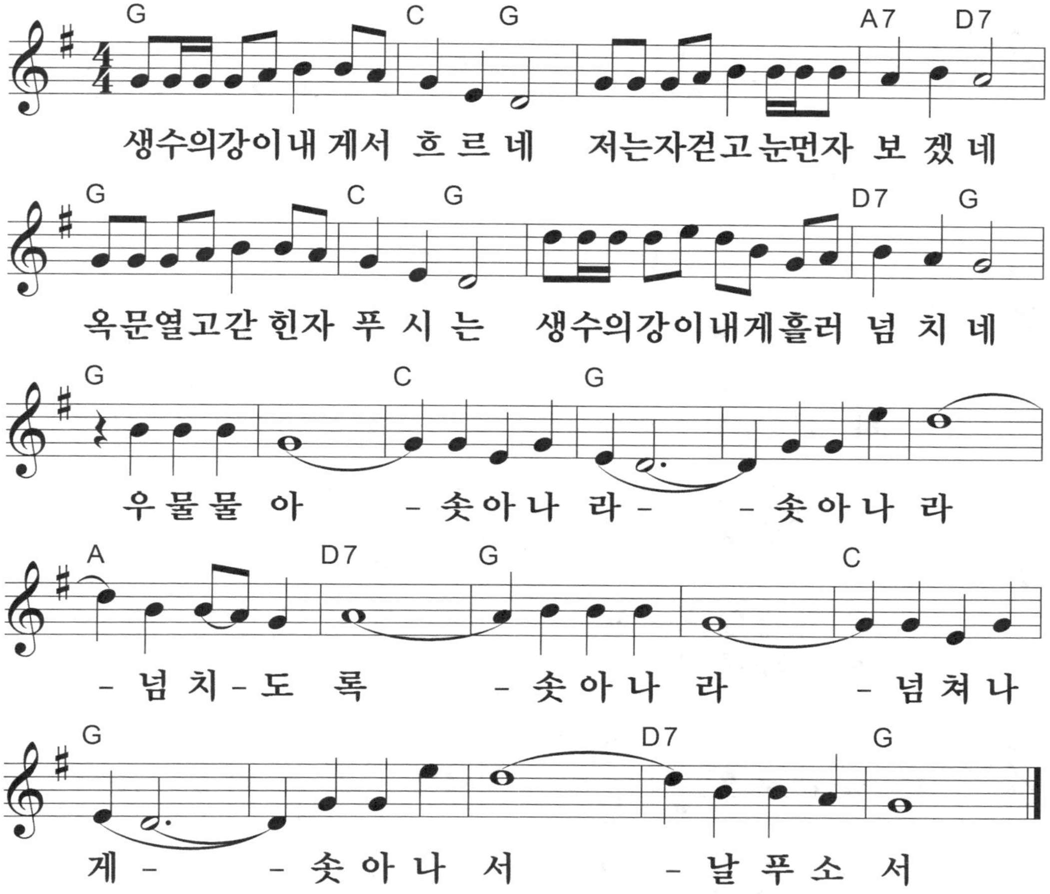

212 선포하라

(All heaven Declares)

(신) 1681
(구) 785

Noel Richards & Tricia Richards

A D Esus4 E D/A A
선 포 하 라 부활하신영 광 의주
선 포 하 라 부활하신영 광 의주
A D Esus4 E D/A A
아 름 다 운 영광의주 를 보라
하 나 님 과 화목하게 하 신주
A A/C# D9 D E E7 A E/G#
보 좌에앉으 신 그어린양예 수
찬 송과존귀 와 영광과능력 을
F#m D9 D E E7 A
다무릎꿇고 서 주경배하리 라
영원영원토 록 받아주옵소 서

(신) 1513
(구) 1615

선하신 목자

(Shepherd of my soul)

214 선한데는 지혜롭고

(구) 1619

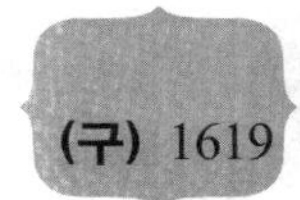

(로마서 16:19 / Romans 16:19)

Dale Garratt, John mark Childers,Ramon Pink & Graham Burt

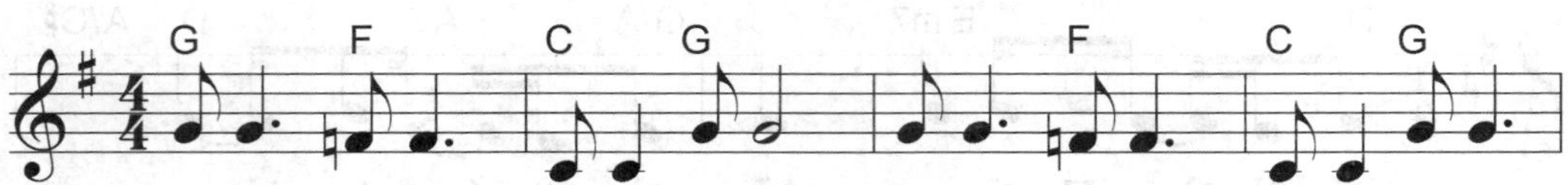

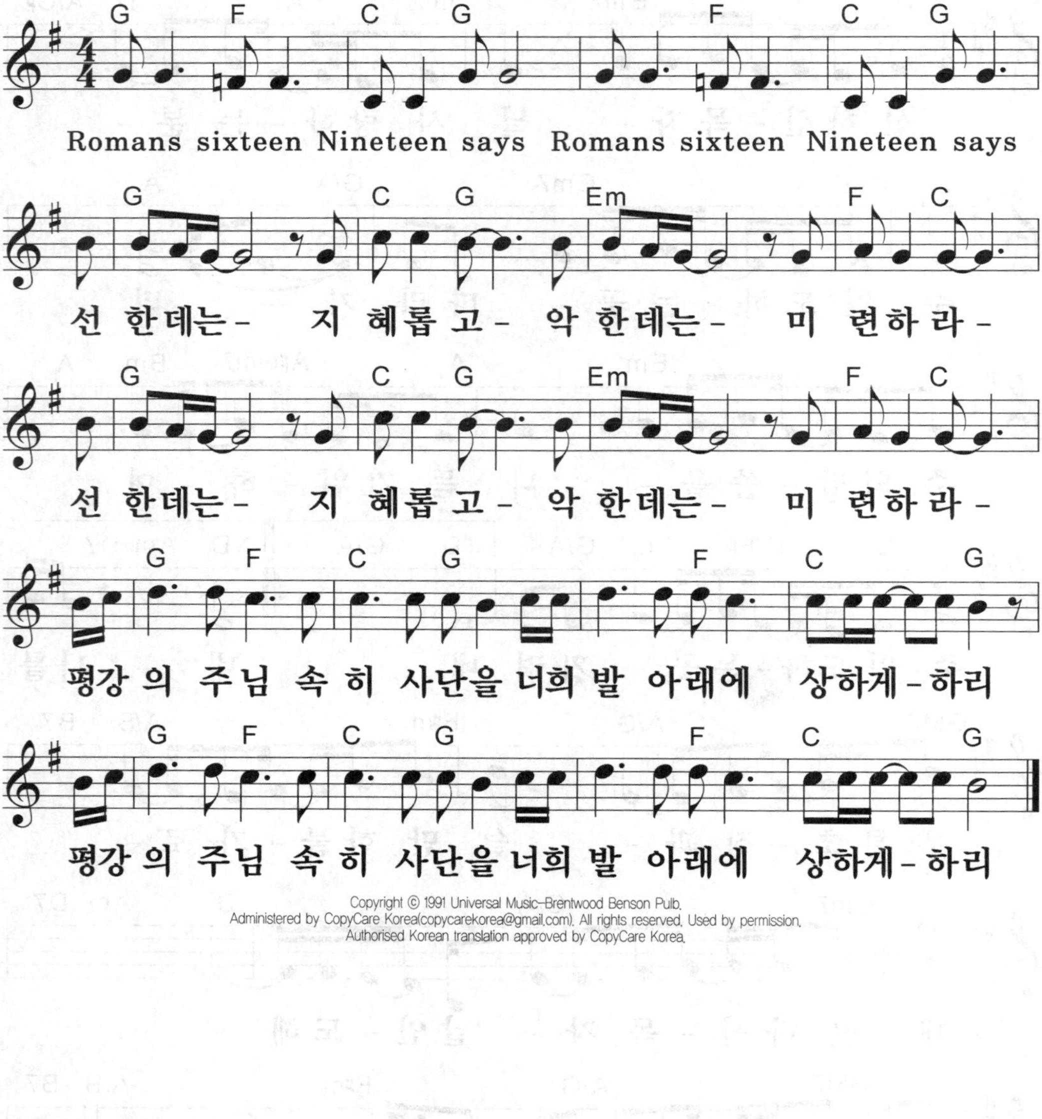

G F C G F C G
Romans sixteen Nineteen says Romans sixteen Nineteen says
G C G Em F C
선 한데는- 지 혜롭 고- 악 한데는- 미 련하 라-
G C G Em F C
선 한데는- 지 혜롭 고- 악 한데는- 미 련하 라-
G F C G F C G
평강 의 주님 속 히 사단을 너희 발 아래에 상하게-하리
G F C G F C G
평강 의 주님 속 히 사단을 너희 발 아래에 상하게-하리

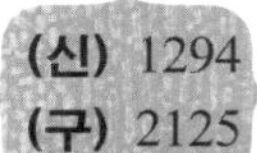

(신) 1294
(구) 2125

성령의 비가 내리네 215

(Let it rain)

Michael Farron

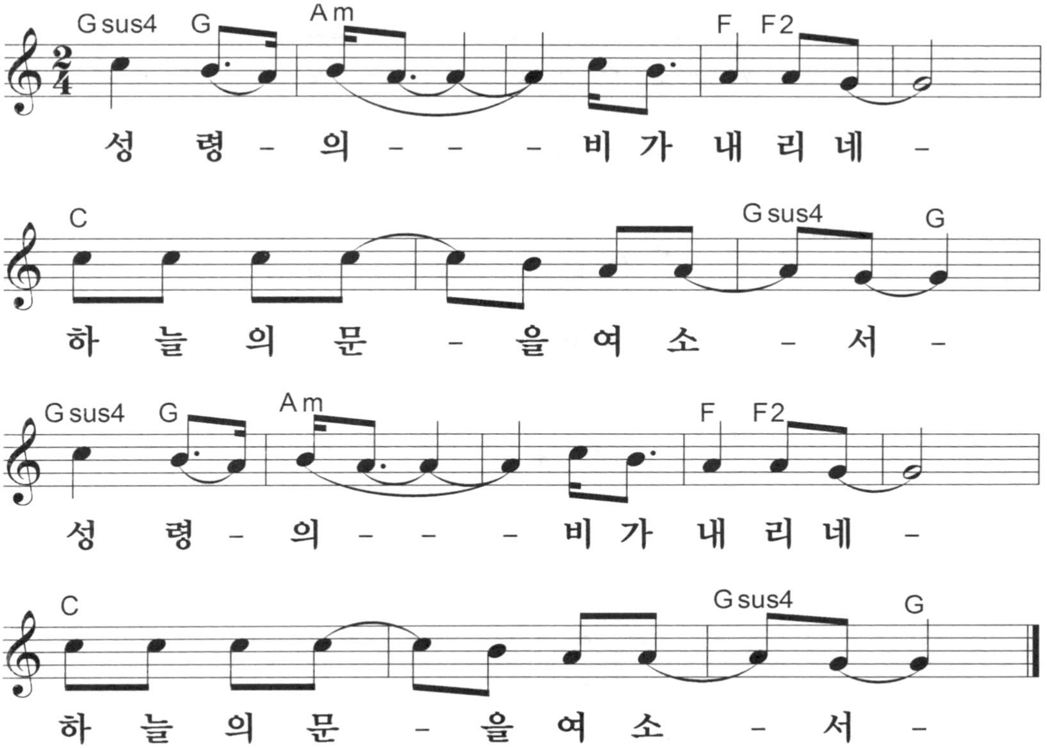

G sus4 G Am F F2
성 령 - 의 - - - 비 가 내 리 네 -
C G sus4 G
하 늘 의 문 - 을 여 소 - 서 -
G sus4 G Am F F2
성 령 - 의 - - - 비 가 내 리 네 -
C G sus4 G
하 늘 의 문 - 을 여 소 - 서 -

216 성령이여 내 영혼을

(구) 1964

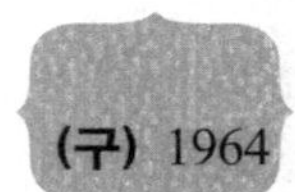

이 천

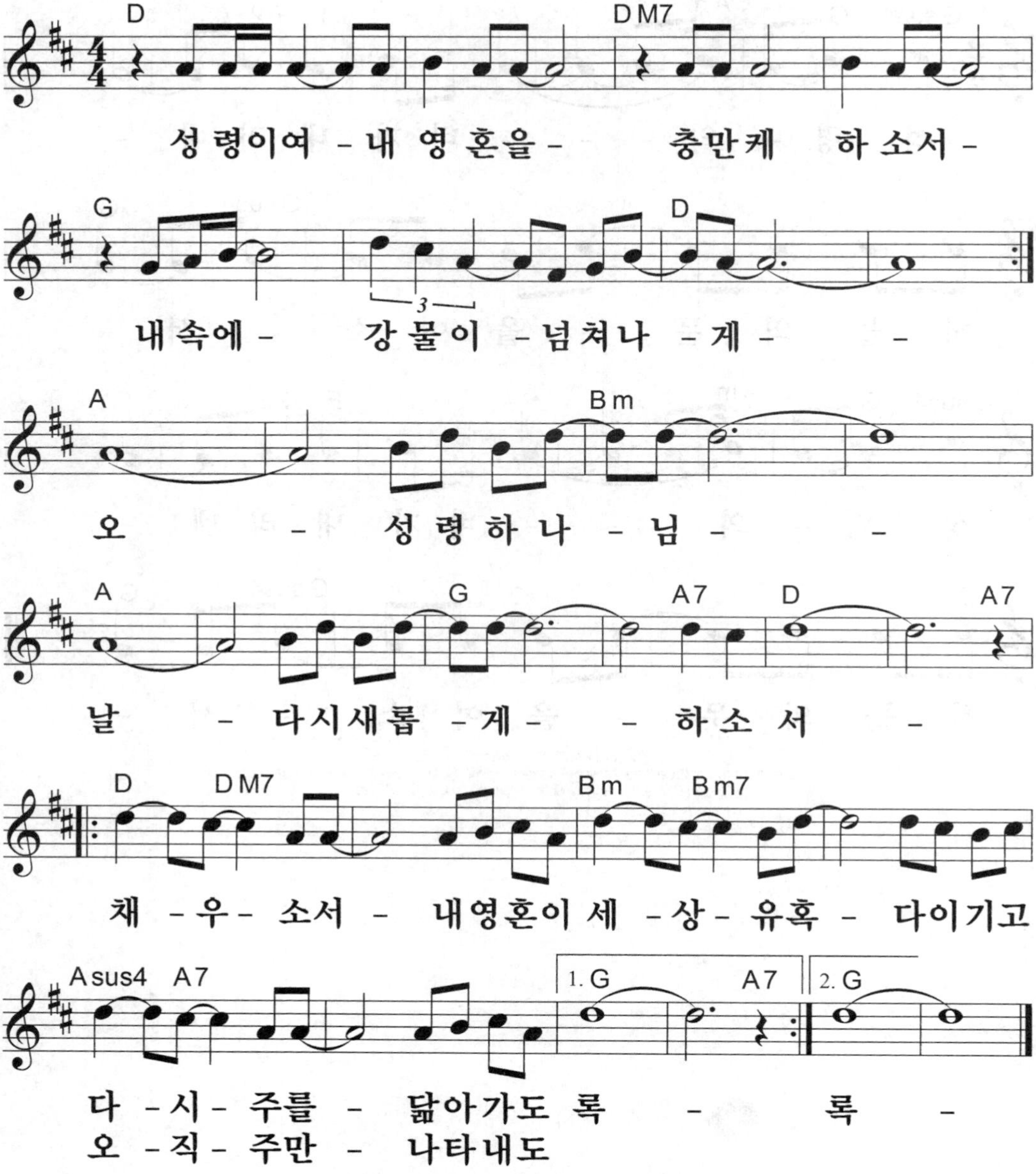

D
DM7
성령이여 - 내 영혼을 - 충만케 하소서 -
G
D
내속에 - 강물이 - 넘쳐나 - 게 - -
A
Bm
오 - 성령하나 - 님 - -
A
G
A7
D
A7
날 - 다시새롭 - 게 - - 하소 서 -
D
DM7
Bm
Bm7
채 - 우 - 소서 - 내영혼이 세 - 상 - 유혹 - 다이기고
Asus4
A7
1. G
A7
2. G
다 - 시 - 주를 - 닮아가도 록 - 록 -
오 - 직 - 주만 - 나타내도

(신) 1141

성령이여 임하소서

217

설경욱
성령이여임하소서 - 메 마른나의심령위에 -
주 님 의은-혜의 단비내려- 날 흠뻑적셔주옵소서 -
주의권세주의능력 - 지 금이시간임하셔서 -
악 한 권세-모두 깨뜨리고- 주님나라임하소서 -
영 광 할 렐루야 - 예 수 의 그 피가 -
내게승리 - 주네 - 구 원 이 되 시네 -
영 광 할 렐루야 - 예 수 의 이 름이 -
능력되네 - 소 망 이 되 시네 -

218 성령충만으로

성령충만으로 성령충만으로 뜨겁게뜨겁 게
말씀충만으로 말씀충만으로 새롭게새롭 게
은사충만으로 은사충만으로 강하게강하 게
할렐루야아멘 할렐루야아멘 우리ㅇㅇ교 회

성령충만으 로 성령충만으로 뜨겁 게뜨겁 게
말씀충만으 로 말씀충만으로 새롭 게새롭 게
은사충만으 로 은사충만으로 강하 게강하 게
할렐루야아 멘 할렐루야아멘 우리 ㅇㅇ교 회

성령충만으로 권능받-아 땅끝까지전파 하리라
말씀충만으로 거듭나-서 주뜻대로살아 가리라
은사충만으로 체험얻-어 죄악세상이겨 나가리
성령충만으로 뜨거웁-게 말씀충만으로 새롭게

성령충만으로 권능받-아 증인이되리라
말씀충만으로 거듭나-서 새사람되리라
은사충만으로 체험얻-어 이세상이기리
은사충만으로 체험얻-어 주의일하리라

세상 권세 멸하시러 219

(For this purpose)

Graham Kendrick

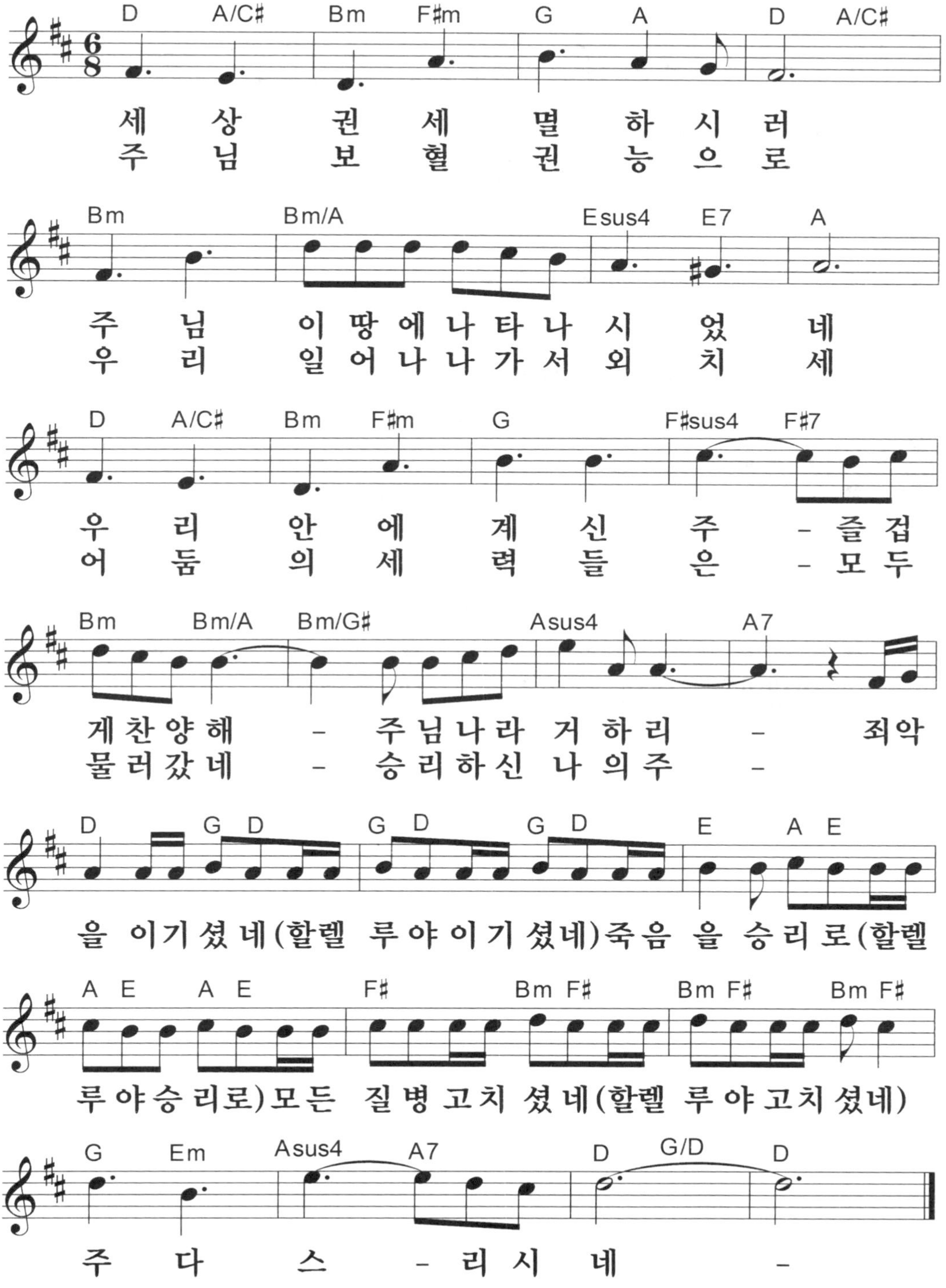

D A/C# Bm F#m G A D A/C#

세 상 권 세 멸 하 시 러
주 님 보 혈 권 능 으 로

Bm Bm/A Esus4 E7 A

주 님 이 땅 에 나 타 나 시 었 네
우 리 일 어 나 나 가 서 외 치 세

D A/C# Bm F#m G F#sus4 F#7

우 리 안 에 계 신 주 - 즐 겁
어 둠 의 세 력 들 은 - 모 두

Bm Bm/A Bm/G# Asus4 A7

게 찬 양 해 - 주 님 나 라 거 하 리 - 죄 악
물 러 갔 네 - 승 리 하 신 나 의 주 -

D G D G D G D E A E

을 이 기 셨 네 (할렐 루 야 이 기 셨 네) 죽 음 을 승 리 로 (할렐

A E A E F# Bm F# Bm F# Bm F#

루 야 승 리 로) 모 든 질 병 고 치 셨 네 (할렐 루 야 고 치 셨 네)

G Em Asus4 A7 D G/D D

주 다 스 - 리 시 네 -

220

세상 다 변하고

(주 없인 살 수 없네)

박기범

D Bm7 G Em7 Asus4 A7

세상다변 – 하고 삶의끝이 – 와도 주없인살 – 수없 – 네 –

좋으신아 – 버지 진실하신 – 친구 주없인살 – 수없 – 네 –

D Bm7 G A D D/F#

주만이내 – 영광 변치않는 – 진리 주없인살 – 수없네 –

내소망내 – 위로 내영광내 – 기쁨 주없인살 – 수없네 –

G A F#m7 Bm7 Em7 A D C/D D

내 주없인살 – 수없 – 네 – 내 주없인살 – 수없 – 네 –

G A/G F#7 Bm7 Em7 A D

내 인생의등 – 대내 삶의소망 – 내 주없인살 – 수없 – 네 –

(신) 1781
(구) 1538

세상 모든 민족이

221

(물이 바다 덮음 같이)

고형원

세상 모든민족이 - 구원 을얻기까지 - 쉬지않으시는 - 하 나님 -
주의 심장가지고 - 우리 이 제 일 어나 - 주따르게 하소 서
세상 모든육체가 - 주의 영광보도록 - 우릴부르시는 - 하 나님 -
주의 손과발되어 - 세상 을치유하며 - 주섬기게 하소 서
물이바다덮음같이 - 여호 와의영광을 - 인정하는것이 온세상가득하리라
- 물이 바다덮음같이물이 바다덮음같이 물이 바 다 덮음같이 -
보 리 라 그날 에 주의 영 광 가 득한 - 세 상
우 리 는 - 듣게되 리 온세 상가득한승리의 - 함 성
D.S.

222 세상 부귀 안일함과

(주님 내게 오시면)

(신) 1055
(구) 986

윤용섭

D Em Bm E A7
세 상 부 귀 안 일 함 과 세 상 근 심 하 다 가
세 상 일 에 얽 매 여 서 세 상 일 만 하 다 가
지 금 까 지 내 가 한 일 주 님 께 서 보 시 고
D Em D A7 D
주 님 나 를 찾 으 시 면 어 떻 게 만 날 까
주 님 나 를 부 르 시 면 어 떻 게 만 날 까
훗 - 날 에 나 를 보 며 무 어 라 하 실 까
D Bm7 A
주 님 내 게 오 시 면 나 어 찌 대 할 까
D D7 E7 A7
멀 리 방 황 하 던 - 나 불 - 쌍 한 이 죄 인
D Em Bm A7
이 제 주 만 생 각 하 며 세 상 근 심 버 리 고
이 제 주 만 생 각 하 며 세 상 권 세 버 리 고
이 제 주 만 생 각 하 며 세 상 영 광 버 리 고
D Em A7 D
두 손 들 고 눈 물 로 써 주 만 따 라 가 오 리 다
오 직 주 만 바 라 보 며 주 만 따 라 가 오 리 다
십 자 가 를 내 가 지 고 주 만 따 라 가 오 리 다

(신) 1226
(구) 898

세상에서 방황할 때 223

(주여 이 죄인을)

세 상 에 서 방 황 할 때 나 - 주 님 을 몰 랐 네
많 은 사 람 찾 아 와 서 나 의 친 구 가 되 어 도
이 죄 인 의 애 통 함 을 예 수 께 서 들 으 셨 네
내 모 든 죄 무 거 운 짐 이 젠 모 두 다 벗 었 네

내 맘 대 로 고 집 하 며 온 갖 죄 를 저 질 렀 네
병 든 몸 과 상 한 마 음 위 로 받 지 못 했 다 오
못 자 국 난 사 랑 의 손 나 를 어 루 만 지 셨 네
우 리 주 님 예 수 께 서 나 와 함 께 계 신 다 오

예 수 여 이 죄 인 도 용 서 받 을 수 있 - 나 요
예 수 여 이 죄 인 을 불 쌍 히 여 겨 주 - 소 서
내 주 여 이 죄 인 이 다 시 눈 물 흘 립 - 니 다
내 주 여 이 죄 인 이 무 한 감 사 드 립 - 니 다

벌 레 만 도 못 한 내 가 용 서 받 을 수 있 나 요
의 지 할 것 없 는 이 몸 위 로 받 기 원 합 니 다
오 내 주 여 나 이 제 는 아 무 걱 정 없 습 니 다
나 의 몸 과 영 혼 까 지 주 를 위 해 바 칩 니 다

224 세상은 평화 원하지만

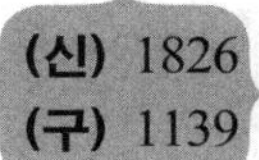

(신) 1826
(구) 1139

G C D7 G
세상은평화 원하지만 – 전쟁의소문더 늘어간다 –
우리주사랑 안에사네 – 주우릴하나로 회복했네 –
형제들하나 안에살때 – 얼마나좋고도 즐거운가 –
G C D7 G
이모든인간고통 두려움뿐 – 그지겨움 끝없네 그러나
한집에사는우리 형제자매 – 아버지와 아들이 하나이
달콤한기름부은이슬처럼 – 우리위에 내리네 생명호
Dsus4 D7 G F2/G G7 C
주 여기계시니
듯 우린하날세 우리가 아–들민 을때
흡 항상새롭다
G D7 G C
에 그의 영으로하–나 돼우리가 아–들민 을때 에
D7 G Dsus4
그 의 영으로하–나 돼 하날세 –
G Dsus4 D7 G
하 날 세 – 하 날 세 – 하 날 세

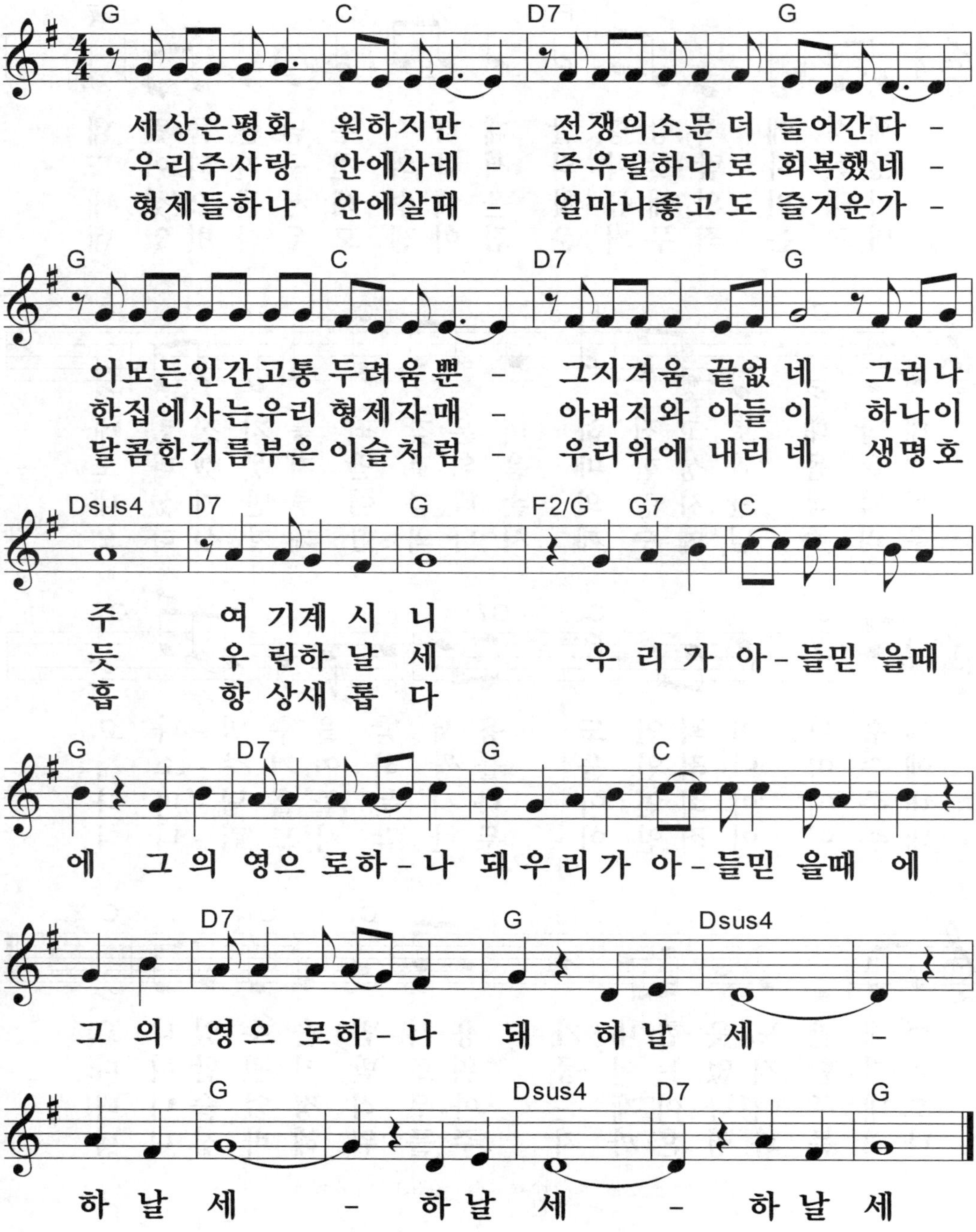

(신) 1686
(구) 2147

세상을 구원하기 위해

(밀알)

천관웅

세상을구 원하기위-해 흘려야-할피가필 -요하--다-면-
길잃어지 친양을찾-아 마음상-해이리저 -리헤-매이-는-
죄인을 대 신하기위-해 희생의-제물- 필요하시다 면
한영혼 찾 아아파하-는 예수님-마음- 내게주옵소 서
내 생명- 제단위-에드리리 주 영-광 위해 사용하-소
십 자가- 온 세상위-한그희생 눈 물-로 그길 가게하-소
서 생명이 또다른-생명-낳고 주님볼-수있-다면
나의삶-과죽음도 아낌없-이드리리 죽어야-다시-사는
주의말-씀믿-으며 한알의밀-알되-어 썩어지-리니-
예수님-처럼 살아가-게하 소 서

226 세상의 유혹 시험이

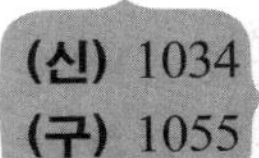

(주를 찬양)

최덕신

세 상의유혹시험이-내게 몰려올때-에 나 의힘으론그것들-
거 짓과속임수로--가득 찬세상에-서 어 디로갈지몰라--
주 위를둘러보면--아- 무도없는-듯 믿 음의눈을들면--

모두 이길수없네- 거 대한폭풍가운데-위축 된나의영혼-
머뭇 거리고있네- 공 중의권세잡은자-지금 도우리들을-
보이 는분계시네- 지 금도내안에서--역사 하고계시는-

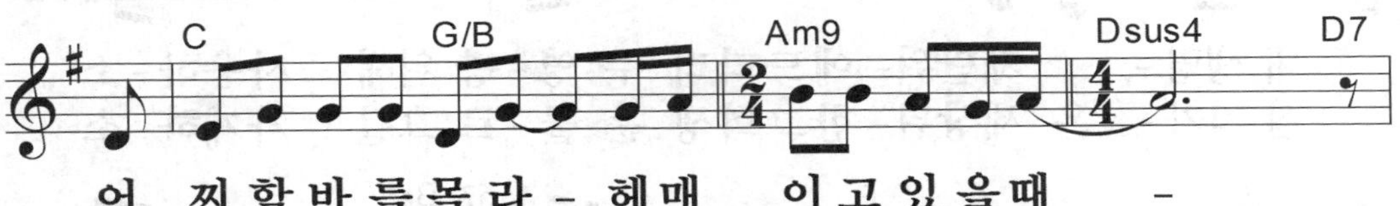

어 찌할바를몰라-헤매 이고있을때 -
실 패와절망으로-넘어 뜨리려하네 -
사 망과어둠의권세물리 치신예수님 -

주를찬 양손 을들고찬-양 전 쟁은나에게속- 한것아니니-

주를찬 양손 을들고찬-양전 쟁은하나님께-속한 -것 이 니

(신) 1211
(구) 1692

세상 흔들리고

(오직 믿음으로)

고형원

세상흔들리고- 사람들은변하-여 도 나는주를섬-기 리
믿음흔들리고- 사람들주를떠-나 도 나는주를섬-기 리

주님의사랑은- 영원히변하지-않 네 나는주를신뢰 해
주님의나라는- 영원히쇠하지-않 네 나는주를신뢰 해

오 직 믿 음으 로- 믿음으로내가 살 리 라

오 직 믿 음으 로- 믿음으로내가 살 리 라- -

오 직 의인 은- 믿음으로말미암아살 리 라

오 직 의인 은- 믿음으로말미암아살 리 라- -

228 손에 있는 부귀보다

(신) 1364
(구) 1082

(금 보다도 귀하다)

김석균

손을 높이 들고

229

(Praise Him on the trumpet)

John Kennett

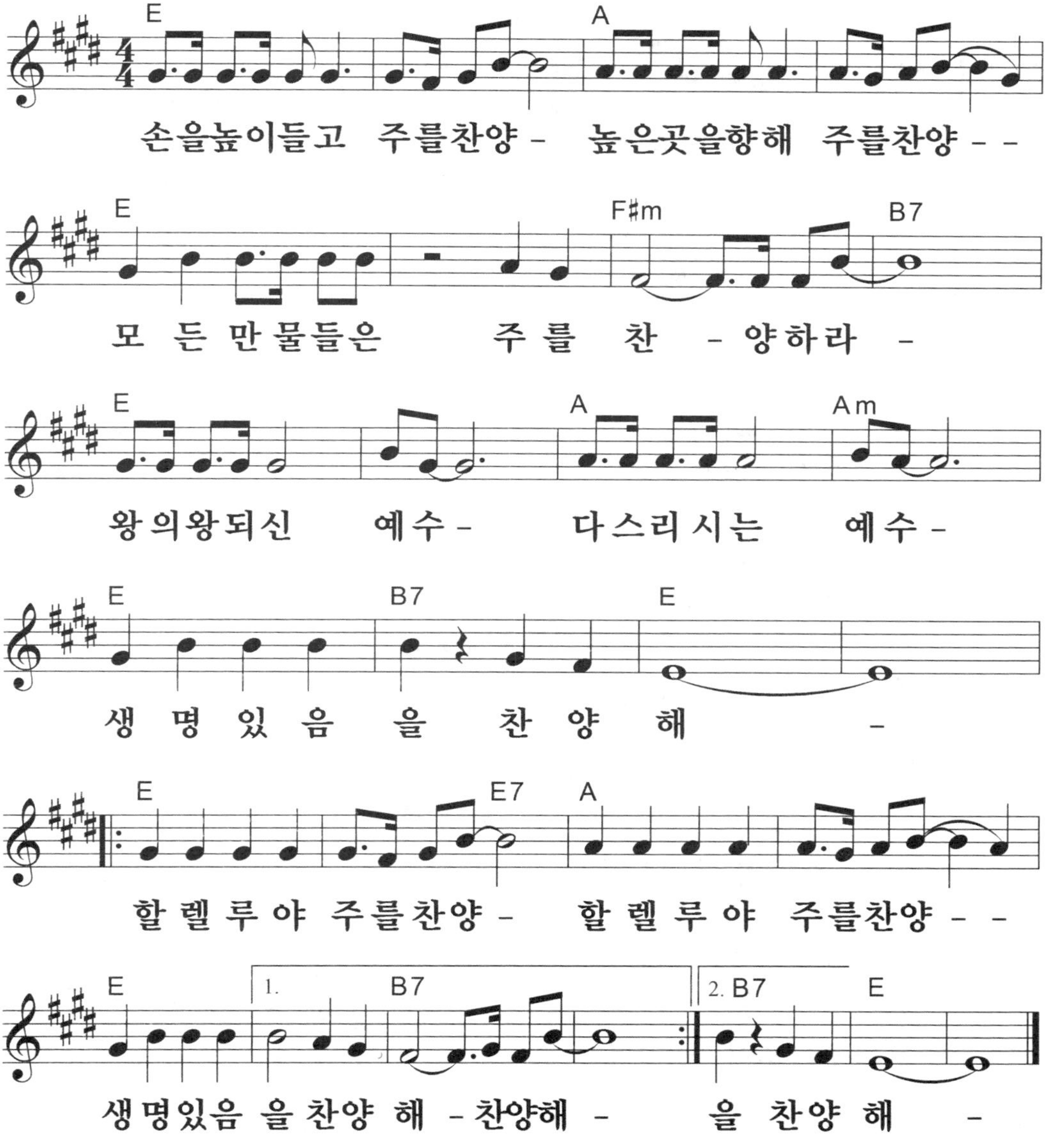

E A
손을높이들고 주를찬양 - 높은곳을향해 주를찬양 - -

E F♯m B7
모 든 만 물들은 주 를 찬 - 양하라 -

E A Am
왕 의왕되신 예수 - 다스리시는 예수 -

E B7 E
생 명 있 음 을 찬 양 해 -

E E7 A
할 렐 루 야 주를찬양 - 할 렐 루 야 주를찬양 - -

E 1. B7 2. B7 E
생명있음 을 찬 양 해 - 찬양해 - 을 찬 양 해 -

230 수많은 사람들

(믿음으로 나아가네)

박은미 & 이예지, 이민영

B♭M7 C/B♭ Am7 Dm7 Gm7 B♭/C F
수많 은 사람들 주를 따르네- 자신 의 연약함가지 고 수많
B♭M7 C/B♭ Am7 Dm7 Gm7 1.B♭/C 2. B♭/C C
은눈물의시간 속 에 서 믿음으로- 주를보네 - 수많 - 주
Gm7 B♭/C F Dm7 Gm7 B♭/F F/E♭ E♭ B♭/C C
의 영원한 사랑으로- 주 의 말씀을 이루시네- 삶의
B♭M7 Csus4 C Dm7 Am7 Gm7 B♭/C
모든문제들- 나를 힘겹게- 해도- 포기 하지않-는 오늘을-살아
F C/D Dm7 B♭M7 Csus4 C Dm7 Am7 Gm7 F/A
내리라 - 소망이 보이지않는- 내 삶속에- 주님만-이소망되-어
B♭M7 B♭/C Gm7 1.B♭/C C F/A B♭M7 C/B♭
주의뜻이루시-리라 - 내앞 에 놓여진 상황
Am7 Dm7 Gm7 B♭/C F B♭M7 C/B♭
속에서- 이겨 낼 힘조차없을- -때- 연약 한 나에겐 힘겨
Am7 Dm7 Gm7 B♭/C D.S. 2. B♭/D C/E F/A
운 이 길 믿음 으로- 나아가네 - 주 - 삶의

수많은 사람들

3. B♭/D C/E B♭/F F C/E F/A Gm7 F/A B♭ F/A G/B A/C♯ C/D D G/B

– 삶의

CM7 Dsus4 D Em7 Bm7 Am7 C/D

모든문제들 – 나를힘겹게 – 해도 – 포 기하지않 – 는오늘을 – 살아

G D/E Em7 CM7 Dsus4 D Em7 Bm7

내리라 – 소망이 보 이 지않는 – 내 삶속에 –

Am7 G/B CM7 C/D G

주님만 – 이 소망되 – 어 주의뜻이 루시 – 리라 –

231 수고하고 무거운 짐진 자들아

(신) 1489
(구) 857

김진호

F Dm F C7
수 고하고 무 거운 짐 진자들 아

Gm C7 B♭ F
다 내게로오 라 다 내게로오 라

F C C7 F
내 가너 희 - 를 쉬 게하 리 - 라

F B♭ C7 F
내 가너 희 - 를 쉬 게하 리 라

(신) 1651
(구) 957

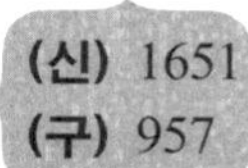

슬픔 걱정 가득 차고

(갈보리 / Burdens Are Lifted At Calvary)

John M Moore

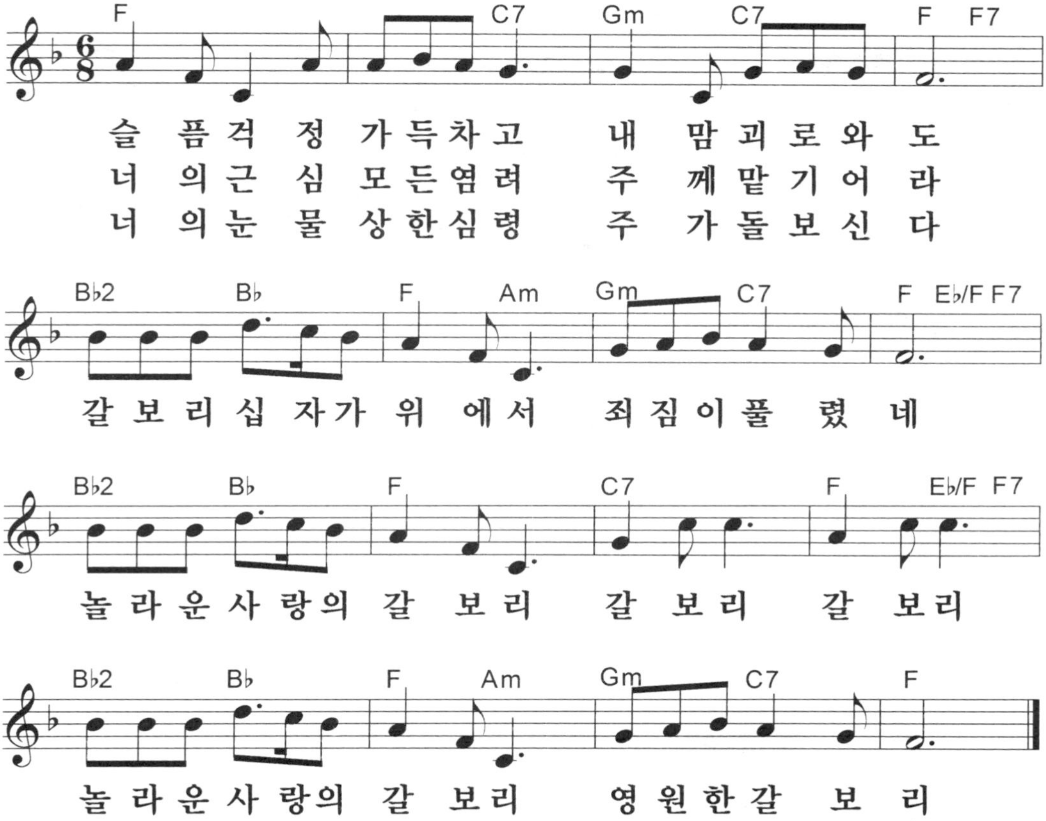

F C7 Gm C7 F F7
슬 픔 걱 정 가 득 차 고 내 맘 괴 로 와 도
너 의 근 심 모 든 염 려 주 께 맡 기 어 라
너 의 눈 물 상 한 심 령 주 가 돌 보 신 다
B♭2 B♭ F Am Gm C7 F E♭/F F7
갈 보 리 십 자 가 위 에 서 죄 짐 이 풀 렸 네
B♭2 B♭ F C7 F E♭/F F7
놀 라 운 사 랑 의 갈 보 리 갈 보 리 갈 보 리
B♭2 B♭ F Am Gm C7 F
놀 라 운 사 랑 의 갈 보 리 영 원 한 갈 보 리

233

슬픈 마음 있는 자

(예수 예수)

김도현

A E/G# F#m A/E DM7 A/C#

슬픈마음있는자 - 몸과영혼병든자 - 누구든지부르시오 - 예

Bm/E E7 A E/G# F#m7 A/E

- 수이름부르시오 - 그이름을믿는자 - 그이름을부르는자 -

DM7 E A D/E

그가어떤사람이든 - 그는 구 원얻 - 으리 -

A Bm A/C# DM7 C#/F F#m7 Em7 DM7 A/C#

예 - 수 - 예 - 수 - 오 능력의 - 그이름 예수 - 나

Bm7 E9 A Bm A/C# DM7 C#/F F#m7 Em7

외 쳐부 - 르 - 네 - 예 - 수 - 예 - 수 - 오

DM7 A/C# Bm7 E A Bm7 A Bm7 E9

구원의-그이름예수- 난외쳐부-르-네 예수그리 스도-

A E/G# F#m A/E DM7 A/C#

은과금내게없으나 - 나 가진것너에게주니 - 능 력의이름예수라 - 그

Bm/E E7 A E/G# F#m7 A/E

- 이름을붙드시오 - 그이름을믿는자 - 그이름을외치는자 그

슬픈 마음 있는 자

D.S. al Coda
DM7 A/C# Bm7 E A D/E
- 가어떤사람이든 - 그는 - 주의 영광보 - - 리라 -
A E/G# A/G D/F# Dm/F A/E A/C#
- 우리게주신영광의이름 나어찌잠잠하리 - 세상
DM7 Bm7 Esus4 D♭m7/G♭
에크게외쳐부르리 나의주 예수그리스 - 도
B♭ Cm B♭/D E♭M7 D/G♭ Gm7 Fm7 E♭M7 B♭/D
예 - 수 - 예 - 수 - 오 능력의 - 그이름예수 - 나
Cm7 F9 B♭ Cm B♭/D E♭M7 D/G♭ Gm7 Fm7
외 쳐부 - 르 - 네 - 예 - 수 - 예 - 수 - 오
E♭M7 B♭/D Cm7 F9 B♭
구원의 - 그이름예수 - 나 외 쳐부 - 르 - 네 예수그리스도 -

234 승리는 내 것일세

(There is victory for me)

(신) 1544
(구) 1040

Harry Dixon Loes

G D7 G D
*승리는 내 것일세 승리는 내 것일세
G G7 C Am G D7 G
구세주의 보혈로써 승리는 내 것일세
D7 G B Em
내 것 일세 승리 만은
G7 C G G7 C Cm G D7 G
구세주의 보혈로써 항상 이기네

* 믿음
소망
사랑
구원
응답
축복

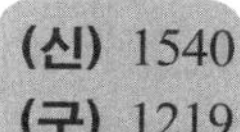

승리하였네

(We have overcome)

Daniel Gardner

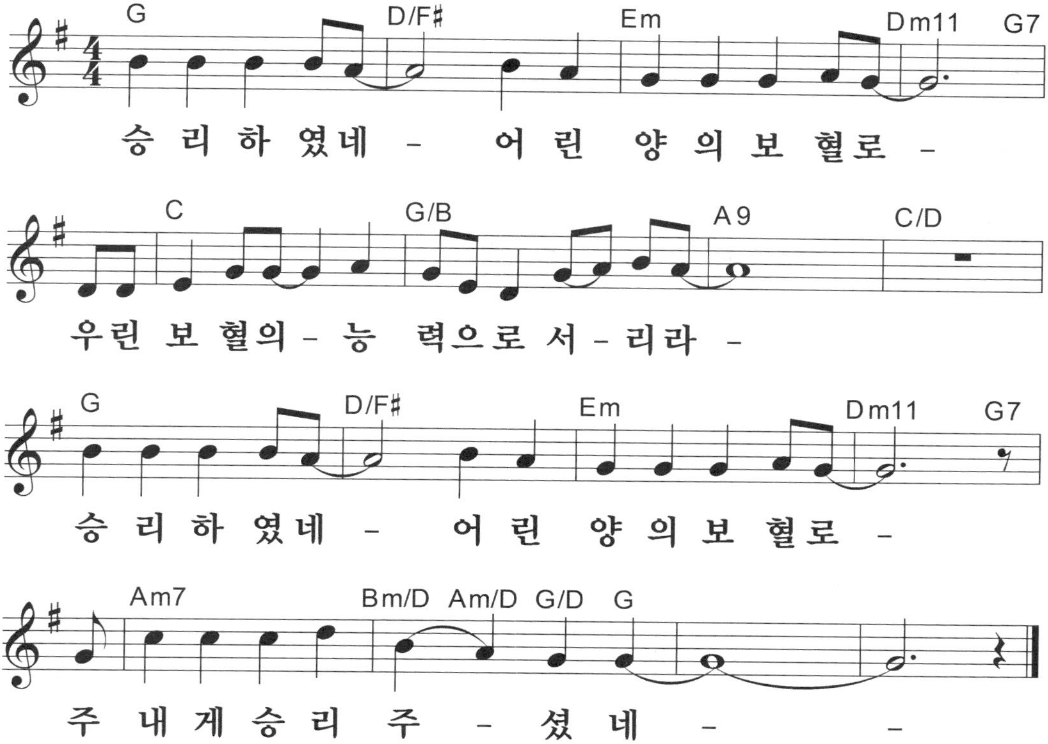

G D/F# Em Dm11 G7

승 리 하 였네 - 어 린 양 의 보 혈로 -

C G/B A9 C/D

우린 보 혈의 - 능 력으로 서 - 리라 -

G D/F# Em Dm11 G7

승 리 하 였 네 - 어 린 양 의 보 혈 로 -

Am7 Bm/D Am/D G/D G

주 내 게 승 리 주 - 셨 네 - -

236

시작됐네

(은혜로다)

(신) 1568

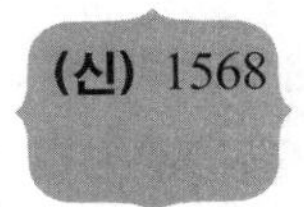

심형진

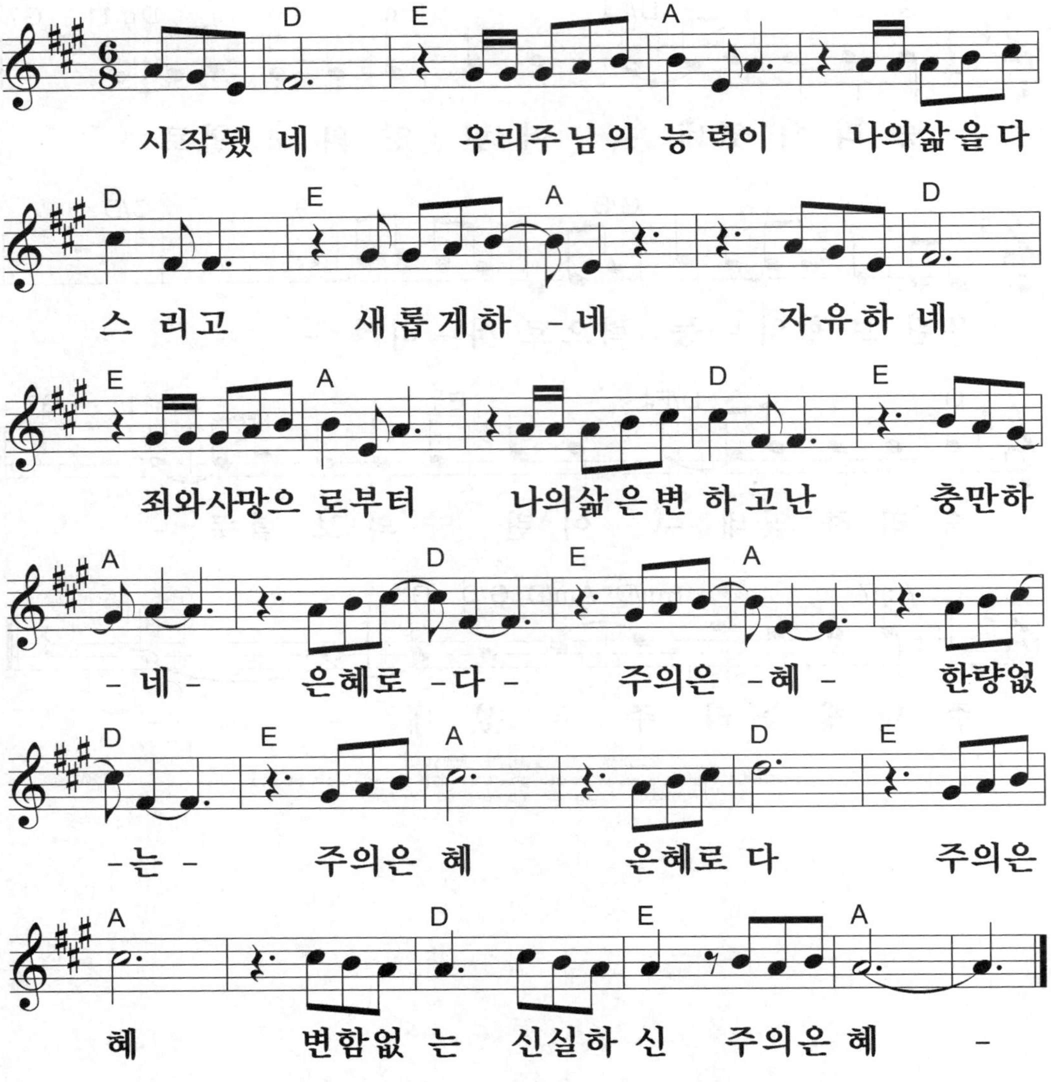

시작됐네 우리주님의 능력이 나의삶을다
스리고 새롭게하 -네 자유하네
죄와사망으 로부터 나의삶은변 하고난 충만하
-네- 은혜로 -다- 주의은 -혜- 한량없
-는- 주의은 혜 은혜로 다 주의은
혜 변함없 는 신실하 신 주의은 혜 -

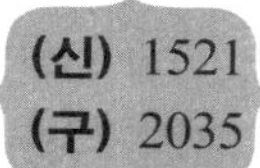

신실하게 진실하게

(Let me be faithful)

Stephen Hah

D A/C# Bm /A G E/G# A7

신실하게 - 진실하게 - 거룩하게살게하소 서

D A/C# Bm /A G A7 D

신실하게 - 진실하게 - 거룩하게살게하소 서

D A/C# Bm /A G E/G# A7

하 나 님 - - - 나의 마음 - 만져 주소서 -
하 나 님 - - - 나의 기도 - 들어 주소서 -

D A/C# Bm /A G A7 D

하 나 님 - - - 나의 영혼 새롭게하소 서
하 나 님 - - - 주의 길로 인도 - 하소 서

238

십자가 그 사랑

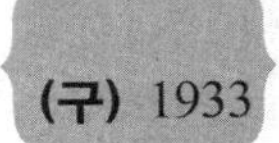

(The love of the cross)

(구) 1933

Stephen Hah

G C/G D/G G
십자가 그사 랑 멀리떠 - 나 서
지나간 일들 을 기억하지 않 고
Em Am C D7
무너진 나의 삶 속에 잊혀진주 은 혜
이전에 행한 모 든일 생각지않 으 리
G Am D/F♯ G
돌같은 내마 음 어루만 - 지 사
사막에 강물 과 길을내시 는 주
Em Am C D7 G C/D D
다시일 으켜 세 우신 주 를 사랑합니 다
내안에 새일 행 하실 주 만 바라보리 라
G Em7 Am C/D D7/F♯ G
주 나를보호 하 시고 날 붙드시 리
주 너를보호 하 시고 널 붙드시 리
Em7 Am
나 는 보 - 배 롭 고 존 귀 한
너 는 보 - 배 롭 고 존 귀 한
1. C C♯dim Dsus4 D 2. C D7 G
주 님의자 녀 라 주 - 의자녀 라

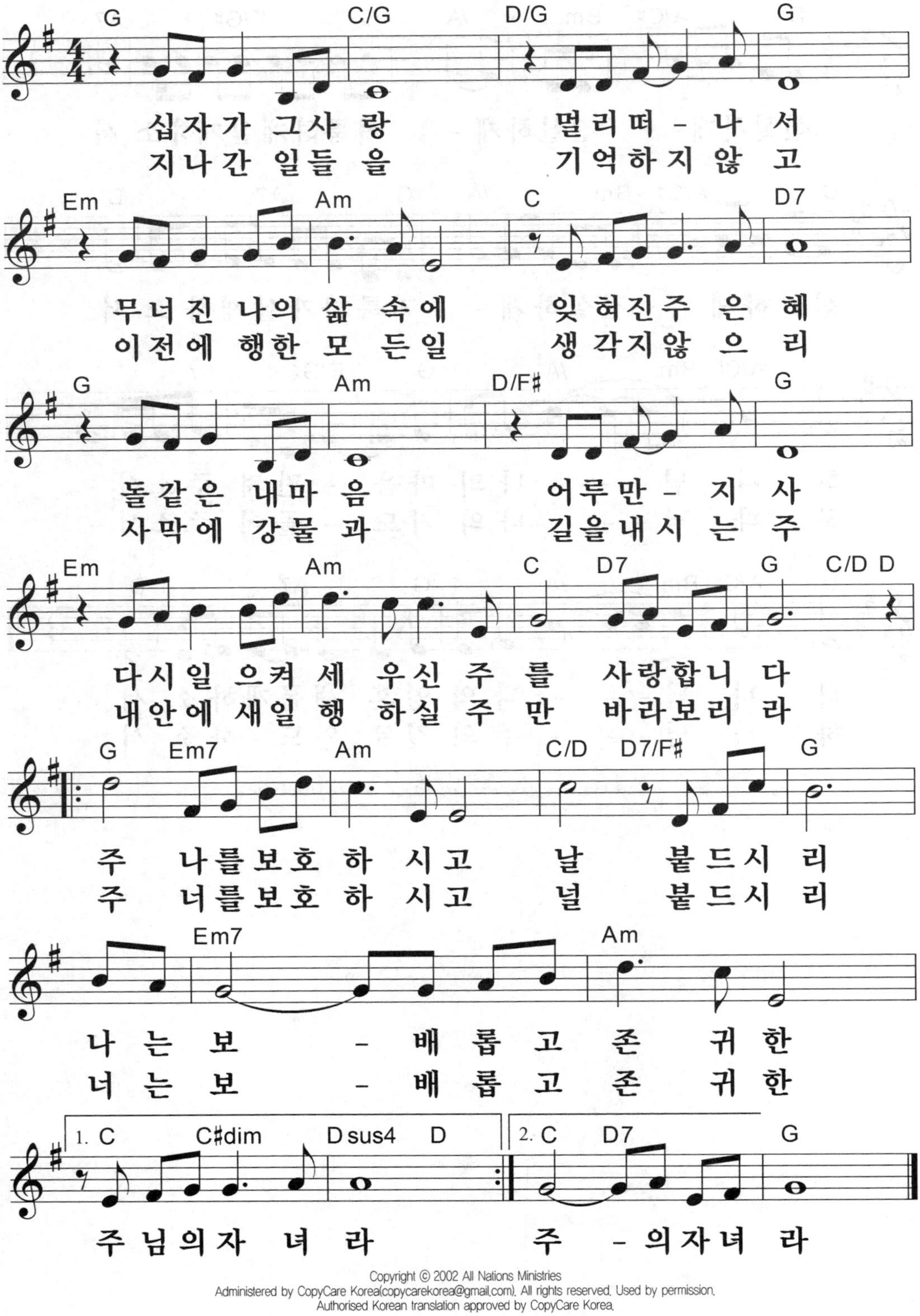

십자가를 참으신

이길우

C D/C G/B C D Em
십자가를참으 -신- 어린양 예 -수-
C D/C G/B Am7 D
내죄씻어주시 -고- 구속-하 셨 -네-
C D/C G/B C D Em
어둠을물리치 -신- 세상의빛 예 -수-
C D/C G/B A7 Dsus4 C D
영광의빛비추 -사- 자유케하시 네 예
G B7 Em7 E7 Am7 A Dsus4 D
수 하나님-의완전한사랑- 예 수 하나님-의값없는-은혜- 예
Bm7 E7(b13) Am7 C/D D G To Coda
수 하나님-의 놀라운지혜- 아름다-운그이름-예 수
Am7 G/B C Am7 G/B D
주같-은분없 --네- 주께영광돌리 --세-
Am7 G/B 1, 2. D 3. D D.S. al Coda
주께영광돌리 --세- --세- 예
Coda
Am7 C/D Em7 D CM7 C/D G
아름다- 운그이름- 예 수 아름다-운그이름- 예 수

240 아름다운 마음들이 모여서

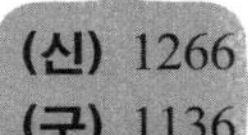

아름다운마음들이 모여 서 주의 은혜나누며 -
이다음에예수님을 만나 면 우리 뭐라말할까 -

예수님을따라사랑 해야 - 지 우리 서로사랑해 -
그때에는부끄러움 없어야지 우리 서로사랑해 -

하나님이가르쳐준 한가 지 - 네이웃을네몸과같 이

미움다툼시기질투 버리 고 우리 서로사랑해 -

(신) 1861
(구) 1242

아름다운 사랑을 나눠요

241

242 아름다웠던 지난 추억들

(친구의 고백)

(신) 1470
(구) 1173

권희석

D A7
아름다 웠던- 지난추 억 들- 사랑했 었 던-
지난유 월절- 저녁성 찬 때- 주님과 함 께-
새벽닭 울때- 난괴로 웠 어- 풍랑이 일 면-
D G
많은친 구 들- 멀고도 험 한- 고난의 길 을-
마시던 핏 잔- 그일이 문 득- 생각이 나 면-
난무서 웠 어- 하지만 이 젠- 두렵지 않 아-
D A7 D A7 D
나이제 말 없-이 주님을위 하-여 떠나야 지
어느새 내 뺨-에 주르르눈 물만이 흐릅니 다
이세상 끝 까-지 주님을위 하-여 죽을텐 데
G D A7
수없이 많 은- 사람들 위 해- 당신이 바 친-
D G D
고귀한 희 생- 영원히 당신과 함께있 고 -파
Em A7 D
사랑의 십 자가 를 맞이하 네

아무것도 두려워 말라

243

(Don't Be Afraid)

현석주

C G7/B Am CM7/G F C/E Dm Gsus4 G7

아 무 - 것 도 두 려 워 말 라 주 나의하나님이 지켜주시네 -

Dm G Em Am Dm G7 1.C F/G 2.C C7

놀라지마라- 겁내지마라- 주님나를 지켜주시네 - -

F G/F Em Am F G7 C B♭/C C7

내 맘이힘에겨워 지칠지라 도 주님나를 지켜주시 네

F G/F Em Am /G F D7 F/G G7

세 상의험한풍파 몰아칠때도 주님나를 지켜주시 네 -

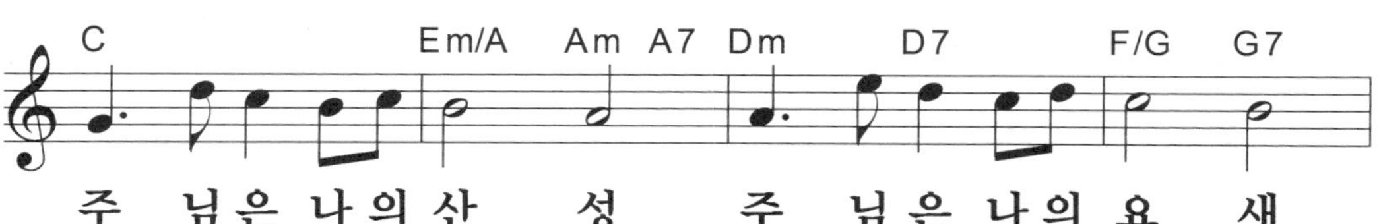

244 아바 아버지

(신) 1545
(구) 2258

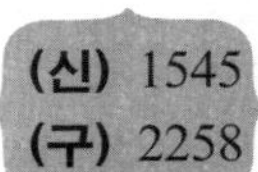

김길용

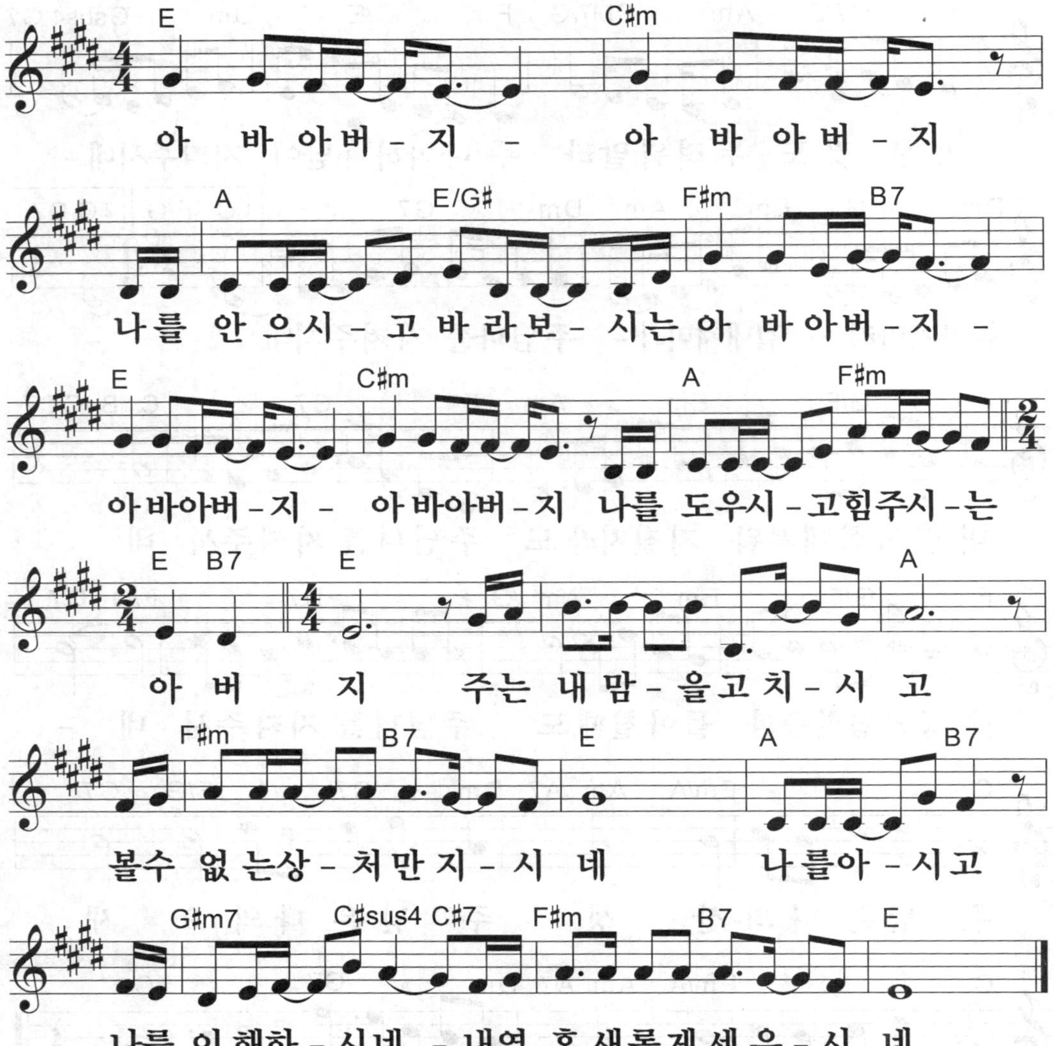

E C#m
아 바 아버 - 지 - 아 바 아버 - 지
A E/G# F#m B7
나를 안으시 - 고 바라보 - 시는아 바아버 - 지 -
E C#m A F#m
아바아버 - 지 - 아바아버 - 지 나를 도우시 - 고힘주시 - 는
E B7 E A
아 버 지 주는 내맘 - 을고치 - 시 고
F#m B7 E A B7
볼수 없는상 - 처만지 - 시 네 나를아 - 시고
G#m7 C#sus4 C#7 F#m B7 E
나를 이해하 - 시네 - 내영 혼새롭게세우 - 시 네

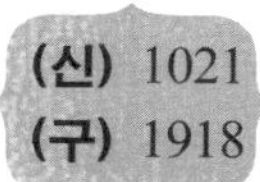

(신) 1021
(구) 1918

아버지 당신의 마음이

245

(하나님 아버지의 마음)

박용주 & 설경욱

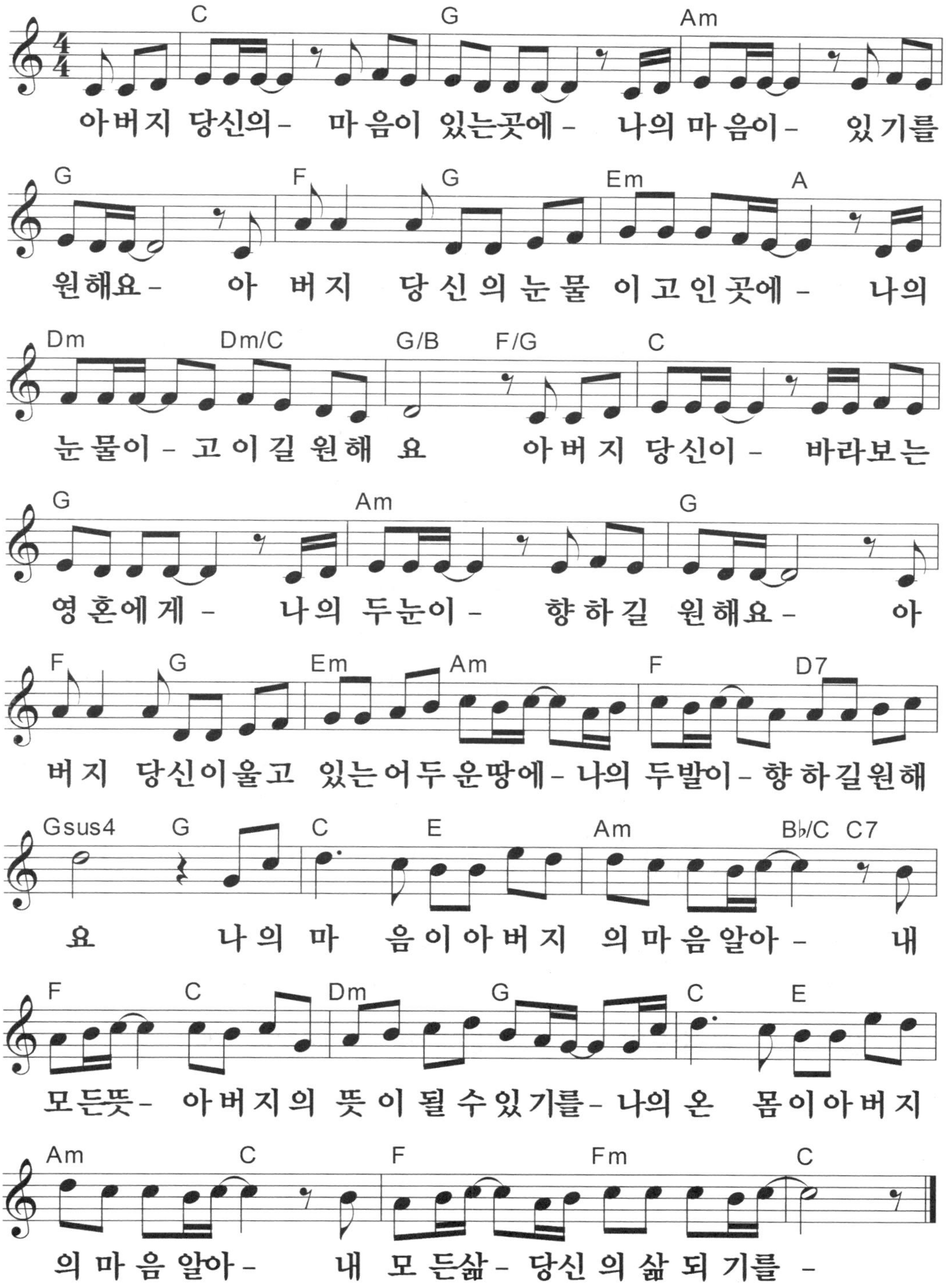

C G Am
아버지 당신의- 마음이 있는곳에- 나의마음이- 있기를
G F G Em A
원해요- 아 버지 당신의눈물 이고인곳에- 나의
Dm Dm/C G/B F/G C
눈물이-고이길원해 요 아버지 당신이- 바라보는
G Am G
영혼에게- 나의 두눈이- 향하길 원해요- 아
F G Em Am F D7
버지 당신이울고 있는어두운땅에-나의 두발이-향하길원해
Gsus4 G C E Am B♭/C C7
요 나의마 음이아버지 의마음알아- 내
F C Dm G C E
모든뜻- 아버지의 뜻이될수있기를-나의온 몸이아버지
Am C F Fm C
의마음알아- 내 모든삶- 당신의삶되기를 -

246 아버지 사랑 내가 노래해

(그 사랑)

박희정
G2 C/G G C/G
아버지사랑내가노래 해 아버지은혜내가노래 해
상한갈대꺾지않으시 는 꺼져가는등불끄지않 는
D/F# Em E♭aug G/D C#dim7 Am7
그사 랑 변함없으 신 거짓없으 신 성실하신그-사
1. Am/D 2. Am/D Dsus4 G D/F#
랑 랑 사 랑 -그사 랑 -날위해
Em Dm G7 CM7 G/B
죽으 신 - 날 - 위 해 다 시사신 - 예수그리스도-
Am7 Am/D G D/F# Em Dm7 G7
다시오실그사랑- 죽음 도 -생명도 천사도- 하 늘의어떤
CM7 G/B Am7 C/D G
권세 도 - 끊을수없는 - 영원한- 그사랑-예 수

아버지 사랑합니다 247

(Father, I Love You)

Scott Brenner

아 버 지 - 사랑합 니 다 - 아 버 지 - 경배합니다 -
예 수 님 - 사랑합 니 다 - 예 수 님 - 경배합니다 -
성 령 님 - 사랑합 니 다 - 성 령 님 - 경배합니다 -

아 버 지 - 채워주소서 - 당신의 - 사 랑 - 으로 -
예 수 님 - 채워주소서 - 당신의 - 사 랑 - 으로 -
성 령 님 - 채워주소서 - 당신의 - 사 랑 - 으로 -

(신) 1619
(구) 1530

약할 때 강함 되시네 248

(주 나의 모든 것 / You are my all in all)

Dennis Jernigan

약할때 강함되시 네 나의보배가되신 주 주나의모든 것 - - - -
십자가 죄사하셨 네 주님의이름찬양 해 주나의모든 것 - - - -

주안에있는보물 을 나는포기할수없 네 주나의모든 것
쓰러진나를세우 고 나의빈잔을채우 네 주나의모든 것

예 수 어 린 양 존 귀 한 이 름 - - - - 름

249 아버지 주 나의 기업 되시네

(신) 1502
(구) 1799

(My delight)

Andy Park

아 버 지 주 나 의 기 업 되 시 - 네 -
예 - 수 내 삶 의 보 배 되 시 - 네 -

주 님 은 내 - 소 망 내 기 - 쁨 -
주 님 은 온 유 하 고 순 결 - 해 -

사 랑 합 니 다 사 랑 합 니 다

나 의 기 - 쁨 주 님 을 -

(신) 1199
(구) 1201

아주 먼 옛날

250

(당신을 향한 노래)

천태혁 & 진경

C2 C/B Am7 Dm7 G CM7 Em7
아주먼옛-날- 하늘에서-는- 당신을향-한-
Dm7 G7 C2 C/B Am7 Dm7 G
계획있었-죠- 하나님께-서- 바라보시-고-
CM7 Em7 Dm7 Gsus4 G7 FM7
좋았더라-고- 말씀하셨-네 - - 이세상
G/F Em7 Am7 Dm7
그 무엇-보-다- 귀하게- 나의 손 으로-창
G C B♭/C C7 FM7 G/F
조 하였-노-라- - 내가너로- 인 하여-기
Em7 Am7 Dm7 Gsus4 G C C/G G7
뻐 하 노라- 내가 너 를사-랑 하 노 라 -
C G/B Am B♭2/G C7 F C/E Dm7 Dm7/G G7
사 랑 해 요 - 축 복 해 요 -
C E7/B Am7 C/G Dm7 G7 C
당신의 마 음에 우리의- - 사랑을 드 려 요 -

251 아침 안개 눈 앞 가리듯

(신) 1420
(구) 1617

(언제나 주님께 감사해)

김성은 사, 이유정 곡

아침안개눈앞가리 듯 나의 약한믿음의심쌓일 때 부드
빗줄기에바위패이 듯 나의 작은소망사라져갈 때 고요
럽게다가온주의음 성 아무 것도염려하지마 라
하게들리는주의음 성 내가
너 를사랑하노 라 외로움과방황속에 서
주 님 앞 에 나 아 갈 때 에 위 로 하 시 는 주 님
나 를 도 우 사 상 한 나 의 마 음 감 싸 주 시 네
십 자 가 의 보 혈 로 써 주 의 크 신 사 랑 알 게 하 셨 네
주 님께감사하리 라 언제 나 주 님께감사 해

(신) 1931
(구) 743

아침에 주의 인자하심을 252

(시편 92편)

253 아침이 밝아 올 때에

(그 이름 / Your name)

Paul Baloche & Glenn Packiam

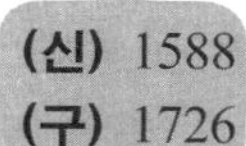

약한 나로 강하게

(What the Lord has done in me)

Reuben Morgan

C G C F G Am G/B
약한- 나로 강하게 가난한 날 부하게 눈먼-

C G C Dm G C C/E
날 볼 수 있게 주 내게 행하셨네 - 호-

G Am F G C
산나 호-- 산-나 죽임 당한 어린 양 호-

G Am G/B C G 1. C
산나 호-- 산-나 예수- 다 시사셨네 호-

2. C F/G C G C F G
네 - 내가- 건너야 할 강 거기서 내 죄 씻겼

Am G/B C G Am Dm G C
네 이제- 주의 사랑이 나를 향해 흐르네

C F/G C G C F G Am G/B
- 깊은- 강에서 주가 나를 일으키셨도다 구원의

C G Am Dm G C
노래 부르리 예수 자유 주셨네 -

255 어둠 속 헤매이던

(은혜 아니면)

조성은

G D C D7 G D7
어둠속 헤매 이던 내 영혼 갈길 몰라 방황할때에 –

Em Bm Am7 Dsus4 D7
주의 십자가 – 영광의 그 빛이 나를 향해 비추어주셨 네

G D9/F# Em7 Bm7 C G/B
주홍 빛보 다더 붉은 내죄 그리 스도 의피로씻– 기 어

Am7 D7 Bm7 Em7 Am7 Dsus4 D7
완전한사랑 주 님의은혜로 새 생명주께얻었 네

D7 C/E D/F# G B7/D# Em
은혜아 니 면 나서지못하 네

Dm G7 C Am Dsus4
십자가의그사 랑 능력아니 면 나서지못하 네

D7 C9/E D7/F# G B7 Em
은혜아 니 면 나서지못하 네

1. Em7/D C Am7 D7 G
놀라운사 랑 그은혜아니 면 나서지못하 네 나의

어둠 속 헤매이던

G D9 Em7 Bm7 C
노 력과 의지 가 아닌 오직 주님 의 그뜻안 - 에 서
Am7 D7 Bm7 Em7 Am7 D C/ED/F♯
의로운자라 내게 말씀하셨네 완 전하신그은혜 로 은혜아 니
2. Em7/D C Am7 D7 Em
완전한사 랑 그은혜아니 면 나서지못하네 이제나사는것아니
G+/D♯ Em7/D A7/C♯ C
요 오직 예수 내안에살아 계시니 - 나의 능력아닌 - 주의
G/B Am Dsus4 Esus4 A
능력으로 - 이제주와 함께 살리 라 - 오직은 혜 로
C♯7/F F♯m Fm Em A9 D
나살아가리 라 십자가의그사 랑 주의능력으
Bm 3 Esus4 E7 D9/F♯ E7/G♯ A C♯7
로 나는서리라 주의은 혜 로 나살아가리
F♯m F♯m7/E D 3 E Esus4 A
라 십자가사랑 그능력으 로 나 살 리 라

256 어느날 다가온 주님의

(고백)

(신) 1180
(구) 917

김석균
어느날-다가온 주 님의 이름을부를수 없었어요
뜨거운사랑을 느꼈지만 부를수-없었어 요
어느날-다가온 주 님의 모습을쳐다볼수 없었어요
따듯한사랑을 느꼈지만 바라보지못했어 요
비우지못한 작은가슴 당신의사랑은 너무커요
부서지고 낮아져도 당신앞에 설수 없었어요
오 늘도-찾아온 주 님 의 이름을불러봅니 다
부를수록다정한 주님모습 가만히안아봅니 다

(신) 1358
(구) 827

언제나 내 모습

(주님 내 안에)

임미정 & 이정림

C CM7 Em F Dm7 Gsus4 G7
언제나 - 내모습 - 너무나 - 부끄러워 -
CM7 Em F Dm7 G
무릎으 - 로주님께 - 기도로 - 가오니 -
C CM7 Em F Dm7 Gsus4 G7
나홀로 - 서있는 - 죽은내영깨우 사
CM7 Em A7 F D7 G G7
주님만 나 를 깨워 내 영 살게하소서 -
C C/B Am Am/G F F♯dim Gsus4 G7
주님 내안에 - 주님 내안에 - 내 안에 계 시고 -
C C/B Am Am/G F Gsus4 G7 C
주님 내안에 - 주 님 내안에 - 나를세워주소서 -

258 여기에 모인 우리

(신) 2000
(구) 1739

(이 믿음 더욱 굳세라 / We will keep our faith)

Don Besig & Nancy Price

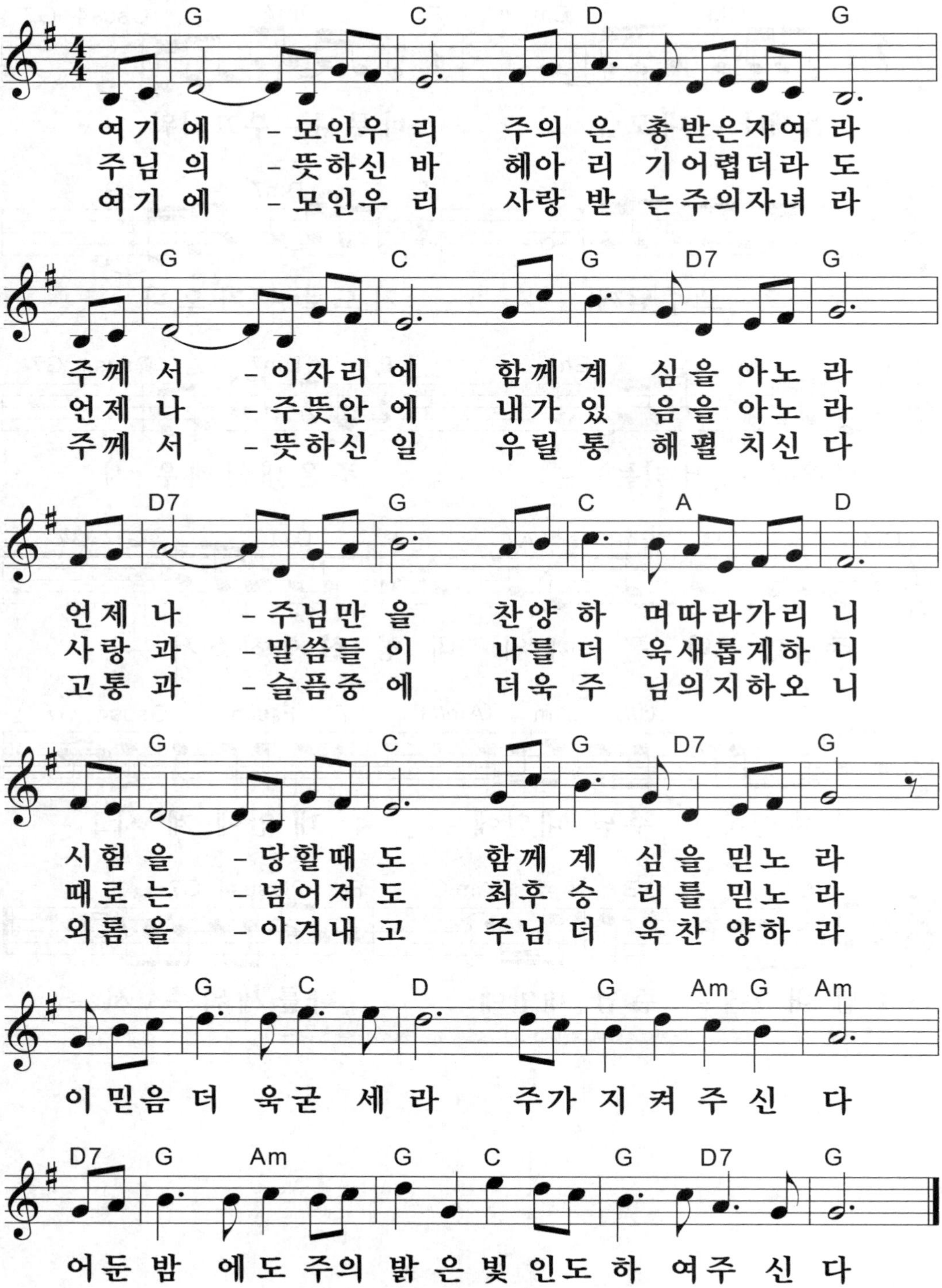

여기에 - 모인우리 주의은 총받은자여라
주님의 - 뜻하신바 헤아리 기어렵더라도
여기에 - 모인우리 사랑받 는주의자녀라

주께서 - 이자리에 함께계 심을아노라
언제나 - 주뜻안에 내가있 음을아노라
주께서 - 뜻하신일 우릴통 해펼치신다

언제나 - 주님만을 찬양하 며따라가리니
사랑과 - 말씀들이 나를더 욱새롭게하니
고통과 - 슬픔중에 더욱주 님의지하오니

시험을 - 당할때도 함께계 심을믿노라
때로는 - 넘어져도 최후승 리를믿노라
외롬을 - 이겨내고 주님더 욱찬양하라

이믿음더 욱굳세라 주가지켜주신다
어둔밤 에도주의 밝은빛 인도하 여주신다

여호와는 나의 힘

F Bb F C7 F

여 호 와는나 의 - 힘 생 명 이 시 라

F Bb F C7 F

여 호 와는나 의 - 힘 생 명 이 시 라

F Bb F Bb F

주 님 께 찬 송 할 때 에 우리 에 게 승 리 주 셨 네

F Bb F C7 F

여 호 와는나 의 - 힘 생 명 이 시 라

260 여호와는 너에게 복을

(하나님의 약속*축복송)

(신) 1219
(구) 1956

김석균

여호 와는 – 너에게 복을 주시기를원하며 – 너를 지키시기를– 원하
시 –며 여호 와는 – 그얼굴을– 너를 향 하 여 드 – 사 – 은혜
와평강 주시기원하노 라 라 너를 보 배롭고 –
존 귀하게 – 여기시는하 나님이 – 네삶속에서 –
이 약속을 – 신 실 하 게 – 이 루 시 리 – 땅의
기름진것으로 – 하늘의 신 령한것 으로 – 너를 복주시 고 지키실 하
나 님이 – – 너의 영 혼 잘 되 도 록 –
은 혜 베 푸 시 며 – 평 강 으로 – 인 도 하 시 리 –

여호와는 네게 복을 주시고 261

이민욱

D G D A7 G A7 D G A7 D G D Bm G A7 D G A D

여호와는네게 복을주시고 너 를-지키시기 를 원하며 여호와는그얼굴로 내 게-비추사 은혜 베푸시기 를 원하며 여호와는그얼굴을 네 -게로 향 하여드 사-- 평강 주시기를 원 하노라

262 여호와 우리 주여

(시편 8편)

(신) 1271
(구) 577

최덕신

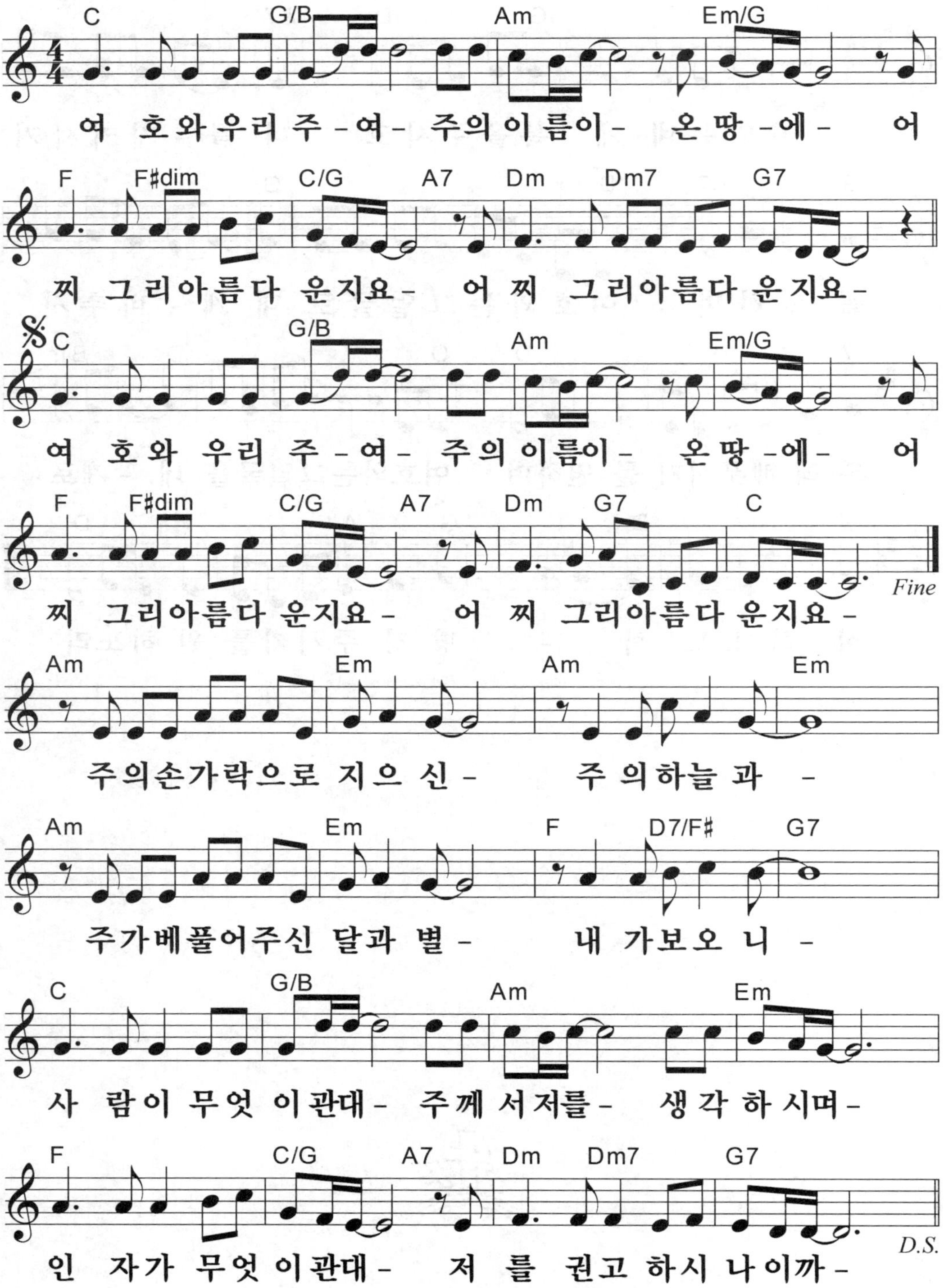

C G/B Am Em/G
여 호와우리주-여- 주의이름이- 온땅-에- 어
F F#dim C/G A7 Dm Dm7 G7
찌 그리아름다 운지요- 어 찌 그리아름다 운지요-
C G/B Am Em/G
여 호와 우리 주-여- 주의 이름이- 온 땅 -에- 어
F F#dim C/G A7 Dm G7 C
찌 그리아름다 운지요- 어 찌 그리아름다 운지요-
Fine
Am Em Am Em
주의손가락으로 지으 신- 주 의하늘 과 -
Am Em F D7/F# G7
주가베풀어주신 달과 별- 내 가보오 니 -
C G/B Am Em
사 람이 무엇 이관대- 주께 서저를- 생각 하 시며-
F C/G A7 Dm Dm7 G7
인 자가 무엇 이관대- 저 를 권고 하시 나이까-
D.S.

(신) 1320
(구) 841

열어 주소서

송명희 & 최덕신

264 영광 높이 계신 주께

(신) 1580
(구) 1525

(Glory, Glory In The Highest)

Danny Daniels

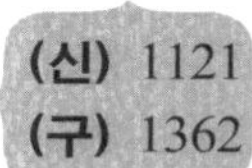

(신) 1121
(구) 1362

영광을 돌리세

265

(주님의 영광)

고형원

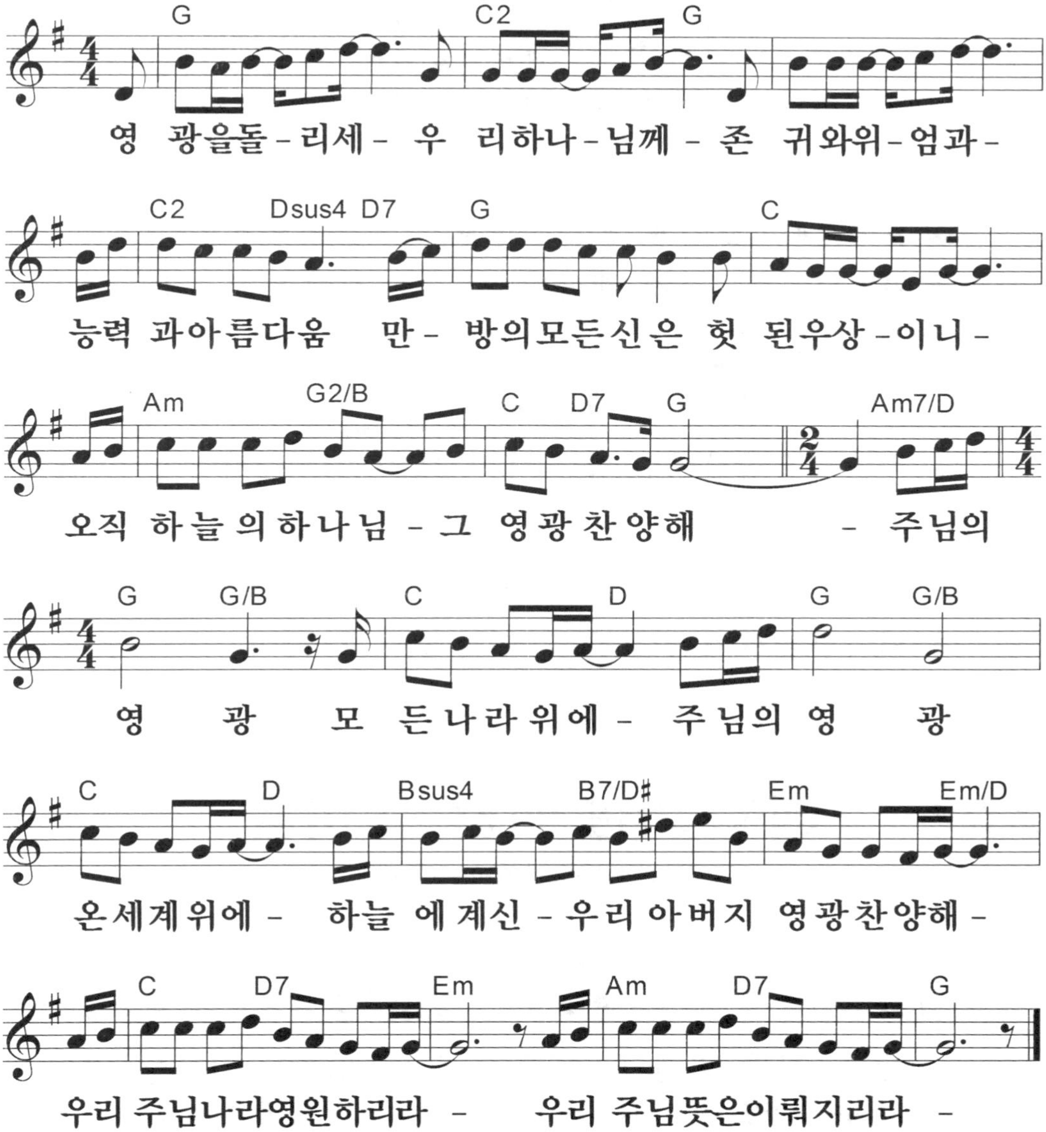

G C2 G
영 광을돌-리세- 우 리하나-님께 - 존 귀와위-엄과-
C2 Dsus4 D7 G C
능력 과아름다움 만- 방의모든신은 헛 된우상-이니-
Am G2/B C D7 G Am7/D
오직 하늘 의하나님 - 그 영광찬양해 - 주님의
G G/B C D G G/B
영 광 모 든나라위에- 주님의영 광
C D Bsus4 B7/D♯ Em Em/D
온세계위에 - 하늘 에계신 - 우리 아버지 영광찬양해 -
C D7 Em Am D7 G
우리 주님나라영원하리라 - 우리 주님뜻은이뤄지리라 -

266 영광의 왕 찬양합니다

A D A Bm7 A/C# E7

영 광의왕- 찬 양합니다 - 위대하신주우-리 구 원자

A D A Bm7 D/A GE7

존귀하신-주- 경 배합니다 - 보 좌에계신-어린 양

A /C# D Bm7 B/D# E

예 수-죽음당한어린 양 예 수모든이름위에뛰어 난 이 름

A /C# D A/C# Bm7 E7 A

영 원히찬송받기합당 한 영광 의 그이름예- - -수-

267 예수 가장 귀한 그 이름

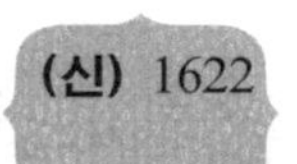

(신) 1622

(The sweetest name of all)

Tommy Coomes

E2
F#m7
B7
A/E
E
B/D#
예수 가장 귀한그-이름 예수 언제나 기도들-으사
예수 찬양 하기원-하네 예수 처음과 나중되-시는
예수 왕의 왕이되-신주 예수 당신의 끝없는-사랑
C#m7
F#m7
B7
E2
오 예수 나의손 잡아주시는 가장 귀한 귀한그-이 름
오 예수 날위해 고통당하신 가장 귀한 귀한그-이 름
오 예수 목소리 높여찬양해 가장 귀한 귀한그-이 름

(신) 1240
(구) 1218

영광의 주님 찬양하세

(영광의 주 / Majesty)

Jack W. Hayford
영 광 의 - 주 님 찬 양 하 세 -
모 든 영 광 능 력 찬 송 예 수 님 께 -
영 광 의 - 주 님 찬 양 하 세 -
주 의 백 성 모 두 함 께 찬 양 하 세 - -
두 손 을 높 이 들 고 주 이 름 찬 양 -
존 귀 와 영 광 모 두 주 예 수 님 께
영 광 의 - 주 님 찬 양 하 세 -
죽 으 시 고 부 활 하 신 만 왕 의 왕 -

269 예수 나의 좋은 치료자

(예수 나의 치료자)

(신) 2136
(구) 2188

송재홍

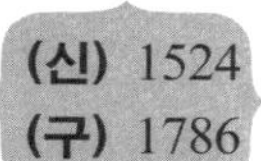
(신) 1524
(구) 1786

예수 나의 첫사랑 되시네 270

(Jesus, You alone)

Tim Hughes

A D A/E E

예수나의 첫사랑되시 - 네 - 내 첫 - 사랑 - 지

A D A/E E

존자되신 그리스도예 - 수 - 찬 양 - 하리 -

D E F♯m E D E F♯m E

보좌앞에 나의삶이 향기로운 제사로

D E F♯m E D D/E A A/G♯

주께드려지기 원하네 - 오직주만 바

나의온전 한

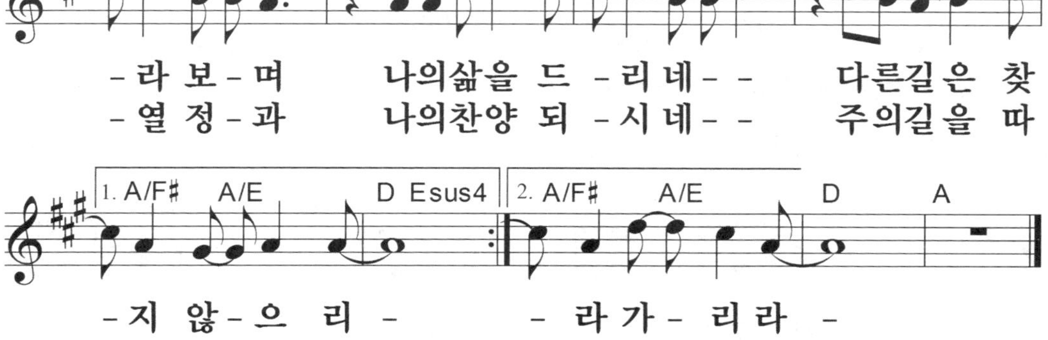
A/F♯ A/E A/D A/C♯ A/B E A A/G♯
-라 보 - 며 나의삶을 드 - 리 네 - - 다른길은 찾
-열 정 - 과 나의찬양 되 - 시 네 - - 주의길을 따
1. A/F♯ A/E D Esus4
2. A/F♯ A/E D A
-지 않 - 으 리 - - 라 가 - 리 라 -

271 예수는 나의 힘이요

김도현

예수는 내 힘이요

272

(내 삶의 이유라)

이권희

D Em7 F♯m7 F♯/A♯ Bm7 Em7 D/F♯ E/G♯ A
예 수 는 내 힘 이 요 나 의 기 쁨 내 참 소 망
내 가 사 나 죽 으 나 그 이 름 을 위 하 여
D Em7 F♯m7 F♯/A♯ Bm7 Em7 D
그 이 름 의 생 명 이 내 삶 의 이 유 라
내 모 든 것 드 리 니 나 를 받 으 소 서
F♯m7 F♯/A♯ Bm7 Em7 A/G F♯m7 F♯/A♯ Bm7 Em7 E/G♯ A7 A
오 직 주 만 따 라 갑 니 다 - 오 직 주 만 높 - 임 받 으 소 서 - -
D Em7 D/F♯ E/G♯ A/G F♯m7 Bm7
내 평 생 에 그 이 름 을 - 그 의 선 하 심 을
Em7 E/G♯ A G/A D Em7 D/F♯
세 상 에 노 래 합 니 다 그 이 름 에 크
E/G♯ A/G F♯m7 Bm7 Em7 E/G♯ D
신 능 력 - 영 원 한 생 명 이 내 삶 의 이 유 라

273 예수님 날 위해 죽으셨네

(신) 1251
(구) 868

(왜 날 사랑하나)

Robert Harkness

예수님날위해 죽으셨네 왜 날사랑 하 나 -
손과발날위해 찢기셨네 왜 날사랑 하 나 -
내대신고통을 당하셨네 왜 날사랑 하 나 -
겸손히십자가 지시었네 왜날사랑 하 나 -
고난을당하여 구원했네 왜날사랑 하 나 -
죄용서받을수 없었는데 왜날사랑 하 나 -
왜 날사랑 하 나 - 왜 날사랑 하 나 -
왜 주님갈보리 가야했나 왜날사랑 하 나 -

예수님 목마릅니다

(성령의 불로 / Fire of The Holy Spirit)

Scott Brenner

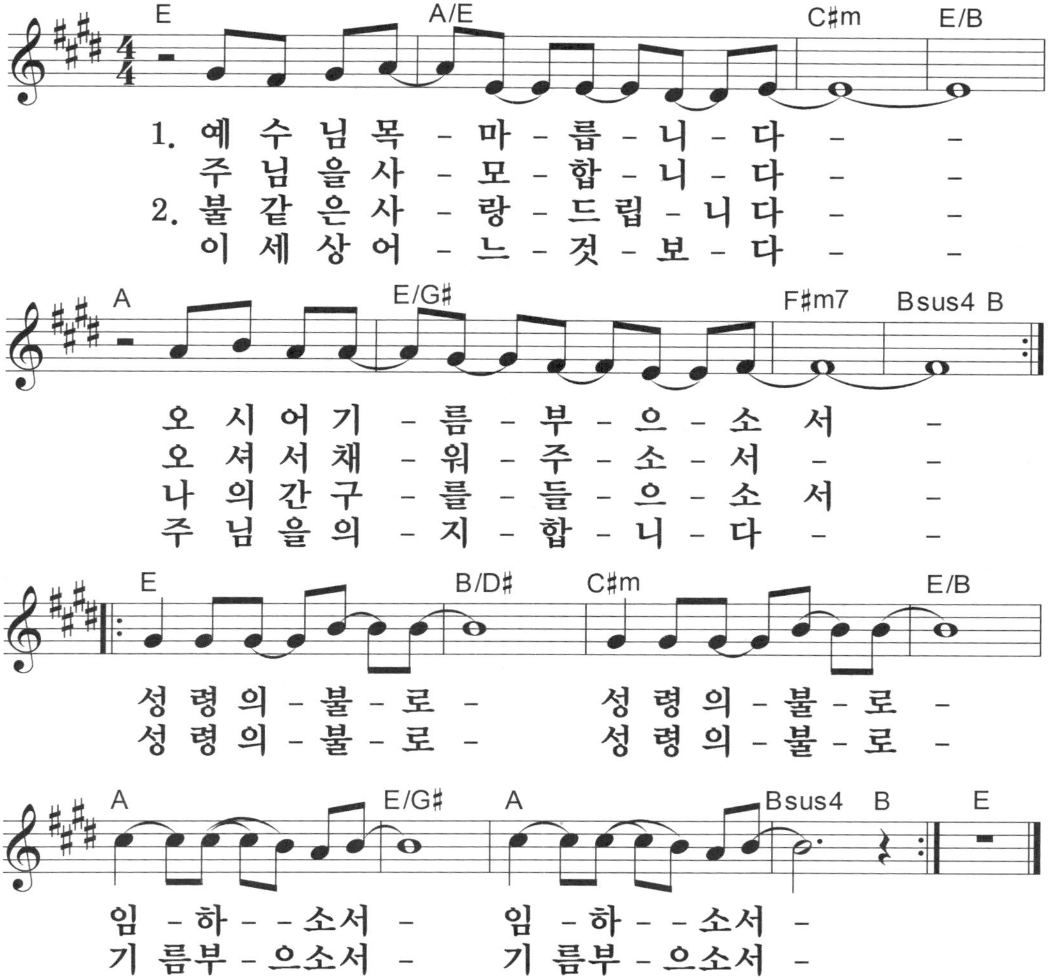

E A/E C#m E/B

1. 예 수 님 목 - 마 - 릅 - 니 - 다 - -
주 님 을 사 - 모 - 합 - 니 - 다 - -
2. 불 같 은 사 - 랑 - 드 립 - 니 다 - -
이 세 상 어 - 느 - 것 - 보 - 다 - -

A E/G# F#m7 Bsus4 B

오 시 어 기 - 름 - 부 - 으 - 소 서 -
오 셔 서 채 - 워 - 주 - 소 - 서 - -
나 의 간 구 - 를 - 들 - 으 - 소 서 -
주 님 을 의 - 지 - 합 - 니 - 다 - -

E B/D# C#m E/B

성 령 의 - 불 - 로 - 성 령 의 - 불 - 로 -
성 령 의 - 불 - 로 - 성 령 의 - 불 - 로 -

A E/G# A Bsus4 B E

임 - 하 - - 소 서 - 임 - 하 - - 소 서 -
기 름 부 - 으 소 서 - 기 름 부 - 으 소 서 -

275 예수님의 보혈로

(신) 1891
(구) 814

E B7 E

예 수님 의 보 혈로 예 수님 의 보 혈로

E C#m F#m B7 E

예 수님 의 보 혈로 눈 같 이 희 겠 네

E B7 F#m B7 E

십자 가 십자가 내가 처음볼 때에 나의 맘에큰고통 사라 져

E7 A E C#m F#m B7 E

오늘 믿 고 서 내눈 밝 았 - 네 참 내 기쁨영원하도 다

(신) 1891
(구) 814

예수님의 보혈로

박혜영

G G7 C G
예 수 님 의 보 혈 로 예 수 님 의 보 혈 로
성 령 의 능 력 으 로 성 령 의 능 력 으 로
예 수 님 말 씀 으 로 예 수 님 말 씀 으 로
예 수 이 름 권 세 로 예 수 이 름 권 세 로
G A7 D
나 의 모 든 고 통 이 사 라 졌 도 다
G G7 C Am G
예 수 님 의 보 혈 로 예 수 님 의 보 혈 로
성 령 의 능 력 으 로 성 령 의 능 력 으 로
예 수 님 말 씀 으 로 예 수 님 말 씀 으 로
예 수 이 름 권 세 로 예 수 이 름 권 세 로
G C G D7 G
나 의 모 든 부 끄 러 움 씻 어 졌 도 다
G C Em D7
찬 송 하 세 주 보 혈 찬 송 하 세 주 보 혈
G C G D7 G
찬 송 하 세 주 보 혈 주 가 나 를 고 치 셨 도 다

277 예수님이 말씀하시니

예수님이 말씀하시니 물이변하여 포도주됐네
예수님이 말씀하시니 바디메오가 눈을떴다네
예수님이 말씀하시니 죽은나사로가 살아났다네
예수님이 말씀하시니 거친바다가 잔잔해졌네

예수님이 말씀하시니 물이변하여 포도주됐네
예수님이 말씀하시니 바디메오가 눈을떴다네
예수님이 말씀하시니 죽은나사로가 살아났다네
예수님이 말씀하시니 거친바다가 잔잔해졌네

예수님– 예수님– 나에게도말씀 하셔서–

새롭게– 새롭게– 변화시켜주소서

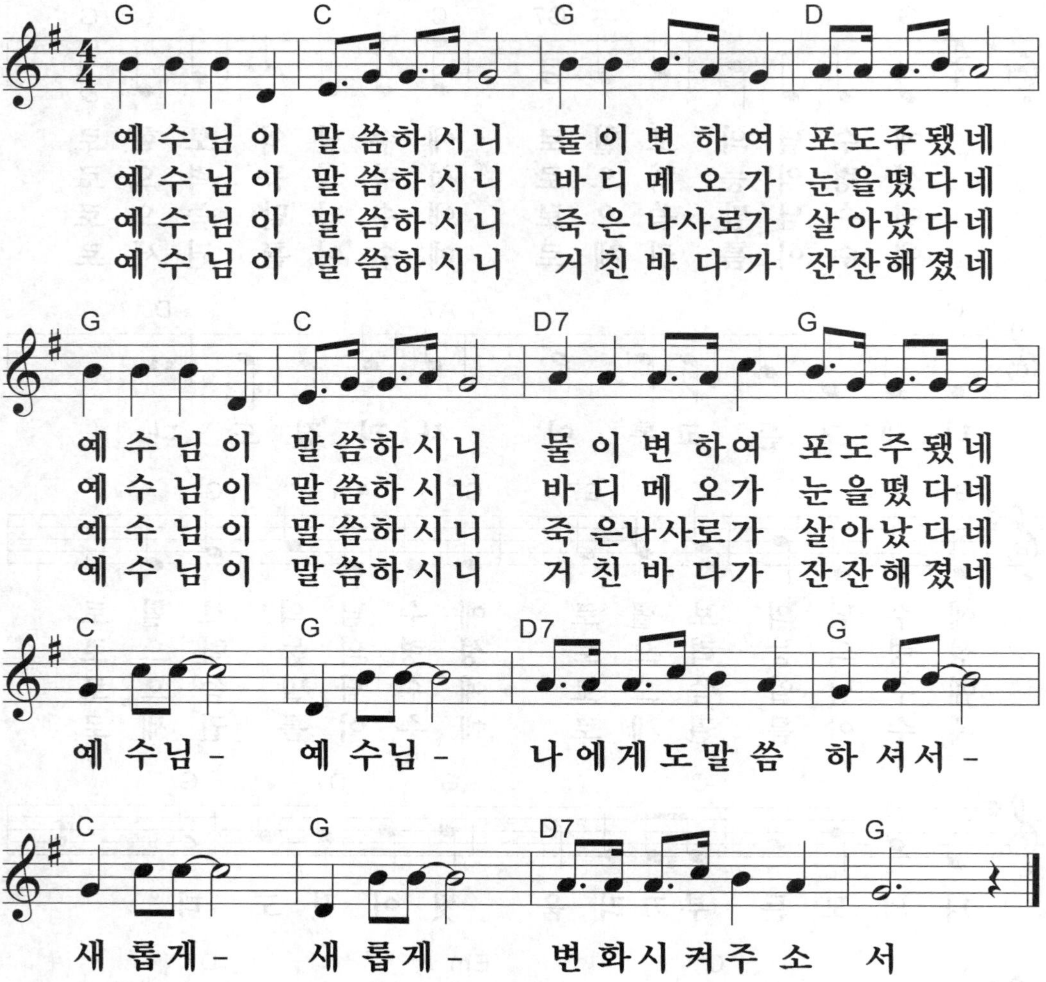

(신) 1558
(구) 1056

예수님이 좋은걸

278

이광무

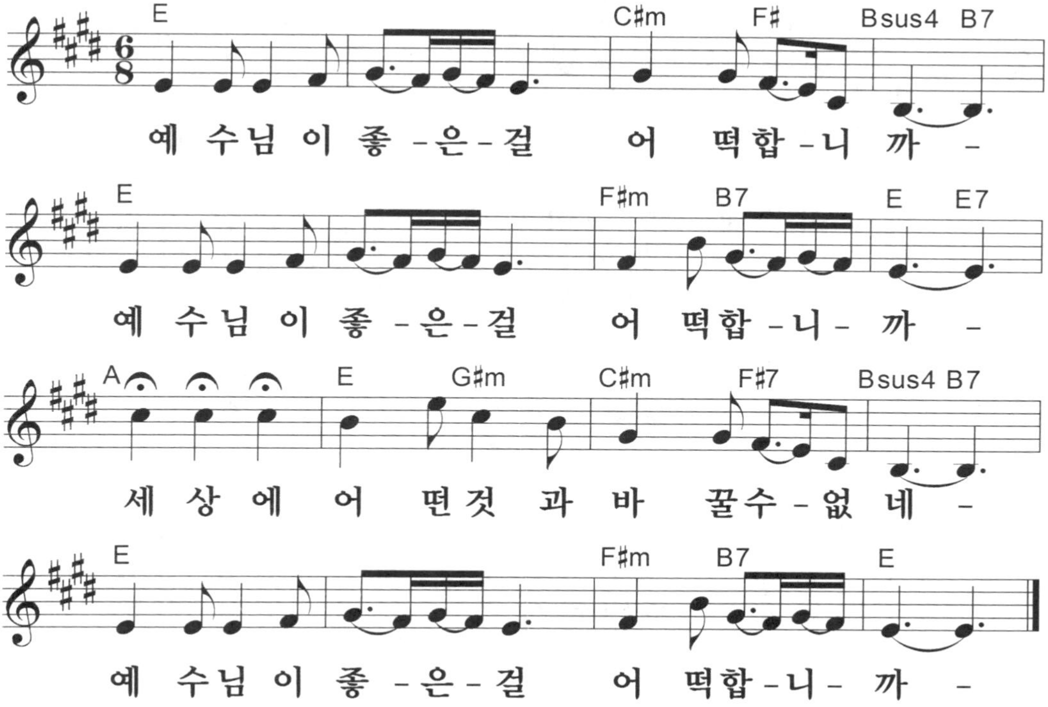

E C♯m F♯ Bsus4 B7
예 수님 이 좋 -은-걸 어 떡합-니 까 -
E F♯m B7 E E7
예 수님 이 좋 -은-걸 어 떡합-니- 까 -
A E G♯m C♯m F♯7 Bsus4 B7
세 상 에 어 떤것 과 바 꿀수-없 네 -
E F♯m B7 E
예 수님 이 좋 -은-걸 어 떡합-니- 까 -

(구) 1011

예수 사랑 나의 사랑

279

(Jesus in me)

E B B7 E
예 수 사 랑 나 의 사 랑--
E E7 A F♯m7 E/B B7 E
내 맘 속 에 넘 쳐 *형 제 를 사 랑 해

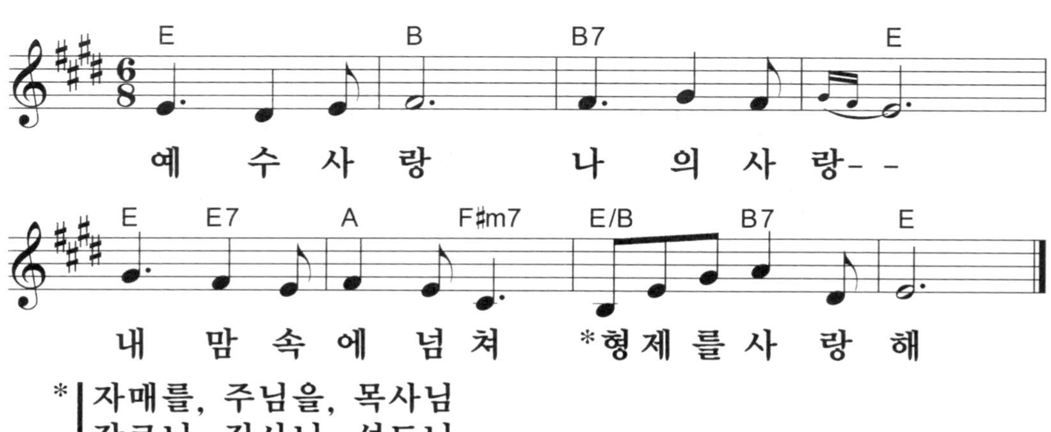

* 자매를, 주님을, 목사님
장로님, 집사님, 성도님

280 예수님 찬양

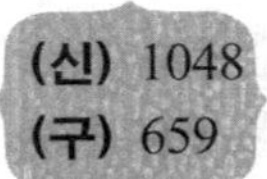

Charles Wesley & R.E.Hudson

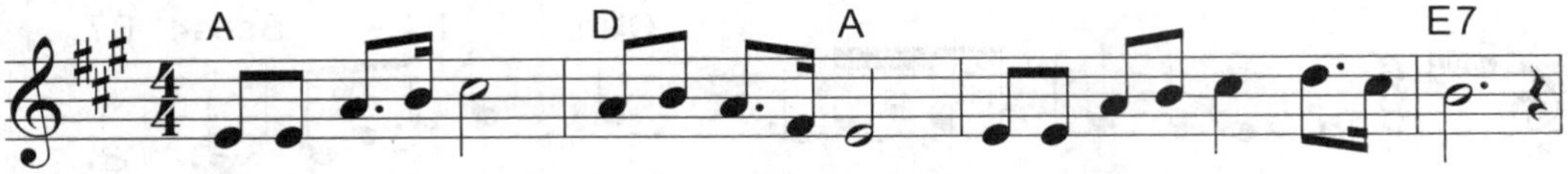

A D A E7

예수님찬양 예수님찬양 예수님찬양 합시 다
예수이름을 부르는자는 구원을얻으 리로 다
예수이겼네 예수이겼네 예수사탄을 이겼 네
예수이름을 높이는자는 새힘을얻으 리로 다
예수님권세 예수님권세 예수님권세 내권 세

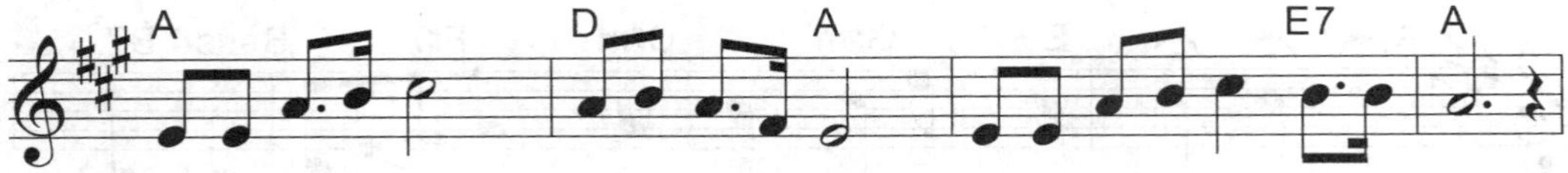

A D A E7 A

예수님찬양 예수님찬양 예수님찬양 합시 다
예수이름을 부르는자는 구원을얻으 리로 다
예수이겼네 예수이겼네 예수사탄을 이겼 네
예수이름을 높이는자는 새힘을얻으 리로 다
예수님권세 예수님권세 예수님권세 내권 세

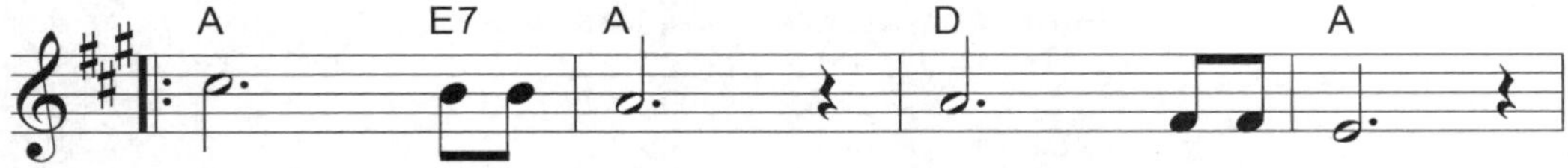

A E7 A D A

할 렐루 야 할 렐루 야

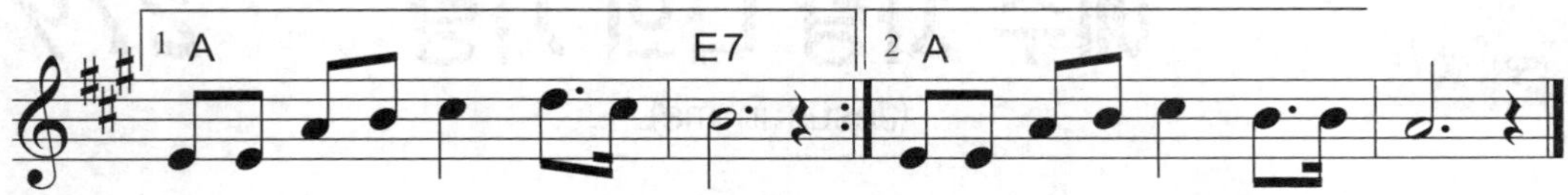

1 A E7 2 A

예수님찬양 합시 다 예수님찬양 합시 다
구원을얻으 리로 다 구원을얻으 리로 다
예수사탄을 이겼 네 예수사탄을 이겼 네
새힘을얻으 리로 다 새힘을얻으 리로 다
예수님권세 내권 세 예수님권세 내권 세

(신) 1093
(구) 936

예수보다 더 좋은 친구 281

(나의 참 친구)

김석균

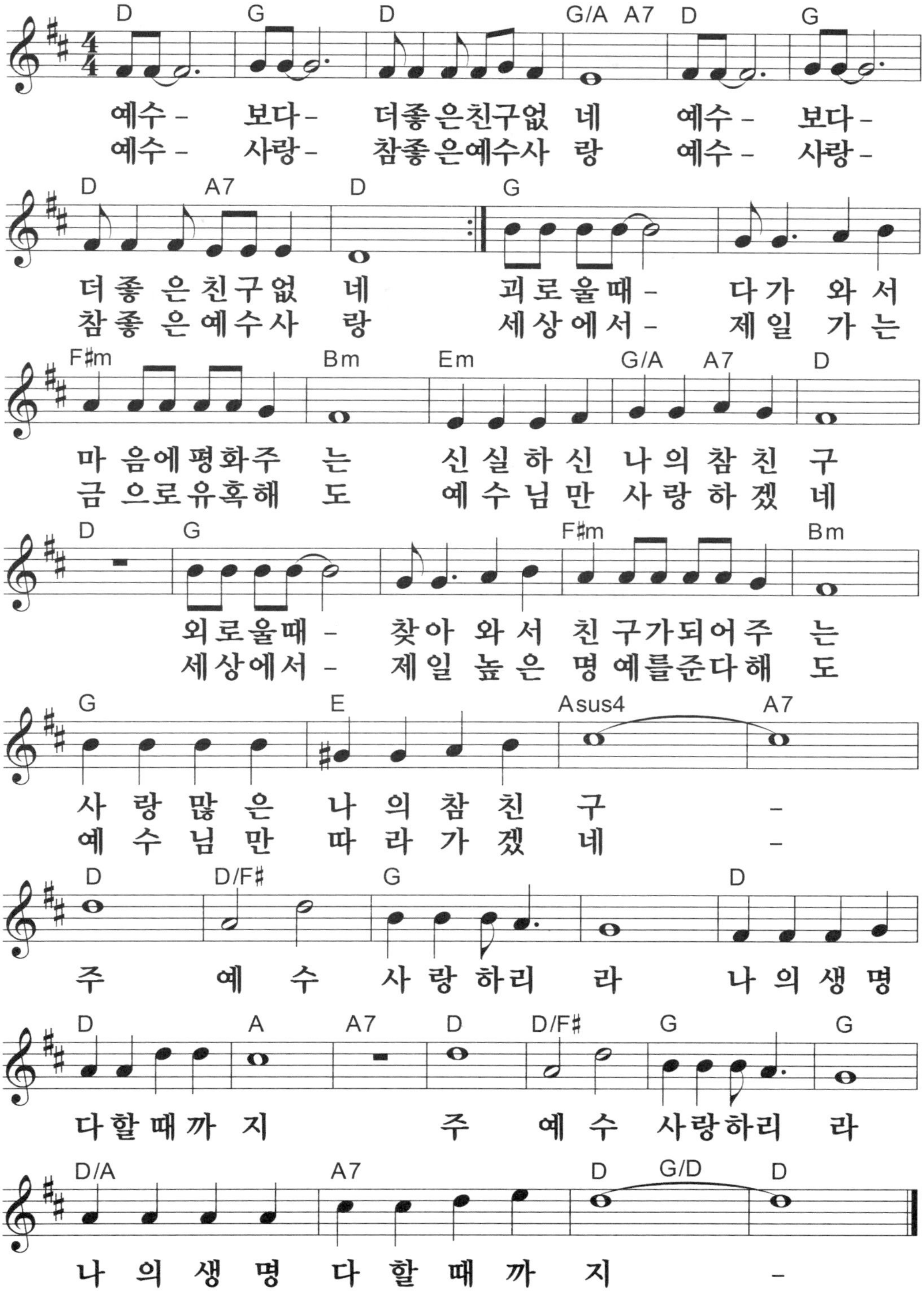

예수 - 보다 - 더좋은친구없 네 예수 - 보다 - 더좋은친구없 네
예수 - 사랑 - 참좋은예수사 랑 예수 - 사랑 - 참좋은예수사 랑

괴로울때 - 다가 와서 마 음에평화주 는 신실하신 나의참친 구
세상에서 - 제일 가는 금 으로유혹해 도 예수님만 사랑하겠 네

외로울때 - 찾아 와서 친 구가되어주 는 사랑많은 나의참친 구 -
세상에서 - 제일 높은 명 예를준다해 도 예수님만 따라가겠 네 -

주 예 수 사랑하리 라 나의생명 다할때까 지 주 예 수 사랑하리 라 나의생명 다할때까 지 -

282 예수 사랑해요

(신) 1671
(구) 561

(Alleluia)

Jude Del Hierro

예수 안에서

G C G D7 G
예 수 안 에 서 - 우 리 *화 목 됐 네
G D7 G D7
예 수 안 에 서 - 우 리 *화 목 됐 네 -
G C A7 Am7 D7
하 나 님 의 영 광 함 께 누 릴 소 망 있 네 -
G D7 G
예 수 안 에 서 - 우 리 *화 목 됐 네

* 사랑하네
용서하네
기뻐하네
찬양하네

284 예수 살아계신 주

정성권

예수 살아계신 주

Am C D
그 무 - 엇 - 도 - 비 교 할 수 없 - 네 -
Gsus4 G/B C D
할 렐 루 야 부 - 활 - 하 - 신 - 어 린 양 -
Am G
나 영 원 히 주 - 찬 - 양 - 하 - 리 -
Fine
C/G G B7 Em
부 활 하 신 생 명 의 주 - 님 - 나 의 삶 에 - 승 - 리 주 시 네 주 를
A7 Am D7
찬 양 - 주 를 찬 양 - -
D.S. al Fine

285 예수 안에 있는 나에게

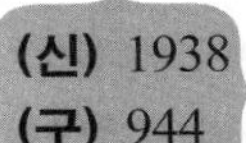

구명회 & 박윤호

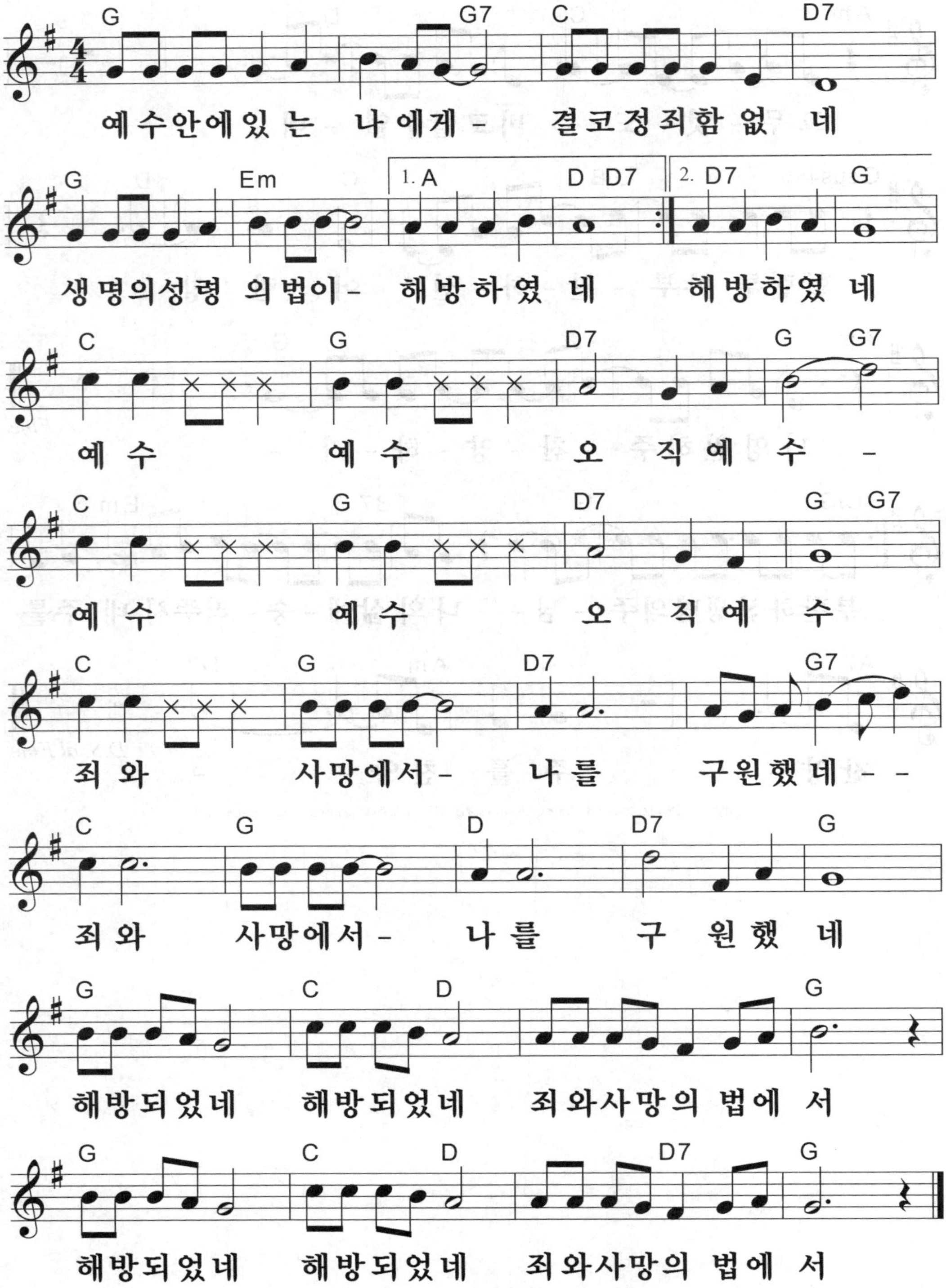

예수안에있는 나에게 – 결코정죄함 없 네

생명의성령 의법이 – 해방하였 네 해방하였 네

예 수 예 수 오 직 예 수 –

예 수 예 수 오 직 예 수

죄 와 사망에서 – 나 를 구원했네 – –

죄 와 사망에서 – 나 를 구 원했 네

해방되었네 해방되었네 죄와사망의 법에 서

해방되었네 해방되었네 죄와사망의 법에 서

예수 열방의 소망 286

(Hope of the Nations)

Brian Doerksen

A D/A A D/A
예 수 열방의소 - 망 - 예수 우리의위 - 로 - 자
예 수 어둠속의 - 빛 - 예수 변함없는 - 진 - 리
F#m E D 1. E
주는 - 온땅 - 의영 - 원한 소망 -
주는 - 온땅 - 의빛 - 이되 시네
2. E D A/C# Bm7
- 우리 - 위해 죽으 - 시고 다시 - 사신
E A D
생명 - 의주 - - 주님만이 - 소망이요 -
E A F#m
변함없는 - 반석이라 - 주님만이 - 온세상을
D E D/F# A
- 비추 - 시네 - - 또죽음에서 - 부활하신
D E A F#m
- 우리구주 - 평강의왕 - 주를믿는 - 모든자의
Bm7 E D A
- 소망 - 되신 - 주를 - - 믿네 -

287 예수 예수 예수 내 맘을

(구) 1985

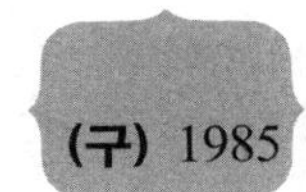

(Jesus Jesus Jesus)

Chris Bowater

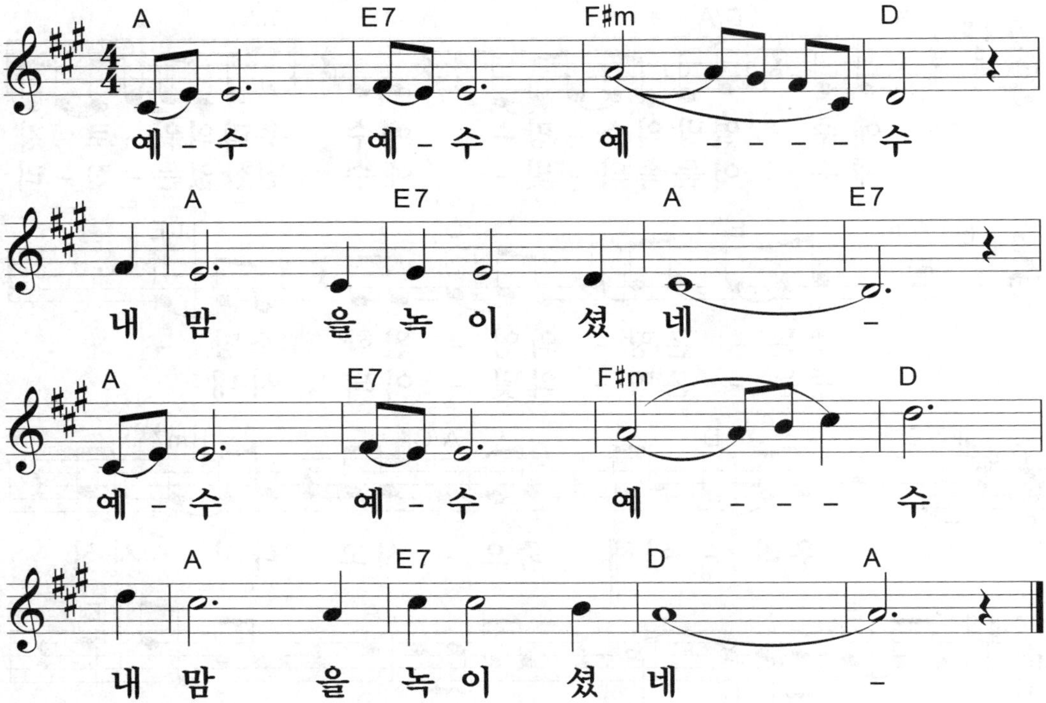

A E7 F#m D
예 - 수 예 - 수 예 - - - - - 수
A E7 A E7
내 맘 을 녹 이 셨 네 -
A E7 F#m D
예 - 수 예 - 수 예 - - - 수
A E7 D A
내 맘 을 녹 이 셨 네 -

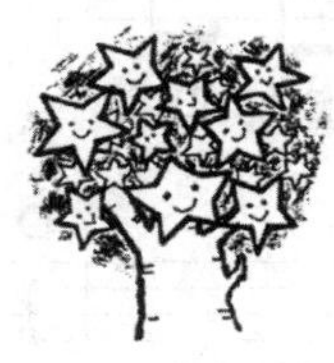

예수 예수 오직 예수님 뿐 288

(가장 귀하신 예수)

E♭ B♭7 E♭ A♭ E♭/G

예수 예수 오직 예수님 뿐 내게 가장
예수 예수 오직 예수님 뿐 험한 길에
예수 예수 오직 예수님 뿐 죄인의 벗

B♭7 E♭ B♭ E♭ B♭7 E♭ A♭

귀하고 귀하다 세상 친구 주님께 비하랴
늘 동행하시며 내 원수들 날 에워쌀 때도
진리의 주로다 변함 없고 늘 살아계시니

A♭ E♭ A♭ E♭/B♭ B♭7 E♭

내 모든 괴롬 짊어지신 나의 예수
나 위해 싸워 이기신 나의 주 예수
날 구원하신 능력의 구세주 예수

E♭ A♭

예수 예수 오직 예수

E♭ B♭ F7 B♭

내게 가장 귀하다 -

E♭ B♭7 E♭

햇빛 비치는 때나 폭풍 몰아칠 때에

A♭ E♭ /G A♭ E♭/B♭ B♭7 E♭

그 언제 나 날 지킬 이 오직 예수

289 예수 우리 왕이여

(Jesus, we enthrone You)

(신) 1923
(구) 796

Paul Kyle

A
F#m
예 수 - 우 리 왕 이 여 -
D
E
E7
이 곳 에 오 소 서 -
F#m
C#m
보 좌 로 - 주 여 임 하 사 -
D
Bm7/E
E
찬 양 을 받 아 주 소 서 -
D
C#m
F#m
주 님 을 찬 양 하 오 니
DM7
E7
A
F#m
주 님 을 경 - 배 하 오 니
DM7
E7
A
F#m
왕 이 신 예 수 여 오 셔 서
D
D/E
A
좌 정 하 사 다 스 리 소 서 -

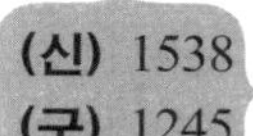

예수의 이름으로

(I will stand)

Chris Bowater

G Em7 Am7 D7
예수의 이름으로 나는 일어서리라

G C Am7 D7
주가 주신 능력으로 - 나는 일어서리라

G G7 CM7 Cm6
원수가 날 향해 와도 쓰러지지 않으리

G G7 C Am7 D7
주가 주신 능력으로 주가 주신 능력으로

G G7 C C/D G
주가 주신 능력으로 일어서리 -

291 예수 이름으로

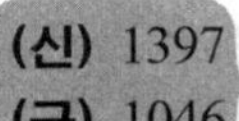

예수이름으로 예수이름으로 승리를얻었 네
예수님을따라 예수님을따라 어디든가리 라
예수이름으로 예수이름으로 마귀는쫓긴 다

예수이름으로 예수이름으로 승리를얻었 네
예수님을따라 예수님을따라 언제고살리 라
예수이름으로 예수이름으로 병마는쫓긴 다

예 수 이름으로 나아갈-때 우리앞에누가 서리요
예 수 님을따라 나아갈-때 밝은태양빛이 비치고
예 수 이름으로 나아갈-때 누가나를괴롭 히리요

예 수 이름으로 나 아 갈-때 승리를얻었 네
예 수 님을따라 살 아 갈-때 밝은내일있 네
예 수 이름으로 기 도 할-때 악마는쫓긴 다

(신) 1216
(구) 1693

예수 이름이 온 땅에

김화랑

예 수 이 름 이 온 땅 에 - 온 땅 에 퍼 져 가 네
예 수 이 름 이 온 땅 에 - 온 땅 에 선 포 되 네

잃 어 버린영혼 예수이름 - 그 이름듣고 돌 아 오 네 - -
하 나 님의나라 열방중에 - 열방중에 임 하 시 네 - -

예수 님 기 뻐 노래하시리 잃어 버린영 혼 돌아올 때 - -
하나 님 기 뻐 노래하시리 열방 이 - 주께 돌아올 때 - -

예수 님 기 뻐 춤추시리 잃어 버린영 혼 돌아올 때 - -
하나 님 기 뻐 춤추시리 열방 이 - 주께 돌아올 때 - -

293 예수 이름 찬양

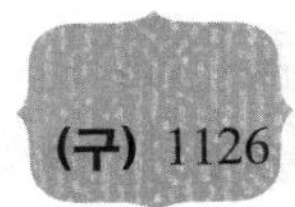

(Praise the name of Jesus)

Roy Jr. Hicks

294 예수 항상 나의 친구

(나의 친구)

* 목자
평화
능력

(신) 1617
(구) 2209

예수 주 승리하심 찬양해 295

(Jesus we celebrate Your victory)

John Gibson

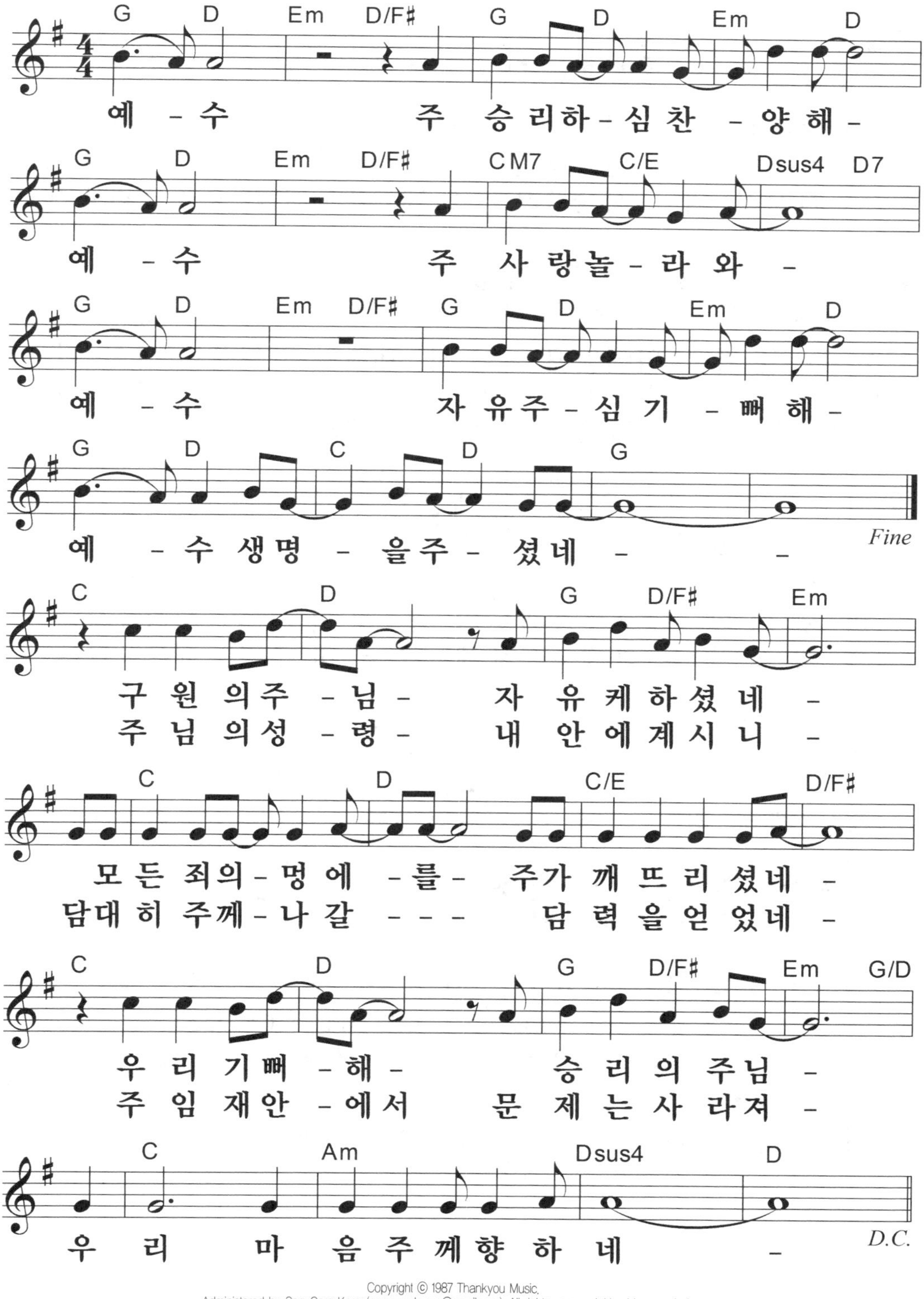
G D Em D/F♯ G D Em D
예 - 수 주 승 리 하 - 심 찬 - 양 해 -
G D Em D/F♯ CM7 C/E Dsus4 D7
예 - 수 주 사 랑 놀 - 라 와 -
G D Em D/F♯ G D Em D
예 - 수 자 유 주 - 심 기 - 뻐 해 -
G D C D G
예 - 수 생 명 - 을 주 - 셨 네 - -
Fine
C D G D/F♯ Em
구 원 의 주 - 님 - 자 유 케 하 셨 네 -
주 님 의 성 - 령 - 내 안 에 계 시 니 -
C D C/E D/F♯
모 든 죄 의 - 멍 에 - 를 - 주 가 깨 뜨 리 셨 네 -
담 대 히 주 께 - 나 갈 - - - 담 력 을 얻 었 네 -
C D G D/F♯ Em G/D
우 리 기 뻐 - 해 - 승 리 의 주 님 -
주 임 재 안 - 에 서 문 제 는 사 라 져 -
C Am Dsus4 D
우 리 마 음 주 께 향 하 네 -
D.C.

296 오 거룩한 밤 별들 반짝일 때

(신) 1994
(구) 1498

Adolphe Adam
오거룩한 밤 별들반짝 일때 거룩한주 탄생한밤일세
찬란한별 빛 인도함을 따라 동방의박 사가찾아왔네
주께서죄 의 사슬풀으 셨네 감사의찬 송을불러보세
오 랫동안 죄 악에얽매 어서 헤매던 죄인을놓 이시 리
믿 음의불 빛 인도함을 따라 주님의 품안에안 기였 네
주 님의법 은 사랑평화 로다 우리도 다같이사 랑하 세
우 리 를 위 해 속죄하시려는 영 광 의 아 침 동이터온다
만 왕 의 왕 이 구유안에누워 우 리 의 친 구 되려하시네
영 광 의 찬 송 함께불러보세 거 룩 한 주 의 이름찬양해
경 배하라 천 사 -의기쁜소 리 오 거 룩 한
밤 -주님 탄 -생하신 밤 그 밤 - 주 예 -수
나 신밤일세 힘 과 영 -광돌 릴지어 다

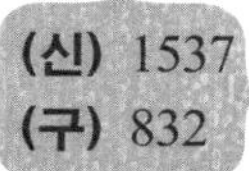
(신) 1537
(구) 832

오 나의 자비로운 주여

297

(Spirit song)

John Wimber

D GM7 A/G F♯m
오 나 의 자 비 로 운 주 여 나 의 몸 과 영 혼
모 여 라 주 께 찬 양 하 라 나 의 귀 한 친 구

Bm Em G/A A7 G/B A/C♯ DM7
을 주 님 은 혜 로 다 채 워 주 소 서
야 주 이 름 앞 에 너 두 손 모 으 고

D7 C/E D/F♯ GM7 A/G F♯m
이 세 상 괴 롬 걱 정 근 심 주 여 받 아 주 시
오 너 의 슬 픔 세 상 눈 물 너 의 쌓 인 아 픔

Bm Em G/A A D C/D D7
고 험 한 세 상 에 서 인 도 하 소 서 –
을 십 자 가 앞 에 너 모 두 버 리 고 –

GM7 A/G F♯m Bm Em Asus4 A7 DM7 C/D D7
예 수 오 예 수 지 금 오 셔 서 –

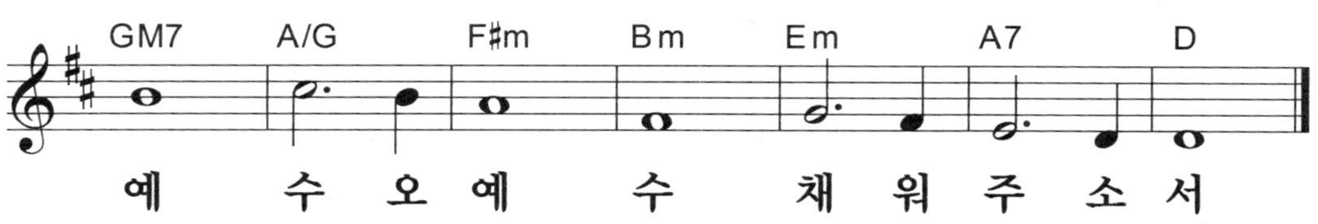
GM7 A/G F♯m Bm Em A7 D
예 수 오 예 수 채 워 주 소 서

298 오늘 예수님 만난 후

(주께로)

정경섭
E B7
오 늘 예 수님만 난후 내 모습변 했 네
나 의 맘 속에맘 속에 주 님이오 시 니
B7 E B7
나 의 더 럽고추 한죄 주 님이사 했 네
나 의 마 음이마 음이 너 무나행 복 해
E B7
이 제 한 걸음한 걸음 한 걸음주 께 로
나 는 이 제야알 았네 한 없는그 사 랑
B7 E E7
아 주 조 금씩조 금씩 조 금씩주 께 로
나 는 이 제야느 꼈네 놀 라운그 은 혜
A Asus4 E
사랑 하 는 내 아 들 아
C#m F# Bsus4 B7
사랑 하 는 내 딸 들 아
E E7 A Am
다 정 하 게 부 르 시는 주 님 의음 성
주 님 얼 굴 뵈 올 그날 이 를 때까 지
E B7 E
이 제 내 가 주 께 나아갑니 다
매 일 찬 송 하 며 살아가리 라

오늘 이곳에 계신 성령님 299

300 오늘 집을 나서기 전

(신) 1941
(구) 1096

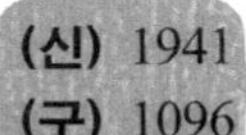

M. A. Kidder & W. O. Perkins

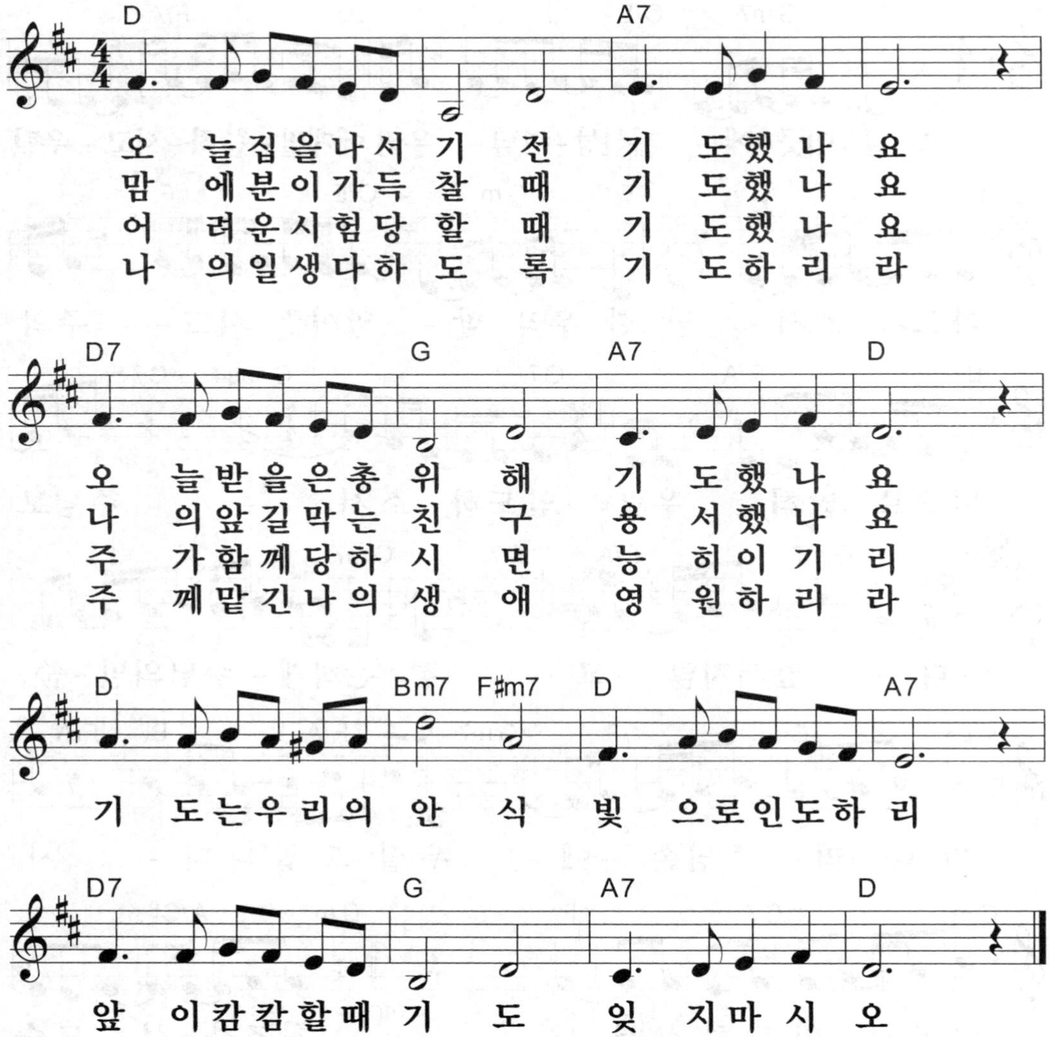

D A7
오 늘집을나서 기 전 기 도했나 요
맘 에분이가득 찰 때 기 도했나 요
어 려운시험당 할 때 기 도했나 요
나 의일생다하 도 록 기 도하리 라
D7 G A7 D
오 늘받을은총 위 해 기 도했나 요
나 의앞길막는 친 구 용 서했나 요
주 가함께당하 시 면 능 히이기 리
주 께맡긴나의 생 애 영 원하리 라
D Bm7 F♯m7 D A7
기 도는우리의 안 식 빛 으로인도하 리
D7 G A7 D
앞 이캄캄할때 기 도 잊 지마시 오

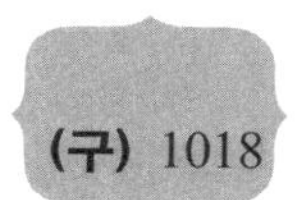

(구) 1018

오늘 피었다 지는

301

(들풀에 깃든 사랑)

노진규

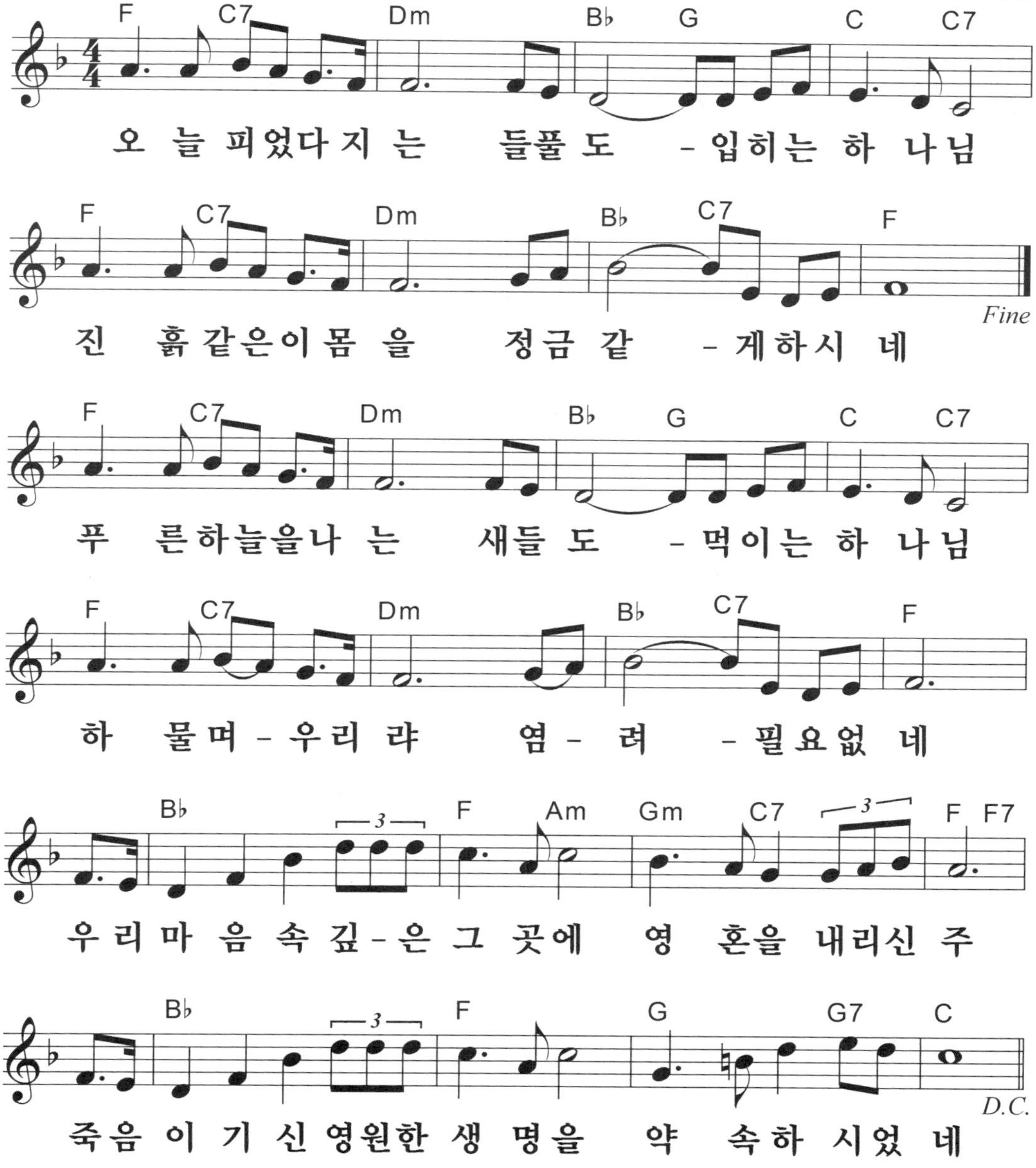

F C7 Dm B♭ G C C7
오 늘 피었다지 는 들풀도 -입히는 하 나님
F C7 Dm B♭ C7 F
진 흙같은이몸 을 정금 같 -게하시 네
Fine
F C7 Dm B♭ G C C7
푸 른하늘을나 는 새들 도 -먹이는 하 나님
F C7 Dm B♭ C7 F
하 물며-우리 랴 염- 려 -필요없 네
B♭ F Am Gm C7 F F7
3
우리마 음 속 깊-은 그 곳에 영 혼을 내리신 주
B♭ F G G7 C
3
죽음 이 기 신 영원한 생 명을 약 속하 시었 네
D.C.

302 오라 우리가

(신) 1627
(구) 1586

(여호와의 산에 올라 / Come and let us go)

Bill Quigley & Mary Anne Quigley

D
Bm
Em
A7
오 라 우 리 가 - 여 호 와 의 - 산 에 올라 -
Em
1. A7
D
A7
하 나 님 의 전 에 이 르 자 -
2. A7
D
C/D
D7
G
A7
D
전 에 이 르 자 - 주 님 의 도 를 배 우 고
D7
G
A7
D
D7
- 주 님 의 길 로 행 하 리 -
GM7
A7
D
F#m
Bm
이 는 율 법 이 시 온 에 서 나 오 고 -
Em
Asus4
A7
D
G/D
D
주 의 말 씀 은 예 루 살 렘 에 서 -

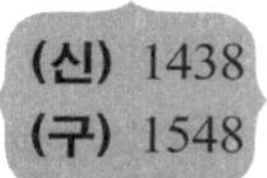

(신) 1438
(구) 1548

오소서 진리의 성령님

303

(부흥 2000)

고형원

D A/C♯ Bm /A G D/F♯ Em A7
오소서진리의 성령님- 이땅흔들며임 하소서-
D F♯m Bm /A GM7 A7 D
거짓과탐욕 죄 악에무너진- 우리 가슴정케하소 서
D A/C♯ Bm /A G D/F♯ Em A7
오소서은혜의 성령님- 하늘가르고 임 하소서-
D F♯m Bm /A G A7 D
거룩한불꽃-하늘 로서임하사- 타오 르게하소서주영광위 해
D A/C♯ Bm /A G A D
부흥의불길-타오르게 하소서-- 진리 의말씀-이땅새롭게하소 서
D A/C♯ Bm /A G E7/G♯ Asus4 A7
은혜의강물-흐르게 하소서-- 성령 의바람-이땅가득불어 와
G A F♯m Bm G A7 D
흰옷입-은주의 순결한백성 주의 영광위해 이제일어 나
G A F♯m Bm G A7 G/D D
열방을-치유하 며행진하는 영 광 의그날을주-소 서

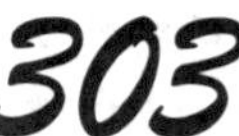

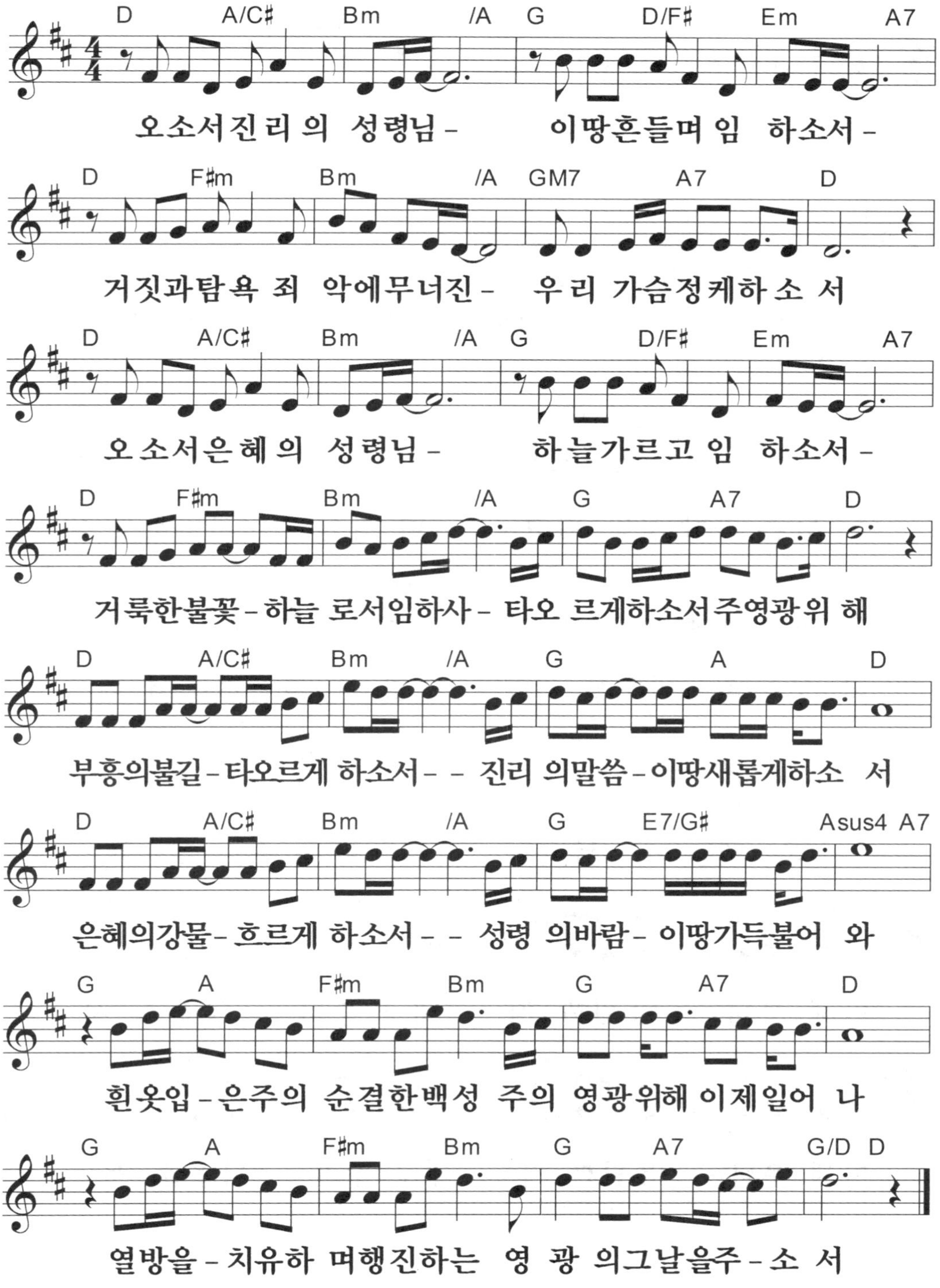

304 오 예수님 내가 옵니다

(신) 1402
(구) 903

고형원

G Em C G
오 예 수 님 내가 옵 니 다
그 큰 사 랑 눈물에 겨 워
G Am 1. C G 2. C G
못박 히 신 십자가 앞 에 돌아옵 니 다
울며 울 며
Am G Am G
주 님손 과발 못박 혔고 - -머 리엔 가시관박히셨 네
Am G C Dsus4 D
내 모든죄 -와허물 위해 - 말없 이 피흘려주셨 네
G Em C G
오 예 수 님 나의손 잡 고
C G C G
이제 부터 - 영원까 지 내구 주가 - 되옵소 서
C G Em C C/D G
이제 부터 - 영원까 지 내구 주가 - 되옵소 서

오 이 기쁨

G D7
오 - 이 기 쁨 - 주 님 - 주 신 것 -
앞 뒤 동 산 에 - 꽃 은 - 피 었 고 -
높 은 하 늘 에 - 종 달 새 우 짖 고 -
오 친 - 구 여 - 즐 겁 게 노 래 해 -
손 뼉 치 면 서 - 즐 겁 게 찬 양 해 -
D7 G
오 - 이 기 쁨 - 주 님 - 주 신 것 -
내 - 맘 속 에 - 웃 음 꽃 피 었 네 -
내 - 맘 속 에 - 기 쁜 -노 래 있 네 -
오 - 친 구 여 - 즐 겁 게 노 래 해 -
손 뼉 치 면 서 - 즐 겁 게 찬 양 해 -
G G7 C
오 이 기 쁨 - 주 님 주 신 것 - 주 께
G Em7 G/D D7 G
영 광 할 렐 루 - 야 - 주 만 찬 양 해 -

306 오 자유

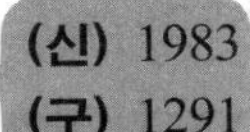

(신) 1983
(구) 1291

흑인 영가

G D G Em7 A7 D7
오 - 자유 오 - 자유 나 는 자유하리 라 -
슬 픔 없네 슬 픔 없네 슬 픔 눈물없으 리 -
노 래 하리 노 래 하리 나 는 노래하리 라 -
큰 - 소리 큰 - 소리 나 는 크게외치 리 -
기 도 하리 기 도 하리 나 는 기도하리 라 -
G G7 C
비 록 얽 매 였으 나 나 는 이 제 돌 아
Cm G Em7 Am7 D7 G
가 리 자 유 주 시 는 내 주 님 께

307 오직 주님만 바라봅니다

윤주형

D Bm7 F#m7 Em7 D C/D
오직 주님만 - *바라 봅니다 - 오직 주님만 - 바라 봅니다 -
GM7 F#m7 Bm7 Em7 A7 D
나의 왕 되신 내 주 님만 오직 주님만 - 바라 봅니다

* 경배합니다, 사랑합니다
예배합니다, 따라갑니다

(신) 1707
(구) 990

오 주님께서 나를 살리셨네 308

309 오 주여 나의 마음이

(신) 1355
(구) 764

(시편 57편 / My heart is steadfast)

G Am D7 G Em
오 주 여 나 의 마 - 음 이 주 께 로 정 해 졌 - 으 니
Am D7 G
나 - 는 주 찬 양 하 리 라 -
G Am D7 G Bm7 Em
깨 어 라 나 의 영 - 혼 아 비 파 와 수 금 들 - 어 라
Am D7 G
이 새 벽 에 내 가 - 찬 양 하 리 라 -
G7 Am D7 G Em Am
멜 - 로 디 - 멜 - 로 디 - 예 수 님 은
예 - - 수 - 예 - - 수 - 예 수 님 은
1. D7 G 2. D7 G
나 의 노 래 - 나 의 노 래 -

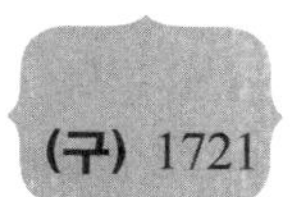

오직 주님만

(Only You)

Andy Park

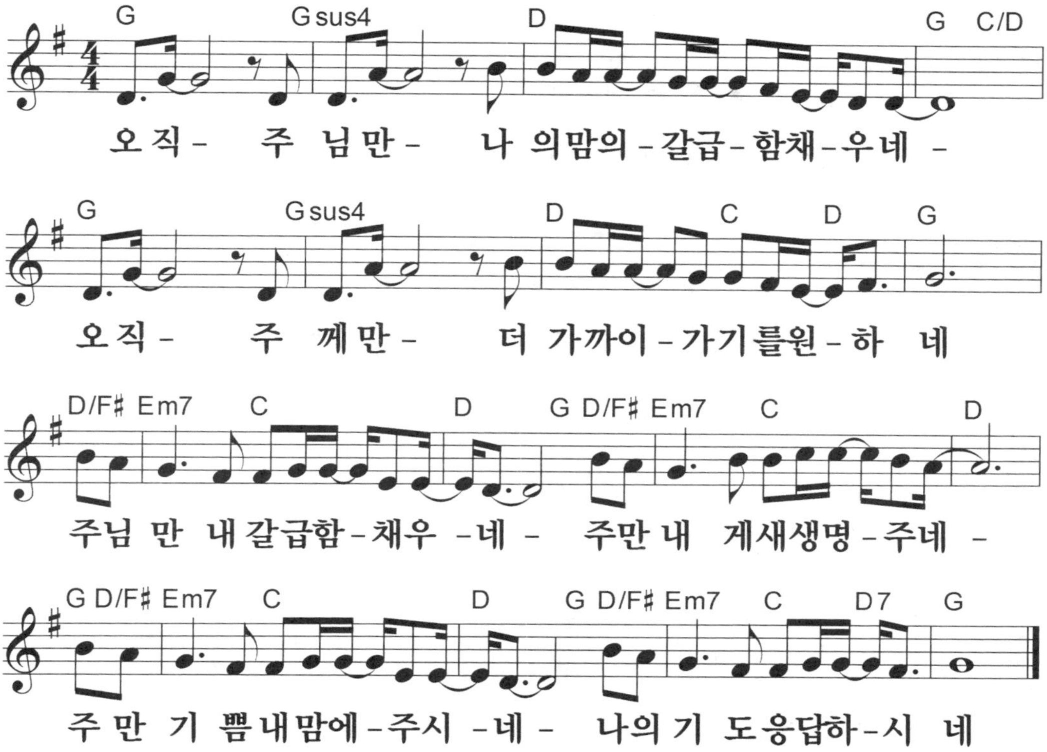

G Gsus4 D G C/D

오직- 주 님만- 나 의맘의-갈급-함채-우네-

G Gsus4 D C D G

오직- 주 께만- 더 가까이-가기를원-하 네

D/F♯ Em7 C D G D/F♯ Em7 C D

주님 만 내갈급함-채우 -네- 주만내 계새생명-주네-

G D/F♯ Em7 C D G D/F♯ Em7 C D7 G

주 만 기 쁨내맘에-주시 -네- 나의기 도응답하-시 네

311 오직 주의 사랑에 매여

(신) 1465
(구) 1901

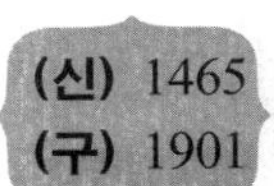

고형원

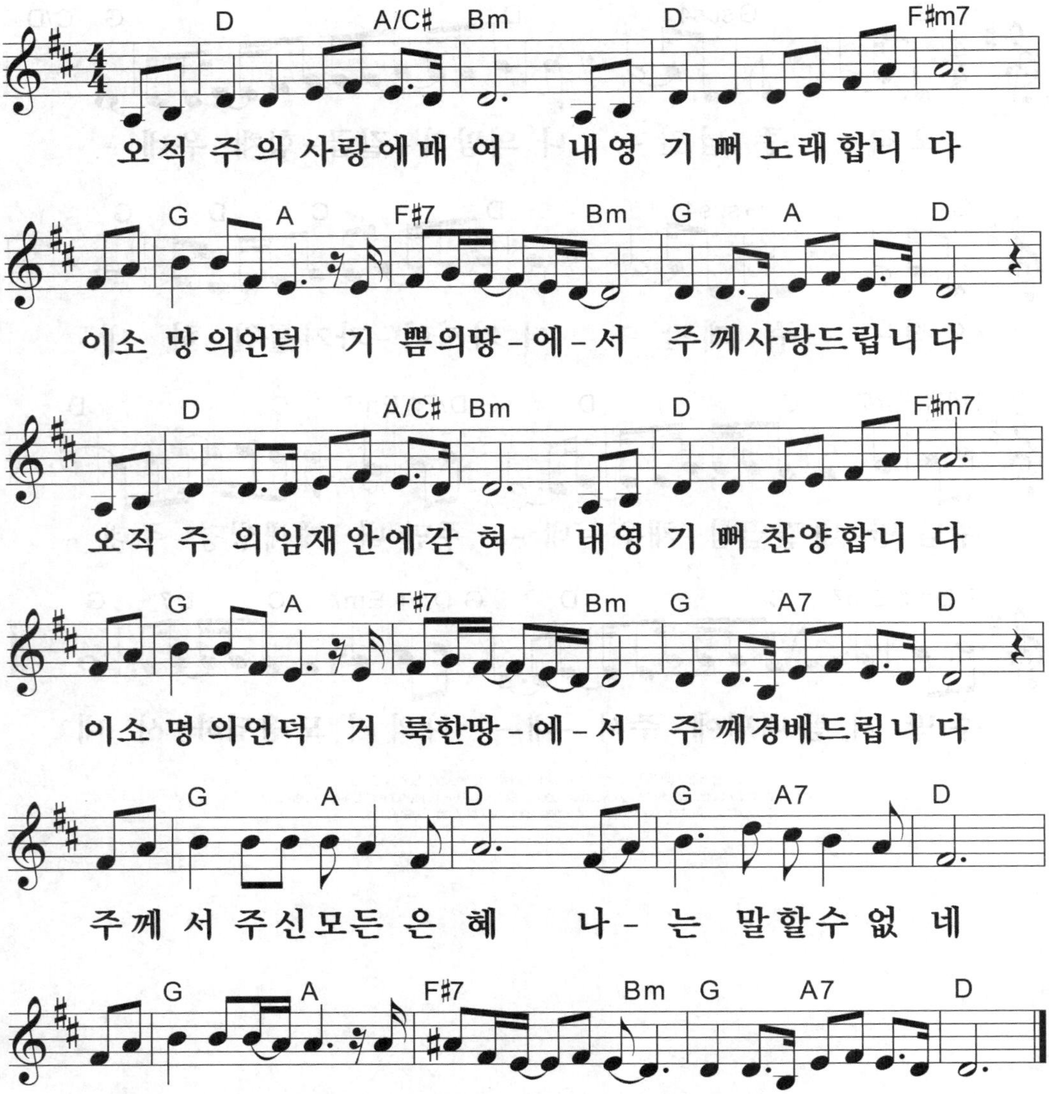

D A/C♯ Bm D F♯m7
오직 주의사랑에매 여 내영 기 뻐 노래합니 다
G A F♯7 Bm G A D
이소 망의언덕 기 쁨의땅-에-서 주께사랑드립니 다
D A/C♯ Bm D F♯m7
오직 주 의임재안에갇 혀 내영 기 뻐 찬양합니 다
G A F♯7 Bm G A7 D
이소 명의언덕 거 룩한땅-에-서 주 께경배드립니 다
G A D G A7 D
주께 서 주신모든 은 혜 나- 는 말할수 없 네
G A F♯7 Bm G A7 D
내영 혼즐거-이 주 따르렵-니다- 주 께내삶드립니 다

오직 주의 은혜로

312

김영표
오직주의 - 은 혜 로 지금여기 - 서 있 네
한없는 - 경배 한없는 - 찬양 내 영혼예배드 리 네
나를위해 - 이 땅 에 오신주의 - 그 은 혜
십자가 - 고통 이기신 - 주님 그 은혜어찌잊 으 리
주은 혜 날채우 시네 - 주은 혜 보게하 시네 -
살아 가는동안 - 은혜 로만살리 - 십 자 가은 혜 로 - -

313 오 할렐루야 우리 다함께

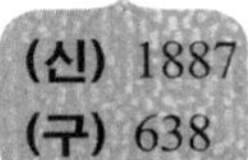

정현섭

오할렐루야 - 우리다함께 - 하나되어 찬양해요 -

오할렐루야 - 모두손잡고 - 기쁜노래 불 러 요 요

기 쁠때나 슬플때나 어느때든지 모두주를찬양합시 다

강한자나 약한자나 어느누구나 모두주를찬양합시 다

오할렐루야 - 우리다함께 - 하나되어 찬양해요 -

오할렐루야 - 모두손잡고 - 기쁜노래 불 러 요 요

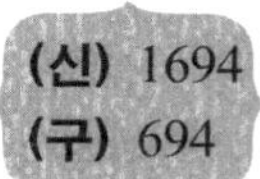

온 땅이여 주를 찬양

314

(Sing to the Lord all the earth)

Miles Akana Pomaika'l Kahaloa & Kari Virginia Kahaloa

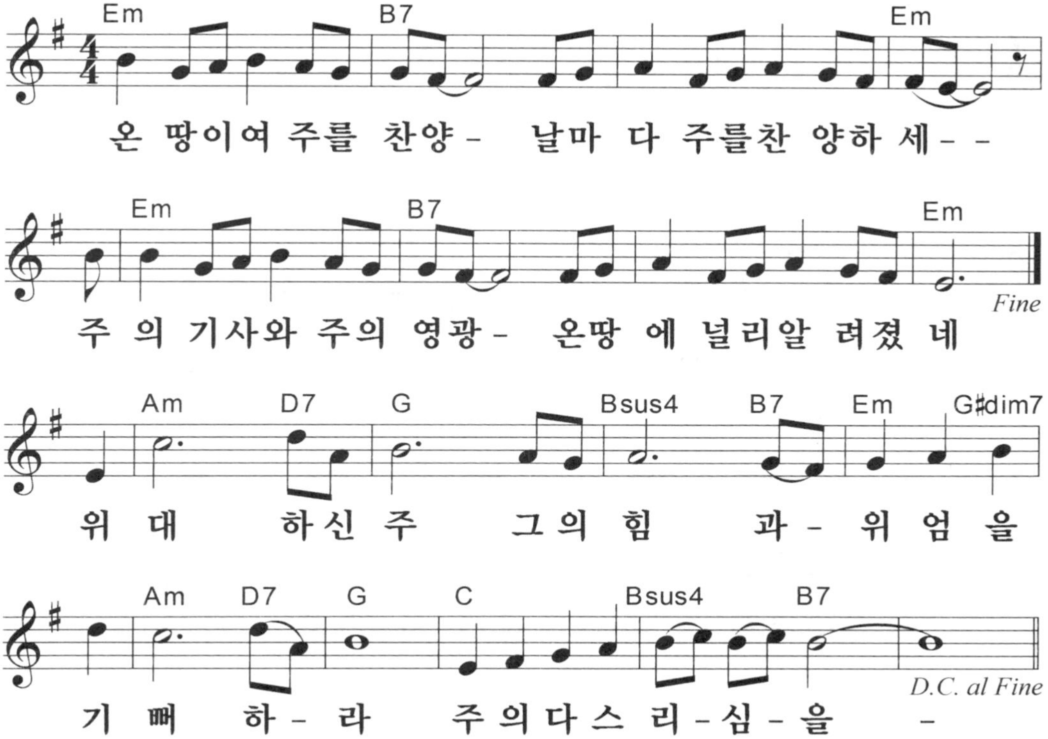

온 땅이여 주를 찬양- 날마 다 주를찬 양하 세- -

주 의 기사와 주의 영광- 온땅 에 널리알 려졌 네

Fine

위 대 하신주 그의힘 과- 위 엄 을

기 뻐 하-라 주의다스 리-심-을 -

D.C. al Fine

315 온땅의주인

(Who am I)

Mark Hall

온 땅의 주인

E♭ F E♭ E♭/F
- - 네 바 다 에 - 이는파 - 도 - 안 개 와같 - 지 - 만
B♭ F/A G m7 F
- 주 는 나 를붙 - 드 - 시 - 고 - 부르 짖 음들 - 으 - 시
E♭ F E♭
- - - 며 - 날귀 하 다하 - 시 - 네 - 나오직
B♭ F/A G m7 E♭ B♭
- 주 의 것 -

316 온 세상 창조주

(모두 승리하리 / Winning all)

심형진

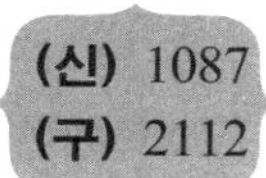
(신) 1087
(구) 2112

완전하신 나의 주

(예배합니다 / I Will Worship You)

Rose Lee

F F/A B♭ F/A Gm7 G/B B♭/C C7
완 전 - 하 신 나 의 주 의 의 - 길 로 날 - 인 도 하 소 - 서 -
F F/A B♭ F/A Gm C7 F
행 하 신 - 모 든 일 주 님 의 영 광 - 다 경 배 합 - 니 다 -
F/A B♭2 F/A Gm C7 F
예 배 합 - 니 다 - 찬 양 합 - 니 다 - 주 님 만 - 날 다 스 리 소 서 -
F/A B♭2 F/A Gm C7 F
예 배 합 - 니 다 - 찬 양 합 - 니 다 - 주 님 홀 - 로 높 임 받 으 소 서 -

318 왕 되신 주께 감사하세

(신) 1571
(구) 2206

(Forever)

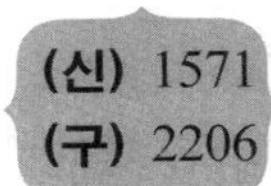

Chris Tomlin

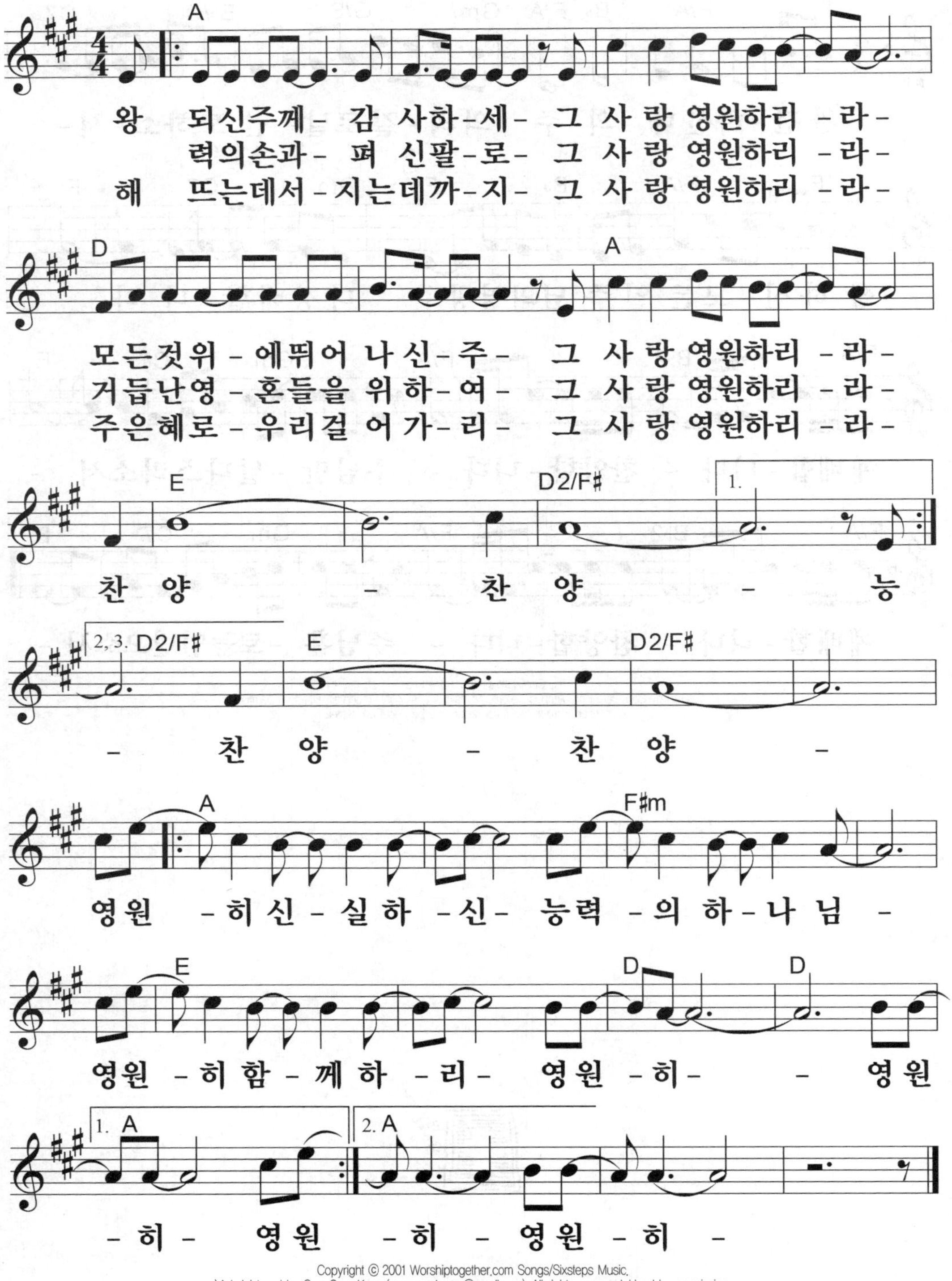

A
왕 되신주께 - 감 사하 - 세 - 그 사 랑 영원하리 - 라 -
력의손과 - 펴 신팔 - 로 - 그 사 랑 영원하리 - 라 -
해 뜨는데서 - 지는데까 - 지 - 그 사 랑 영원하리 - 라 -
D
A
모든것위 - 에뛰어 나 신 - 주 - 그 사 랑 영원하리 - 라 -
거듭난영 - 혼들을 위하 - 여 - 그 사 랑 영원하리 - 라 -
주은혜로 - 우리걸 어 가 - 리 - 그 사 랑 영원하리 - 라 -
E
D2/F♯
1.
찬 양 - 찬 양 - 능
2, 3. D2/F♯
E
D2/F♯
- 찬 양 - 찬 양 -
A
F♯m
영 원 - 히 신 - 실 하 - 신 - 능 력 - 의 하 - 나 님 -
E
D
D
영 원 - 히 함 - 께 하 - 리 - 영 원 - 히 - - 영 원
1. A
2. A
- 히 - 영 원 - 히 - 영 원 - 히 -

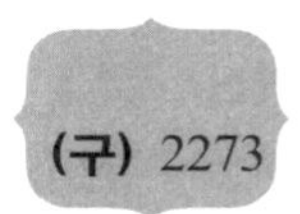

왕 되신 주 사랑합니다

(You are my King)

Brian Doerksen

D/E A Esus4 E D/F♯

왕되-신 주 (왕되-신주) 사랑 합 니다 - 왕되-신

A Esus4 E D E F♯m7 F♯m/E

주 (왕되-신주) 경배 합 니다 주께무릎 - 꿇고-

D A/E E 1.D A D/E

기쁨으로- 내 삶 을드 리 네 왕 되-신

2.D E F♯m /E D A/E E

네 내꿈과소 - 망도- 주 손에- 다 맡 겨드 리

D E A E Bm F♯m D E

-리 - 주를 사 -랑- 사 - -랑 예 - -수 주를-

A E Bm F♯m7 D E A D/A A

사 - -랑 사 - -랑 예 수 나의 왕 -

320 왕이신 나의 하나님

(신) 1776
(구) 706

(Psalms 145)

Stephen Hah

F A7 Dm7 F7/C
왕 이 신 - 나 의 하 나 님 -

B♭ Gm7 C C7
내 가 - 주 를 높 이 고 -

F A7 Dm7 F7/C
영 원 히 - 주 의 이 름 을 -

B♭ C7 F
송 축 하 리 이 다 -

(신) 1610
(구) 704

왕이신 하나님 높임을
321

(He is exalted(The King Is Exalted))

Twila Paris

322 왜 나만 겪는 고난이냐고

(신) 1291
(구) 1637

(주님 손 잡고 일어서세요)

김석균

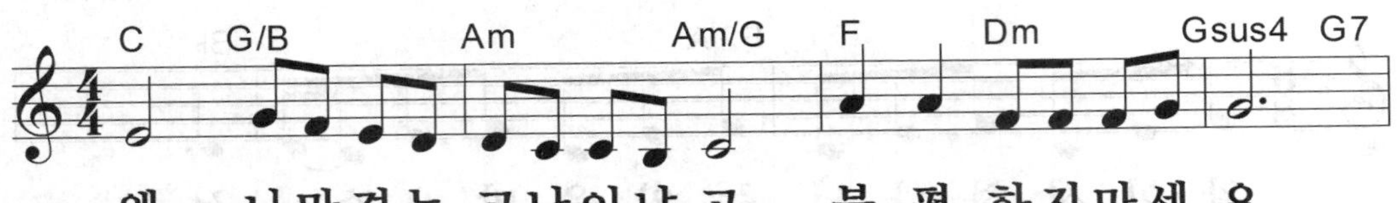

왜 나만겪는 고난이냐 고 불 평 하지마세 요
왜 이런슬픔 찾아왔는 지 원 망 하지마세 요

고난의 뒤 편에 있는 주님이주실축복 미리보 면서감사하세 요
당신이 잃 은것 보다 주님께받은은혜 더욱많 음에감사하세 요

너무견 디 기 힘든 지금이순간에도 주님 이 일하고계시 잖아요

남들은 지쳐 앉아 있을지라도 당신 만 은 일어서세 요

힘을내 세요 힘을내 세요 주님이손 잡고계시잖아 요

주님 이 나와함께함을 믿 는다면 어떤 역경도 이길수있잖아요
주님 이 나와함께함을 믿 는다면 어떤 고난도 견딜수있잖아요

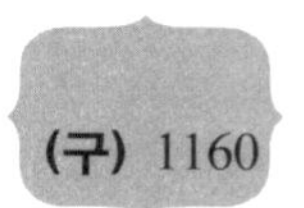

(구) 1160

우리는 사랑의 띠로

(The Bond of Love)

Otis Skillings

A D A F♯m B E7
우리 는 사랑의 띠 로 하나 가 되었습 니 다
A D D♯dim A E7 A
하나 님 을 사랑하고 예수 님의 사랑 을 널리전 하 세
Fine
A D A F♯m B E7
모두 찬 양 하 며 주의 사 랑을전 하 세
A D D♯dim A E7 A
모두 함 께 예수님의 사랑 - 을 세상 에 널리알 리 세
D.C.

324 우리는 주의 거룩한

(하늘 가족 우리 교회)

김형국 & 김영표

G G2 Em Em7 C Am7 Dsus4 D7

우리 는 주의거룩한－보 혈로세워진－ 살아 숨쉬는－ 교회－－

G G2 Em Em7 C D7 G

예수 를 주로섬기며－살 아 가네 우린 주님안－에한 가족 －

C D/C Bm Em C Am D G/B

하늘 아버지－ 우리안에－ 계 시네 우린 그날향－한 하늘가족 －

C D/C Bm Em C

아버 지여우－ 릴도우사－사랑하게하－소서 주의영광을－보네－ 우린

F Dsus4 D7 𝄋 G Bm Em

하늘의－가족 － 오 － 하늘아－버지－ 이백 성의아－버－지

C F Dsus4

당신 의 귀한 －아 들 － 보내 신 높은－사 랑 －

G Bm Em

오 － 하 늘아버 － 지 － 이 백 성 의아 － 버지 －

C G/B Am D7 G

하늘 가족교－ 회 통 하여 －이땅 의 백성 － 고 치소서 －

Fine

우리는 주의 거룩한

C
D/C
Bm
Em
C
이 땅 - 의교회 - 치 유와회복 하나 됨을 경험 하게하 - 소서 -
F
D sus4 D7
C
D/C
Bm
Em
드러 내게하 - 소서 - 하늘 가족교 - 회통하여 - 이땅의모든 - 백성 -
C
F
D sus4
D7
D.S.
깨달 을수있 - 도 록 돌아 오게하 - 소서 - - - - - 오 -

325 우리는 주의 백성이오니

(신) 1872
(구) 698

(We are Your people)

David Fellingham

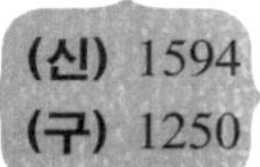

우리 모일때 주 성령 임하리 326

(As we gather)

Mike Faye & Tommy Coomes

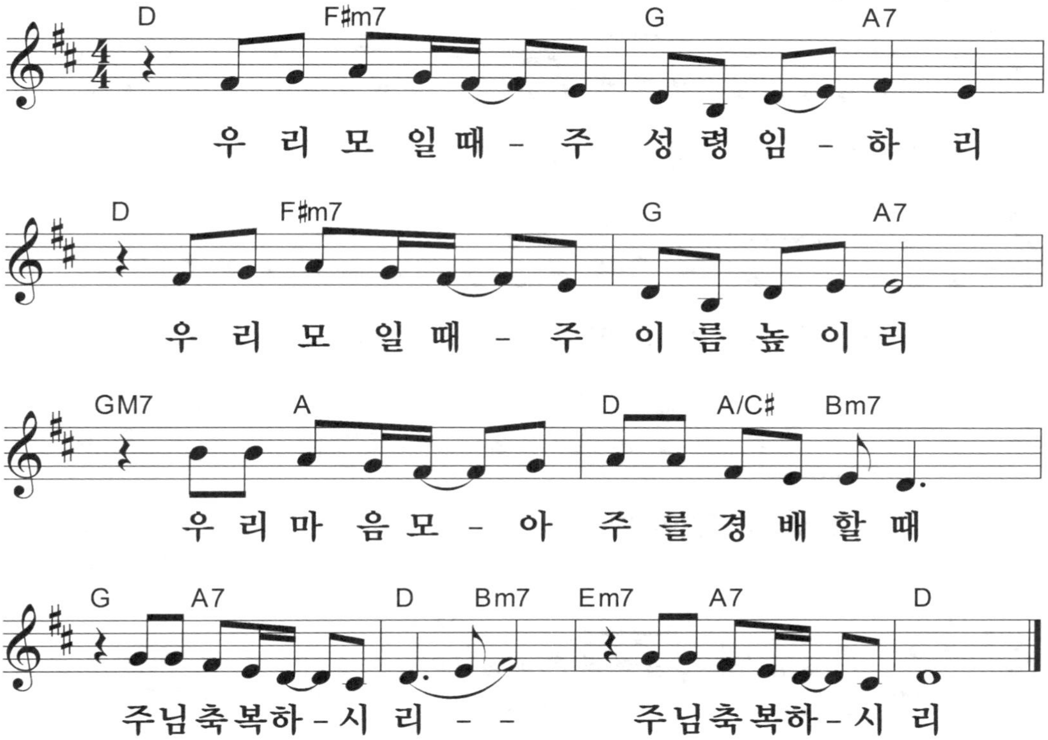

D F♯m7 G A7
우 리 모 일 때 - 주 성 령 임 - 하 리

D F♯m7 G A7
우 리 모 일 때 - 주 이 름 높 이 리

GM7 A D A/C♯ Bm7
우 리 마 음 모 - 아 주 를 경 배 할 때

G A7 D Bm7 Em7 A7 D
주 님 축 복 하 - 시 리 - - 주 님 축 복 하 - 시 리

327 우리는 주의 움직이는 교회

김현철

D Am7 G C D
우리는주의움 직이는교-회 이곳은주님을 위한자리
D Am7 G C D Dsus4
내가기도하는 모든땅위에서 하나님예배받 을 -
D7 G C G D G
- 그날을고 대하네 - - 나의 노래로 주님의
하나님 우리가
D Em G C
(우리의)
성전을지으리 높임을-받으소 서 이 스라 엘의찬송중
이곳에섰으니 이땅을치유하소 서 하나님-우리가
G Em Am7 D G
거하신주님은 거룩하십-니 다 두 손들어주님의
어디에있든지 주를높이리이 다 열 방들아주님을
D Em G
보좌를만들고 온 맘다해-경배하 리 그
송축할지어다 그 발아래-입맞추 라

C
G
Em
1. Am7
D
룹 날개 사 이 에 임 하 신것처 럼
영 원한 통 치 자 주 예 수그리스 도
내 위에 임하소 서
D7
2. Am7
D
D7
D.S.
그 는 위 대 하 신 왕

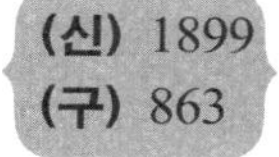
(신) 1899
(구) 863

우리들의 무기는

328

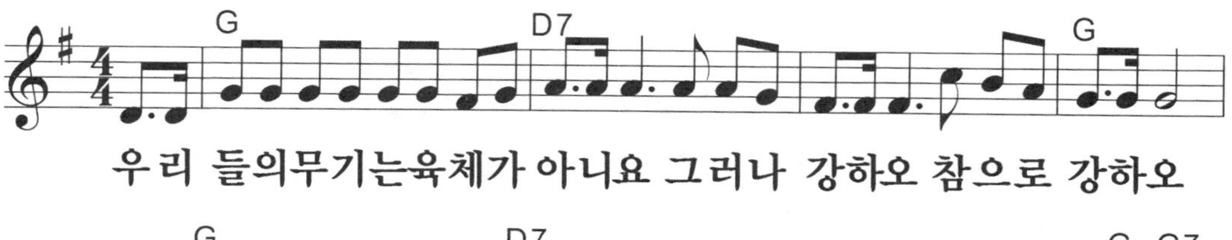
G
D7
G
우리 들의무기는육체가 아니요 그러나 강하오 참으로 강하오

G
D7
G G7
우리 들의무기는육체가 아니요 그러나 강하오 성령안에 서

C
G
D7
G G7
견고 한 진을파하는강 력이요 강한 힘이요 참으로 강하오

C
G
D7
G
견고 한 진을파하는강 력이요 강한 힘이요 성령안에 서

329 우리 보좌 앞에 모였네

(신) 1049
(구) 1352

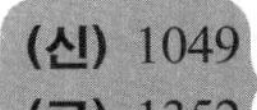

(비전 / Vision)

고형원

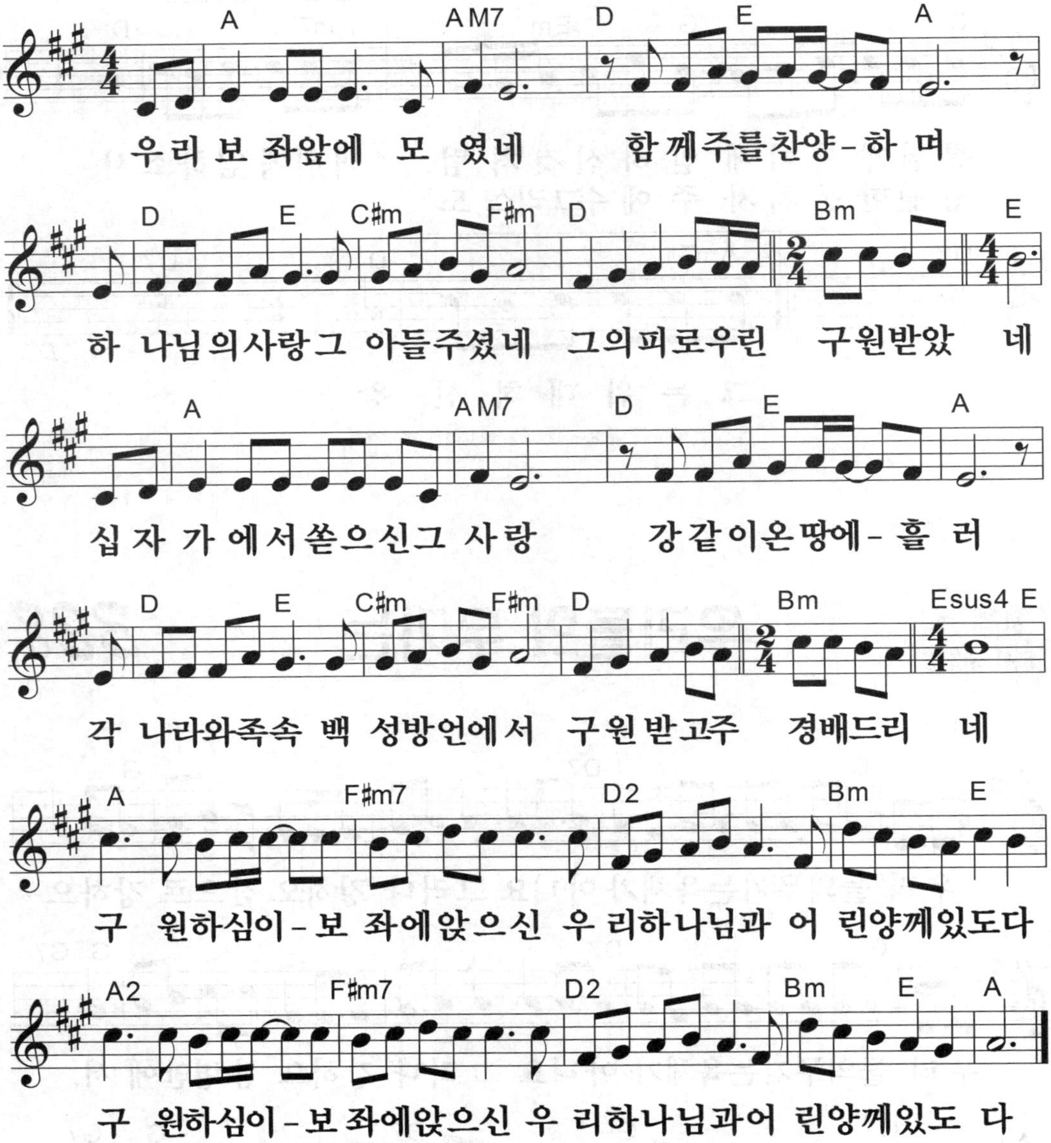

A AM7 D E A
우리보 좌앞에 모 였네 함께주를찬양-하 며
D E C#m F#m D Bm E
하 나님의사랑그 아들주셨네 그의피로우린 구원받았 네
A AM7 D E A
십자 가 에서쏟으신그 사랑 강같이온땅에- 흘 러
D E C#m F#m D Bm Esus4 E
각 나라와족속 백 성방언에서 구원받고주 경배드리 네
A F#m7 D2 Bm E
구 원하심이-보 좌에앉으신 우 리하나님과 어 린양께있도다
A2 F#m7 D2 Bm E A
구 원하심이-보 좌에앉으신 우 리하나님과어 린양께있도 다

우리 서로 하나가 돼요 330

이상민

D A G Bm E7 A7

우리 서로 하나가 돼 요 우리 주님 기쁘하시도 록

D A G D/F♯ Em7 A7 D

우리 서로 하나가 돼 요 우릴 향한주뜻이뤄지도 록 *Fine*

G D/F♯ Em7 A7 D

당신을 섬기겠어요 - 당신을 인정합니다 - 당신을 깊이사랑합니 다

G D/F♯ Em7 A7

이것은 예수님께서 - 당신과 나를향하여 - 바라시 는 큰일이 니 *D.C.*

331 우리에게 한 제단이 있으니

(불의 제단)

예수 십자가에 흘린 피로써 개사 & E.A.Hoffman

B♭
F7
F
우리 에게 한제단이 있으니십자 가제단에나아 가
무너 진제 단을다시 쌓고서기도 의향불을올리 자
십자 가로 참사랑알 게되니그사 랑내게도주시 사
오순 절에 불로오신성령이 여우리 교회지금 태우 사
불로 응답 하는신이참신이 라믿 - 고구하면 주시 네
이불 이붙 었으면좋 겠다고탄식 을하시던주시 여
제단 에붙 은불을끄 지말라아침 저녁제단 에나 가
B♭
E♭
B♭/F
F7
B♭
우리 모든 죄를씻어 버리고 단상 의 생활을 보내 자
제사 장의 큰사명을 위하여 기도 의 전력을 바치 자
원수 위해 달게죽을 수있는 끓는 가 슴을주 옵소 서
모든 성도 남김없이 녹이어 부흥 의 역사주 옵소 서
바알 신을 믿는저이 들에게 살아 계 신주를 보이 자
이교 회에 그불을던 지시사 영광 이 충전케 합소 서
신앙 의나 무들을벌 려놓고 기도 의 바람을 불어 라
B♭
E♭
B♭
F7
F
하늘 의 불로 써 이제 단 태워주 옵소 서

B♭ E♭ B♭/F F7 B♭

엘리 야의 때와같이 지금 도 돌과 흙 까지태 우소 서

우리에게 향하신

김진호

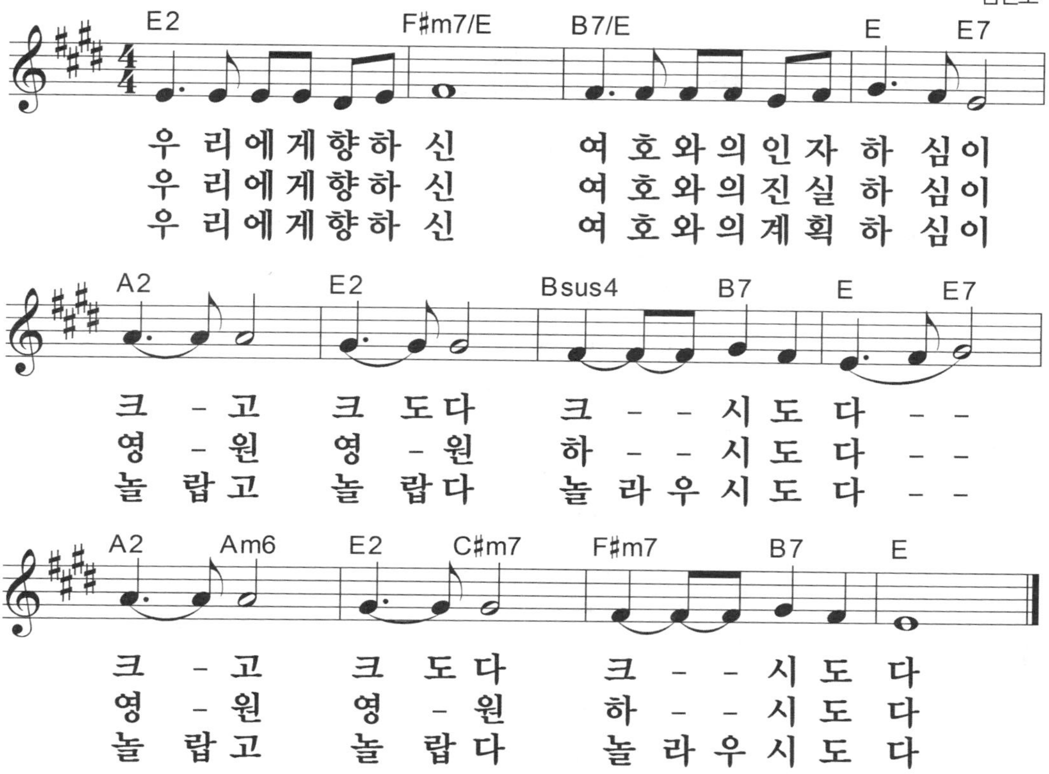

E2 F♯m7/E B7/E E E7

우 리 에 게 향 하 신 여 호 와 의 인 자 하 심 이
우 리 에 게 향 하 신 여 호 와 의 진 실 하 심 이
우 리 에 게 향 하 신 여 호 와 의 계 획 하 심 이

A2 E2 Bsus4 B7 E E7

크 - 고 크 도 다 크 - - 시 도 다 - -
영 - 원 영 - 원 하 - - 시 도 다 - -
놀 랍 고 놀 랍 다 놀 라 우 시 도 다 - -

A2 Am6 E2 C♯m7 F♯m7 B7 E

크 - 고 크 도 다 크 - - 시 도 다
영 - 원 영 - 원 하 - - 시 도 다
놀 랍 고 놀 랍 다 놀 라 우 시 도 다

333 우리 영혼에 주가 주신

(빛을 들고 세상으로 / Go light your world)

Chris Rice

우리 영혼에 주가 주신

F♯/A♯ E/G♯ E2 F♯sus4
밝게 - - 빛 나는 주를향한 사랑 빛이있네 - - - - - - 그빛모아
B F♯/A♯ B/D♯ E E/F♯
주 - 께 - - 기도드 - 릴때 - 에 - - - 응답 하 - 시리 신실하
B F♯ B B/D♯ E B/F♯
게 이제 - 일 - 어 나 소망이 없 는 어둔세 상 에 나아가 -
F♯ F♯/A♯ B B/D♯ E B/F♯ F♯
라 - 네빛 - 비 - 춰 라 모두 - 알 도 록 빛 을 들고 세상으 -
B G7 C C/E F
로 이제 - 일 - 어 나 소망이 없 는 어 둔 세
C/G G F/A G7/B C C/E F
상 에 나아가 라 - 네빛 - 비 - 춰 라 모두 - 알 도 록 빛 을
C/G Dm7/G E7/G♯ Am F C/G Dm7/G F/G
들 고 세상으 - 로 - 빛 을 들고 - - - - - 세상으 -
C C/E F F/G G7 F/C C
로 빛 을 비 춰 라 - - -

334 우리에겐 소원이 하나있네

(우릴 사용하소서)

김영표

(신) 1247
(구) 1620

우리 오늘 눈물로

335

(보리라)

고형원

336 우리의 어두운 눈이

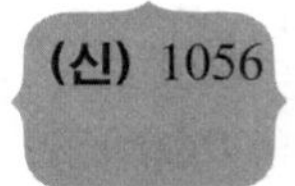

송명희 & 최덕신

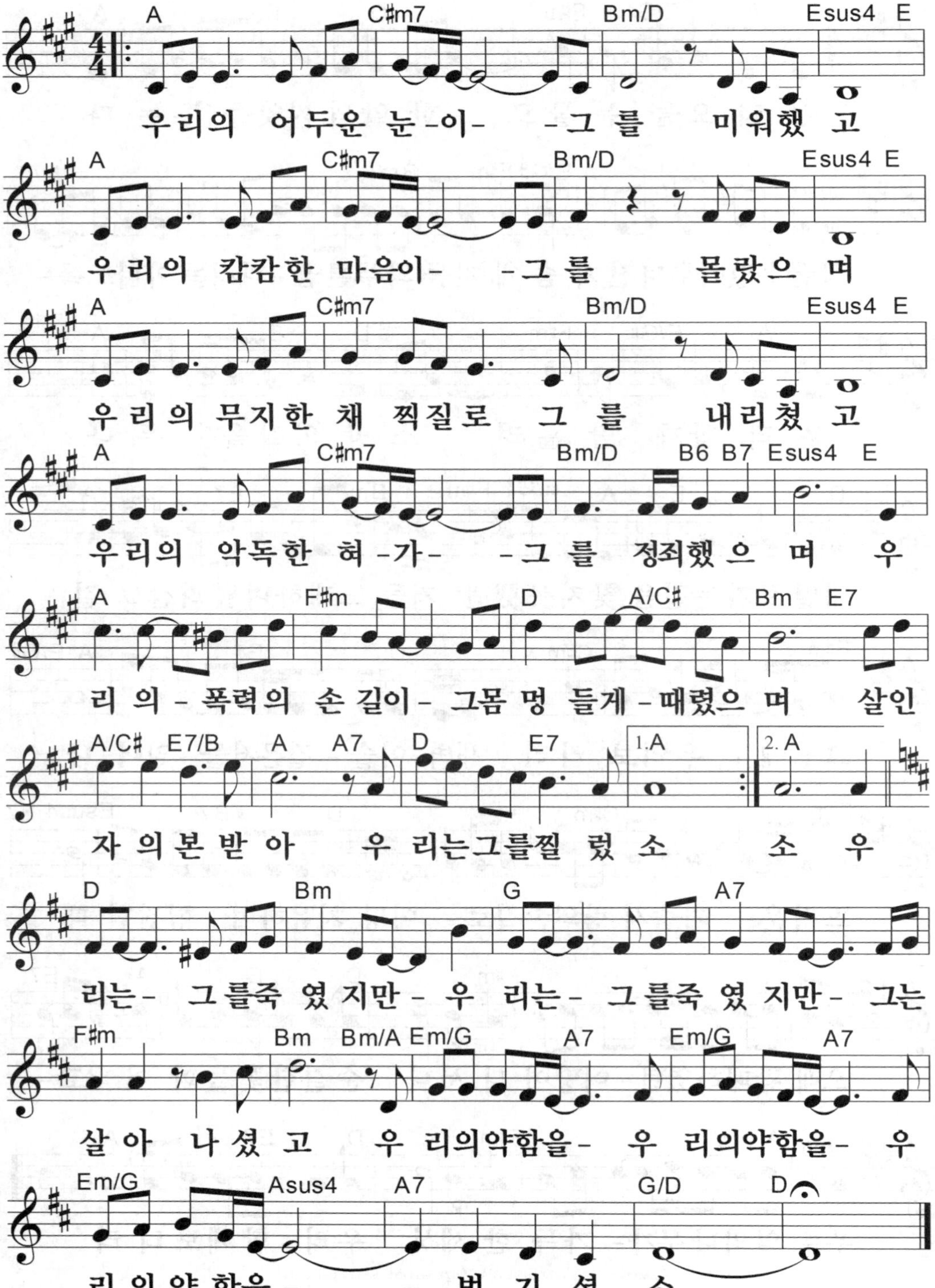

A C#m7 Bm/D Esus4 E
우리의 어두운 눈-이- -그를 미워했고

A C#m7 Bm/D Esus4 E
우리의 캄캄한 마음이- -그를 몰랐으며

A C#m7 Bm/D Esus4 E
우리의 무지한 채 찍질로 그를 내리쳤고

A C#m7 Bm/D B6 B7 Esus4 E
우리의 악독한 혀-가- -그를 정죄했으며 우

A F#m D A/C# Bm E7
리의-폭력의 손 길이- 그몸 멍 들게-때렸으며 살인

A/C# E7/B A A7 D E7 1.A 2.A
자의본받아 우 리는그를찔렀소 소 우

D Bm G A7
리는- 그를죽였지만- 우 리는- 그를죽였지만- 그는

F#m Bm Bm/A Em/G A7 Em/G A7
살아 나셨고 우 리의약함을- 우 리의약함을- 우

Em/G Asus4 A7 G/D D
리의약함을- -벗기셨소 -

우리의 찬송 중에 임하신 주님 337

(기적이 일어나네)

윤주형

E
D2
우 리 의찬 - 송 중 - 에 임 하신 - 주 님 -
질 병 과고 - 통 무 - 거 운 명에 - 벗 네 -

A
E
주 얼 굴바 - 라 며 경 배드 - 리 네 -
보 혈 의능 력 의 지 하 며나 - 갈 때 -

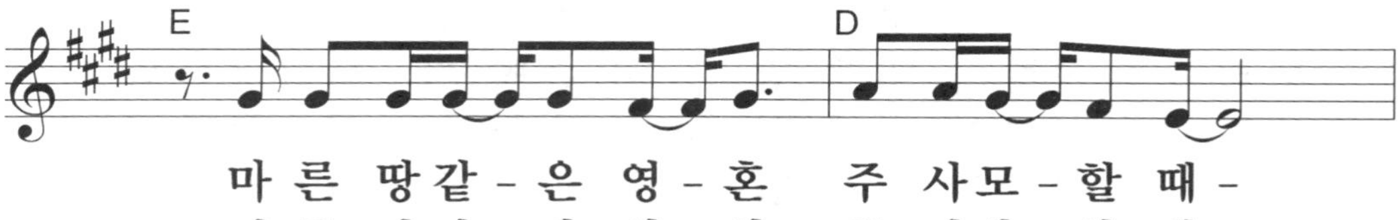
E
D
마 른 땅같 - 은 영 - 혼 주 사모 - 할 때 -
어 둠 과사 - 망 의 - 영 쫓 김받 - 았 네 -

A
E
주 님 의크 - 신 능 - 력 난 볼 수가 - 있 네 -
거 룩 한성 - 령 의 - 불 - 지 금임 - 했 네 -

E
D2
A
E
기 적이 - 일 어 나 네 - 내 안에 - 내 안에 -
기 적이 - 일 어 나 네 - 이 땅에 - 이 땅에 -
기 적이 - 일 어 나 네 - 열 방에 - 열 방에 -

338 우리 주의 성령이

(신) 1520
(구) 682

(When the spirit of the Lord)

Margaret Evans

우리 주의성령이 내게임 하 여 주를 찬 양합-니- 다
우리 주의성령이 내게임 하 여 손뼉 치 며찬양합니 다
우리 주의성령이 내게임 하 여 소리 높 여찬양합니 다
우리 주의성령이 내게임 하 여 춤을 추 며찬양합니 다

우리 주의성령이 내게 임 하 여 주를 찬 양합-니- 다
우리 주의성령이 내게 임 하 여 손뼉 치 며찬양합니 다
우리 주의성령이 내게 임 하 여 소리 높 여찬양합니 다
우리 주의성령이 내게 임 하 여 춤을 추 며찬양합니 다

찬양 합 니다 찬양 합 니다 주를 찬 양합 니 다
손뼉 치 면서 손뼉 치 면서 주를 찬 양합 니 다
소리 높 여서 소리 높 여서 주를 찬 양합 니 다
춤을 추 면서 춤을 추 면서 주를 찬 양합 니 다

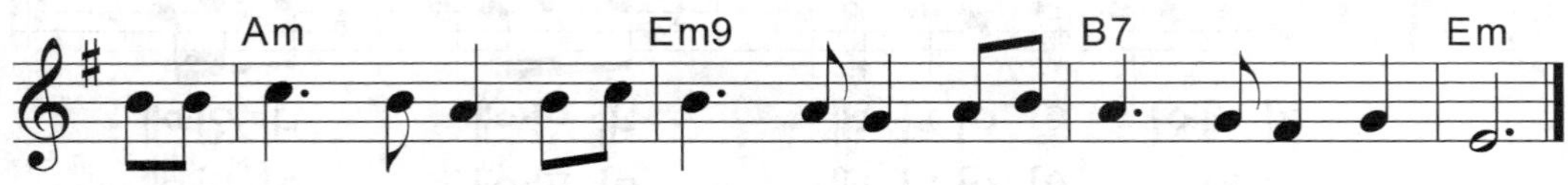

찬양 합 니다 찬양 합 니다 주를 찬 양합 니 다
손뼉 치 면서 손뼉 치 면서 주를 찬 양합 니 다
소리 높 여서 소리 높 여서 주를 찬 양합 니 다
춤을 추 면서 춤을 추 면서 주를 찬 양합 니 다

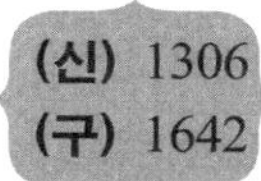

(신) 1306
(구) 1642

우리 함께 기도해

339

고형원

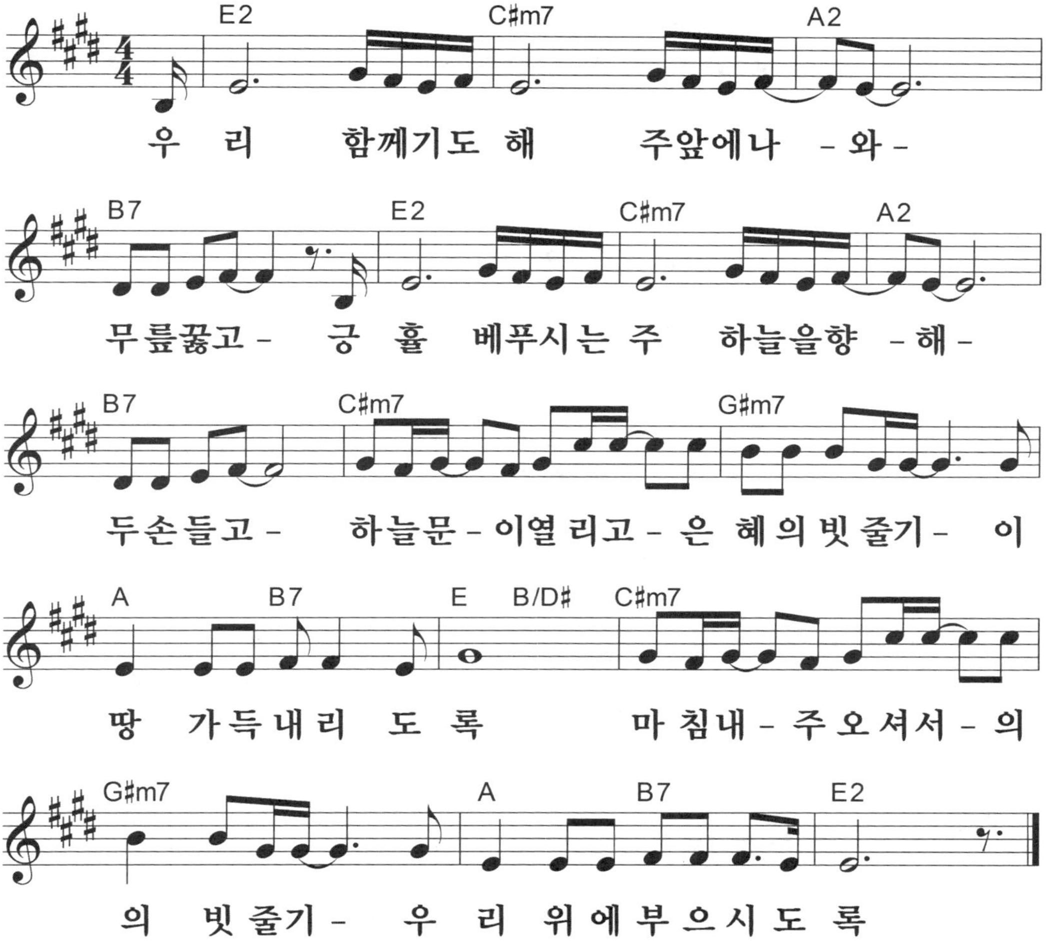

E2 C#m7 A2
우 리 함께기도 해 주앞에나 - 와 -
B7 E2 C#m7 A2
무릎꿇고 - 긍 휼 베푸시는 주 하늘을향 - 해 -
B7 C#m7 G#m7
두손들고 - 하늘문 - 이열 리고 - 은 혜 의 빗 줄기 - 이
A B7 E B/D# C#m7
땅 가 득 내 리 도 록 마 침 내 - 주 오 셔 서 - 의
G#m7 A B7 E2
의 빗 줄기 - 우 리 위 에 부 으 시 도 록

340 우리 함께 기뻐해

(Let us rejoice and be glad)

(신) 1676
(구) 1574

Gary Hansen

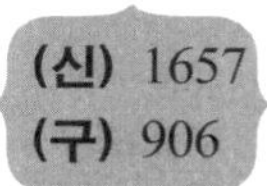

우물가의 여인처럼

341

(Fill my cup Lord)

우물 가의여인처럼난구 했네 - 헛 되 고헛된것들 을
많고 많은사람들이찾았 었네 - 헛 되 고헛된것들 을
내친 구여거기서 - 돌아 오라 - 내 주 의넓은품으 로

그 때 주님 - 하신 말씀 - 내샘에 와 생수를마셔 라
주 안 에감 - 추인 보배 - 세상것 과 난비길수없 네
우 리 주님 - 너를 반겨 - 그넓은 품 에안아주시 리

오 - 주님 - 채우 소서 - 나의 잔 을높이듭니 다

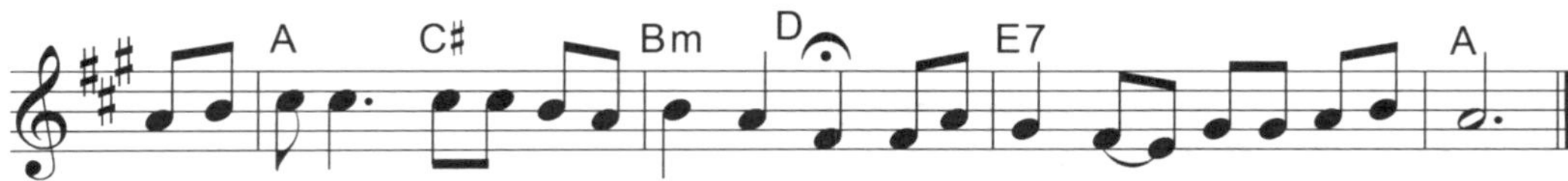

하늘 양식 내게채워 주 소 서 넘치 도 록 - 채워주소 서

342 위대하고 강하신 주님

(Great and Mighty is the Lord our God)

(신) 1714
(구) 679

Mariene Bigley

위로의 말 한마디

343

위로의말 한마 디 긴장을풀 어주 고
쓰디쓴말 한마 디 증오를씨 뿌리 고
무례한말 한마 디 다툼을일 으키 고

용서의말 한 - 마 - 디 치유를가져옵니 다
잔인한말 한 - 마 - 디 영혼을파괴합니 다
저주의말 한 - 마 - 디 축복을거둬갑니 다

겸손한말 한마 디 존귀히여 김받 고
격려의말 한마 디 새소망심 어주 고
사랑의말 한마 디 생명을불 러오 고

교만한말 한 - 마 - 디 멸망을가져옵니 다
지혜의말 한 - 마 - 디 인격의향기입니 다
생명의말 한 - 마 - 디 사랑을키워줍니 다

가 장 아름다운 말 미 고 사 축

미안해요 고마워요 정 말사 랑 - 해 - 요

그리고당 신 - 을 축복합 니 다

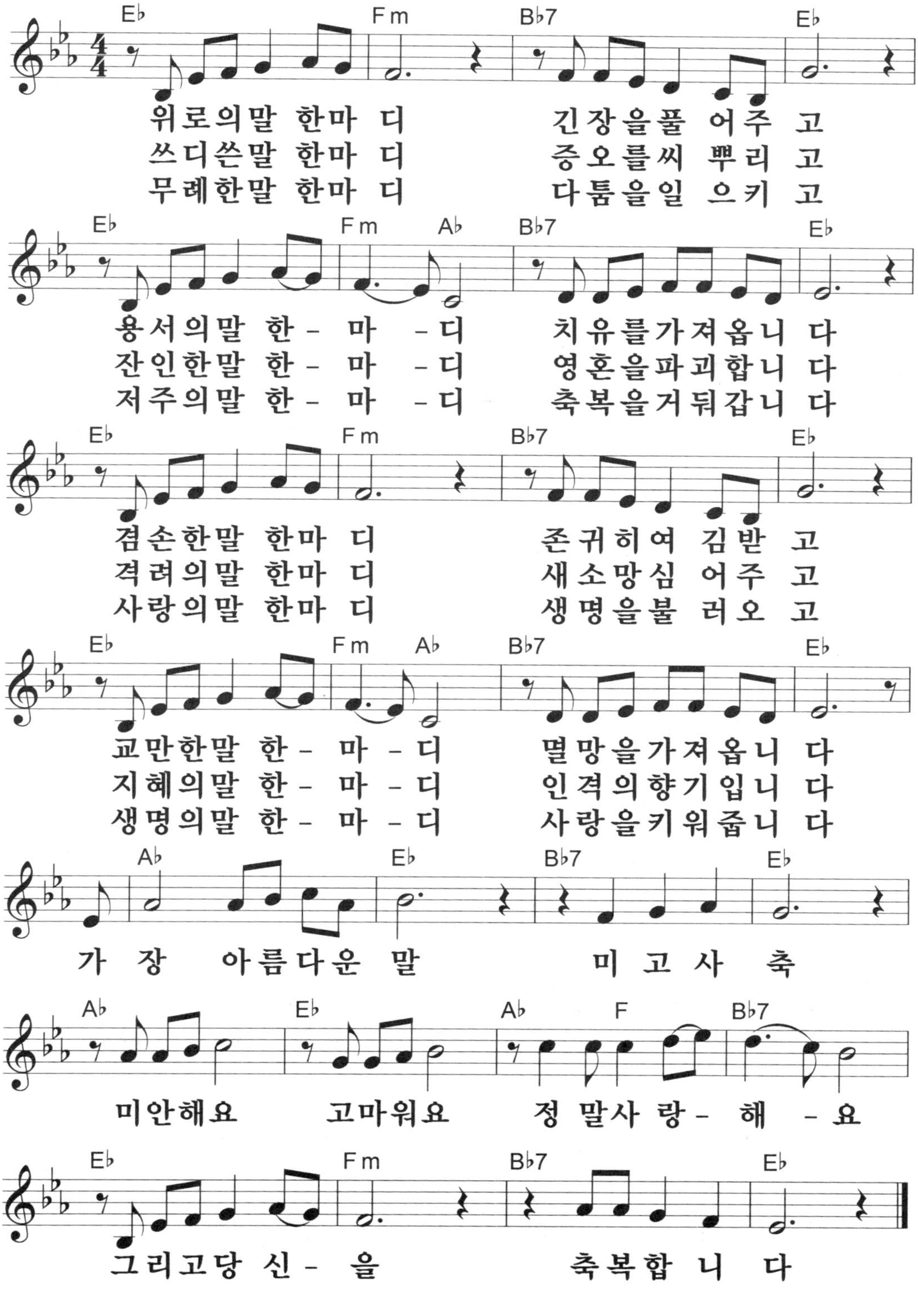

344 유월절 어린양의 피로

(신) 1585
(구) 1896

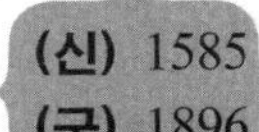

(Under the blood)

Martin Nystrom & Rhonda Scelsi

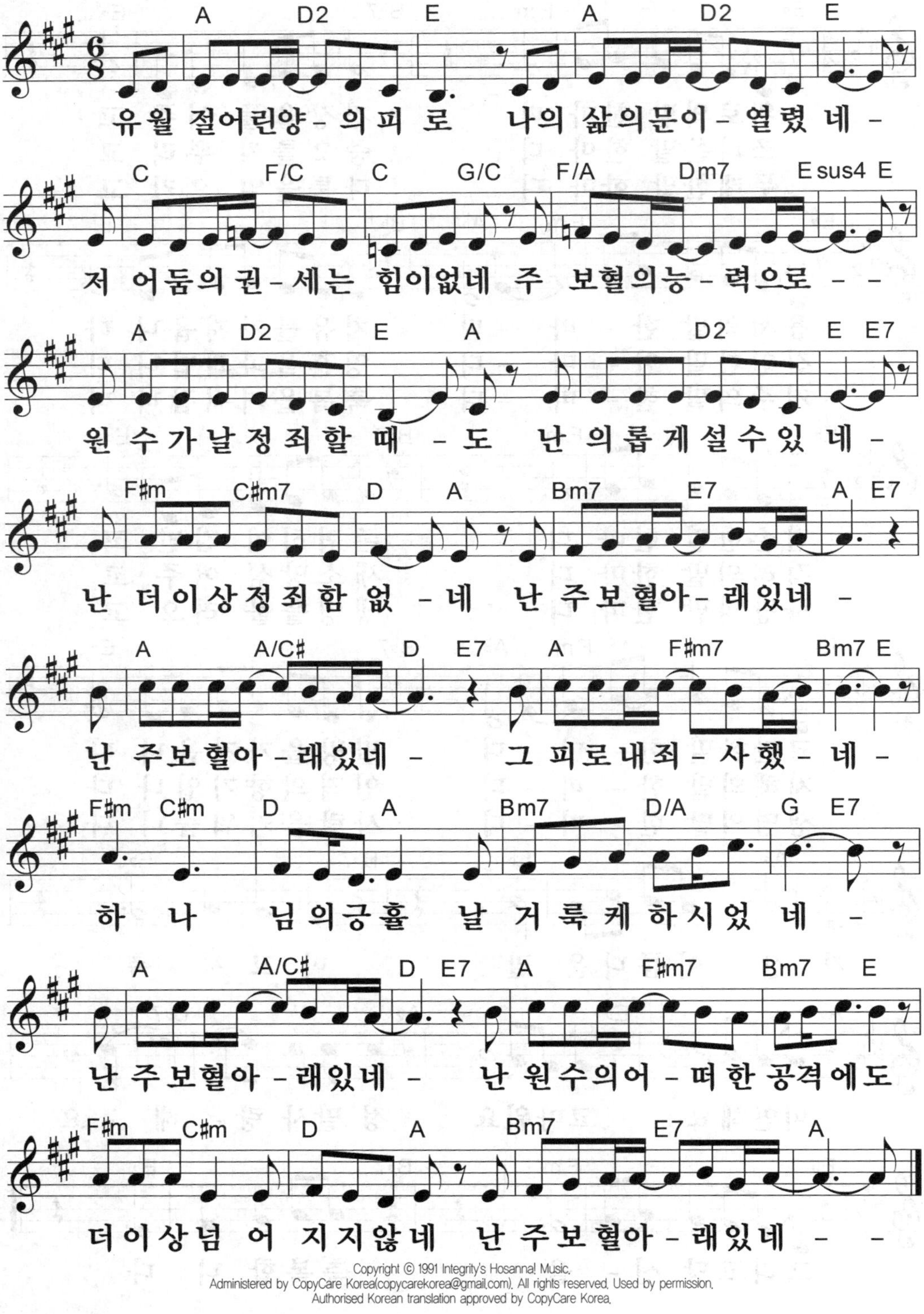

A D2 E A D2 E
유월 절어린양-의피 로 나의 삶의문이-열렸 네 -
C F/C C G/C F/A Dm7 Esus4 E
저 어둠의권-세는 힘이없네 주 보혈의능-력으로 - -
A D2 E A D2 E E7
원 수가날정죄할 때 -도 난 의롭게설수있 네-
F#m C#m7 D A Bm7 E7 A E7
난 더이상정죄함 없 -네 난 주보혈아-래있네 -
A A/C# D E7 A F#m7 Bm7 E
난 주보혈아-래있네 - 그 피로내죄-사했-네 -
F#m C#m D A Bm7 D/A G E7
하 나 님의긍휼 날 거 룩케하시었 네 -
A A/C# D E7 A F#m7 Bm7 E
난 주보혈아 -래있네 - 난 원수의어 -떠한공격에도
F#m C#m D A Bm7 E7 A
더이상넘 어 지지않네 난 주보혈아-래있네 - -

(신) 2103

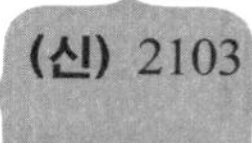

은혜로다

이석희 & 장종택

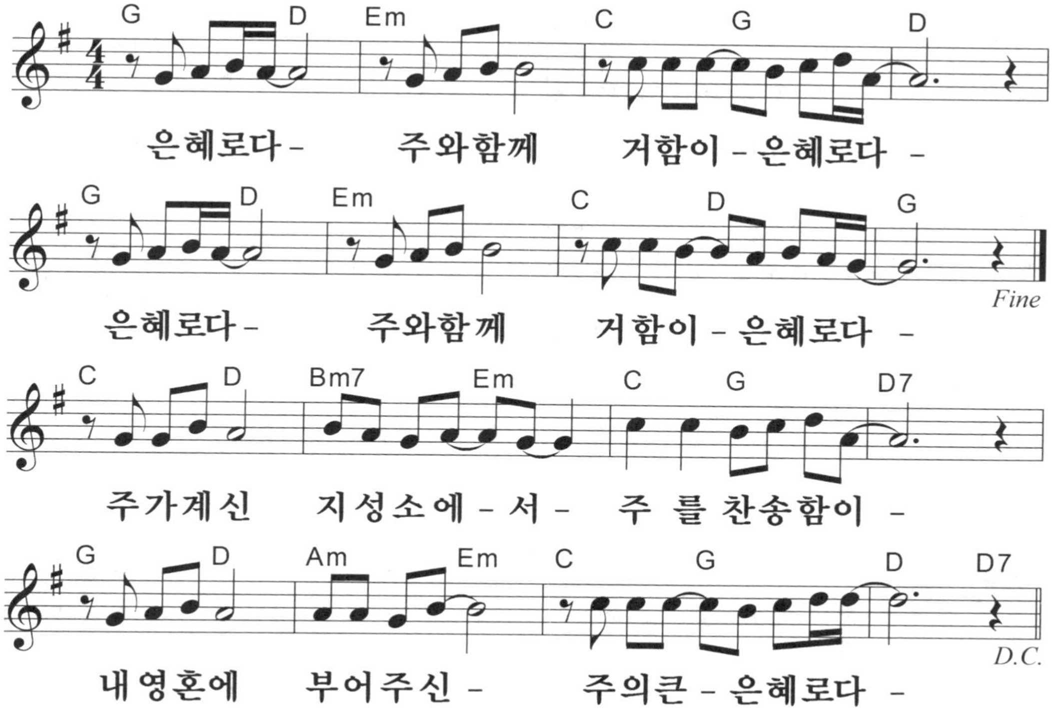

G D Em C G D
은혜로다- 주와함께 거함이-은혜로다 -
G D Em C D G
은혜로다- 주와함께 거함이-은혜로다 -
Fine
C D Bm7 Em C G D7
주가계신 지성소에-서- 주 를 찬송함이 -
G D Am Em C G D D7
내영혼에 부어주신- 주의큰-은혜로다 -
D.C.

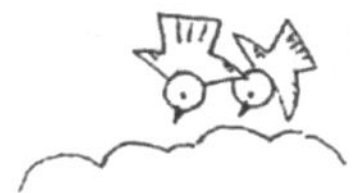

346 은혜 아니면 살아갈 수가 없네

(오직 예수 뿐이네)

소진영

은혜아니면-살아 갈수가-없 네 호흡마저도- 다
주의것이니- - - 세상평안과-위로 내게없-어 도예-수
오직예 수뿐-이 네 크 신계-획 - 다 볼수도없고-
작은-고난-에지 쳐도- 주 께묶-인- 나의모든삶-
버티고- 견디 게 하시네 - - - 은혜아니면-살아
갈수가-없 네 나 의 모 든것- 다 주 께 맡기니- - -
참된평안과-위로 내게주-신 주예-수 오직예수뿐-이 네

이 곳에 생명샘 솟아나 347

(꽃들도)

이 곳에 생 명샘솟아나 눈물 골 짜지나갈때 에
그 날에 하 늘이열리고 모든 이 가보게되리 라

머 잖아 열매맺히고 웃음 소 리넘쳐나리 라
마 침내 꽃들이피고 영광 의 주가오시리 라

꽃들 도 구름도 바람 도넓은바다도찬양하 라 찬양하라예수 를

하늘 을 울리며 노래 해나의영혼아은혜의 주 은혜의주은혜의 주

348 이날은 이날은

(This is the Day)

(신) 1749
(구) 669

Les Garret

F C7
이날 - 은 이날 - 은 주의 지으신 주의 날일세
이날 - 은 이날 - 은 나의 모든 죄 사함 받은 날
이날 - 은 이날 - 은 우리 주님이 부활 하신 날
이날 - 은 이날 - 은 성령 님께서 임하 시는 날
C7 F
기뻐하고 기뻐하며 즐거 워하세 즐거 워하세
B♭ F B♭ F
이날 은 주의 날일 - 세 기뻐 하고 즐거 워하 - 세
F F/C C7 F
이날 - 은 이날 - 은 주의 날 일 세

이 땅의 동과 서 남과 북 349

(한라에서 백두까지 백두에서 땅 끝까지)

고형원

이땅의동 과서 남과북 - - 가 득한 - 죄악용서 하소서 - - 모
한라에서 - 백 두까지 - - 백 두 - - 에서땅의 끝까지 - - 주

든 우상들은무 너 지고 주님 만 높이는 나라 되게하 - 소서
님 오신길을예 비 하며 주님 만 섬기는 나라 되게하 - 소서

이땅의지 친모 든영혼 - - 주 예수 - 사랑 알게 하소서 - - 저
이땅의주 님교 회위에 - - 하 늘의 - 생기 부어 주소서 - - 열

들 의 아픔과눈물 씻는주님 의 보혈이땅치유 하소서 -
방 을 치유하는주 백성주님 의 군대를일으켜 주소서 -

성령의 - 새바람 - - 이 땅 에불어오 - 소 서

주의영 - 그생기로 - - 우 리 를 다시살 - 리 사

이땅 에 하나님영광 거 하 - 는 그 런 나라가 - 되게 하소서 -

열방 에 하나님영광 비 추 - 는 그 런 나라가 - 되게 하소서 -

350 이 땅에 오직 주 밖에 없네

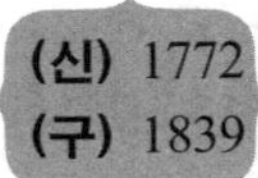

(신) 1772
(구) 1839

정종원

F Am7/E
이땅에 - 오직 - 주밖에 - 없네 - 그무엇도
Dm F/C C F
- 나를 - 채울수 - 없네 - 주님의 - 평안 - 내안에
C/E Dm C7 1. F 2. F
- 있네 - 그누구도 - 빼앗을수없네 - 이땅에 -
F F/A B♭ G7/B
세상은변 - 해가 - 고 소망은힘 - 을잃 - 어도 - 변
폭풍이몰 - 려와 - 도 두려움물 - 러가 - - 네 - 우
이세상어 - 디에 - 서 평안을찾을수 있 - - 나 - 목
우리가바 - 래왔 - 고 꿈꾸어왔 - 던미 - 래가 - 그
F Dm 1, 3. Gm C
함없이 - 붙드 - 시는 - 그 구원의 - 손길 -
릴위해 - 싸우 - 시는 - 그
숨까지 - 내어 - 주신 - 그 깊은사 - 랑을 -
한없는 - 사랑 - 안에 - 서
2. Gm C F B♭/C 4. Gm C F
손을의지해 - 열리고있네 - 이땅에
F Am7/E A7
- 오직 - 주밖에 - 없네 - 그무엇도

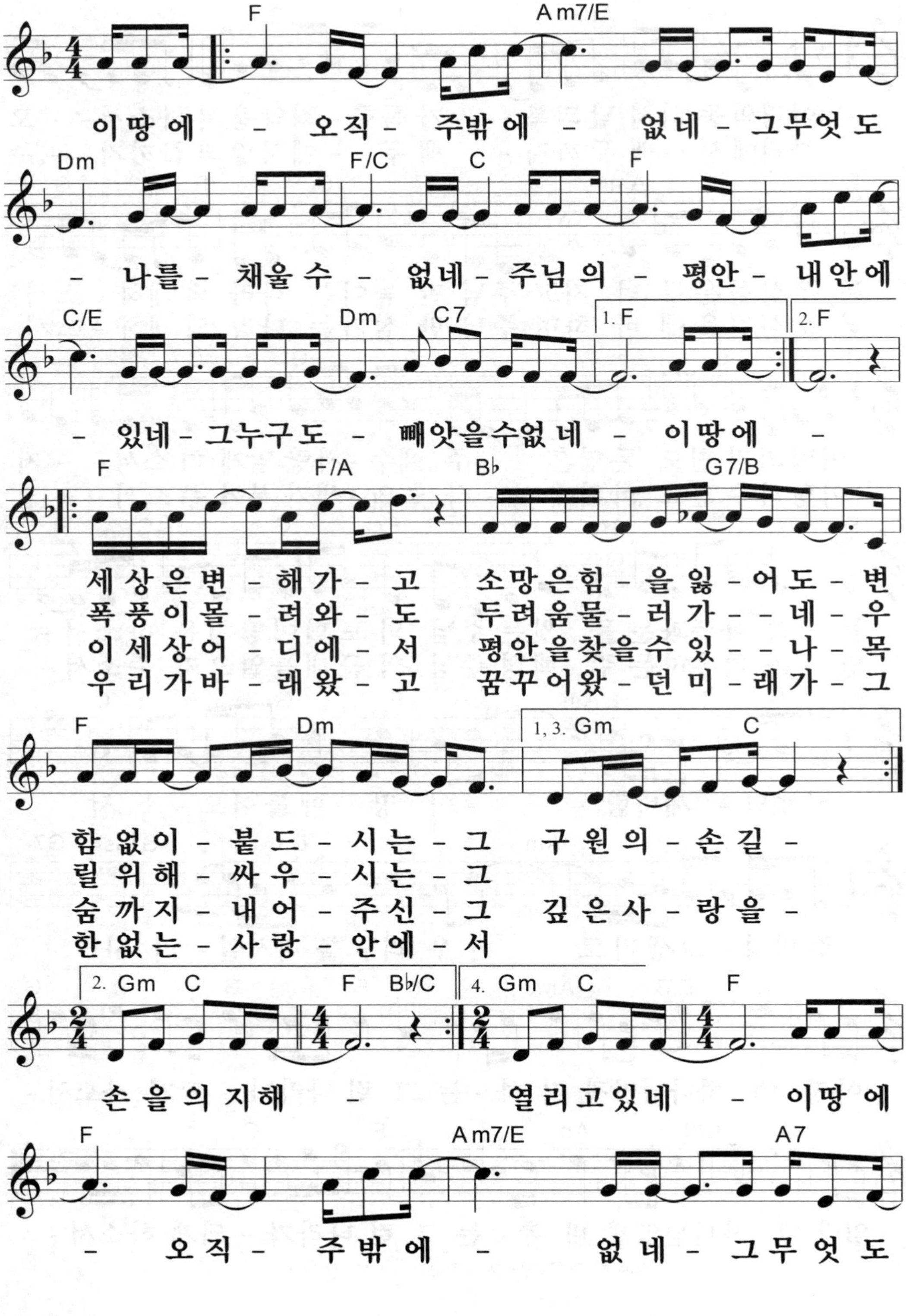

Dm7 F C F
- 나를 - 채울수 - 없네 - 주님의 - 평안 - 내안에
C/E A7 Dm Gm7/C C7 F
- 있네 - 그누구도 - 빼앗을수없네 -

(구) 1719

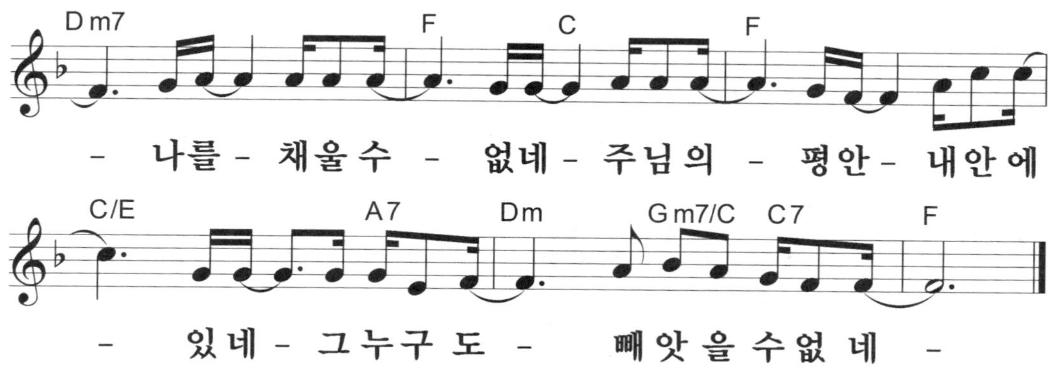

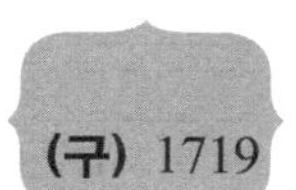

이렇게 좋은 날

351

최택헌

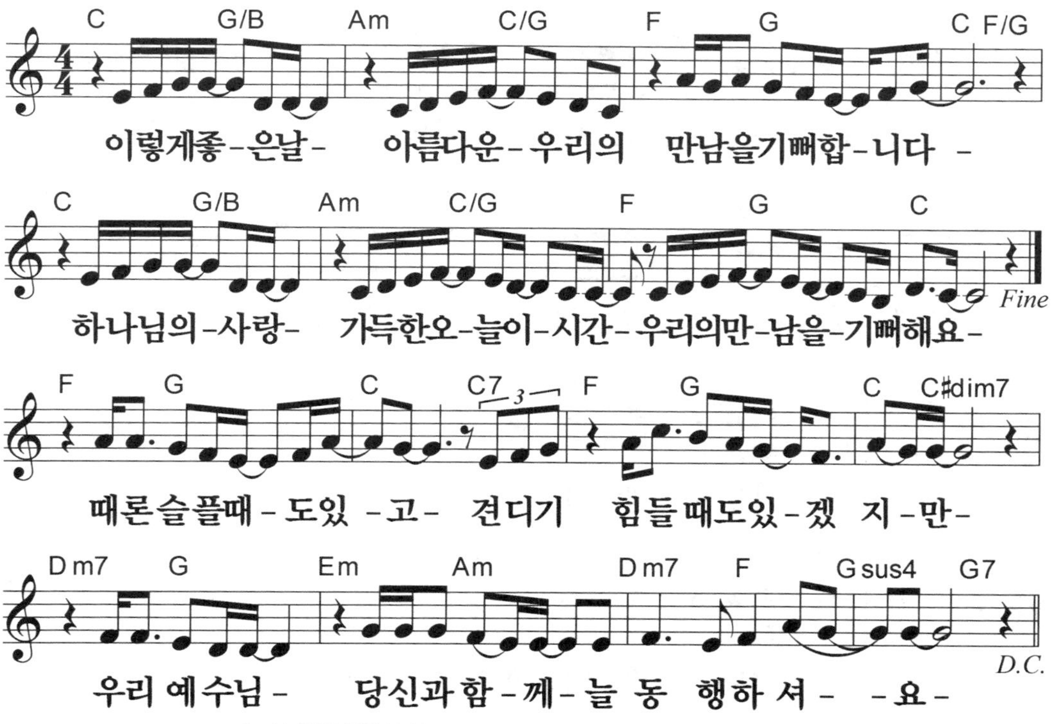

C G/B Am C/G F G C F/G
이렇게좋 - 은날 - 아름다운 - 우리의 만남을기뻐합 - 니다 -
C G/B Am C/G F G C
하나님의 - 사랑 - 가득한오 - 늘이 - 시간 - 우리의만 - 남을 - 기뻐해요 -
Fine
F G C C7 3 F G C C♯dim7
때론슬플때 - 도있 - 고 - 견디기 힘들때도있 - 겠 지 - 만 -
Dm7 G Em Am Dm7 F Gsus4 G7
우리 예수님 - 당신과함 - 께 - 늘 동 행하 셔 - - 요 -
D.C.

352 이 땅의 황무함을 보소서

(신) 1033
(구) 1361

(부흥)

고형원

이땅의황무함을 보소서 - 하늘의 하나님 - 긍휼을 베푸시는주여
우 리의죄악용서 하소서 - 이 땅 고쳐주소 서
이제우리모두하 나되어 - 이땅의 무너진 - 기초를 다시쌓을때
우 리의우상들을 태우실 - 성령의불 - 임하소 서
부흥의불길 - 타오르게 하소서 - 진리의말씀 - 이땅새롭게하소서 -
은혜의강물 - 흐르게 하소서 - 성령의바람 - 이제불어 와
오 - 주 의영 - 광 가 득한 새 날주소 서
오 - 주 님나 - 라 이 땅에 임 하 소 서

이 몸에 소망 무언가 353

(주만이 내 반석 / Cornerstone)

Lindell Cooley & 편곡 김민섭, Bruce Haynes
A A/C# A/D A/E E
이몸에소 - 망 무언가 우리주예 - 수 뿐일세
무섭게바 - 람 부는밤 물결이높 - 이 설렐때
F#m E D E A
우리주예 - 수 밖에는 믿을이아주없 - 도다
우리주크 - 신 은혜에 소망의닻을주 - 리라
A D E D
주 만 - 이 내반 - 석 약한 - 자 - 강건 - 케
E A/C# A/D F#m E A
- 해 - 그 는 - 주 만 유 - 의 주 시 - 라
A A/C# A/D A/E E
바라던천 - 국 올라가 하나님앞 - 에 뵈올때 -
F#m E D E A
구주의의 - 를 힘입어 어엿이바로서 - 리라

354 이 세상 가장 아름다운

(그가 오신 이유)

김준영 & 임선호

C D/C Bm7 Em7 Am7 D7 G

이세상 - 가장아 -름다운- 순종의눈 물 -

C D/C Bm7 Em7 Am7 D7 G

온세상 - 다시빛 - 나게한- 생명의눈 물 -

C D/C Bm7 Em7 Am7 D7 G

그가이 - 땅에오 - 신이유 죽어야 - 살게 - 되 고 -

C D/C Bm7 Em7 Am7 G Dsus4 D

져야만- 승리하는- 놀랍고영 - 원한신 - 비 - 지으신

G D/F# C/E G/D C G/B Am7 Bsus4 B7

그대로 회 복시킨 우 리의창조주 그리스도 - 십자가

Em7 B7/D# G/D A/C# Am7 G/B C Dsus4 D

의길로- 아버지 뜻이루셨 - 네 그가이땅에 오신이- 유 이제우

G D/F# C/E G/D C G/B Am7 Bsus4 B7 Em7 B7/D#

리에게 맡겨진 그 소망그사랑 그생명 - 아름답 고 눈부신

G/D A/C# Am7 G/B C6 D7 G

십 자가의 - 길 우리가 - 이땅 - 에살 - 아갈 - 이유 -

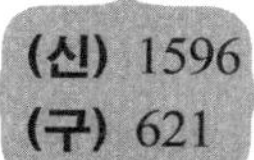

이와 같은 때엔

355

(In moments like these)

David Graham

이 와 같 은 때 엔 난 노 래 하 네

사 랑 을 노 래 하 네 주 님 께

이 와 같 은 때 엔 손 높 이 드 네

손 높 이 드 네 주 님 께 - 주 님

사 랑 해 요 - 사 랑 해 요 -

사 랑 해 요 주 님 사 랑 해 요 - 주 님 -

356 이제는 나 사는 것 아니요

(주 내 안에 사네)

G C G A D7

이 제 는나사는 것아니 요 주 내 안에사 네
주 님 은나의목 자되시 니 결 코 두렵 잖 네

G C G D7 G

이 제 는나사는 것아니 요 주 내 안에 사 네
푸 른 초장으로 인도하 니 주 님 찬송 하 네

C G A7 D

주 와 함 께 옛사람은죽 었 네
오 오 주 님 나를인도하 시 네

G C G D7 G

이 제 는나사는 것아니 요 주 내 안에 사 네
주 님 은나의목 자되시 니 결 코 두렵 잖 네

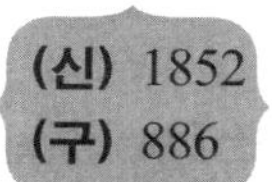

인생길 험하고 마음 지쳐 357

(예수님 품으로)

조용기 & 김보훈

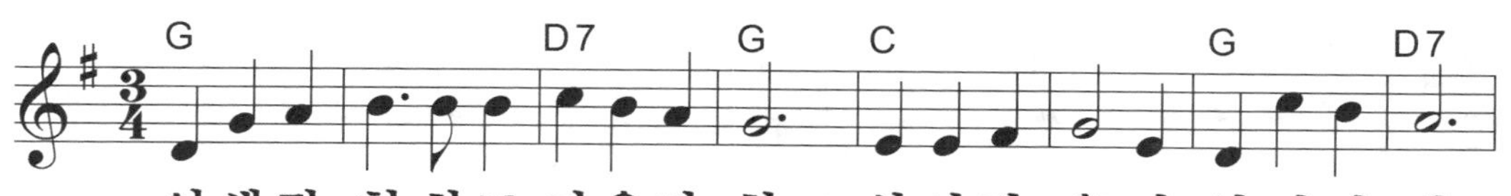

인생길 험하고 마음지 쳐 살아갈 용기 없어질 때
평생의 모든꿈 허물어 져 세상의 친구 다떠날 때
어둔밤 지나면 새날오 고 겨울이 가면 봄이오 듯

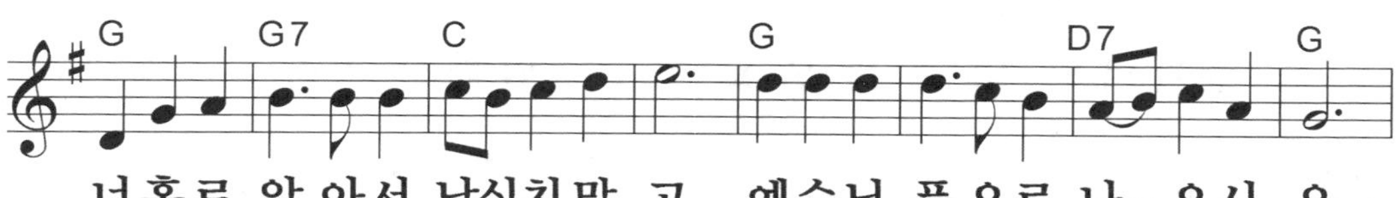

너홀로 앉아서 낙심치말 고 예수님 품으로 나-오시 오
어둠에 앉아서 울지만말 고 예수님 품으로 나-오시 오
이세상 슬픔이 지나고나 면 광명한 새날이 다-가오 네

예 수님은 나 의생명 믿 음소망 사랑되시니

십 자 가 보 혈 자 비 의 손 길 로

상 처 입은 너 -를 고-치 시 리

358 일어나라 주의 백성

(신) 1602
(구) 1698

이 천

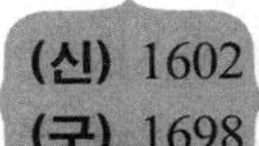

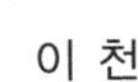

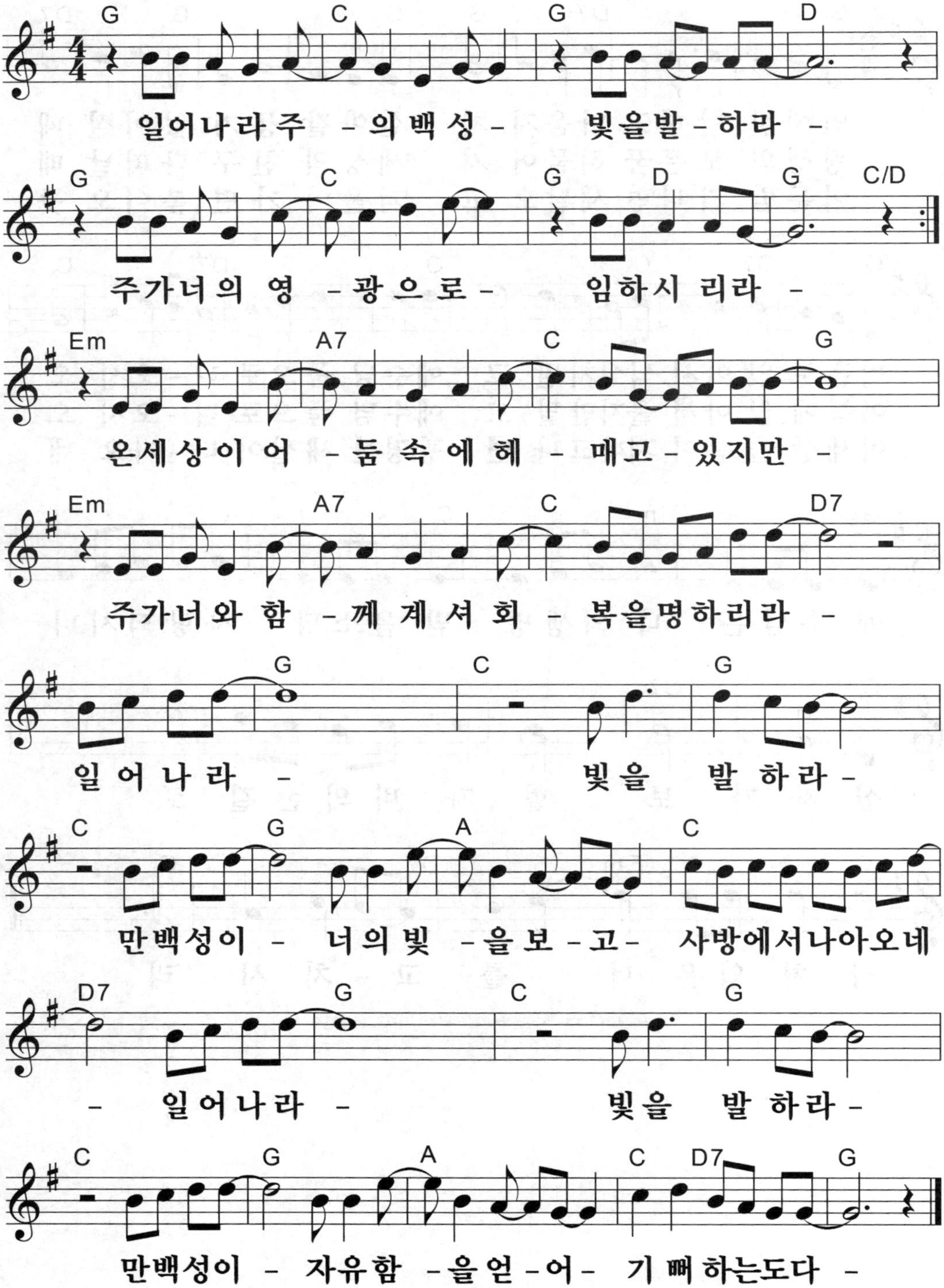

일어나라주 - 의백성 - 빛을발 - 하라 -
주가너의 영 - 광으로 - 임하시 리라 -
온세상이어 - 둠속 에 헤 - 매고 - 있지만 -
주가너와 함 - 께 계 셔 회 - 복을명하리라 -
일 어 나 라 - 빛을 발 하라 -
만백성이 - 너의빛 - 을보 - 고 - 사방에서나아오네
- 일어나라 - 빛을 발 하라 -
만백성이 - 자유함 - 을얻 - 어 - 기 뻐 하는도다 -

일어나 불꽃같이

359

일 어 나 – 볼 꽃 같 – 이 –
기 도 의 – 불 을 지 펴 라 –
형 제 여 – 빛 을 발 하 자 –
일 어 나 – 섬 광 처 – 럼 –
말 씀 의 – 등 을 밝 혀 라 –
자 매 여 – 빛 을 발 하 자 –
주 님 의 – 영 광 이 임 하 였 으 니 –
일 어 나 – 빛 을 발 하 라 –
심 령 의 – 빛 을 발 하 라 –
형 제 여 – 빛 을 발 하 자 –
일 어 나 – 발 하 라 빛 을 발 하 라 –
주 님 의 – 빛 을 발 하 라 –
은 혜 의 – 축 복 이 임 하 였 으 니 –
구 원 의 – 빛 을 발 하 라 –

360 잃어버린 것들에

(신) 1057
(구) 1595

(오늘을 위한 기도)

김소엽 & 장욱조

C CM7 Dm C
잃어버린것들에 - 애닯아 하지않으 며
C A7 B9 Dm6 G7 C F/G
살아있는것들에 - 연연하지않으 며
C F Dm G7
살아가는 일 에 탐욕하지않으며 -
C F D D7 G7
나의나됨 버리고 오직주님 내안 에
C CM7 Dm G7 C F
살아있는오늘이 - 되게하 옵소 서
F D G G7
가난해도비굴하지 않으며- 부요해도오만하지 않으며 -
C F Dm G7
모두나를떠나도 - 외로워 하지않으 며
C F Dm G G7
억울한일당해도 - 원통하지않으며 -

C F Dm D7/F♯ G7
소중한것 - 상실해도 - 절망하지않으며 -
C CM7 Dm G7 C
오늘살아있음에 - 감사하게하소 서

(구) 1258

있는 모습 그대로 361

오정훈

CM7 Dm DmM7 Dm7 G7 Em7
있는모습 그대로 - 있는모습 그대로 -

A9 Dm7 G7sus4 G7 C
있는모습 그대로 - 오 시 오

CM7 Dm DmM7 Dm7 G7 Em7
하나님은 당신이 - 있는모습 그대로 -

A9 Dm7 F/G G7 C
있는모습 그대로 오시길 원 하십니 다

362

임마누엘

(Emmanuel)

(신) 1696
(구) 573

Bob McGee

C C+/E F A7/E Dm B/D♯ Em
임 마 누 엘 임 마 누 엘
그 리 스 도 그 리 스 도
할 렐 루 야 할 렐 루 야
A7 A/C♯ Dm G7 C
그 이 름 은 임 마 누 엘
그 이 름 은 그 리 스 도
찬 양 하 라 할 렐 루 야
CM7 C+/E F A7/E Dm B/D♯ Em
우 리 와 함 께 하 네
우 리 를 구 원 하 신
하 나 님 찬 양 하 라
A7 A/C♯ Dm G7 C
그 이 름 은 임 마 누 엘
그 이 름 은 그 리 스 도
찬 양 하 라 할 렐 루 야

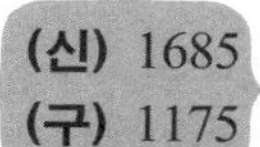

작은 불꽃 하나가

(Pass it on)

Kurt Kaiser

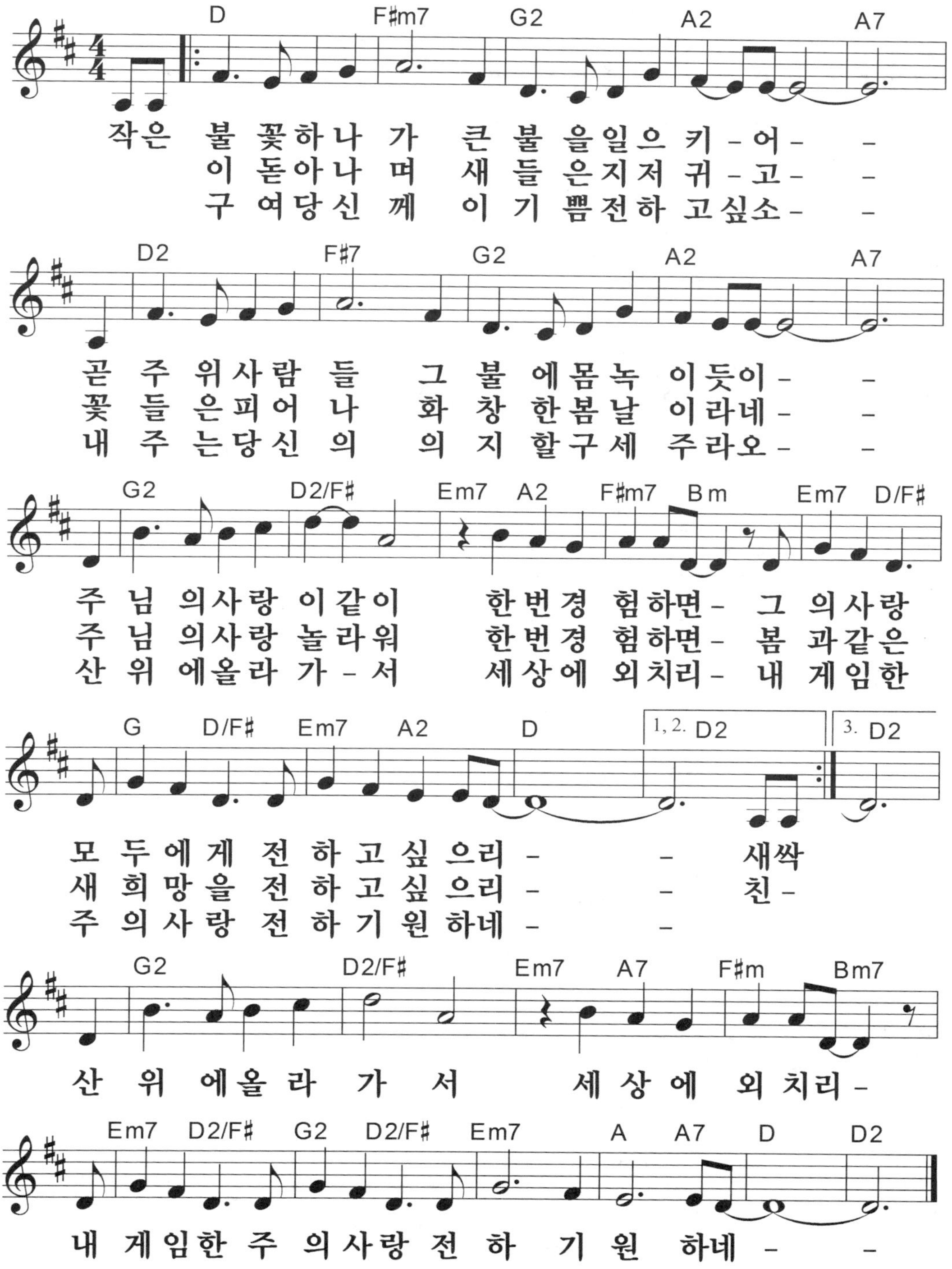

D F#m7 G2 A2 A7
작은 불 꽃하나 가 큰 불 을일으 키 - 어 - -
이 돋아나 며 새 들 은지저 귀 - 고 - -
구 여당신 께 이 기 쁨전하 고싶소 - -
D2 F#7 G2 A2 A7
곧 주 위사람 들 그 불 에몸녹 이듯이 - -
꽃 들 은피어 나 화 창 한봄날 이라네 - -
내 주 는당신 의 의 지 할구세 주라오 - -
G2 D2/F# Em7 A2 F#m7 Bm Em7 D/F#
주 님 의사랑 이같이 한번경 험하면 - 그 의사랑
주 님 의사랑 놀라워 한번경 험하면 - 봄 과같은
산 위 에올라 가 - 서 세상에 외치리 - 내 게임한
G D/F# Em7 A2 D 1, 2. D2 3. D2
모 두에게 전 하고싶으리 - - 새싹
새 희망을 전 하고싶으리 - - 친 -
주 의사랑 전 하기원하네 - -
G2 D2/F# Em7 A7 F#m Bm7
산 위 에올라 가 서 세 상 에 외 치리 -
Em7 D2/F# G2 D2/F# Em7 A A7 D D2
내 게임한 주 의사랑 전 하 기 원 하네 - -

364 저 높은 하늘 위로 밝은 태양

(신) 1561
(구) 2137

(나로부터 시작되리)

이 천

C G/B Am Em
저높은하늘위 - 로 - 밝은태양 - 떠오르듯이 -
F C/E Gsus4 G7
난 주 저 앉 지 - 않 으 리 - -
C G/B Am Em
어 떤 어 려 움 에 - 도 - 주 의 길 을 - 선 택 하 리 -
F C/E G G7 F G7
빛 가 운 데 로 - 걸 으 리 - - 주 님 을 -
Em Am F G7 C F G7 E Am
크게보는 - 믿 음 가 - 지 고 - 세 상 에 - 나 타내리라 -
F D/F# Gsus4 G7 C
놀 라 운 - 주 의사랑을 - - 주의꿈을안고
G/B Am Em F
- 일어 - 나리라 - 선한능력으로 - 일어 - 나리라 - 이땅의부
C/E Dm F/G C
- 흥 과 - 회복은 - 바로 - 나로부터시작되리 - -

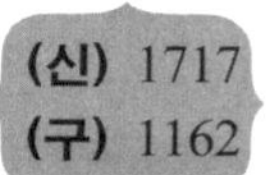

저 멀리뵈는 나의 시온성 365

(순례자의 노래)

G G7 C G Em7
저 멀리뵈는 나의 시온성 오 거룩한곳
아 득 한나의갈 길 다 가 고 저 동 산에서

A7 D D7 G G7
아 버 지 집 – 내 사 모하는집 에
편 히 쉴 때 – 내 고 생하는모 든

C G Am7 D7 G G7
가 고 자 한 밤 을 새 웠 네 –
일 들 을 주 께 서 아 시 리 –

C G D
저 망 망 한 바 다 위 에 이 몸 이 상
빈 들 이 나 사 막 에 서 이 몸 이 곤

D7 G C
할 지 라 도 – 오 늘 은이곳 내 일 은
할 지 라 도 – 오 내 주예수 날 사 랑

G C G C G/D D7 G
저 – 곳 주 복 음 전 하 리 –
하 – 사 날 지 켜 주 시 리 –

366 저 바다보다도 더 넓고

(내게 강 같은 평화)

이혁진 편곡 & Negro Spirilual

G C G C
저 - 바다 - 보 - 다 - 도 더넓 - 고 - 저 산과 - 하 - 늘보다

C G Em11 C G
더높 - 은 주님의 은혜 - 가 - 이 곳에 - 가 - 득 - 해 -

G C G C
살아계신 - 주 - 나 - 의하나 - 님 언제나 넘치 - 는 - 주의사

C G Em11 C D7 G
랑으 - 로 내안에 가득 - 히 - 넘쳐 - 흐 - 르 - 네 -

D7 G C
내 게 강 같 은 평화 내 게 강 같 은

Em11 G Am7 D
평 화 내 게 강 같 은 평 화 가 넘 치 네

D7 G C
내 게 강 같 은 평화 내 게 강 같 은

Em11 G Am7 D7 G
평 화 내 게 강 같 은 평 화 가 넘 치 네

(신) 1957
(구) 2066

전능하신 나의 주 하나님은 367

(Nosso Deuse poderoso)

Alda Celia
A E/A A E/G♯ F♯m C♯m7
전능 하신나 - 의주 - 하나 - - 님은 - 능치 못하실 - 일전 혀 -
D A/C♯ Bm7 D7/C Bm7
없 - 네 - 우리 의모든 - 간구 - - 도 우리 의모든 - 생각 - - 도 우리
A/B D/E AM7 D/E A E/A
의모든 - 꿈과 - 모든 - 소망 - - 도 - 신실하신나 - 의주 - 하나 - - 님은
A E/G♯ F♯m C♯m7 D A/C♯
- 우리의 모 든괴 - 로움 - 바꿀 - 수 - 있 - 네 - 불가
Bm7 D7/C Bm7 A/B
능한일 - 행하 - 시고죽은자를일 - 으키 - 시니그를이길자 - 아무 - 도없 - - 네
A Bm A/C♯ DM7 E/D C♯m F♯m
- 주의말씀 의 지 하여 - 깊은곳에 그 물 던 져 - 오늘
Bm7 D/E AM7 Em7 A/C♯
그 가놀 - 라운 - 일을 - 이루 - 시는 - 것보 라 - 주의말씀
DM7 E/D C♯m7 F♯m Bm7 A/C♯ D E A
의지하여 - 믿음으로그물던져 - 믿는자에겐 - 능치 - 못함 - 없네 -

368 정결한 맘 주시옵소서

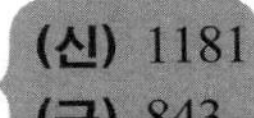

(Create in me a clean heart)

Keith Green

G D C D
정 결 한 맘 주 시 옵 소 서 - 오 - - 주 님 -

G D C 1. G 2. G G7
정 직 한 영 을 새 롭 게 하 소 서 - 정 -

C D G Em
나 를 주 님 앞 - 에 서 멀 리 하 지 마 시 고

C D G F/G G7
주 의 성 령 을 거 두 지 마 옵 소 서 -

C D7 B7 Em /D
그 구 원 의 기 쁨 - 다 시 회 복 시 키 시 - 고

C D7 C G
변 치 않 는 맘 내 안 에 주 소 서 -

(신) 1774
(구) 924

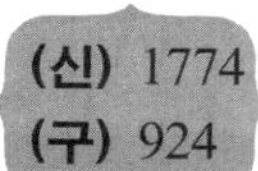

좋으신 하나님 369

(God is good)

Graham Kendrick

E B B7 E
좋 으 신 하 나 님 좋 으 신 하 나 님
우 리 의 기 도 를 응 답 해 주 시 는
한 없 는 축 복 을 우 리 게 주 시 는
E E7 A E B7 E
참 좋 으 신 나 의 하 나 님

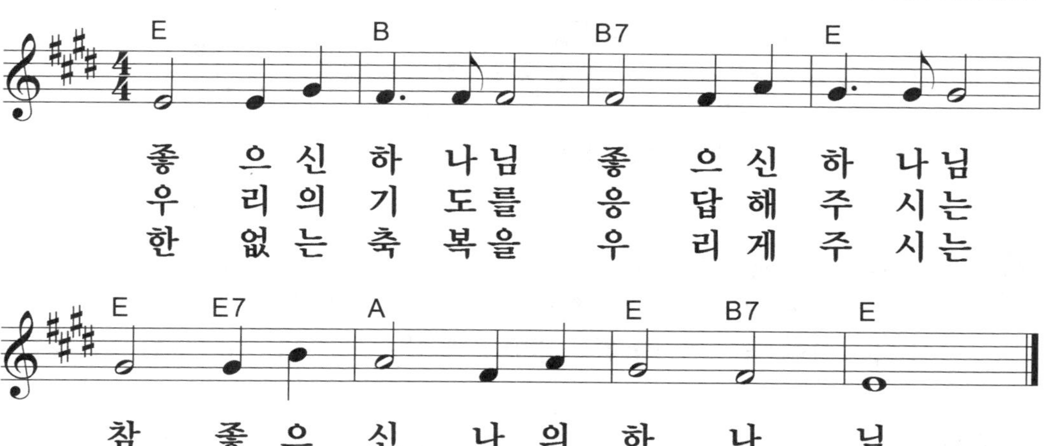

주 계신 곳에 부르시네 370

권혁도

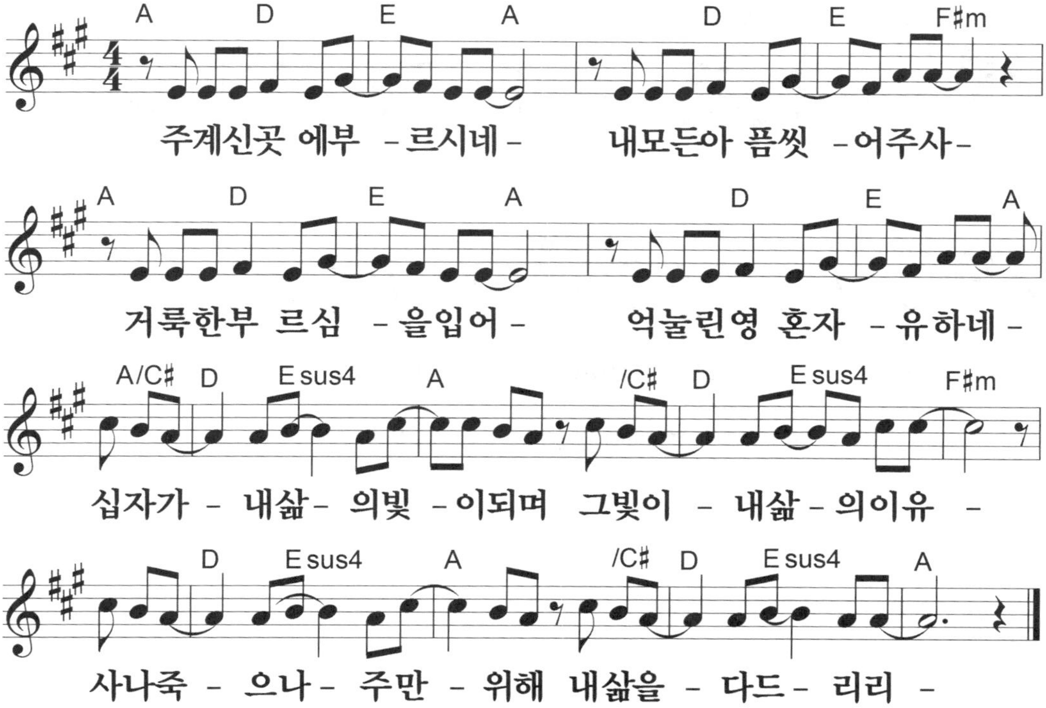

A D E A D E F♯m
주계신곳 에부 -르시네- 내모든아 픔씻 -어주사-
A D E A D E A
거룩한부 르심 -을입어- 억눌린영 혼자 -유하네-
A/C♯ D Esus4 A /C♯ D Esus4 F♯m
십자가 - 내삶- 의빛 -이되며 그빛이 - 내삶 -의이유 -
D Esus4 A /C♯ D Esus4 A
사나죽 - 으나- 주만 - 위해 내삶을 - 다드- 리리 -

371 좋으신 하나님 인자와 자비

(신) 1555
(구) 1803

(You are good)

Israel Houghton
E EM7 E7 A/E
좋으-신하나-님인자-와자비-영 원-히--
A B/A C/A D/A
각나-라족속-과 백성-방언 세상-모든세-대 영원-토록주
E B D A/C#
경 배-해- 할렐루--야 할 -렐루--야주
E/G# B D 1. A
경 배-해- 주하나-님- 주
2. D Em Em CM7
Fine
You are-good- You are-good- All the time
Em CM7 E
D.C.
- All the time - You are-good-

(신) 1946
(구) 958

죄 많은 이 세상은 372

(이 세상은 내 집 아니네)

G G7 C G Em
죄 많은이세상 은 내집아니요 내 모든보화는
저 천국에서모 두 날기다리네 내 주예수피로
저 영광의땅에 나 길이살겠네 손 잡고승리를
A7 D D7 G G7 C G
저 하늘에있네 저 천국문을열 고 나를부르네
죄 씻음받았네 나 비록약하나 주 님날지키리
외 치는성도들 이 기쁜찬송하 늘 울려퍼지네
G D7 G
나 는 이 세상 에 정 들 수 없도 다
G G7 C G Em
오 주 님같 은 친구없도다 저 천국없으면
A7 D D7 G G7 C G
난 어떻게하나 저 천국문을열 고 나를부르네
G D7 G
나 는 이 세상 에 정 들 수 없도 다

373 죄악된 세상을 방황하다가

(불 속에라도 들어가서)

(신) 1176
(구) 1172

최수동 & 김민식

F Dm Gm C7
죄 악된 세상 을 방 황하 다 가
탕 자를 살려 준 주 님말 씀 에
골 고다 언덕 길 오 르신 예 수
F Dm Gm/B♭ C7
천국 과 지옥 도 나 - 는 몰랐 네
죄인 의 두다 리 묻 - 어 두었 네
추수 할 일꾼 들 찾 - 아 부르 네
F Am B♭ /D C7/E
고집 대 로 영죽 을 험 한세 상 이
아들 이 여 일어 나 내 손을 잡 고
거친 바 다 험한 산 피 가맺 혀 도
F B♭ F /C C7 F
왜그리 -더러운 지 이 제야 아 네
남은몸 -모든영 혼 바 치라 하 네
십자가 -내가지 고 끝 내이 기 리
F Am B♭
불속에라도 들어 가서 - 불속에라도 들어 가서 -
C7 F Gm C7 F
세상 에 널리 전 하리 주 의사랑 을

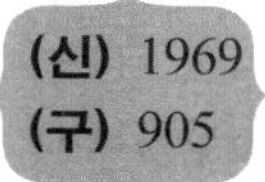

(신) 1969
(구) 905

죄악에 썩은 내 육신을 374

(주님의 빚진 자)

김석균

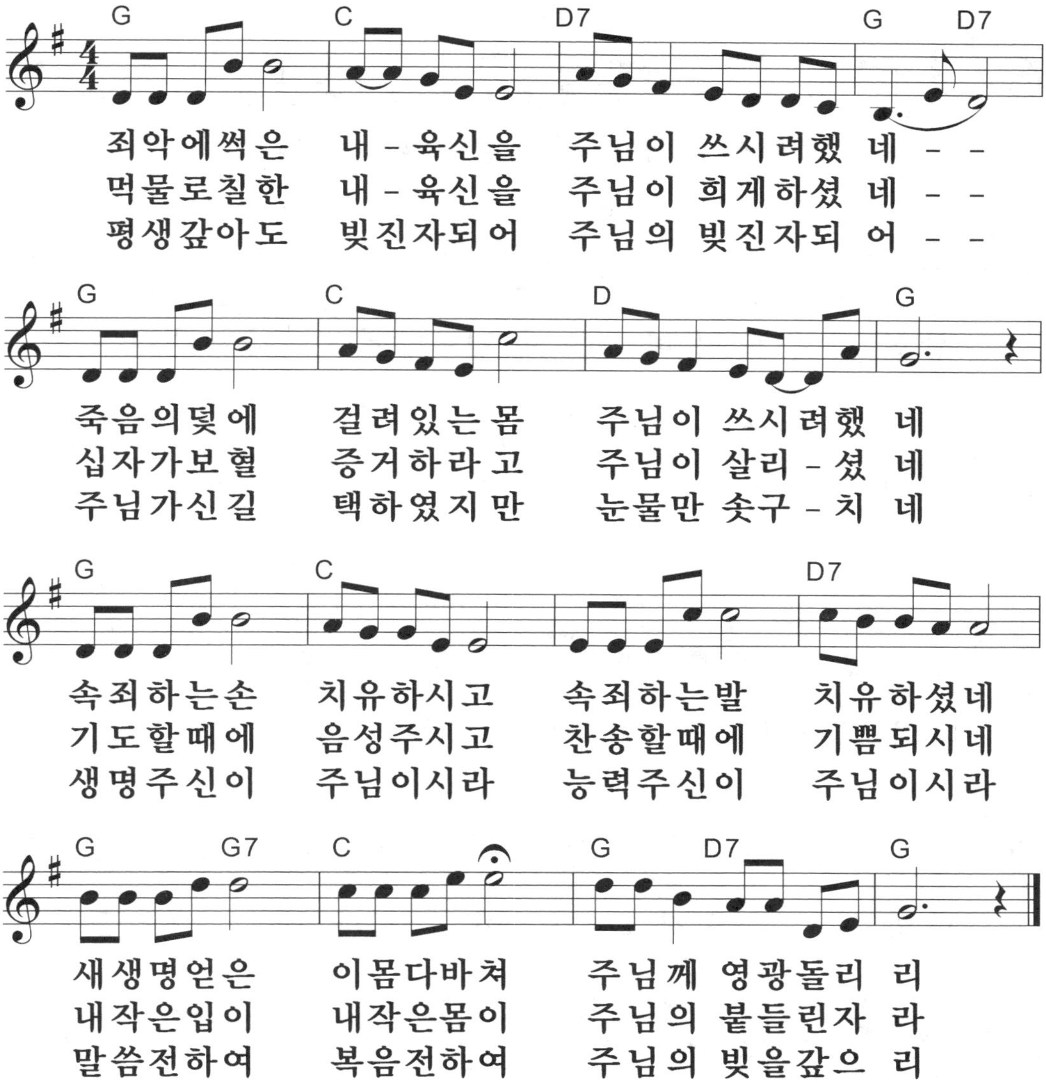

G C D7 G D7
죄악에썩은 내 - 육신을 주님이 쓰시려했 네 - -
먹물로칠한 내 - 육신을 주님이 희게하셨 네 - -
평생갚아도 빚진자되어 주님의 빚진자되 어 - -
G C D G
죽음의덫에 걸려있는몸 주님이 쓰시려했 네
십자가보혈 증거하라고 주님이 살리 - 셨 네
주님가신길 택하였지만 눈물만 솟구 - 치 네
G C D7
속죄하는손 치유하시고 속죄하는발 치유하셨네
기도할때에 음성주시고 찬송할때에 기쁨되시네
생명주신이 주님이시라 능력주신이 주님이시라
G G7 C G D7 G
새생명얻은 이몸다바쳐 주님께 영광돌리 리
내작은입이 내작은몸이 주님의 붙들린자 라
말씀전하여 복음전하여 주님의 빚을갚으 리

375 주가 보이신 생명의 길

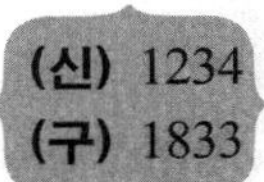

(신) 1234
(구) 1833

박정은

A E/C# D A/C#
주가 보이신-생명의-길-나 주님과함께-
Bm E A E7/B A/C#
상한 맘을드리며- 주님-앞에- 나-가리-
D A/C# Bm E7 A
나의 의로움-이 되신주- 그 이름예수-
D A/C# Bm A7/C# D Esus4 D/E E
나의 길이되-신 이-름- 예---수-
A C#m7 F#m A/E Bm
나의 길 오직그-가 아 -시나니- 나 를
Bm/A G E7 A Em7
단 련 하신 후-에 - 내 가 -
D9 D A/C# Bm7 Esus4 E A
정 금 같 이 나-아 오 리 라 -

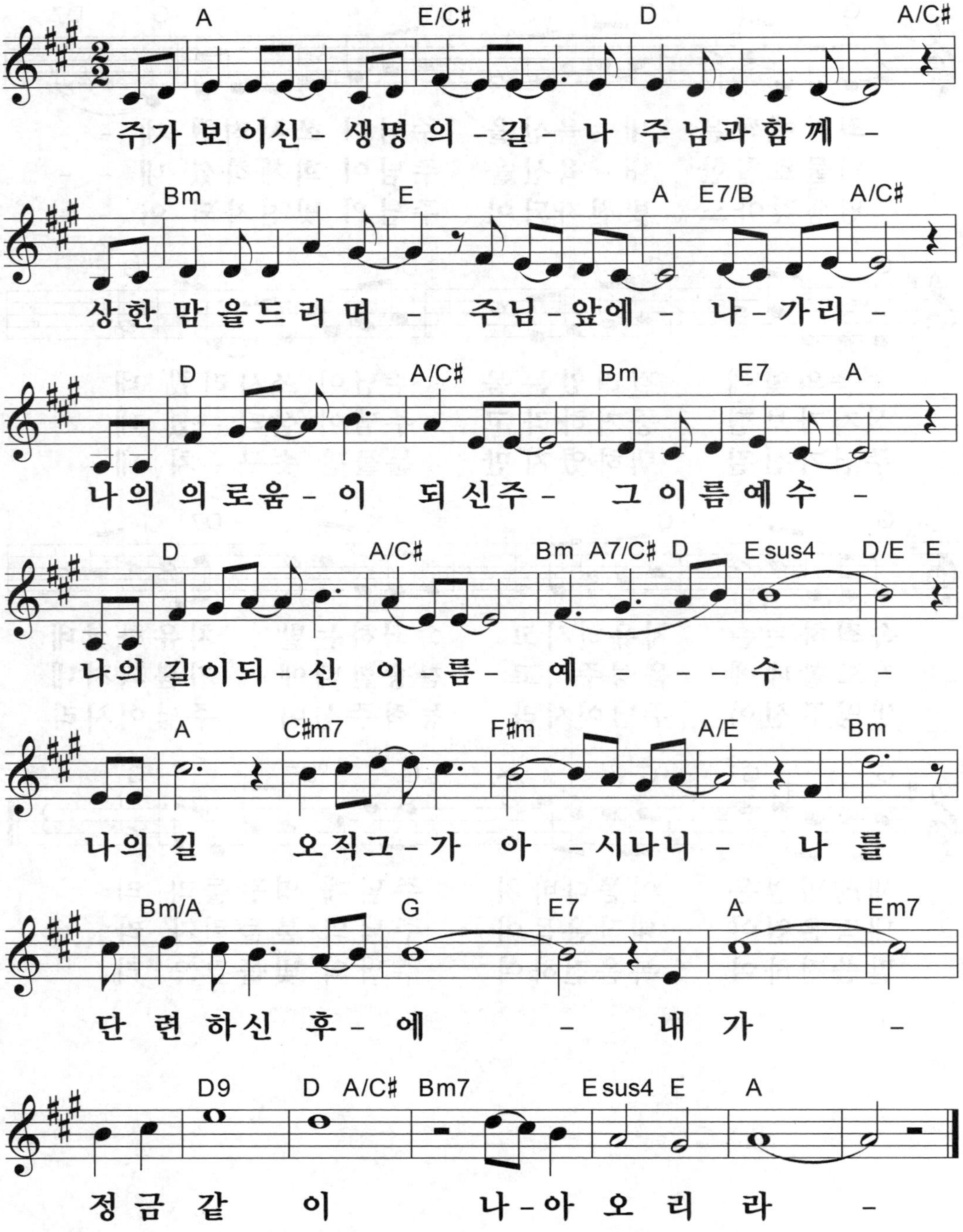

주가 하시리라

(주가 하시리)

윤주성

G D/F♯ C/E G/D
주 가 하 시 리 - 라 주 가 하 시 - 리 라
주 가 이 루 리 - 라 주 가 이 루 - 리 라
주 가 싸 우 리 - 라 주 가 싸 우 - 리 라
나 를 드 립 니 - 다 나 를 드 립 - 니 다
나 를 드 립 니 - 다 나 를 드 립 - 니 다
찬 양 드 립 니 - 다 찬 양 드 립 - 니 다
경 배 드 립 니 - 다 경 배 드 립 - 니 다
C G/B Am Dsus4 D7 G D/F♯
크신능력으 - 로 주가하시리 - 라 - 주가하시리 - 라 주가
크신능력으 - 로 주가이루리 - 라 - 주가이루리 - 라 주가
크신능력으 - 로 주가싸우리 - 라 - 주가싸우리 - 라 주가
주님의도구 - 로 나를드립니 - 다 - 나를드립니 - 다 나를
거룩한신부 - 로 나를드립니 - 다 - 나를드립니 - 다 나를
어린양예수 - 께 찬양드립니 - 다 - 찬양드립니 - 다 찬양
어린양예수 - 께 경배드립니 - 다 - 경배드립니 - 다 경배
C/E G/D C G/B Am D7 G
하 시 - 리 라 크 신 능 력 으 - 로 주 가 하 시 리 -
이 루 - 리 라 크 신 능 력 으 - 로 주 가 이 루 리 -
싸 우 - 리 라 크 신 능 력 으 - 로 주 가 싸 우 리 -
드 립 - 니 다 주 님 의 도 구 - 로 나 를 드 리 리 -
드 립 - 니 다 거 룩 한 신 부 - 로 나 를 드 리 리 -
드 립 - 니 다 어 린 양 예 수 - 께 찬 양 드 리 리 -
드 립 - 니 다 어 린 양 예 수 - 께 경 배 드 리 리 -

377 주께 가까이 날 이끄소서

(신) 2104
(구) 2126

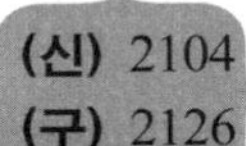

Adhemar de Campos

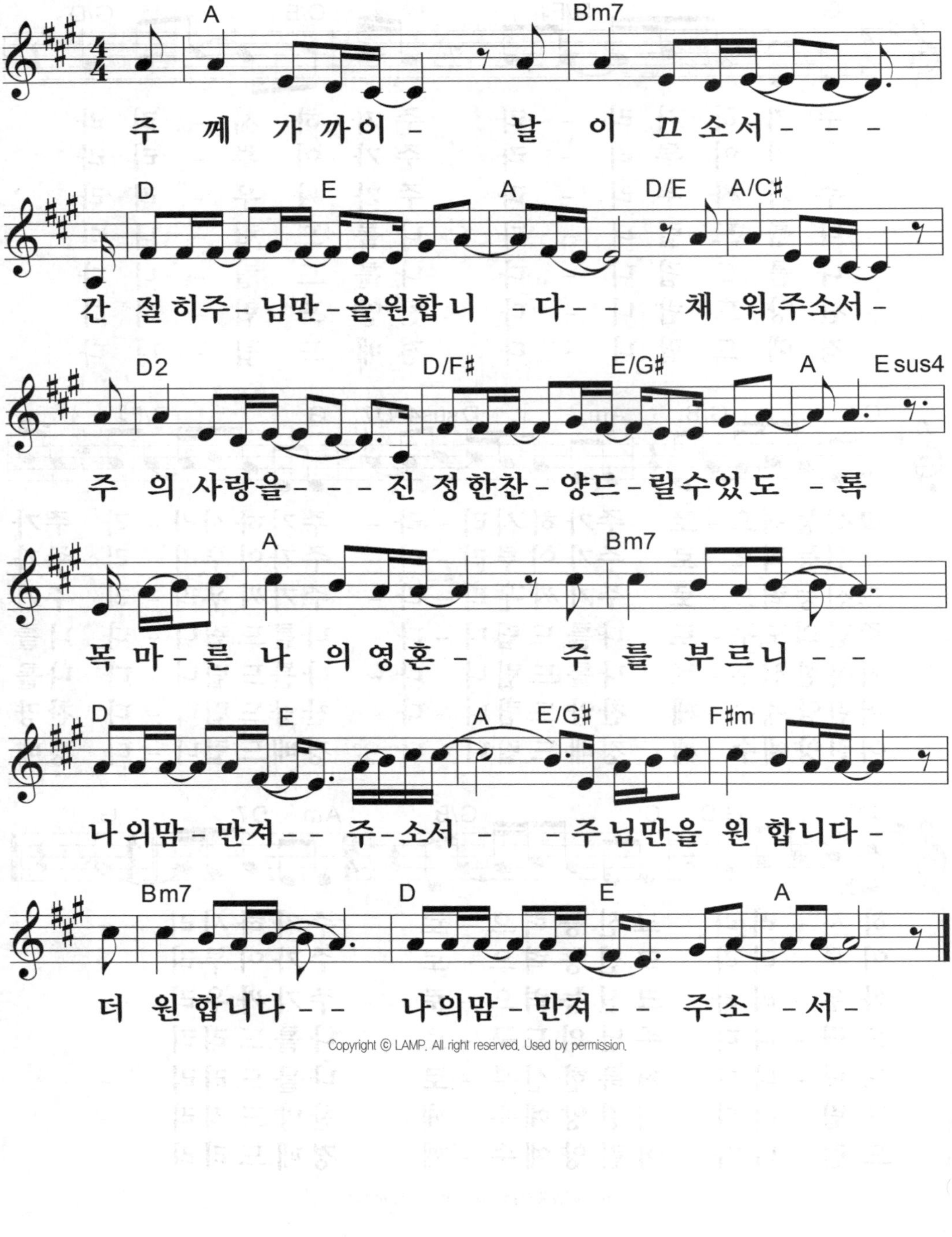

A Bm7
주 께 가까이- 날 이 끄소서---
D E A D/E A/C#
간 절히주-님만-을원합니 -다-- 채 워 주소서-
D2 D/F# E/G# A Esus4
주 의 사랑을---진 정한찬-양드-릴수있도 -록
A Bm7
목마-른나 의영혼- 주 를 부르니--
D E A E/G# F#m
나의맘-만져-- 주-소서 - -주님만을 원 합니다-
Bm7 D E A
더 원합니다-- 나의맘-만져-- 주소 -서-

(신) 1532
(구) 1535

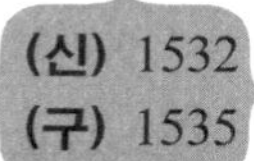

주께 가오니

378

(The power of Your love)

Geoff Bullock

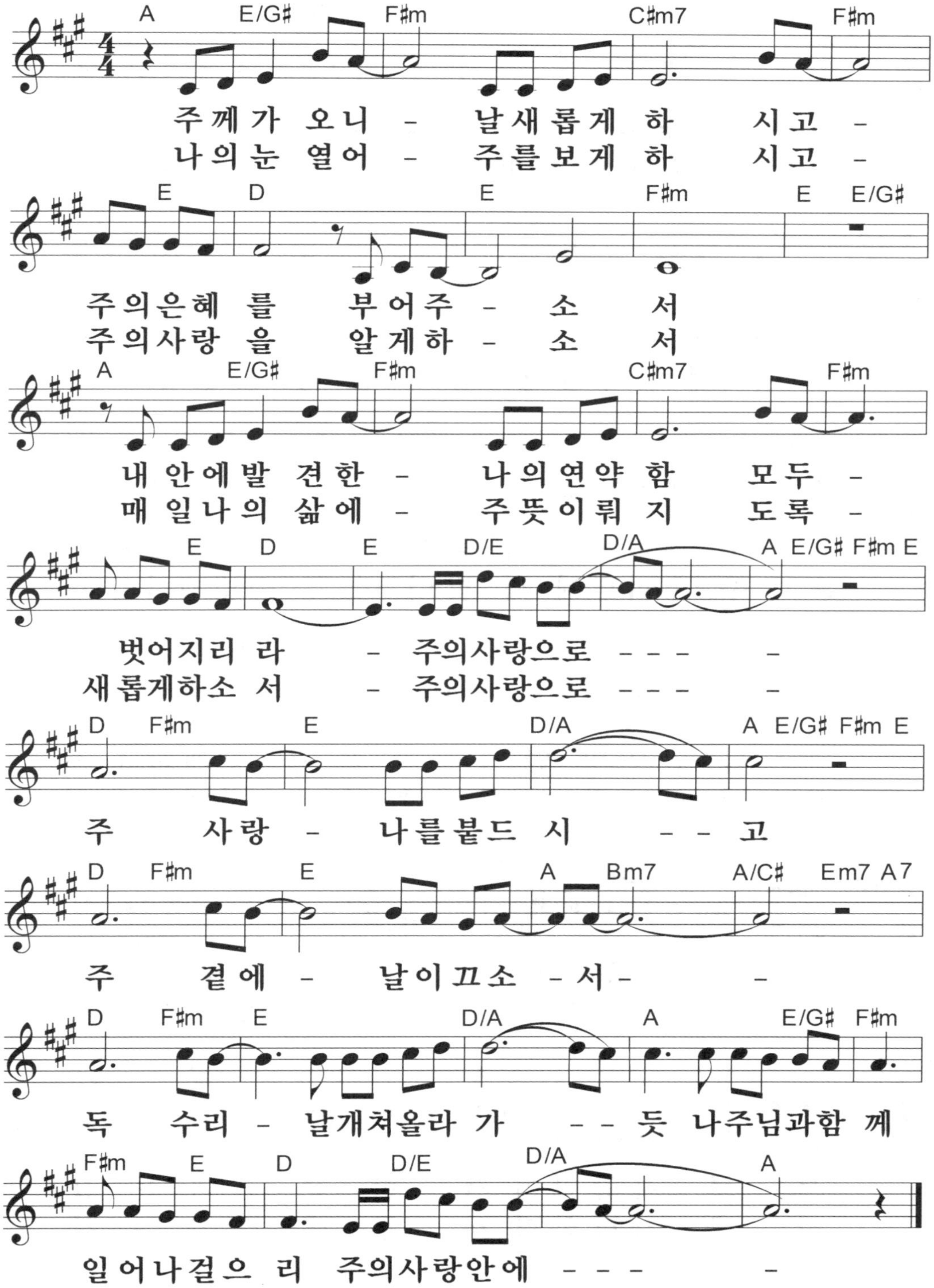

A E/G# F#m C#m7 F#m
주께가 오니 - 날새롭게 하 시고 -
나의눈 열어 - 주를보게 하 시고 -
E D E F#m E E/G#
주의은혜 를 부어주 - 소 서
주의사랑 을 알게하 - 소 서
A E/G# F#m C#m7 F#m
내안에발 견한 - 나의연약 함 모두 -
매일나의 삶에 - 주뜻이뤄 지 도록 -
E D E D/E D/A A E/G# F#m E
벗어지리 라 - 주의사랑으로 - - - -
새롭게하소 서 - 주의사랑으로 - - - -
D F#m E D/A A E/G# F#m E
주 사랑 - 나를붙드 시 - - 고
D F#m E A Bm7 A/C# Em7 A7
주 곁에 - 날이끄소 -서- -
D F#m E D/A A E/G# F#m
독 수리 - 날개쳐올라 가 - - 듯 나주님과함 께
F#m E D D/E D/A A
일어나걸으 리 주의사랑안에 - - - -

379

주께 두 손 모아

(사랑의 종소리)

(신) 1130
(구) 1125

김석균

주 께 두손모아 비 나니 크 신 은총베푸 사
주 께 두손모아 비 나니 크 신 은총베푸 사

밝 아 오는이 - 아 침을 환 히 비춰주소 서
주 가 예비하신 동 산에 항 상 있게하소 서

오 - 주 우리모든 허 물을 보 혈 의피로씻기 어
오 - 주 우리맘에 새 빛이 어 두 움밝게하시 어

하 - 나 님사랑 안 에 서 행 복 을 - 갖게하소 서
진 - 리 의말씀 안 에 서 늘 순 종 - 하게하소 서

서 - 로 믿음안에 서 서 - 로 소망가운 데
서 - 로 참아주면 서 서 - 로 감싸주면 서

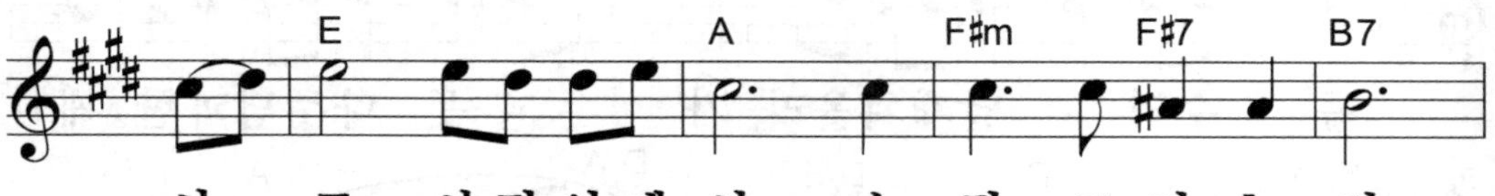

서 - 로 사랑안에 서 손 잡 고 가 는 길
서 - 로 사랑하면 서 주 께 로 가 는 길

E B7/D♯ C♯m C♯m7 B7 E
오 - 주 사랑의종 소 리가 사 - 랑 의종소리 가
A E B7 E
이 시 간우 리 모 두 - 를감 싸 게하여주소 서

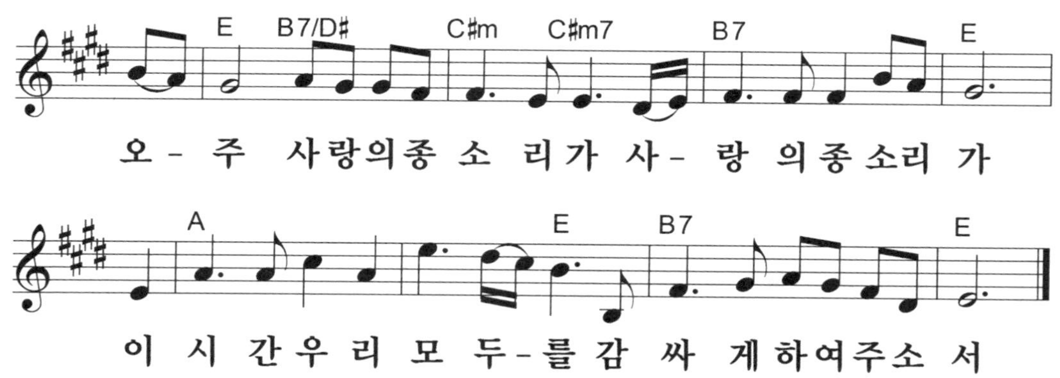

(구) 821

주께 감사하세 380

(O, Give thanks to the Lord)

Brent Chambers

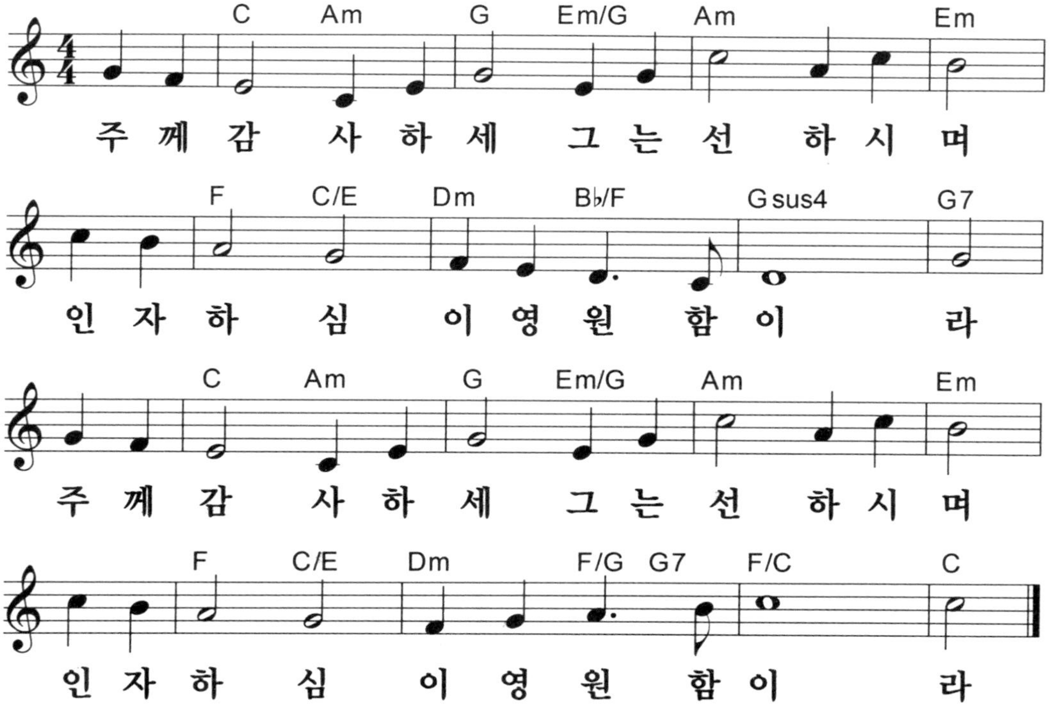

C Am G Em/G Am Em
주 께 감 사 하 세 그 는 선 하 시 며
F C/E Dm B♭/F Gsus4 G7
인 자 하 심 이 영 원 함 이 라
C Am G Em/G Am Em
주 께 감 사 하 세 그 는 선 하 시 며
F C/E Dm F/G G7 F/C C
인 자 하 심 이 영 원 함 이 라

381 주께와 엎드려

(I Will Come And Bow Down)

(신) 1691
(구) 593

Martin Nystrom

C Am Dm F/G G7

주께와 엎드려 경배드립니다

G/F Em A7(♭9) Dm Gsus4

주계신곳엔 기쁨가득 –

G7 Am Bsus4 B/D♯ Em A7

무엇과도 누구와도 바꿀수 없네

Dm F/G G7 F C/E Dm C

예배드림이 기쁨됩니다 –

주 나의 모습 보네

(주 은혜임을)

정선경 & 소진영

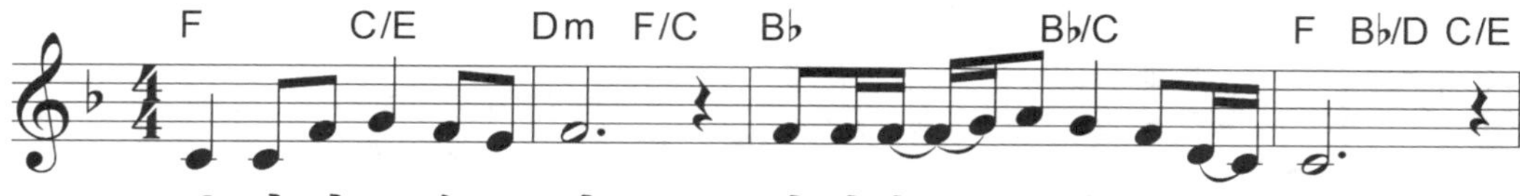
F C/E Dm F/C B♭ B♭/C F B♭/D C/E
주 나의 모 습 보 네 상 한 나 - - 의 맘 보 시 - 네
주 사 랑 내 게 있 네 그 사 랑 - - 이 날 채 우 - 네

F C/E Dm F/C B♭ B♭/C F
주 나 의 눈 물 아 네 홀 로 울 - - 던 맘 아 시 - 네
주 은 혜 내 게 있 네 그 은 혜 - - 로 날 세 우 - 네

F C/E Dm F/C F/A B♭ F/A Gm7 C7
세상소-망-다 사라져가--도- 주의사랑-은끝 이없으-니-

F C/E Dm F/C B♭ C F
살아가-는-이 모든순간--이-주 은혜임을-나는믿-네

383 주 나의 사랑 나 주의 사랑

(신) 1915
(구) 941

* 주 나의 목자, 나 주의 양
주 나의 포도나무, 나 주의 가지
주 나의 신랑, 나 주의 신부

주 날 구원했으니

(멈출 수 없네)

심형진

G
Em
주 날 구 원 했 - 으 니 - 어 찌 잠 잠 하 - 리 -
주 내 죄 사 했 - 으 니 - 어 찌 잠 잠 하 - 리 -
C
G
기 쁨 의 - 찬 송 드 - 리 리
기 쁨 의 - 경 배 드 - 리 리
Am
G/B
주 를 향 - 한 - 나 의 사 - 랑 -
C
D
멈 출 수 없 - 네 - 멈 출 수 없 - 네 -
G
3
Em
나 - 기 쁨 의 춤 추 리 - - 내
1. C
D
모 든 슬 - 픔 바 꾸 셨 네 - -
2. C
D
G
모 든 삶 - 주 안 - 에 - 있 네

385 주 내 맘에 모신 후에

(Since I started for the kingdom)

William J. Gaither

G G7 C CM7 G Em7 Am7 D7

주 내맘 에모 신후에 날 주 장하시 네 –

G G7 C Cm G Em

주 께내 맘 드 린 후에더 욱 섬길 수–록더

D7 C/G G D7 G

귀한주 님 – 더 욱 섬길 수록더 귀 한주 님 더

D7 G C2/D G G7

사 랑할 수 록주 날 사랑 해 매 일 내맘 속 에기

C Cm G Em D7 G

쁨 넘치 네 더 욱 섬길 수–록 더 귀 한주 님

G Em D7 G

– 더 욱 섬길 수–록 더 귀 한주 님 –

주는 나의 빛

(I Am Strengthened In Him)

정무유 & 유지정

주는나의빛 - 나의구원의반석 - 주님 안 에 -
소 망 - 있 네 나 의 모든 죄 -
허물용 서 하셨네 - 찬양 하 리 - 오 직 - 예 수
위 대 한 나 의 구원 자 - 다시 사 신 - 영광의 주 저
원수의머리를깨뜨린승리의 왕 찬송과 존 귀 와영 광 -
다시 오 실 - 어린양 께 온땅과하늘이다경배해오 직 예 수
두 려 전혀 없 네 - 나의 힘 과능력되신 주
오 직 믿음 으 로 - 세 상을이기리 라

387 주는 우리의 기쁨

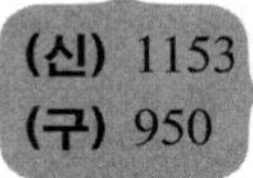

D Bm G A7
주 는 우 리 의 기 쁨 우 리 생 명 우 리 의 희 망 -

D Bm G A7 D
주 여 당 신 없 이 는 우 리 아 무 것 도 아 니 리

Fine

G D Bm G F♯
때 때 로 우 리 삶 엔 차 갑 고 어 둔 밤 이 옵 니 다

G D Bm E A A7
주 여 당 신 벗 되 어 당 신 앞 에 나 아 가 리

D.C.

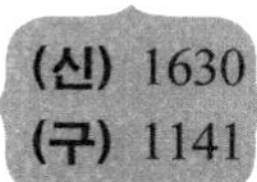

주는 평화

(He is our peace)

Kandela Groves

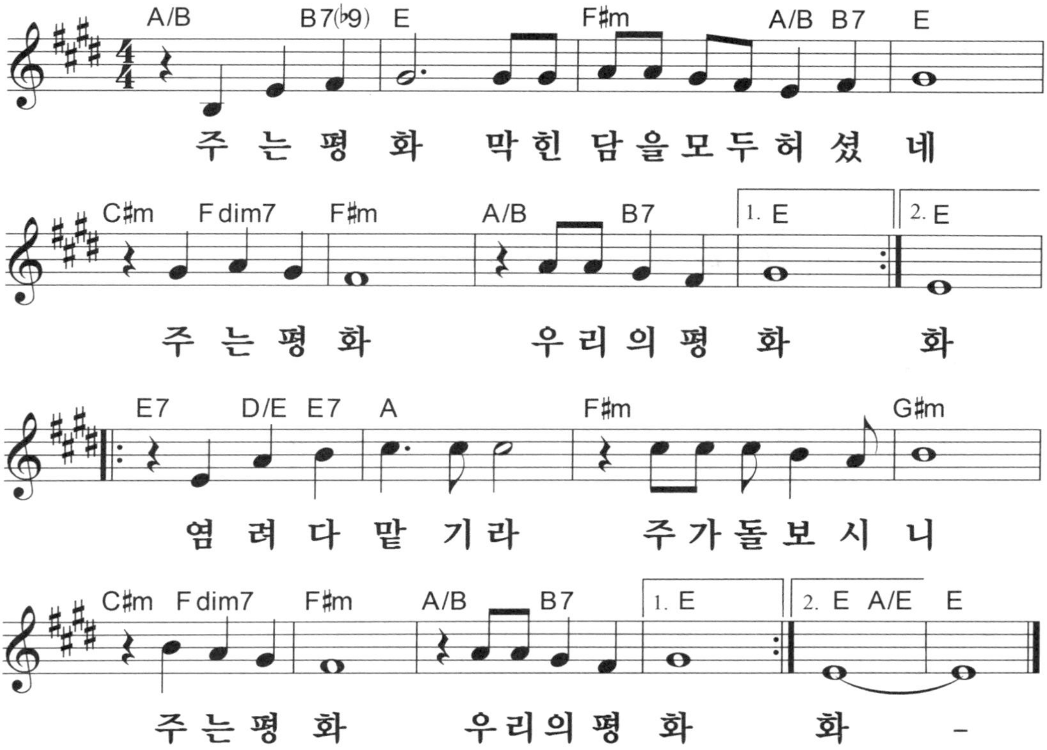

A/B B7(♭9) E F♯m A/B B7 E

주 는 평 화 막 힌 담 을 모 두 허 셨 네

C♯m F dim7 F♯m A/B B7 1. E 2. E

주 는 평 화 우 리 의 평 화 화

E7 D/E E7 A F♯m G♯m

염 려 다 맡 기 라 주 가 돌 보 시 니

C♯m F dim7 F♯m A/B B7 1. E 2. E A/E E

주 는 평 화 우 리 의 평 화 화 -

389 주님 가신 길

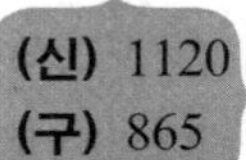

김영기

G G7 C G Em7

주님가신길 십자가의길 외롭-고
머리-에는 가시면류관 허리에는
마르는눈물 타는목마름 피로찌든
우리의생명 주께드리네 나의자랑

A7 Am7 D7 G G7

무거웠던길 - 골고다의
굵은창자욱 - 손과발목
십자가위에 - 하늘향해
십자가일세 - 나의생애

C G Am7 G/D D7 G G7

거친언덕길 지치-신 주님의음성 -
다-찔리신 지치-신 주님의모습 -
호소하시는 버림받은 주님의영혼 -
주님가지사 주님영광 나타내소서 -

C G Em7

오나의주님 용서하소서 - 죄인위해

A7 Am7 D7 G G7

고난받으셨네 - 이세상에

C G Am7 G/D D7 G

생명주시길 그렇게도 원하셨던길 -

(신) 2098
(구) 1751

주님같은 반석은 없도다

390

(만세 반석 / Rock of Ages)

Rita Baloche

A D/A A D/A A D/A A D G/D
주님같은 반석은없 - 도다 찬 양받기
D G/D A D/A A D/A E E sus4
합 당하신 - 이 름 - 변 치않으시 - 는
E E sus4 F♯m D
구 원의반석 - 신 실하시고 - 진실하 - 신주
Bm D A D/A A A sus4
주님같은 반석은없 - 도 다
A F♯m D A
만 세반 - - - 석 예 수내 - 반 - 석
E F♯m D A
만 세반 - - - 석 예 수내 - 반 - 석
E G D A
주님같은 반석은없 - 도 다

391 주님 곁으로 날 이끄소서

(신) 2069
(구) 1734

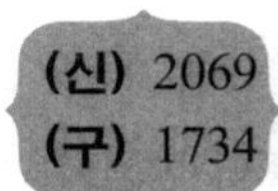

(Draw me close to You)

Kelly Carpenter

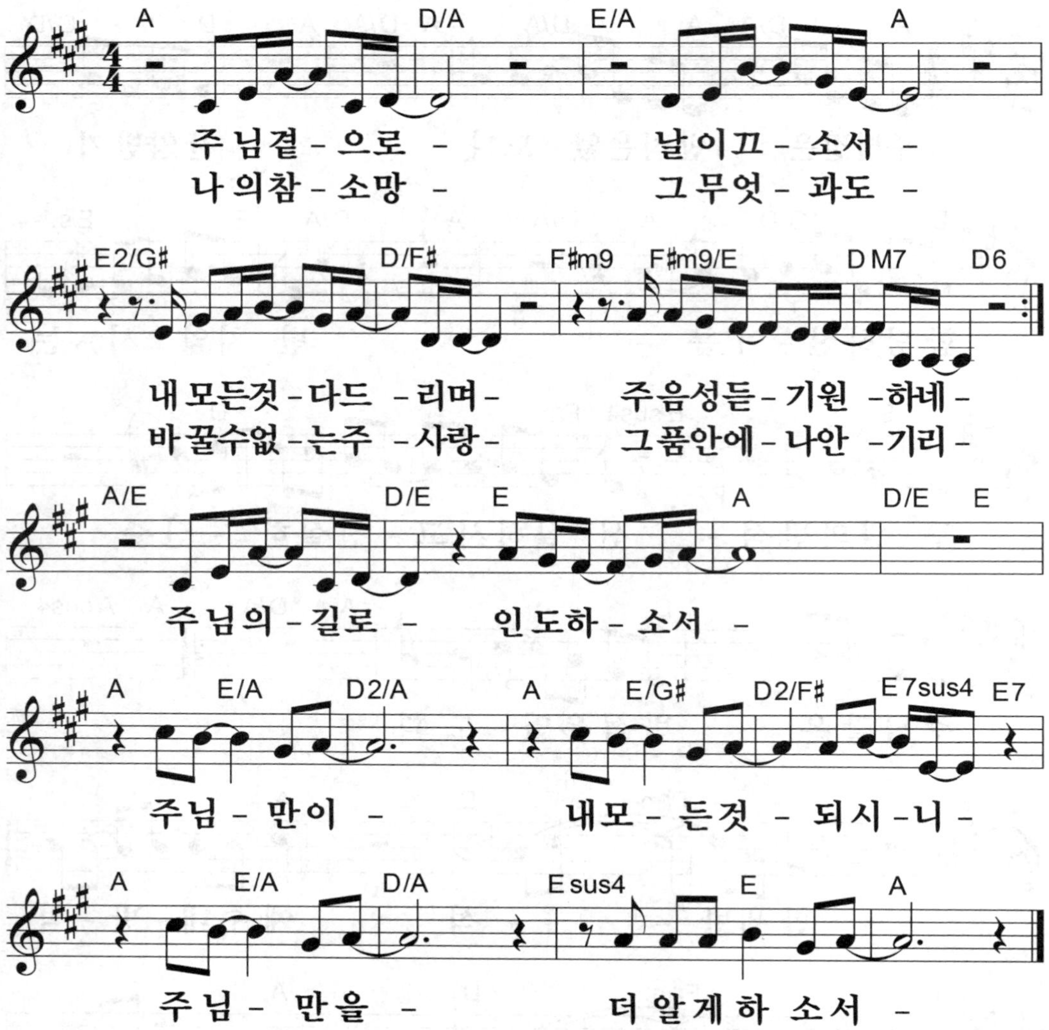

A D/A E/A A
주님곁 - 으로 - 날이끄 - 소서 -
나의참 - 소망 - 그무엇 - 과도 -
E2/G# D/F# F#m9 F#m9/E D M7 D6
내모든것 - 다드 - 리며 - 주음성듣 - 기원 - 하네 -
바꿀수없 - 는주 - 사랑 - 그품안에 - 나안 - 기리 -
A/E D/E E A D/E E
주님의 - 길로 - 인도하 - 소서 -
A E/A D2/A A E/G# D2/F# E7sus4 E7
주님 - 만이 - 내모 - 든것 - 되시 - 니 -
A E/A D/A E sus4 E A
주님 - 만을 - 더알게하 소서 -

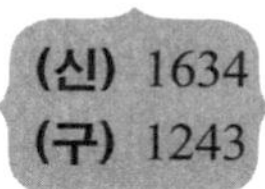

주님과 같이

(There is none like You)

Lenny LeBlanc

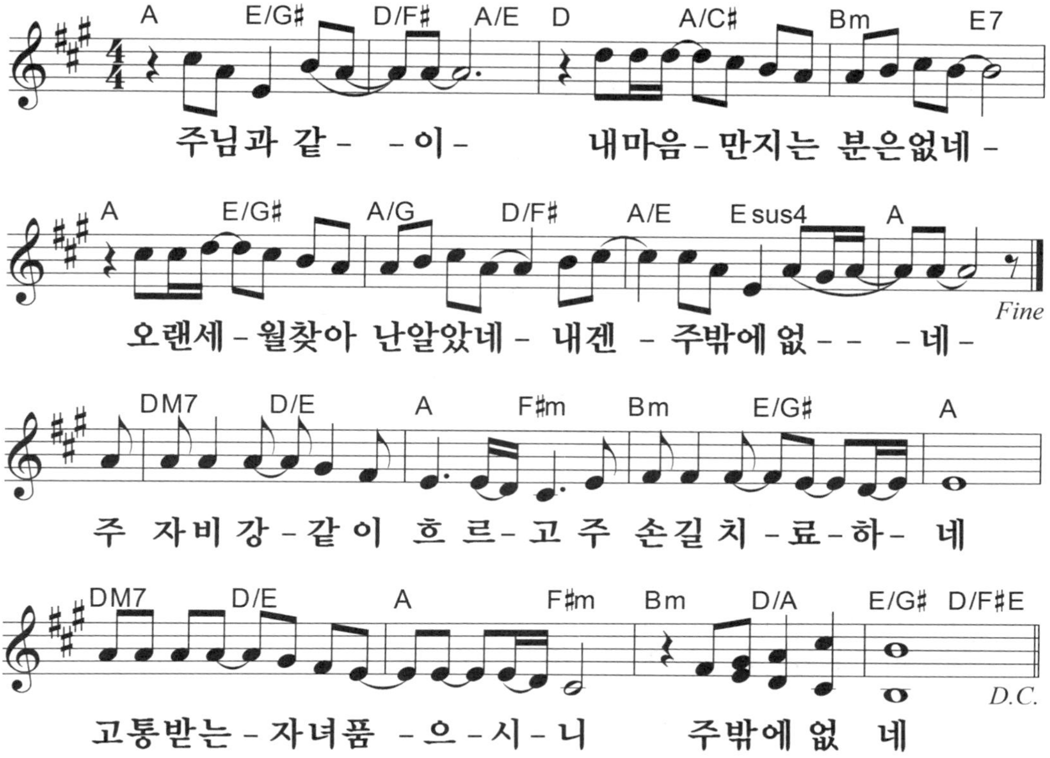

A E/G♯ D/F♯ A/E D A/C♯ Bm E7

주님과 같 - - 이 - 내마음 - 만지는 분은없네 -

A E/G♯ A/G D/F♯ A/E E sus4 A

오랜세 - 월찾아 난알았네 - 내겐 - 주밖에 없 - - - 네 -

Fine

DM7 D/E A F♯m Bm E/G♯ A

주 자비강 - 같이 흐르 - 고 주 손길치 - 료 - 하 - 네

DM7 D/E A F♯m Bm D/A E/G♯ D/F♯E

고통받는 - 자녀품 - 으 - 시 - 니 주밖에 없 네

D.C.

393

주님과 함께 하는

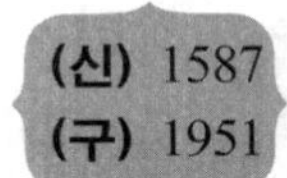

(온 맘 다해 / With all my heart)

(신) 1587
(구) 1951

Babbie Mason

F F/A C/B♭ B♭ D7/A Gm7
주 님과함께하는 이 고요한-시-간 주 님의보좌앞에
나 염려하잖아도 내 쓸것아-시-니 나 오직주의얼굴
C7sus4 C7 Am7 Dm7 /C B♭ F/A
내 마음을-쏟-네 모든것아시는주님 께 감출것없네
구 하게하-소-서 다 이해할수없을때라 도 감사하며
Gm7 F/A B♭M7 B♭6 C7sus4 C7
내 맘과정성다해 주 바라나-이- 다
날 마다순종하며 주 따르오-리- 다
F F/A B♭M7 B♭6 D7/A Gm7 /F C7sus4 C7
온맘다해 사랑합니다- 온맘다해 주알기원하네
Dm /C G9/B G7/B F/C B♭/C C7 F
내모든삶 당신것이니 - 주만섬기 -리 온맘다해

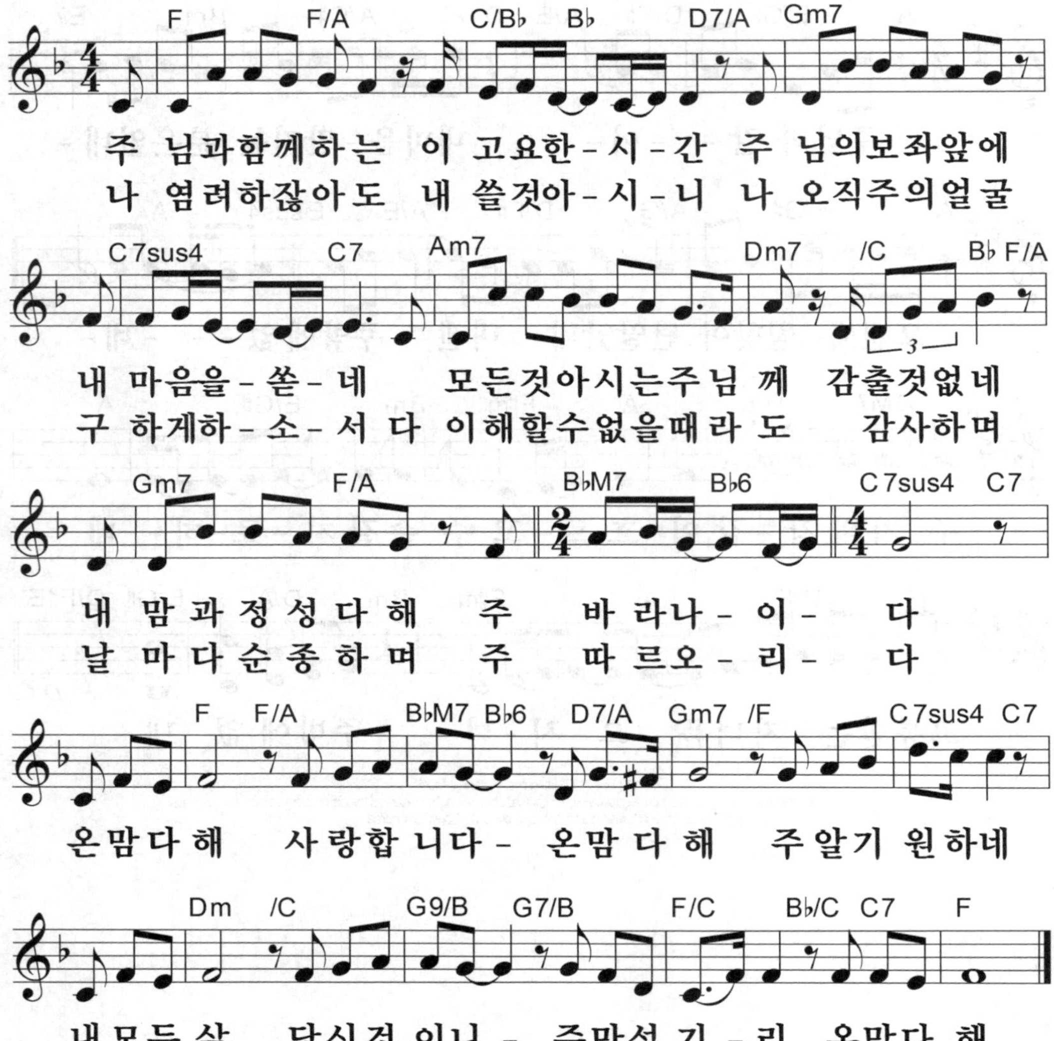

주님께서 세운 교회 394

황의구

E A
주 님 께 서 세 운 교 - 회 날 로 날 로 부 흥 되 도
E B7 E
다 여 기 모 인 주 의 백 성 모 두
1. F♯ B 2. B B7
은 혜 충 만 하 도 다 주 님 은 혜 충 만 하 도
E A A
Fine
다 은 혜 가 충 만 한 교 회 - 말 씀 이
E A
충 만 한 교 회 - 사 랑 이 충 만 한 교 회
A E B/F♯ B B7
D.C. al Fine
- 성 령 이 충 만 한 교 회 -

395

주님께 영광을

(주님께 알렐루야)

(신) 1191
(구) 641

최덕신

D2 D♯dim7 Em7 A A7 DM7

주 님 께 영 - 광을 - 주 님 께 감 - 사를 -

Bm7 Em7 E7 E9/G♯ Asus4

주 님 께 찬 - 양을 - 할 렐 루 야

A7 D♯dim7 Em7 A A7 D2

- 우 리 의 젊 - 음을 - 모 두 다 바 - 쳐서 -
- 우 리 의 가 - 진것 - 모 두 다 바 - 쳐서 -

Bm7 Em7 Asus4 A7 D2

주 님 을 사 - 랑해 - 할 렐 루 야

(신) 1208
(구) 765

주님께 찬양하는

현윤식

G C G Am
주님께 - 찬양하는 우리의 마 음 얼마나
서로를 - 사랑하는 우리의 마 음 얼마나
복음을 - 전파하는 우리의 마 음 얼마나
D7 G G7 C Am
아름 다 운 지 - 주 님께 - 찬 양하는
아름 다 운 지 - 서 로를 - 사 랑하는
아름 다 운 지 - 복 음을 - 전 파하는
G Em Am7 D7 G C G
모 - 든 순 간 내 마 음 천 국 일 세 -
G Bm Em C D7 G G7
찬 양 찬 - - - - 양 주님 께 찬양 드 려 요 -
사 랑 사 - - - - 랑 서로 를 사랑 해 - 요 -
복 음 복 - - - - 음 복음 을 전파 해 - 요 -
C Am G Em
두 손을 - 높 이 들 고 마 음을 모 아
Am7 D7 G C G
주 님 께 찬 양 드 려 요 -
서 로 를 사 랑 해 - 요 -
복 음 을 전 파 해 - 요 -

397 주님 나를 부르셨으니

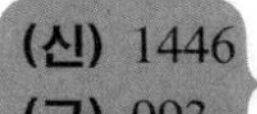
(신) 1446
(구) 993

윤용섭

D A7 D A Asus4
주님 나 를부르셨으 니 주님 나 를부르셨으 니
주님 나 를사랑했으 니 주님 나 를사랑했으 니
주님 나 를구원했으 니 주님 나 를구원했으 니

D Bm Em A D

내모 든 정 성 내모 든 정 성 주만위 해바칩니 다
이몸 바 쳐 서 이몸 바 쳐 서 주만따 라가렵니 다
소리 높 여 서 소리 높 여 서 주만찬 양하렵니 다

A D E Asus4
주 - 님 주 - 님 나의기 도들 으 - 사
Bm G D Em A D
영원토 록주 님만을 사모 하 게하옵소 서
언제까 지주 님만을 사모 하 게하옵소 서
할렐루 야주 님만을 사모 하 게하옵소 서

(신) 1314
(구) 977

주님 내가 여기 있사오니

398

(나를 받으옵소서)

최덕신

D G/D A/C♯ Bm A/C♯ D D7
주님 내 가여기있 사오니 나를보 내소- 서
GM7 A/G F♯m7 Bm7 Em7 Asus4 A7
나의맘 나의몸 주께드리오-니 주 받으옵 소 서
D G/D A/C♯ Bm A/C♯ D
주님내 가 여 기있 사오니 나를써 주 소- 서
GM7 A/G F♯m7 Bm7 Em7 A7 D C/E D/F♯
가진 것 모두다 주께드리오-니 주 받으옵 소 서
GM7 A/G F♯m7 D♯dim7 Em7 A7 D C/E D/F♯
할 렐 루 - 야 할-- 렐 - 루 - 야
GM7 A/G F♯m7 Bm7 Em7 A7 1. D G/A
할 렐 루 - 야 ---- 할 - 렐 루 야 주님
2. D Em7 A7 D Bm7 Em7
야 나를 받 으 옵 소 서 나를 받 으
G/A A Bm /A GM7 D/F♯ Em7 Asus4 Dsus4 D
옵 소 서 -

399 주님 내가 주의 장막을

(소원)

전은주

F G m7 F/A B♭ F/A G m

주님 내가주 - 의장 - 막을 - 사모합 - 니다 - 오 직주 - 의임 - 재를 -

C F C/E G m7 D m D m/C

갈망합 - 니다 - 주의 집에서 - 의하 - 루가 - 다른곳의천 - 날보 - 다 좋으니

B♭ F/A G m7 B♭/C C F B♭/D C/E

- - 주사랑안에머 - 물 며 - 사랑노 래합 - 니다 - 나의

F C/E G m7 D m7 B♭ F/A

평 - 생에 - 단 한가지 - 소원 - - - 주의 아 름 다 우 심 보며 - 사랑

G m7 C C/E F C/E G m7 D m

노 래 하는것 - - 나의 왕 - 되신 - 주 님의 - 얼굴 - - 구하며

B♭ F/A B♭ B♭/C C F

- - 주사랑안 에머 - 물 러 - 사랑노 래합 - 니다 -

(신) 1719
(구) 772

주님 내 길 예비하시니 400

(여호와 이레)

홍정표

401 주님 내 길을 잘 아시고

(내 삶은 주의 것)

김명선

주님 내 길을 잘 아시고

B sus4 B 1. F♯m7 B sus4 B
- 고난중에 - 순종 - 을 배워가며 - 너의
F♯m7 B sus4 B 2. G♯m7
모든삶맡 - 겨드 - 리라 - 고난중에 - 순종 - 을
C♯sus4 C♯ G♯m7 C♯sus4 C♯
배워가며 - 너의 모든삶맡 - 겨드 - 리라 -
F♯ B F♯ C♯sus4 C♯ D♯m7 B F♯ C♯sus4 C♯
내
F♯ C♯/F B/D♯ F♯/C♯ F♯/A♯ B F♯/A♯
삶은주 - 의것 - 내 삶은주 - 의것 - 온 전한신 - 뢰를 -
G♯m7 C♯sus4 C♯ D♯m7 C♯/F F♯sus4 F♯/A♯ B F♯/A♯
주께드 - 리네 - 보 이지않 - 아도 - 믿 음으로 - 걷 - 네 주
G♯m7 F♯/A♯ 1. B F♯ 2. B F♯
영광바라보 - 며 - 주만따 - 르네 - 주만따 - 르네 -

402 주님 내 아버지

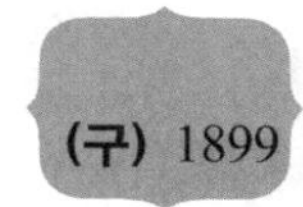

(Father, O my father)

(구) 1899

Stephen Hah

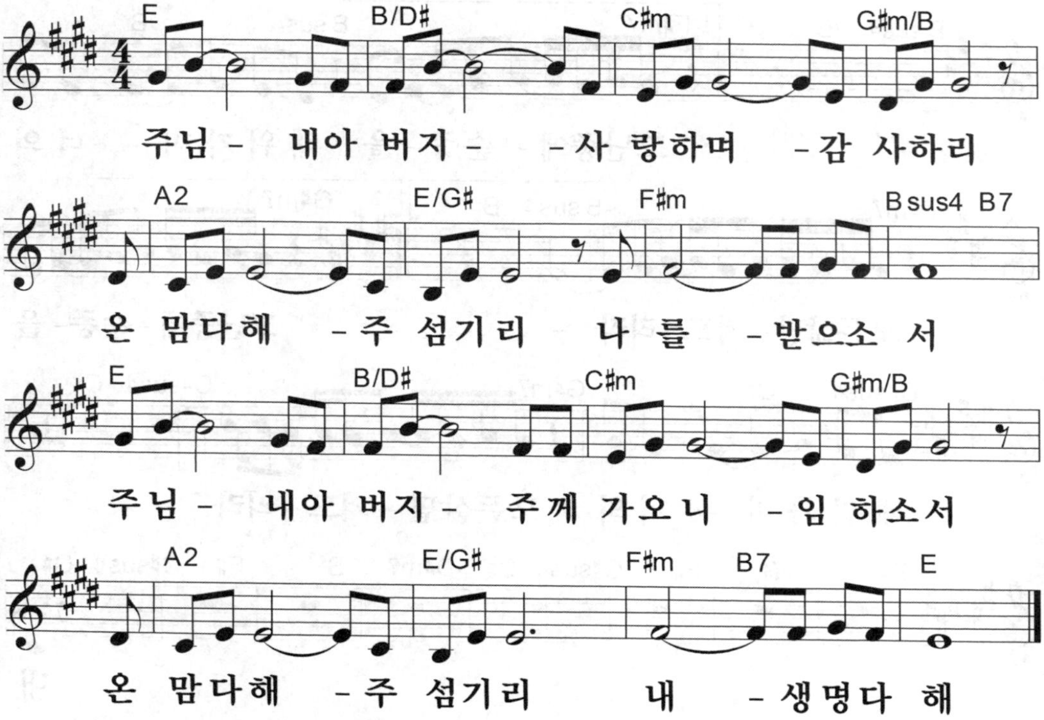

E B/D# C#m G#m/B
주님 - 내아 버지 - -사 랑하며 -감 사하리
A2 E/G# F#m Bsus4 B7
온 맘다해 -주 섬기리 나 를 -받으소 서
E B/D# C#m G#m/B
주님 - 내아 버지 - 주께 가오니 -임 하소서
A2 E/G# F#m B7 E
온 맘다해 -주 섬기리 내 -생명다 해

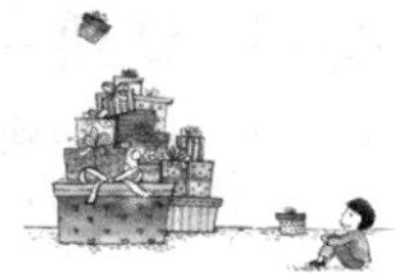

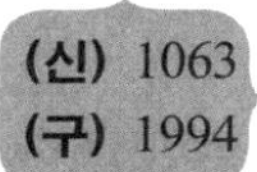

(신) 1063
(구) 1994

주님 다시 오실때까지

403

고형원

C G/B Am FM7 G C
주 님다시오실 때 까-지나-는 이길을가리 라
Am Em F G7 C G
좁은- 문 좁은- 길 나 의십자가지 고
C G/B Am FM7 G C
나 의가는이길 끝 에-서 나-는 주님을보리 라
Am Em F G7 C G/B
영광- 의 내주- 님 나 를맞아주시 리
Am Em F G7
주님다시오실때까- 지 나는일어나 달려가리라
Am Em F Dm7 Gsus4 G
주의영광온땅덮을- 때 나는일어나노래하 리
C Am F Gsus4 G
내 사모하는주 님-- 온세 상 -구주시 라
C Am F G7 C
내 사모하는주 님-- 영광 의 왕이 시 라

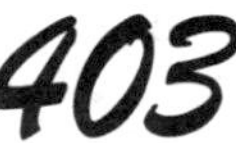

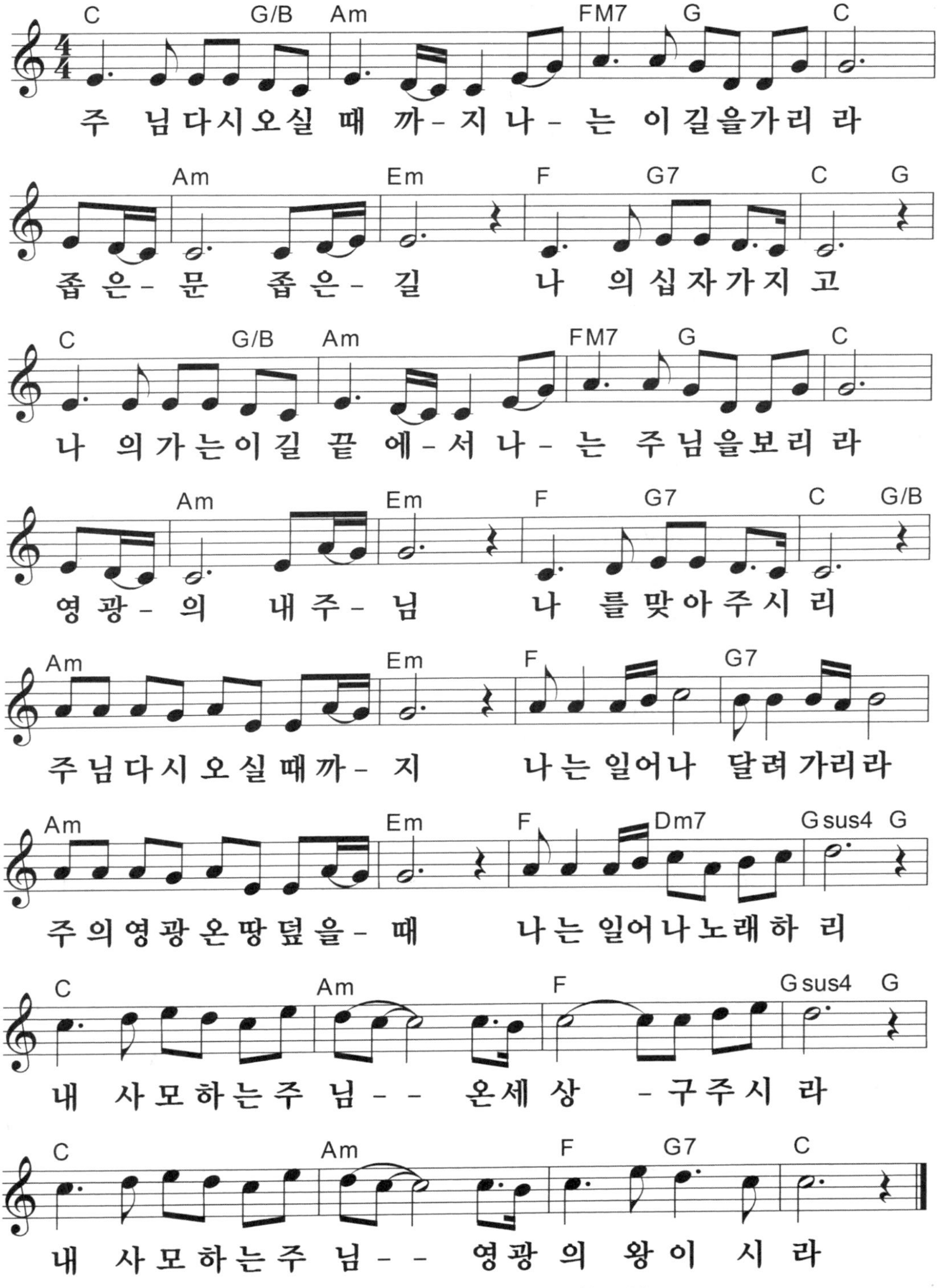

404 주님 당신은 사랑의 빛

(비추소서 / Shine Jesus, Shine)

Graham Kendrick

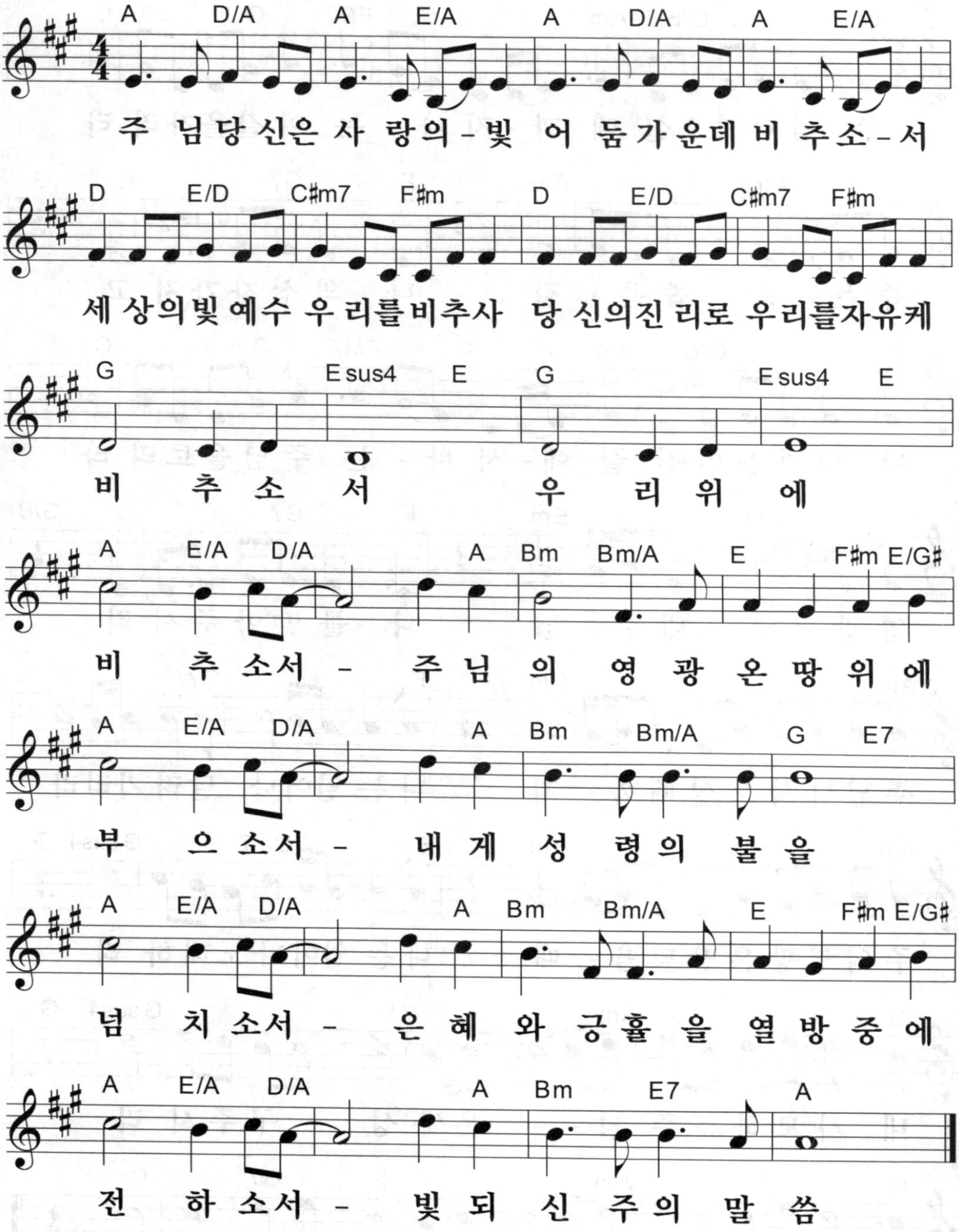

A D/A A E/A A D/A A E/A

주 님당신은 사 랑의 - 빛 어 둠가운데 비 추 소 - 서

D E/D C♯m7 F♯m D E/D C♯m7 F♯m

세 상의빛 예수 우 리를비추사 당 신의진 리로 우리를자유케

G Esus4 E G Esus4 E

비 추 소 서 우 리 위 에

A E/A D/A A Bm Bm/A E F♯m E/G♯

비 추 소서 - 주 님 의 영 광 온 땅 위 에

A E/A D/A A Bm Bm/A G E7

부 으 소서 - 내 게 성 령 의 불 을

A E/A D/A A Bm Bm/A E F♯m E/G♯

넘 치 소서 - 은 혜 와 긍 휼 을 열 방 중 에

A E/A D/A A Bm E7 A

전 하 소서 - 빛 되 신 주 의 말 씀

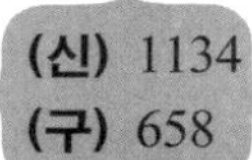

주님 뜻대로

Norman Johnson

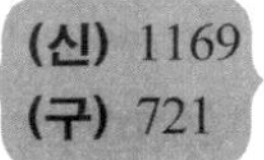

주님 사랑해요

406

이정림

말하지 않아도 표현다 못해도 주님 - *사랑해 요 -

* 찬양해요
감사해요

407 주님 뜻대로 살기로 했네

(돌아서지 않으리 / No turning back)

김영범

C F2/C C F2/C C F2/C C F2/C C F2/C

주님뜻 대 로 - 살 기 로 했 네 - 주님뜻 대 로 -
이세상 사 람 - 날 몰 라 줘 도 - 이세상 사 람 -
세상등 지 고 - 십 자 가 보 네 - 세상등 지 고 -

C F2/C C F2/C C F2/C C F2/C C F2/C C F2/C

살기로 했 네 - 주님뜻 대 로 - 살기로 했 네 -
날몰라 줘 도 - 이세상 사 람 - 날몰라 줘 도 -
십자가 보 네 - 세상등 지 고 - 십자가 보 네 -

C F2/C Em7 Dm7 C F2/C C F2/C Em7

뒤돌아서 - - 지 - 않겠네 - - - - 뒤돌아서 - - 지

Dm7 C G/F F C/E

- 않 겠네 - 어떠한 시 련이 - 와 도 - 수많은
이 해못 - 하 고 - 우리를

G/F F C Am D7

유 혹속 - 에 도 - - - 신실하 신 - 주님 - 약속 - 나붙들 리라
조 롱하 - 여 도 - - - 신실하 신 - 주님 - 약속 - 만붙들 리라

1.G sus4 G 2.G sus4 G C F/C C

- - 세상이 - 결코 돌아서지 않 으리

주님만이 나를 아시네

(예배하는 이에게)

김진호

E♭ F m7 A♭/B♭ B♭/D E♭sus4 E♭ B♭/D

주님만이 – – 나 를아시네 – 내모든삶 – 주가 만지시 – 네 –
주님만이 – – 온 땅의소망 – 내삶속의 – 유일 한자랑이라 –

C m7 /B♭ A♭ F m7 A♭/B♭ 1.E♭ A♭/B♭

주님앞에 – 예배 하는이에게 – – 큰 은혜를 – 부어 – 주시리 –
주님앞에 – 기도 하는이에게 – – 큰 은혜를 – 부어 – 주시리

2. E♭ D♭/E♭ E♭/G A♭M7 A♭m6 E♭/G B♭/C C 7(♯9)

– 만 왕 의 왕 – – 나를 기 르 시 는 목 자 요

F m7 A♭/B♭ B♭m7 D♭/E♭ E♭/G A♭M7 A♭m6 E♭/G C7(♭9)

내모든삶 – 주가 다스리시니 – 주님 – 뜻을 – 따르길 원하네 오

F m7 F/A A♭/B♭ E♭ F m7

주 한분만바 – 라 – – 네 – 주님만이 – – 나 를아시네 –

A♭/B♭ B♭/D E♭sus4 E♭ B♭/D C m7 /B♭ A♭ F m7

내모든삶 – 주가 만지 시 – 네 – 주님앞에 – 예배 하는이에게 – – 큰

A♭/B♭ C m7 G m/B♭ A♭ E♭/G F m7 A♭/B♭ A♭/E♭E♭

은혜를 – 부어 – 주시리 – 큰 은혜를 – 부어 – 주시리 –

409 주님만이 나의 구원

(주님만이)

강명식

G C/G G Em C/E Em

주님만이 - 나 의구원 - 주님만이 - 나 의반석 - 나는 영
주님만이 - 나 의승리 - 주님만이 - 나 의능력 - 나는 더

E♭ B♭/D Cm F G 1. B♭ E♭ F 2. G

- 원히 주 찬양하리 -
- 욱더 주 의지하리 -

Am7 B7 Em7

1. 아 무것 - 도 - 보 이지 - 않 는
2. 내 모습 - 에 - 절 망할 - 때 도

Am7 B7 Esus4 E D/F♯ E/G♯

광 야의 - 길 - 걸 어갈 - 때 도 -
원 수가 - 날 - 조 롱할 - 때 도 -

Am7 G/B C G/B

보이지않 - 는 주 님의손이 - 나를붙잡 - 고 인 도하시니 -
나를향하 - 신 주 님의사랑 - 끝까지나 - 를 사 랑하시니 -

Am7 F D7 E7

나두렴없 - 이 달 려가 - 리 라 -
나기쁨으 - 로 선 포하 - 리 라 -

주님만이 나의 구원

A D/A A F♯m D/F♯ F♯m
사망이나 - 생 명이나 - 이세상의 - 그 무엇도 - 주사랑
F C/E Dm G A 1.C F G 2.A
- 에서 끊 을수없네 -
A D/A A F♯m D/F♯ F♯m
주님만이 - 나 의구원 - 주님만이 - 나 의반석 - 나는영
주님만이 - 나 의승리 - 주님만이 - 나 의능력 - 나는더
F C/E Dm G A 1.C F G 2.A
- 원히 주 찬양하리 -
- 욱더 주 의지하리 -
A D/A A F♯m D/F♯ F♯m
주 님 만 이 - 주 님 만 이 -
F C/E Dm G A
주님만이 - 주님만이 -

410 주님 말씀하시면

(신) 1773
(구) 1757

(말씀하시면)

김영범

주님 앞에 간구했었던 411

(내 한 가지 소원 / One thing have I desired)

Stuart Scott

E AM7 A6 AM7 A6 F♯m B
주 님앞에 - 간 구 했었던 한 가지 - 그 - 것 - - 은 구
E AM7 A6 A/B E B/D♯
하 리니 - 내일생 - 주전에 - 거 하게 - 하소 서 주의
C♯m G♯m7 F♯m7 A/B E B/D♯ C♯m G♯m7
아 름다 - 움 늘 바라보 - 면서 - 내가 주 님전에 - 서 주
F♯m7 A/B E C♯m G♯m F♯m7 A/B E
찬양하 - 리라 - 주의 아 름다 - 움 늘 바라보 - 면서 - 내가
C♯m G♯m F♯m7 A/B E
주 님전에 - 서 주 찬 양하 - 리라 -

412 주님여 이 손을

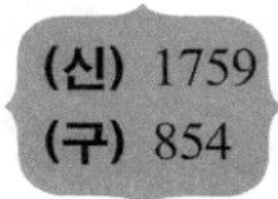

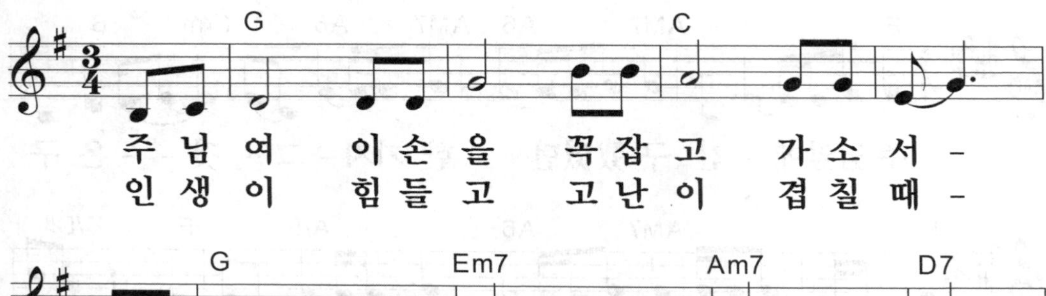

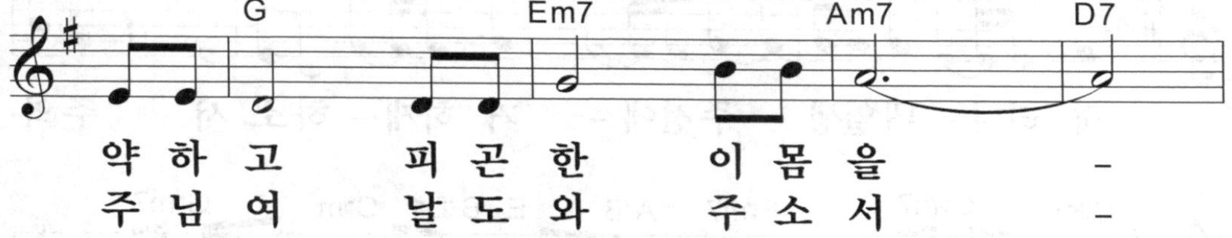

약 하 고 피 곤 한 이 몸 을
주 님 여 날 도 와 주 소 서

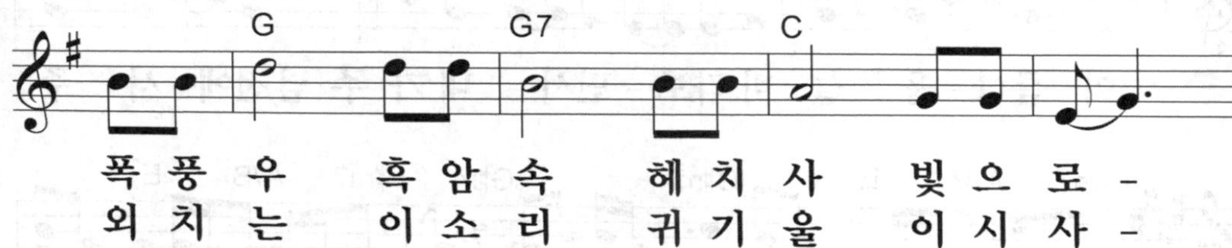

폭 풍 우 흑 암 속 헤 치 사 빛 으 로
외 치 는 이 소 리 귀 기 울 이 시 사

손 잡 고 날 인 도 하 소 서

주님은 신실하고 413

(Sweeter Than The Air)

Scott Brenner & Andre Ashby

G/B C Dsus4 D/F# G G/B C Dsus4 B/D#

주님 - 은 - 신실하 고 - 항상거기 - 계 - 시 네

Em7 G/D C Dsus4 D G G/B

- 주사랑을뭐 - 라할까 - 주사랑 - 이내생

C Dsus4 D G G/B C Dsus4 B/D#

명보다귀 - 하 - 고 - 주사랑 - 이파도 보다더강 - 해 - 요

Em7 G/D C A/C# D /C G/B G

- 세월이 - 가고꽃 은시들어도 - 주사랑 - 영원해 - 주님

1. C2 Dsus4 D 2. C2 Dsus4 D G C/G G

- 사랑 - 신실해 - 요 - 사랑 - 신실해 - 요 - -

414 주님을 사랑하는 기쁨을

(예수 예수 예수)

배지완

F C/E Dm7 F/C

주님을 – 사랑하 – 는기쁨을 – 그즐거움 – 을빼앗기

B♭ C sus4 F C/E

– 지않 – 게 – 하소 – 서 주님을 – 사랑하 – 는 기쁨을

Dm7 F/C B♭ C sus4

– 그즐거움 – 을빼앗기 – 지않 – 게 – 하소 서 – – 예수

F C/E Dm7 F/C B♭ C sus4

– 예수 – 예수 – 예수 – 주님을 – 사랑합니 – 다 – 예수

F C/E Dm7 F/C B♭ C 1, 3. F 2. F

– 예수 – 예수 – 예수 – 주님을 – 사랑합 – 니다 – 예수 –

last time Fine

F C/E Dm7 F/C B♭

호 – – – 산 – 나 – 호 – – – 산 – 나 – 어 서 오 셔 서

C sus4C F C/E Dm7 F/C B♭

– (우리왕 –) 호 – – – 산 – 나 – 호 – – – 산 – 나 – 어서오셔서

C sus4 F sus4 C/E Dm7 F/C B♭ B♭/C

– 우리왕 –

D.C.

주님을 사랑하는 기쁨을

4.
F
C/E
- 오직 예수이름에능 력있 - 네 예수이름에치유있 - 네
D m7
D m7/A
B♭
F
예수이름에권 세- - 있네 - 오 직 예 수이름에회복있 - 네
C/E
D m7
D m7/A
B♭
예수이름에자 유있 - 네 예 수이름 에구 원- - 있네 - 예수
D.S.

415 주님의 사랑이 이곳에

(주님 사랑 온누리에)

(신) 1394
(구) 1812

채한성

F F7/E♭ B♭/D B♭m/D♭ F/C G/B Gm7 C7
주 님의사랑이 - 이 곳에가득하기를 - 기도합 - 니 다
님의은총이 - 이 곳에가득하기를 - 기도합 - 니 다
F F7/E♭ B♭/D B♭m/D♭ F/C Gm7 C7 1.F B♭/C 2.F E♭/F
주 님의평화가 - 우 리들가운데 - 에 있기를원합니 다 주 다
주 님의기쁨이 - 우 리들가운데 - 에 있기를원합니
B♭ C/B♭ Am7 Dm Gm7 C7 F E♭/F
때 로는지치고 - 때 로는곤해도 - 주만을바라보면 서 - - -
B♭ C/B♭ Am7 Dm Gm7 /F C C aug
세 상의고통이 - 내게닥쳐와도 - 주만을사랑하리라 - -
F F7/E♭ B♭/D B♭m/D♭ F/C G/B Gm7 C7
주 님의축복이 - 이 곳에넘 쳐나기를 - 원 합 - 니 다
F F7/E♭ B♭/D B♭m/D♭ F/C Gm7 C7 F
주 님의사랑이 - 이 곳에가득하기를 - 기도합 - 니 다

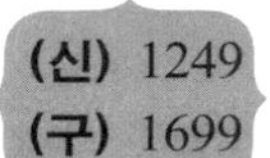

주님의 성령 지금 이곳에 416

(임하소서)

송정미 & 최덕신

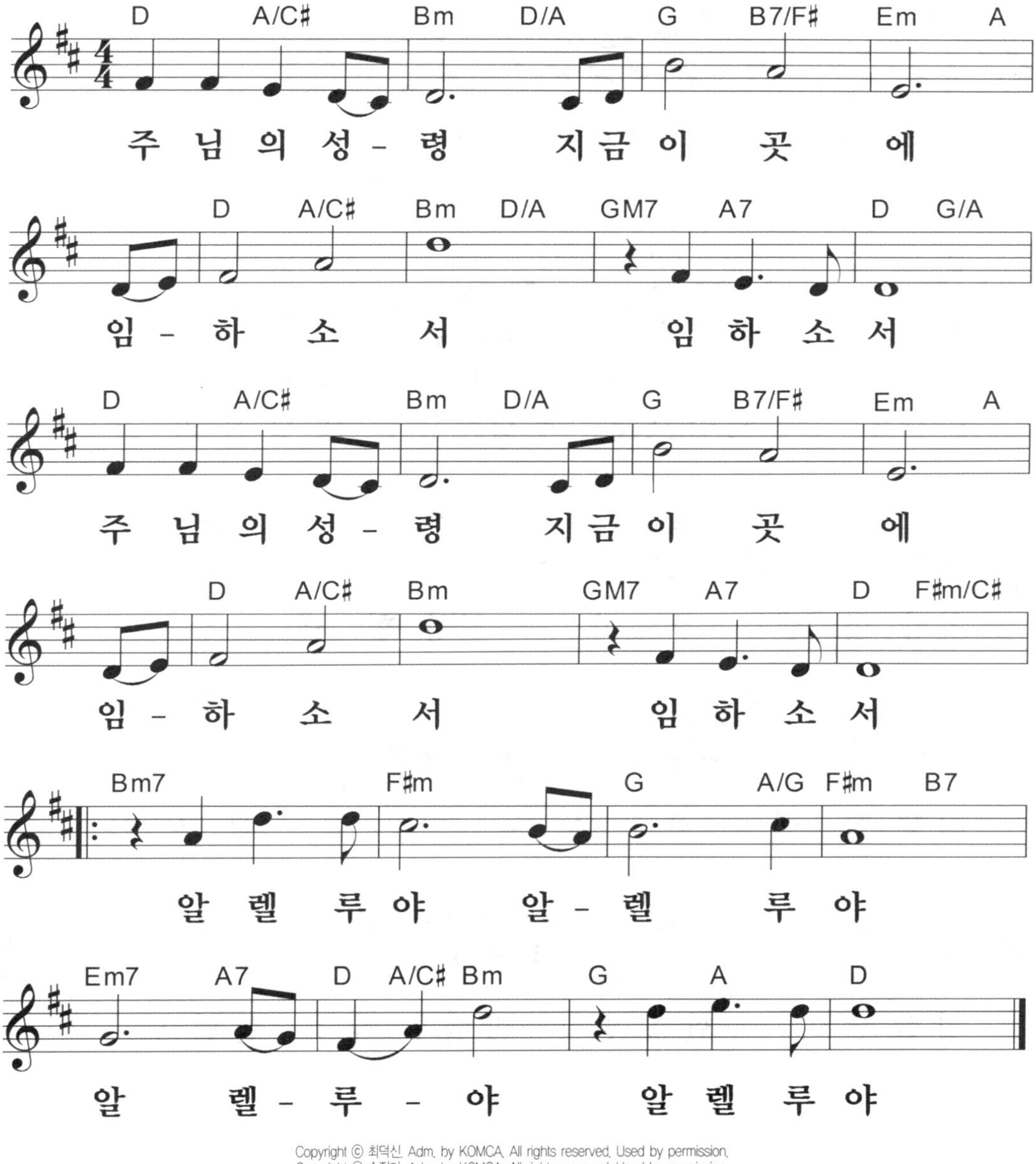

D A/C♯ Bm D/A G B7/F♯ Em A

주 님 의 성 - 령 지 금 이 곳 에

D A/C♯ Bm D/A GM7 A7 D G/A

임 - 하 소 서 임 하 소 서

D A/C♯ Bm D/A G B7/F♯ Em A

주 님 의 성 - 령 지 금 이 곳 에

D A/C♯ Bm GM7 A7 D F♯m/C♯

임 - 하 소 서 임 하 소 서

Bm7 F♯m G A/G F♯m B7

알 렐 루 야 알 - 렐 루 야

Em7 A7 D A/C♯ Bm G A D

알 렐 - 루 - 야 알 렐 루 야

417 주님의 손으로

(Hold me Lord)

Danny Daniels

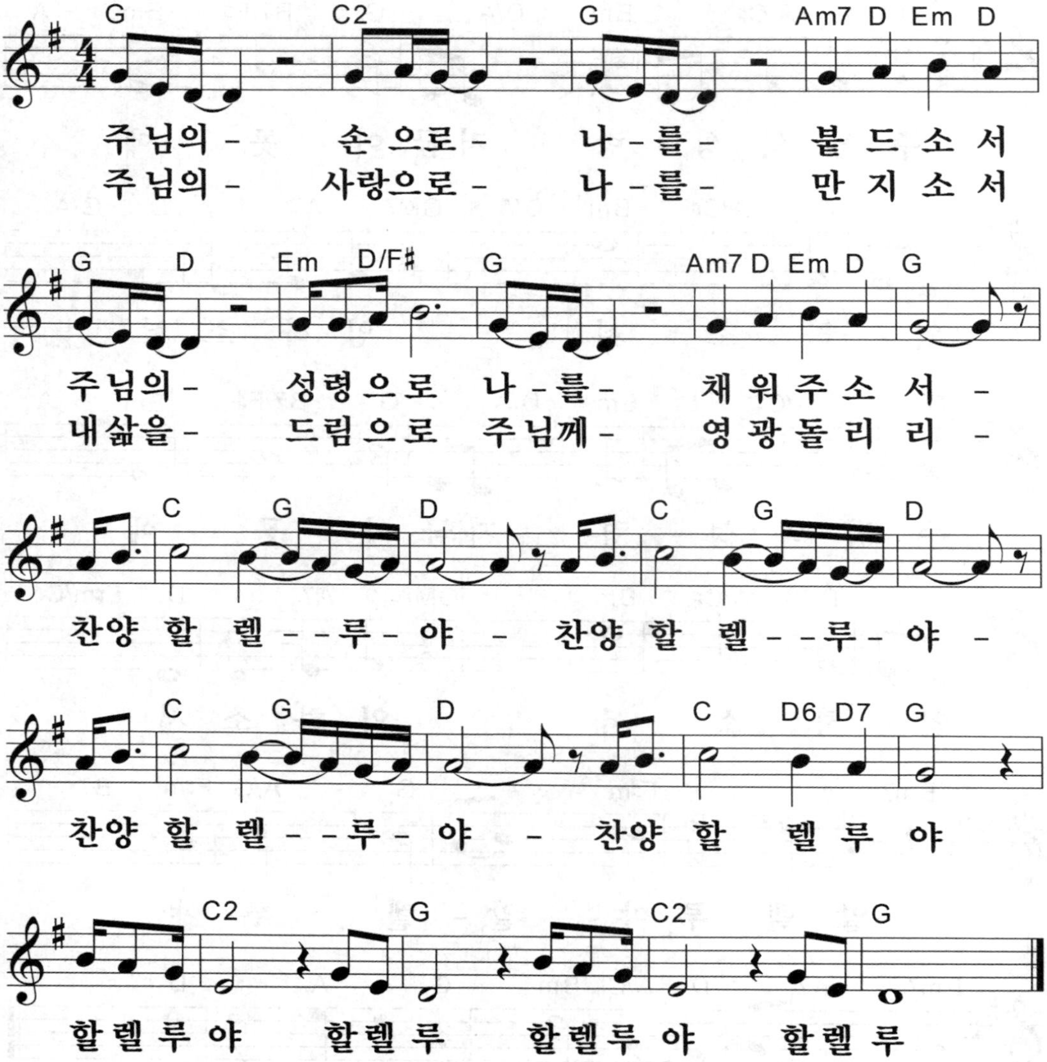

G C2 G Am7 D Em D

주님의 - 손 으로 - 나 - 를 - 붙 드 소 서
주님의 - 사랑으로 - 나 - 를 - 만 지 소 서

G D Em D/F# G Am7 D Em D G

주님의 - 성령으로 나 - 를 - 채 워 주 소 서 -
내삶을 - 드림으로 주님께 - 영 광 돌 리 리 -

C G D C G D

찬양 할 렐 - - 루 - 야 - 찬양 할 렐 - - 루 - 야 -

C G D C D6 D7 G

찬양 할 렐 - - 루 - 야 - 찬양 할 렐 루 야

C2 G C2 G

할 렐 루 야 할 렐 루 할 렐 루 야 할 렐 루

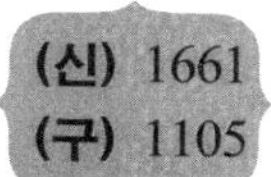

주님의 시간에

418

(In His time)

Linda Diane Ball

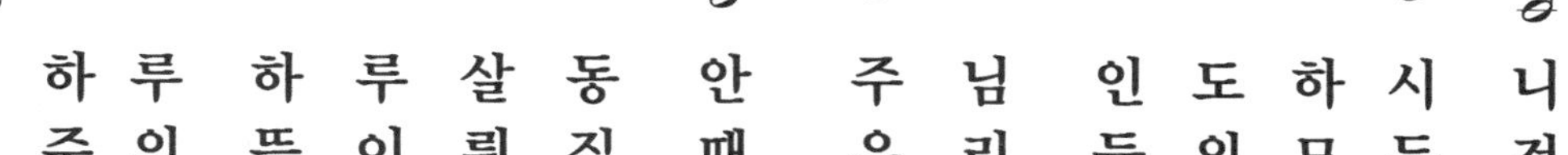

하 루 하 루 살 동 안 주 님 인 도 하 시 니
주 의 뜻 이 뤄 질 때 우 리 들 의 모 든 것

419 주님의 영광 나타나셨네

(The Lord has displayed His glory)

(신) 1650
(구) 762

David Fellingham

G D G

주 님 의 - 영 광 나 - 타 나 셨네 -

Am9 Am7 D sus4 D

권 능 으 - 로 임 하 - 셨 네 -

Am D B7/F# Em

죽 음 에서 날 - 살 리 신 주 성 령 - 놀

Am D G C/G G

라 우 - 신 주 하 나 님 - 할 렐

Am7
루 야 주 의 나 라 가 - - - 할 렐
눈먼 자 는 - 눈을 뜨 며 -

주님의 영광 나타나셨네

Am7 G Em7 Bm E
루 야 임 하 소 – 서 – – – –
– – 저는 자 는 – 걷게되리 –
Am D6 D7 Bm7 E7
나 는 선 포 하 – 리 만 왕 의 왕 예 – 수
Am9 D7 G Am/G G
주 의 나 라 임 하 시 네 – –

420 주님의 영광이 임하여서

(신) 1304
(구) 650

김진호

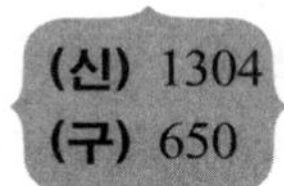

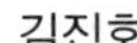

C7 F C7 F
주 님 의 *영 광 이 - 임 하 - 여 서
F7 B♭ Gm7 C7
나 - 의 영 혼 이 - 힘 을 얻 - 었 네
F F7 B♭ Gm7
오 나 의 영 혼 아 - 빛 을 발 - 하 라
C7 F
오 나 의 영 혼 아 - 빛 을 발 하 라

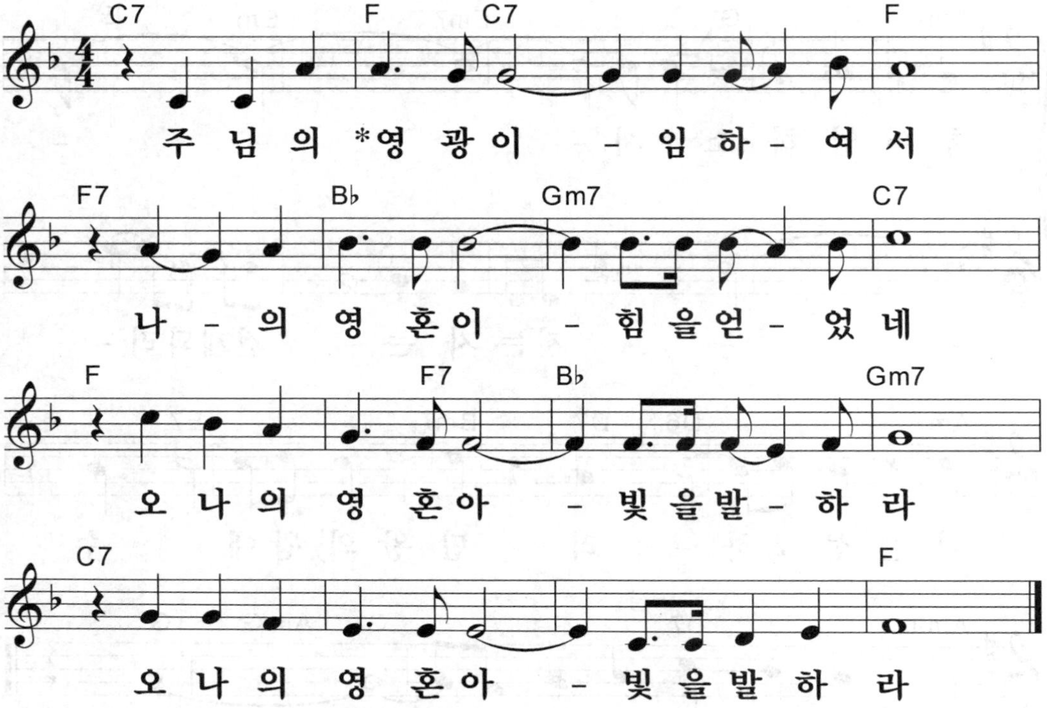

* 성령이, 능력이, 사랑이
기쁨이, 권능이, 은총이

주님의 임재 앞에서

421

박희정

A E D2 A E D2
주님의임재앞에 -서- 권능의날개아래 -서-
F♯m E D2
그의능하신행 -동-을-인하여 찬양해
A E F♯m D2
주 의 나 라 주 의 권 세 찬 양 중 에 임하네
A E F♯m 1.D2
모 든 원 수 굴 복 하 네 주 의 임 재 앞에 -
모 든 원 수 굴 복 하 네 내 가 춤 을
2.D2 A E/G♯
출때 - 에 다 윗처럼춤을 추면 서 -
F♯m D2 A
전 심 으 로 주 를 즐 거 워 - 하 라 - 모든만물들아
E D2
찬 양 하 - 라 영 원 히 - 영 원 히 -

422 주님의 피로 나를 덮으사

(예배할 때)

C Am F C G
주님의피로 나를덮으사 내마음을기경하소 서
C Am F G7 C
주성령으로 나를덮으사 내영혼충만케하소 서
F G7 Em Am Dm7 G7 C
내삶가운데 주 의십자가를 – 더욱굳건히 세우 고
F G7 Em7 Am7 F D7 G
지금여기서 주 를예배하리 – 라 – 나의마음다하 여
C Am7 F C G7
신 령 과진리 – 로 예배하리라 – 첫사랑의그감격으 로
C Am7 F G7 C
신 령 과진리 – 로 예배하리라 – 마지막예배 처 – 럼

(신) 1970
(구) 927

주님이 주시는 파도같은 사랑 423

(파도 같은 사랑)

C Dm G7 C
주님이 주시는 파도같은사랑은
주님이 주시는 솟아나는기쁨은
주님이 주시는 하늘나라평화는
CM7 Dm G7 C
내작은 가슴에 흘러흘러넘쳐요
내작은 가슴에 샘물처럼솟아요
내작은 가슴에 깊이깊이흘러요
F C F G7
생각하면할수록 기도하면할수록
F C F G7
두눈가에눈물이 터질것만같아요
C Dm G7 C
주님의 사랑은 한없이 크셔라
주님의 기쁨은 끝없이 새로와
주님의 평화는 놀랍고 놀라와
CM7 Dm G7 C
우리의 영혼에 한줄기빛이어라
우리의 삶속에 영원한향기어라
우리의 마음에 빛나는보석이라

424 주님이 주신 땅으로

(신) 1281
(구) 1845

(이 산지를 내게 주소서)

홍진호

A D2 E D/A A
주님이 주신땅으로- 한걸음씩- 나아갈 때에
AM7 C#m F#m/C# Bm7 Esus4 E7
수많은 적들과 견고한성이- 나를 두렵게- 하지만
F#m C#m DM7 E
주님을 신뢰함으로- 주님을 의지 함으로-
F#m C#m D B7 Esus4 E7
주님이 주시는 담대함으로- 큰 소리외치며-나아가네
AM7 E D
이산지를 내게주소-서- 그날에 -주께서
A/E E AM7 E
말씀-하신 이제내가 주님의 이름으로- 그땅
1. D Bm7 Esus4 E7 2. D Bm7/E E7 D/A A
을 취하리니 이산지 을 취하리니 -

주님이 풀지 못할 힘든 일 425

(주가 돌보시리 / He will carry you)

Scott W. Brown

426 주님이 홀로 가신

(신) 1609
(구) 2068

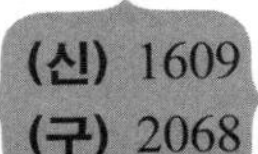

(사명)

이권희

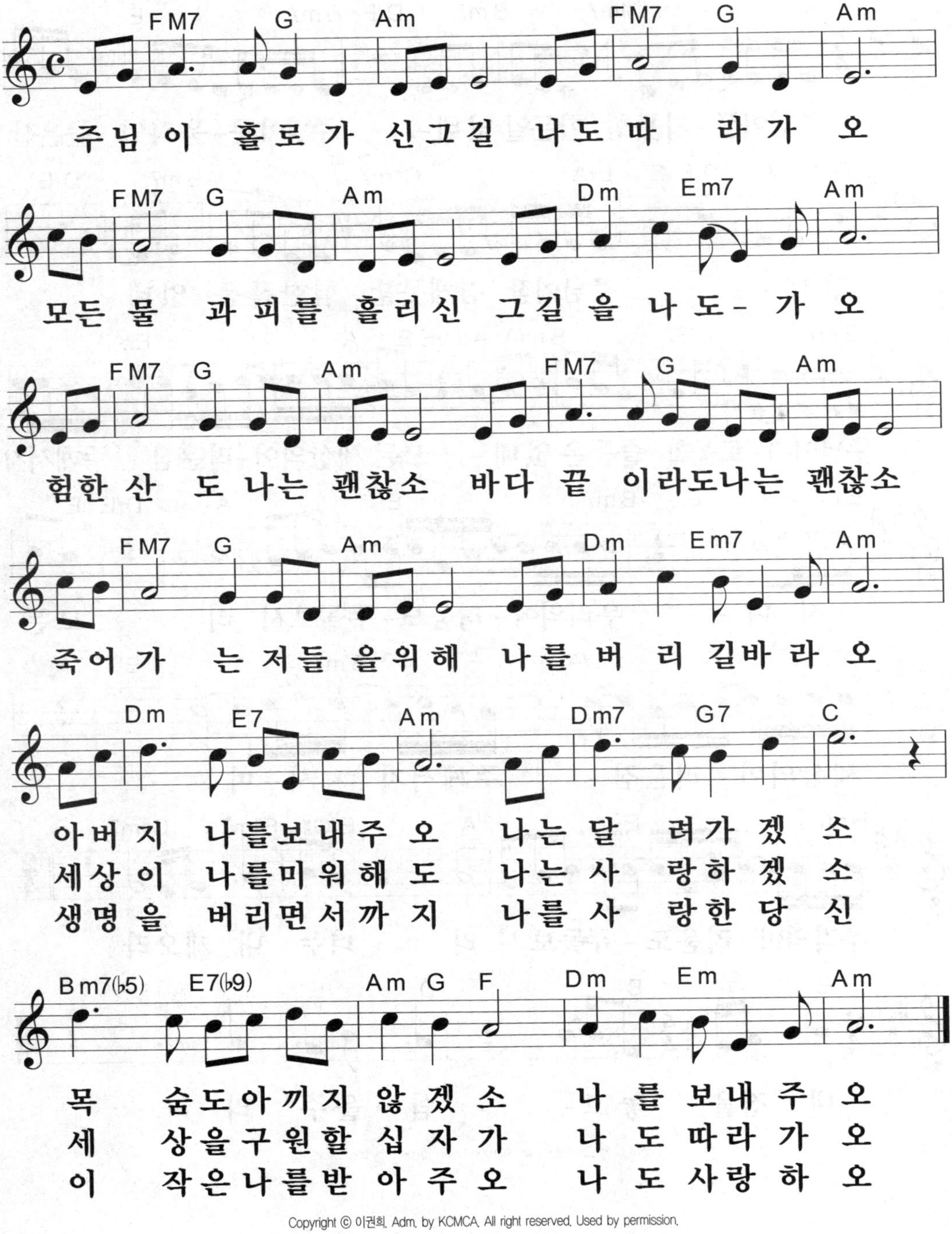

FM7 G Am FM7 G Am
주님이 홀로가 신그길 나도따 라가 오
FM7 G Am Dm Em7 Am
모든물 과피를 흘리신 그길을 나도- 가 오
FM7 G Am FM7 G Am
험한산 도나는 괜찮소 바다 끝 이라도나는 괜찮소
FM7 G Am Dm Em7 Am
죽어가 는저들 을위해 나를버 리 길바라 오
Dm E7 Am Dm7 G7 C
아버지 나를보내주 오 나는달 려가 겠 소
세상이 나를미워해 도 나는사 랑하 겠 소
생명을 버리면서까 지 나를사 랑한 당 신
Bm7(♭5) E7(♭9) Am G F Dm Em Am
목 숨도아끼지 않 겠 소 나 를 보 내 주 오
세 상을구원할 십 자 가 나 도 따 라 가 오
이 작은나를받 아 주 오 나 도 사 랑 하 오

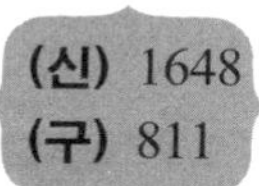

주님 큰 영광 받으소서 427

(Jesus shall take the highest honor)

Chris Bowater

모든 이 름위에 - 뛰어 난 그이름 - 온 땅과하 - 늘이다찬 - 양 해

겸손하 - 게우리무 - 릎 꿇고 - 주 이름앞 - 에영광돌 - 리 세

모 두절하세 - 독생 자 예 - 수 - 주님께 - 찬양드 - 리 리 모든

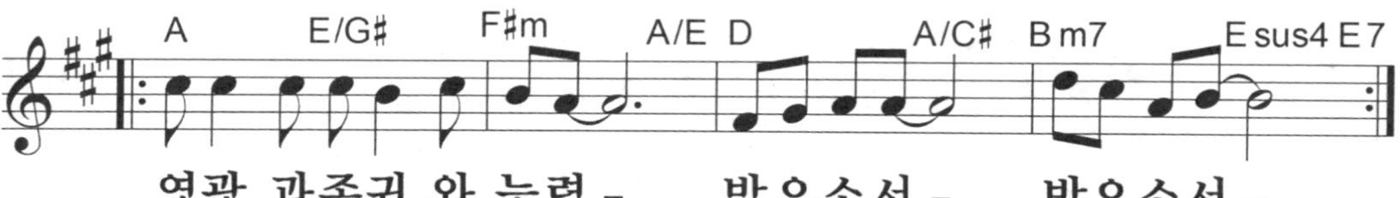

428 주님한 분 만으로

(신) 1410
(구) 1573

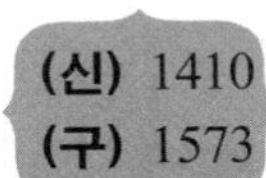

박철순

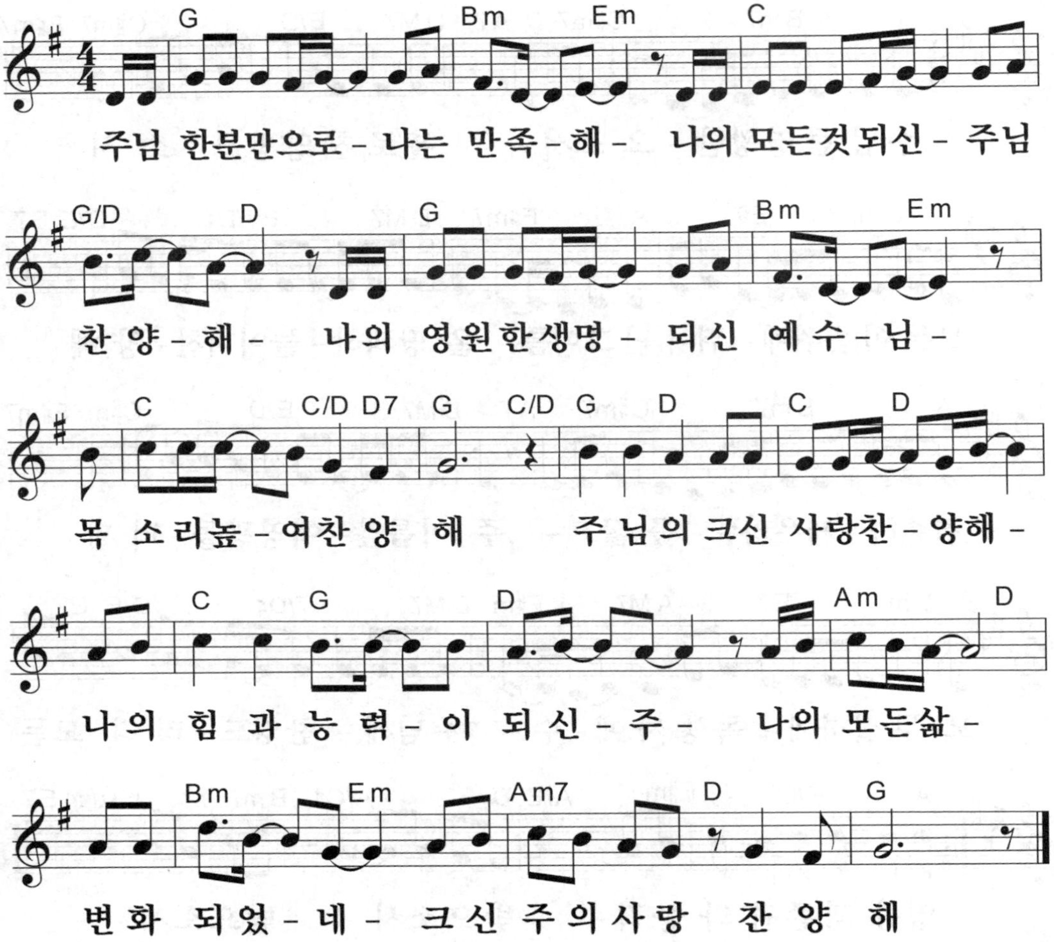

G Bm Em C
주님 한분만으로 - 나는 만족 - 해 - 나의 모든것 되신 - 주님
G/D D G Bm Em
찬 양 - 해 - 나의 영원한생명 - 되신 예 수 - 님 -
C C/D D7 G C/D G D C D
목 소리높 - 여찬 양 해 주 님의 크신 사랑찬 - 양해 -
C G D Am D
나 의 힘 과 능 력 - 이 되 신 - 주 - 나의 모든삶 -
Bm Em Am7 D G
변 화 되었 - 네 - 크 신 주 의 사 랑 찬 양 해

(신) 1925
(구) 737

주를 찬양하며

(I just want to praise You)

Arthur Tannous

429

F
Dm7
Gm7
C7
주 -를찬양 하 -며 나 -이제고 백 하는 말
손 -을높이 들 -고 나 -이제고 백 하는 말
Am7
Dm7
Gm7
주 -를사랑 합니다 나 의 -모든것
주 -를사랑 합니다 오 거 -룩하신
1. C7
F
B♭/F
F
B♭/C
2. C7
Am7
되 신주님 께 - 주 의이름 거 -룩하신
D7
Gm7
C7
B♭/F
F
주 의이 름 주 -의이름 높 이올 리 세 -

430 주를 향한 나의 사랑을

(신) 1543
(구) 1807

(Just let me say)

L. Geoff Bullock

주를향 한 나의 사 랑을 주께 고 백하게 하소 서
부드러 운 주의 속 삭임 나의 이 름을부 르시 네
온맘으 로 주를 바 라며 나의 사 랑고백 하리 라

아름다 운 주의그늘아래 살 며 주를 보 게하 소 서
주의능 력 주의영광을보 이 사 성령 을 부으 소 서
나를향 한 주님의그크신 사 랑 간절 히 알기 원 해

주님 의 말씀 선포 될 때에 땅과 하늘 진동 하리 니
메마 른 곳거 룩해 지 도록 내가 주를 찾게 하소 서
주의 은 혜로 용서 하 시고 나를 자녀 삼아 주셨 네

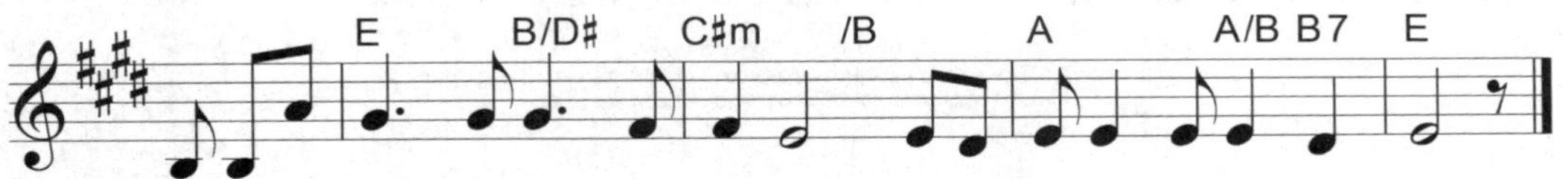

나의사 랑 고백 하 리라 나의 구주 나의 친 구
내모든 것 주께 드 리리 나의 구주 나의 친 구
나의사 랑 고백 하 리라 나의 구주 나의 친 구

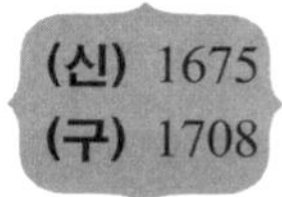

주 보좌로부터 물이 흘러

431

(주님의 강이 / The river is here)

Andy Park

주 보좌-로-부터 물이-흘러 닿는곳-마-다새 로워지네-
주 님의-강-이충 만케-되네 닿는자-마-다치 유케되네-
주님-의-산에 올라-가리 주계-신-보좌 찾-으러-

골짜-기-를지나들판-으로 생수-의강물-흘러넘-치네
그 강가-에-있-는병든-자들 주갈-급하며-돌아오-리라
그 강변-에-우-리달려-가서 춤을-추-며주를찬양-하리

주 님의강이-우릴 즐겁-게-해 주 님의강이- 춤추게-해-

주 님의강이 우릴 새롭-게-해 기쁨-으로 충 만케하네-

432 주 보혈 날 정결케 하고

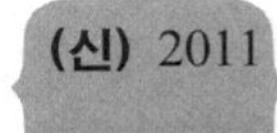

(주의 손에 나의 손을 포개고)

주영광

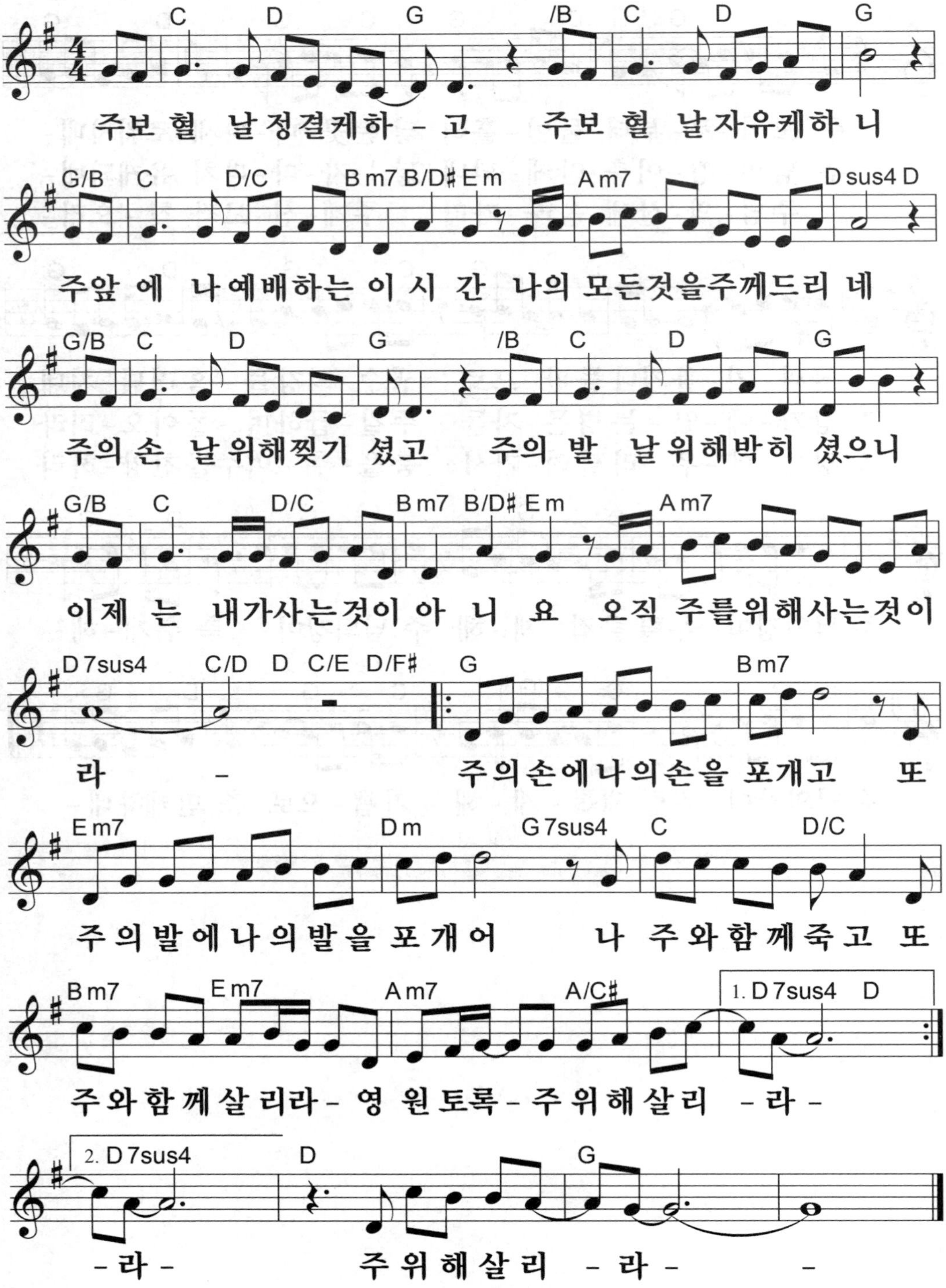

C D G /B C D G

주보혈 날정결케하 - 고 주보혈 날자유케하 니

G/B C D/C B m7 B/D♯ E m A m7 D sus4 D

주앞 에 나예배하는이시 간 나의 모든것을주께드리 네

G/B C D G /B C D G

주의손 날위해찢기 셨고 주의 발 날위해박히 셨으니

G/B C D/C B m7 B/D♯ E m A m7

이제 는 내가사는것이아 니 요 오직 주를위해사는것이

D 7sus4 C/D D C/E D/F♯ G B m7

라 - 주의손에나의손을 포개고 또

E m7 D m G 7sus4 C D/C

주의발에나의발을포개어 나 주와함께죽고 또

B m7 E m7 A m7 A/C♯ 1. D 7sus4 D

주와함께살리라 - 영 원토록 - 주위해살리 - 라 -

2. D 7sus4 D G

- 라 - 주위해살리 - 라 - -

주 사랑이 나를 숨쉬게 해 433

(Breathe)

정신호

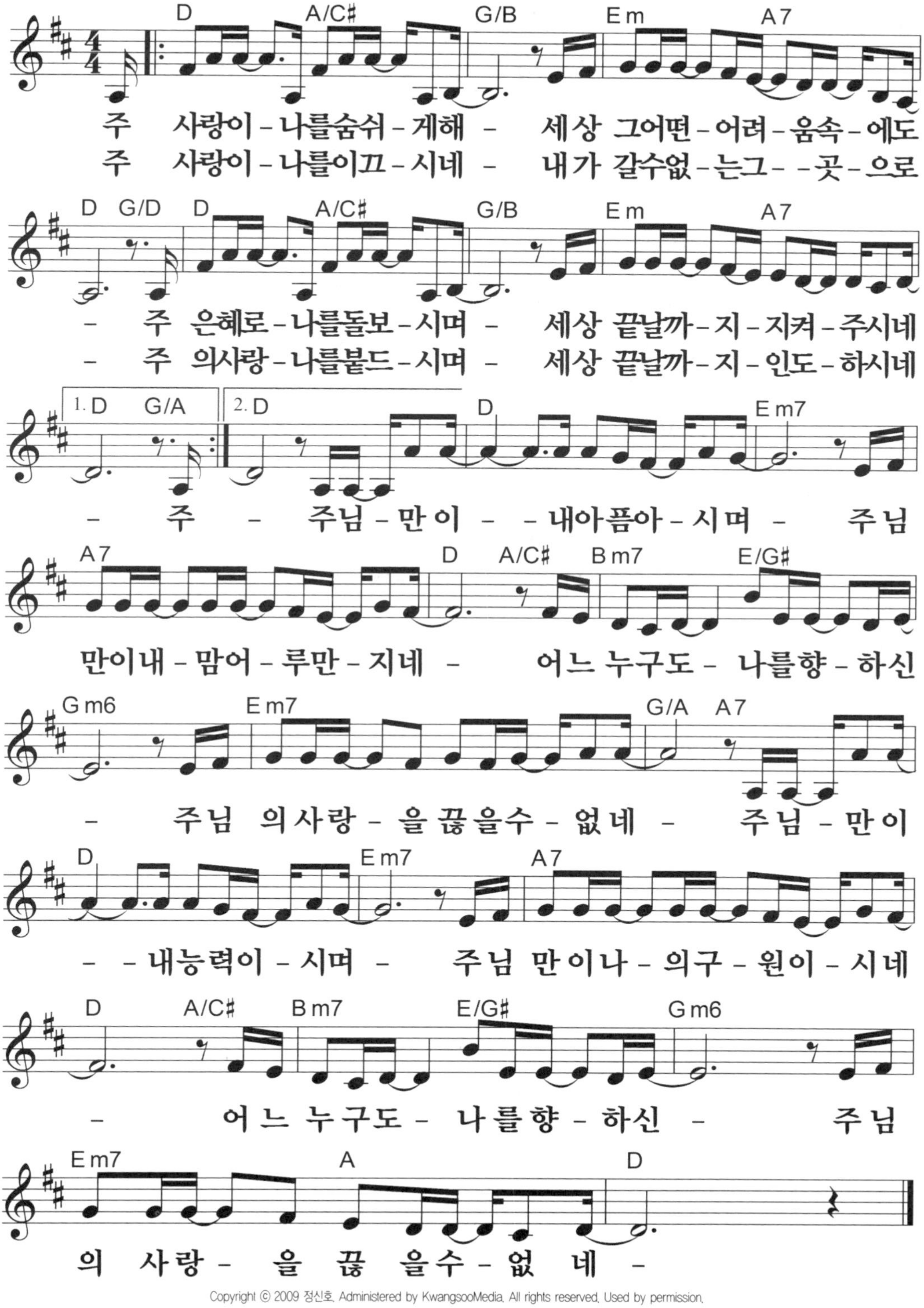

D A/C# G/B Em A7

주 사랑이 – 나를숨쉬 – 게해 – 세상 그어떤 – 어려 – 움속 – 에도

주 사랑이 – 나를이끄 – 시네 – 내가 갈수없 – 는그 – – 곳 – 으로

D G/D D A/C# G/B Em A7

– 주 은혜로 – 나를돌보 – 시며 – 세상 끝날까 – 지 – 지켜 – 주시네

– 주 의사랑 – 나를붙드 – 시며 – 세상 끝날까 – 지 – 인도 – 하시네

1. D G/A 2. D D Em7

– 주 – 주님 – 만 이 – – 내아픔아 – 시 며 – 주님

A7 D A/C# Bm7 E/G#

만이내 – 맘어 – 루만 – 지네 – 어느 누구도 – 나를향 – 하신

Gm6 Em7 G/A A7

– 주님 의사랑 – 을 끊을수 – 없 네 – 주님 – 만이

D Em7 A7

– – 내능력이 – 시며 – 주님 만 이나 – 의구 – 원이 – 시네

D A/C# Bm7 E/G# Gm6

– 어 느 누구도 – 나 를 향 – 하신 – 주님

Em7 A D

의 사랑 – 을 끊 을수 – 없 네 –

434 주 선한 능력으로

(선한 능력으로)

E B/D# C#m7 /B A F#m7 B7

주 선한능력으로안으 시 네 – 그 크신팔로날붙드시 네 – –
지 나간괴로움날에워 싸 고 – 고 난의길을걷는다해 도 – –
주 님이마신고난의쓴 잔 을 – 우 리도감사하며받으 리 – –

E B/D# C#m7 /B A B7 E

절 망속에도흔들리지 않 고 – 사 랑하는주얼굴구하 리 – –
주 님께모두맡긴우리 영 혼 – 예 비하신구원을얻으 리 – –
주 님의남은고난채워 가 며 – 예 수와복음위해살리 라 – –

E B/D# C#m7 /B A F#m7 B7

선 한능력으로일어서 리 – –주만의 지하리 –믿음으 로 – –

E B/D# C#m7 /B A B7 E

우 리고대하네주오실 그 날 – 영 광의새날을맞이하 리

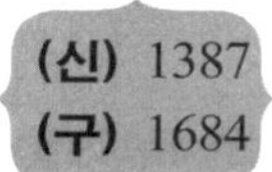

주 안에 우린 하나

435

(기대)

천강수

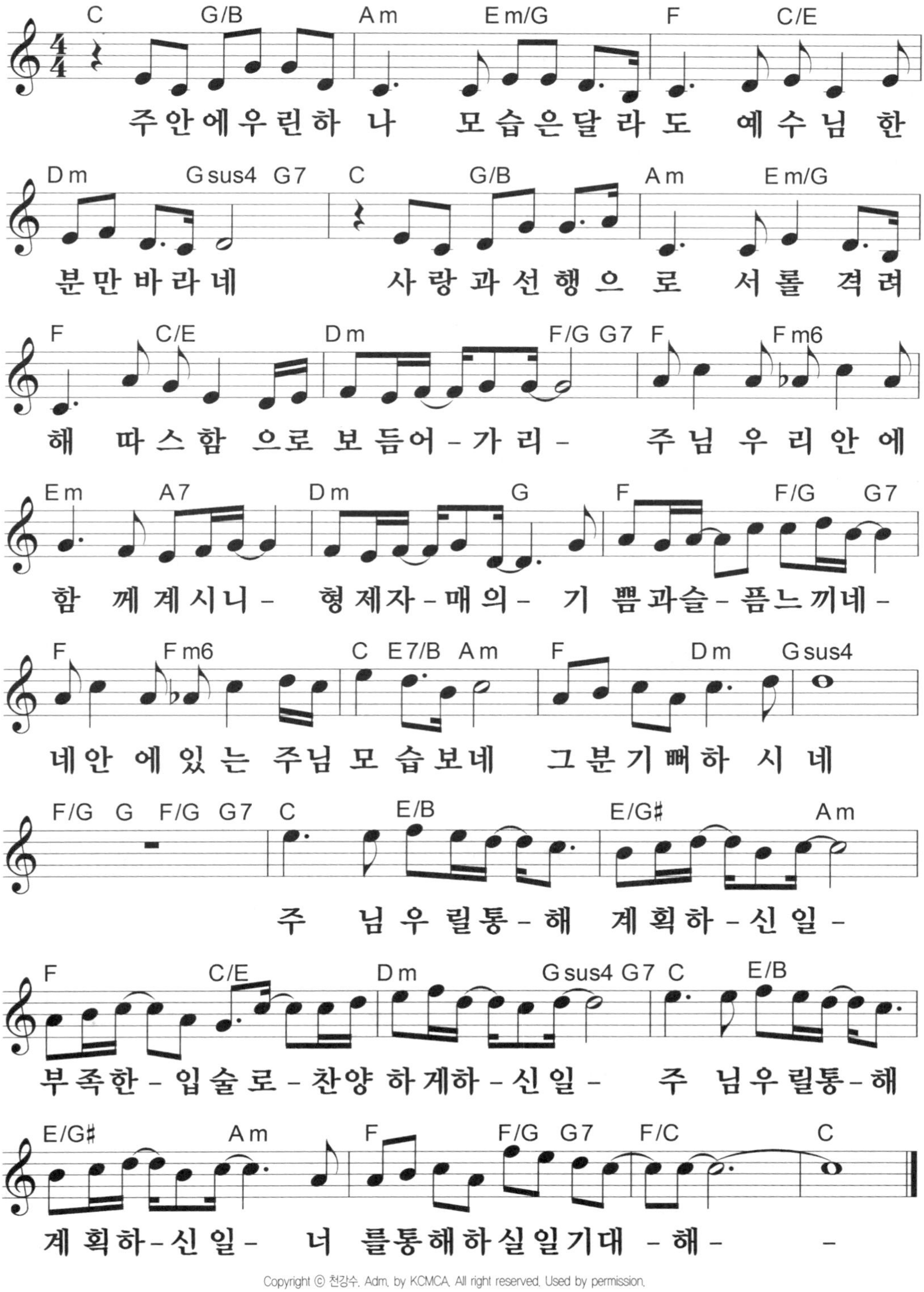

C G/B Am Em/G F C/E

주안에우린하 나 모습은달라 도 예수님 한

Dm Gsus4 G7 C G/B Am Em/G

분만바라네 사랑과선행으 로 서롤 격려

F C/E Dm F/G G7 F Fm6

해 따스함 으로 보듬어-가 리- 주님 우 리안 에

Em A7 Dm G F F/G G7

함 께계시니- 형제자-매의- 기 쁨과슬-픔느끼네-

F Fm6 C E7/B Am F Dm Gsus4

네안 에있는 주님 모 습보네 그분기뻐하 시 네

F/G G F/G G7 C E/B E/G# Am

주 님우 릴통-해 계획하-신일-

F C/E Dm Gsus4 G7 C E/B

부족한-입술로-찬양 하게하-신일- 주 님우 릴통-해

E/G# Am F F/G G7 F/C C

계획하-신일- 너 를통해하실일기대 -해- -

436 주 신실하심 놀라워

(주님의 은혜 넘치네 / Your Grace is Enough)

Matt Maher
A /C# D
주 신-실 하 -심 놀-라 워 -
공 의-와 사 -랑 놀-라 워 -
F#m A/E D
죄 인-의 마 -음 흔-드 네 -
약 한-자 들 -어 쓰-시 네 -
A /C# D
자 비-의 물 -가 로-인 도 -하 시-니
구 원-의 노 -래 로-인 도 -하 시-니
F#m A/E D
그 무-엇 도 -끊 지-못 해 - 주 여
만 백-성 함 -께 찬-양 해 -
Bm7 A/C# D E
기 억-하 소 서-주 백 성-자 녀 들-신
F#m7 E/G# D
실 한-주 님 의-약-속 - 주
A E F#m7 D
님 의 은 혜 - 내 게 넘 치 네 - 나

A E D 1.

를 향 한주 - 은 - - 혜 -

2. D A E F♯m7 D

주 님 의은혜 - 이 땅 에부으소서 - 나

나 를덮는사랑 -

A E 1. D

를 향 한주 - 은 - - 혜 - 넘 -치 는 - 주

2. D A

- 은 - - - 혜 -

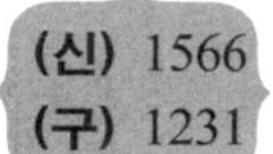
(신) 1566
(구) 1231

주 여호와 능력의 주 437

(I am the God that health Thee)

Don Moen

FM7 Am7 Gm7 B♭/C C7 B♭/F F C/E
주여호와 - 능력의 - 주 - 내영혼의 - 치 료자
Dm Dm7 Gm7 Gm/C C7 Gm/F F
말씀으로 날 고 치시 - 네 주님나의 - 치 료 자

438 주 안에서 기뻐해

정성권
E C#m7
주 안 에 서기 -빠해- 주 안 에 서기 -빠해-
1.A B7
주님 주-신 기 -쁨으로기뻐하라 -
2.A B7 E
우리의힘-은 주 -를기뻐하-는것 -
E C#m7
기 뻐 춤을추-며- 크 게 소리 높-여 살
A E/G# D B7
-아계신- 주 -의이름- 내 마 음 다 해찬 -양-해-
E G#m C#7
주 를 바라 볼-때- 새 힘주-시 리 -
A B7 E
우리의힘-은 주 -를기뻐하-는것 -
Fine
A B7 E B/D# C#m B
무화과나-무 마 --르고- 포도열매없-어도 -

A
B7
C
주님늘함 - 께 하 - - 시니 - 나는 기뻐하고 -
D
B
즐 거 워 하 리 로 다 -
D.S. al Fine

(신) 1300
(구) 831

주여 진실하게 하소서 439

(I'll be true, Lord Jesus)

D
Asus4
A7
Em7
A7
D
주여 진 실 하게하소 서 오늘 하 루 하루순간 을

D2
D7
G
G#dim7
D/A
G/A
D
주가주신힘으로 승리 하기원하네 주여 나를진실하게하소 서

* 사랑
  기도

440 주 앞에 나와 제사를 드리네

(신) 1381
(구) 2248

(온전케 되리 / Complete)

Andrew Ulugla

A E/G# F#m D E A E/G#
주 앞 에 나 와 - 제 사 를 드 - 리 네 - 마 음 열
F#m D E F#m 3 E/D D
어 - 내 삶 을 드 - 리 네 - 주 를 봅 니 다
F#m 3 E/D D A/C# D E
- 끝 없 는 사 랑 나 - - 회 복 시 - 키 네 - 이 제
A F#m D E A F#m
눈 들 어 - 주 보 네 - 그 능 력 날 새 롭
속 에 도 주 붙 들 고 - 믿 음 으 로 주 와
D E D Fdim7 F#m E/G# A/C# D
게 해 주 님 의 - - 사 랑 날 - 만 - 지 시 니 - 내
걷 네 갈 보 리 - 언 덕 너 머 - 그 - 어 느 날 - 주
1. Bm A E7 2. Bm D/E E A
모 든 두 - 려 움 사 라 지 네 폭 풍 안 에 온 전 케 되 리

주여 우린 연약합니다

441

(주는 완전합니다)

함은진 & 소진영

A E/G# F#m7/E D E

주여 – 우린연약합 – 니 다 우린 오늘을 – 힘겨 – 워 – 합니
주여 – 우린넘어집 – 니 다 오늘 하루 – – 또실 – 수 – 합니

A Asus4 A D E C#m7 F#m7

– 다 – 주뜻 이루며 – 살기 – 엔 – 부족합 – 니 다 우린
– 다 – 주의 긍휼을 – 구하 – 는 – 죄인입 – 니 다 우린

Bm7 E 1. A D/E 2. A D/E A E/G#

– 우린연약합 – 니 다 다 한 없 는주님의 – 은혜
– 주만바라봅 – 니

F#m7 /E Bm7 /A G Esus4 E7 Em6 A

– 온세상 – 위에 – 넘칩 – 니다 – 가 릴 수없는주 – 영

D A/C# Bm7 Esus4 E7

– 광 – 온땅위에충 – 만합 – – – 니다 – 주

A E/G# F#m7 /E Bm7 /A G Esus4 E7

님 만이길이 – 오니 – 우린그 – 길따 – 라갑 – 니다 – 그

Em6 A D A/C# Bm7 D/E A

날 에우릴이 – 루 – 실 – 주는완 – 전합니 – 다 –

442 주 여호와는 광대하시도다

(신) 1552
(구) 798

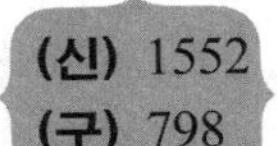

(Great is the Lord)

Steve McEwan

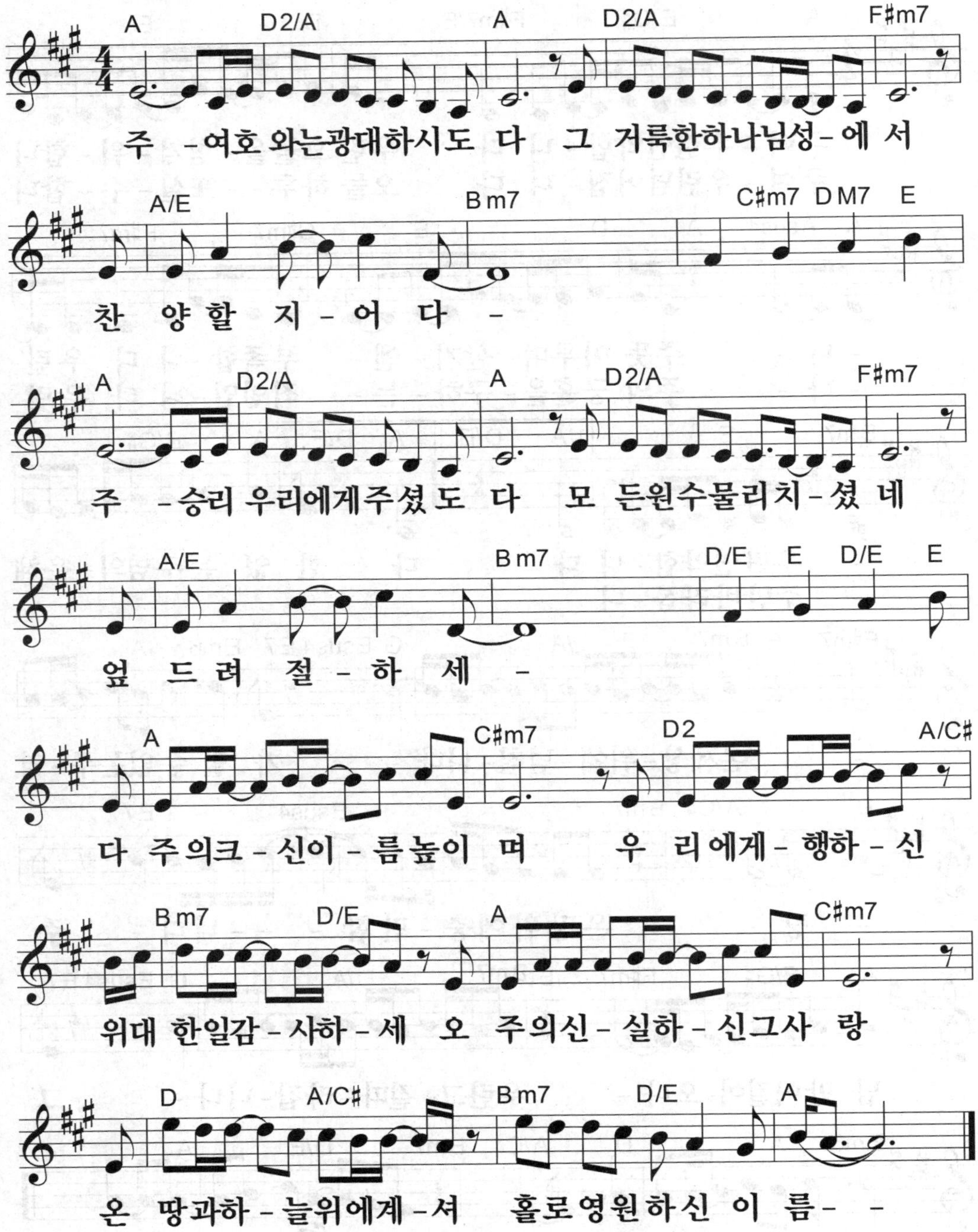

A D2/A A D2/A F#m7
주 -여호 와는광대하시도 다 그 거룩한하나님성-에 서
A/E Bm7 C#m7 D M7 E
찬 양할 지-어 다 -
A D2/A A D2/A F#m7
주 -승리 우리에게주셨도 다 모 든원수물리치-셨 네
A/E Bm7 D/E E D/E E
엎 드려 절-하 세 -
A C#m7 D2 A/C#
다 주의크-신이-름높이 며 우 리에게-행하-신
Bm7 D/E A C#m7
위대 한일감-사하-세 오 주의신-실하-신그사 랑
D A/C# Bm7 D/E A
온 땅과하-늘위에게-셔 홀로영원하신 이 름- -

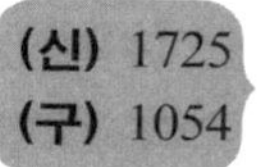

주 여호와를 앙망하는 자

E A B7 E

주 여 - 호 와 를 앙 망 하 는 자
누 구 - 든 우 리 주 를 믿 는 자

E A B7 E

새 힘 을 새 - 힘 - 을 얻 으 - 리 로 다
새 나 라 새 - 생 - 명 얻 으 - 리 로 다

A E A F♯ B7

독 수 리 같 - 이 날 개 를 - 치 - 며
천 사 들 같 - 이 노 래 를 - 하 - 며

E B7 A B7

높 - 이 높 - 이 푸 른 하 늘 날 으 네
소 - 리 높 - 여 기 쁜 찬 송 부 르 네

E A B7 E

뛰 어 가 도 고 단 치 않 고 걸 어 가 도 피 곤 치 않 네
우 리 주 님 계 - 시 - 니 슬 픔 눈 물 고 통 도 없 네

444 주 여호와의 신이

(기름 부으심)

신상우

주 여호와의 -신이 내게 임하셨으니 이는
주께서내-게기름 부으사 -가난한 자에게-아름다운소식을 -
주 여호와의 -신 이- 내게 임하셨으니 이는
주께서내-게기름 부으-사 -가난한 자에게- -아름다운 소식을
-전하게하심이 라 나를보내 -사 마-음상한자를고치며- 나를보내
-사 눈먼자를눈뜨게 하며 나를보내 -사 갇힌자를놓이게
하 -며- 포로된 자에게- -자 유 -를- -
- - 주님의 성 령- 내 -게임하여- 하늘의

주 여호와의 신이

C/D D/F♯ G C/D G/B
영 광- 나타 내게하-소서- 주님의 성 령- 내
C Am7 G/D Em7 Am7 C/D 1.G C/D D
-게임하여-하늘의영 광- 나타 내게하소 서 주님의
2.G 5 D♭/E♭ E♭7
서 - 주 님의
A♭ A♭/C D♭ B♭m7 D♭/E♭ E♭/G
성 령- 내 -게 임하여- 하늘의 영 광- 나타
A♭ D♭/E♭ A♭/C D♭
내게하-소서- 주님의 성 ----령 내 -게임하여- 하늘의
A♭/E♭ D♭/E♭ A♭/E♭ D♭/E♭
영 광- - 하늘의 영 광- - 하늘의
A♭/E♭ B♭m7 D♭/E♭ D♭/E♭ E♭ A♭
영 광- - 나타내 게 하 소 서

445 주 예수 사랑 기쁨

(신) 1160
(구) 931

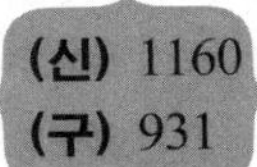

(주님이 주신 기쁨 / Joy Joy Down In My Heart)

David Clydesdale & PD. George W.Cooke

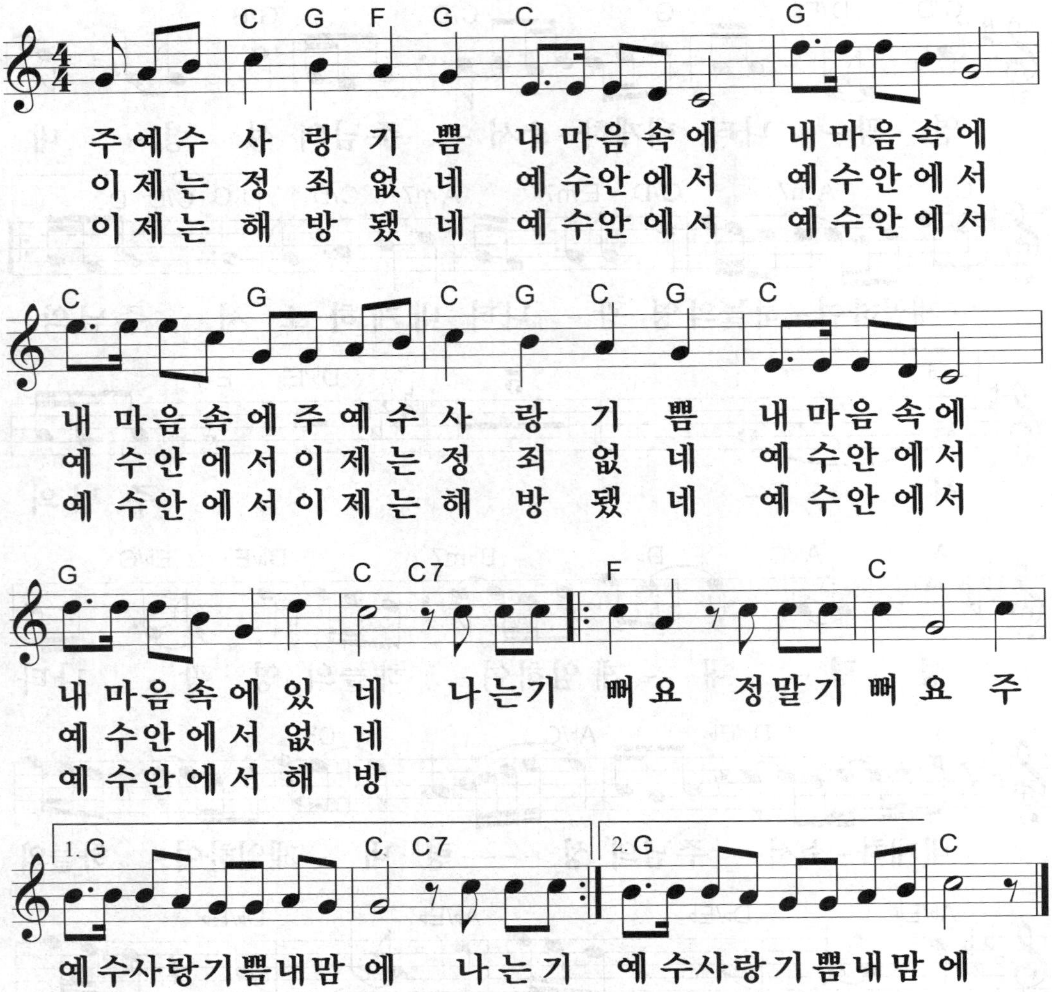

C G F G C G
주예수 사 랑 기 쁨 내마음속에 내마음속에
이제는 정 죄 없 네 예수안에서 예수안에서
이제는 해 방 됐 네 예수안에서 예수안에서
C G C G C G C
내 마음속에주예수사 랑 기 쁨 내마음속에
예 수안에서이제는정 죄 없 네 예수안에서
예 수안에서이제는해 방 됐 네 예수안에서
G C C7 F C
내마음속에 있 네 나는기 뻐 요 정말기 뻐 요 주
예수안에서 없 네
예수안에서 해 방
1. G C C7 2. G C
예수사랑기쁨내맘 에 나는기 예 수사랑기쁨내맘 에

(신) 1578
(구) 766

주 우리 아버지

446

(God is our Father)

Alex Simon & Freda Kimmey

주 우 리 아 버 지 - 우 리 는 그 분 의 자 - 녀
예 수 우 리 형 제 - 손 에 손 잡 고 하 나 되 어 함 께 걸 - 어 가 리
주 께 찬 송 해 탬 버 린 으 로
주 께 찬 송 해 춤 을 추 면 서
주 께 찬 송 해 손 뼉 쳐
해 - 목 소 리 로 랄 랄 라 라 랄 라 라 - 랄 라
랄 랄 라 라 랄 라 라 - 라 랄 랄 라 라 랄 라 라 - 랄 라
랄 랄 랄 랄 랄 라 라 - 라 랄 라 -

447 주 예수 오셔서

(신) 1769
(구) 1010

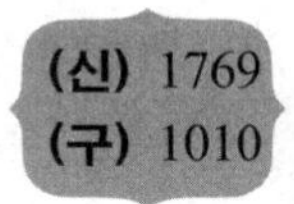

(물가로 나오라 / For Those Tears I Died)

Marsha J. Stevens

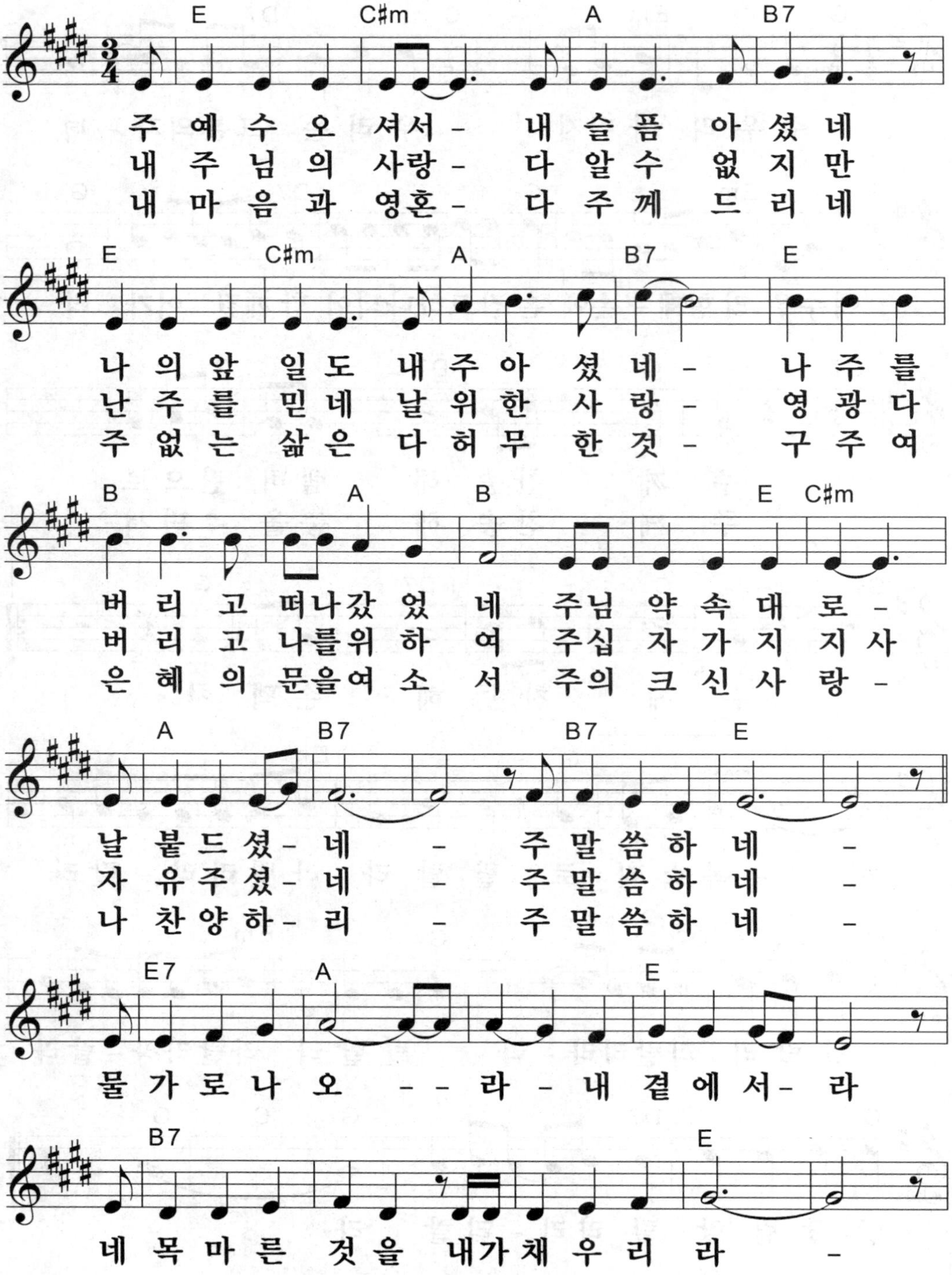

E C♯m A B7
주 예 수 오 셔서 - 내 슬 픔 아 셨 네
내 주 님 의 사랑 - 다 알 수 없 지 만
내 마 음 과 영혼 - 다 주 께 드 리 네
E C♯m A B7 E
나 의 앞 일 도 내 주 아 셨 네 - 나 주 를
난 주 를 믿 네 날 위 한 사 랑 - 영 광 다
주 없 는 삶 은 다 허 무 한 것 - 구 주 여
B A B E C♯m
버 리 고 떠나갔 었 네 주님 약 속 대 로 -
버 리 고 나를위 하 여 주십 자 가 지 지 사
은 혜 의 문을여 소 서 주의 크 신 사 랑 -
A B7 B7 E
날 붙 드 셨 - 네 - 주 말 씀 하 네 -
자 유 주 셨 - 네 - 주 말 씀 하 네 -
나 찬 양 하 - 리 - 주 말 씀 하 네 -
E7 A E
물 가 로 나 오 - - 라 - 내 곁 에 서 - 라
B7 E
네 목 마 른 것 을 내 가 채 우 리 라 -

E7
A
E
어 둠에헤맬 때 흘리던네눈물 -
E
B7
E
그- 눈물을- 위 해 내가 죽었노 라 -

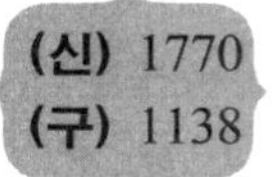
(신) 1770
(구) 1138

주의 사랑으로 사랑합니다 448

(I love you with the love of the Lord)

Jame M. Gilbert

E
F♯m7 B7
주의 사랑으로사랑합니 다 주의 사랑으로사랑합니 다

F♯m7
B7
E
/D♯ C♯m
F♯m7
B7
E
형제 안 에- 서 주의 영광을보네 주의 사랑으로사랑합니 다
자매 안 에- 서 주의 영광을보네 주의 사랑으로사랑합니 다

449 주의 보좌로 나아 갈때에

(예수 피를 힘입어)

양재훈

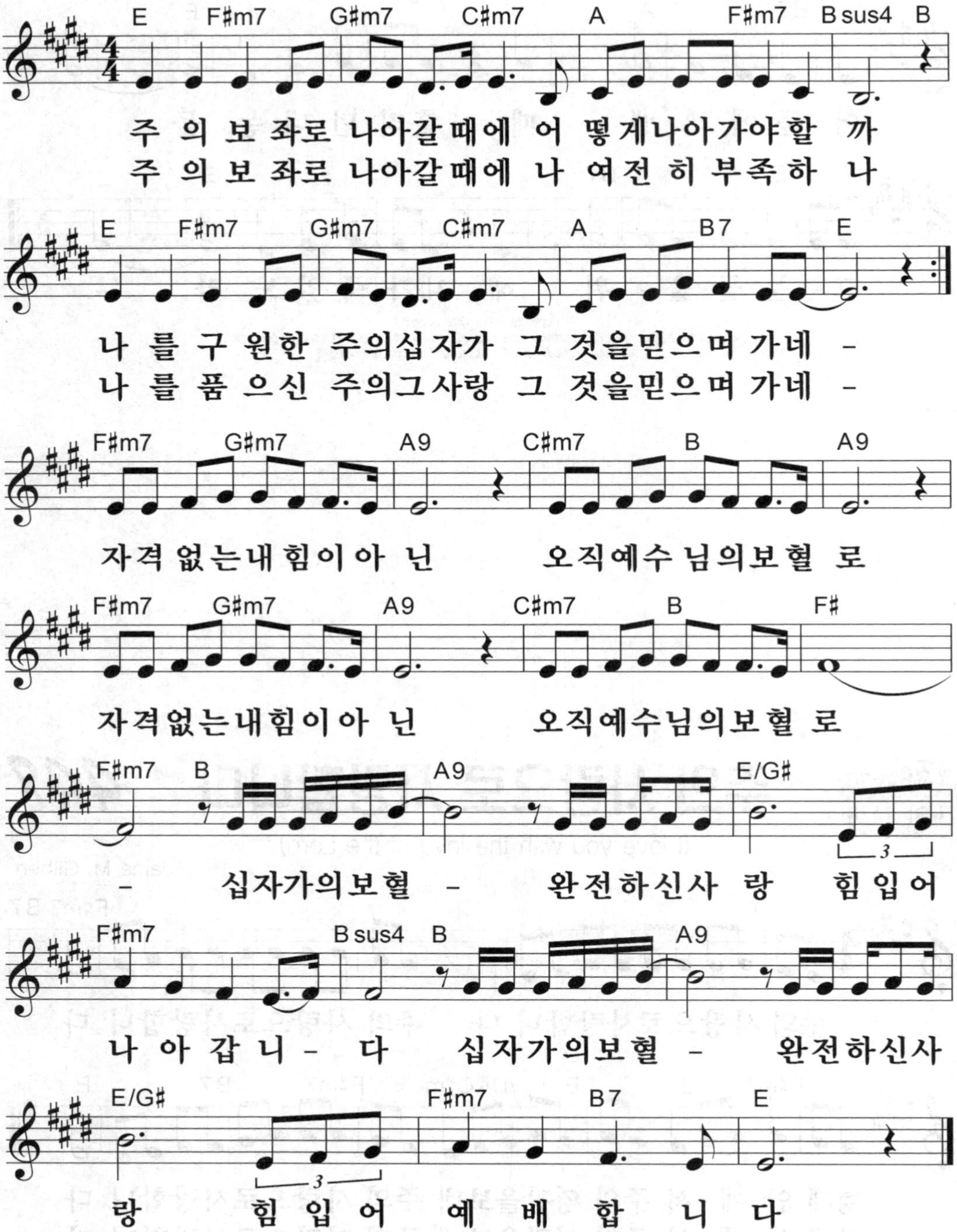

E F#m7 G#m7 C#m7 A F#m7 Bsus4 B

주 의 보 좌로 나아갈때에 어 떻게나아가야할 까
주 의 보 좌로 나아갈때에 나 여전 히 부족하 나

E F#m7 G#m7 C#m7 A B7 E

나 를 구 원한 주의십자가 그 것을믿으며 가네 -
나 를 품 으신 주의그사랑 그 것을믿으며 가네 -

F#m7 G#m7 A9 C#m7 B A9

자격 없는내힘이아 닌 오직예수 님의보혈 로

F#m7 G#m7 A9 C#m7 B F#

자격없는내힘이아 닌 오직예수님의보혈 로

F#m7 B A9 E/G#

- 십자가의보혈 - 완전하신사 랑 힘입어

F#m7 Bsus4 B A9

나 아 갑 니 - 다 십자가의보혈 - 완전하신사

E/G# F#m7 B7 E

랑 힘입어 예 배 합 니 다

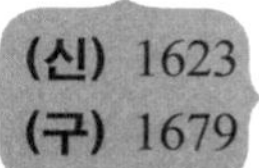

(신) 1623
(구) 1679

주의 사랑을 주의 선하심을 450

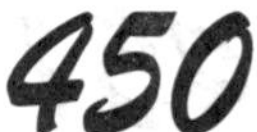

(Think about His love)

Walt Harrah

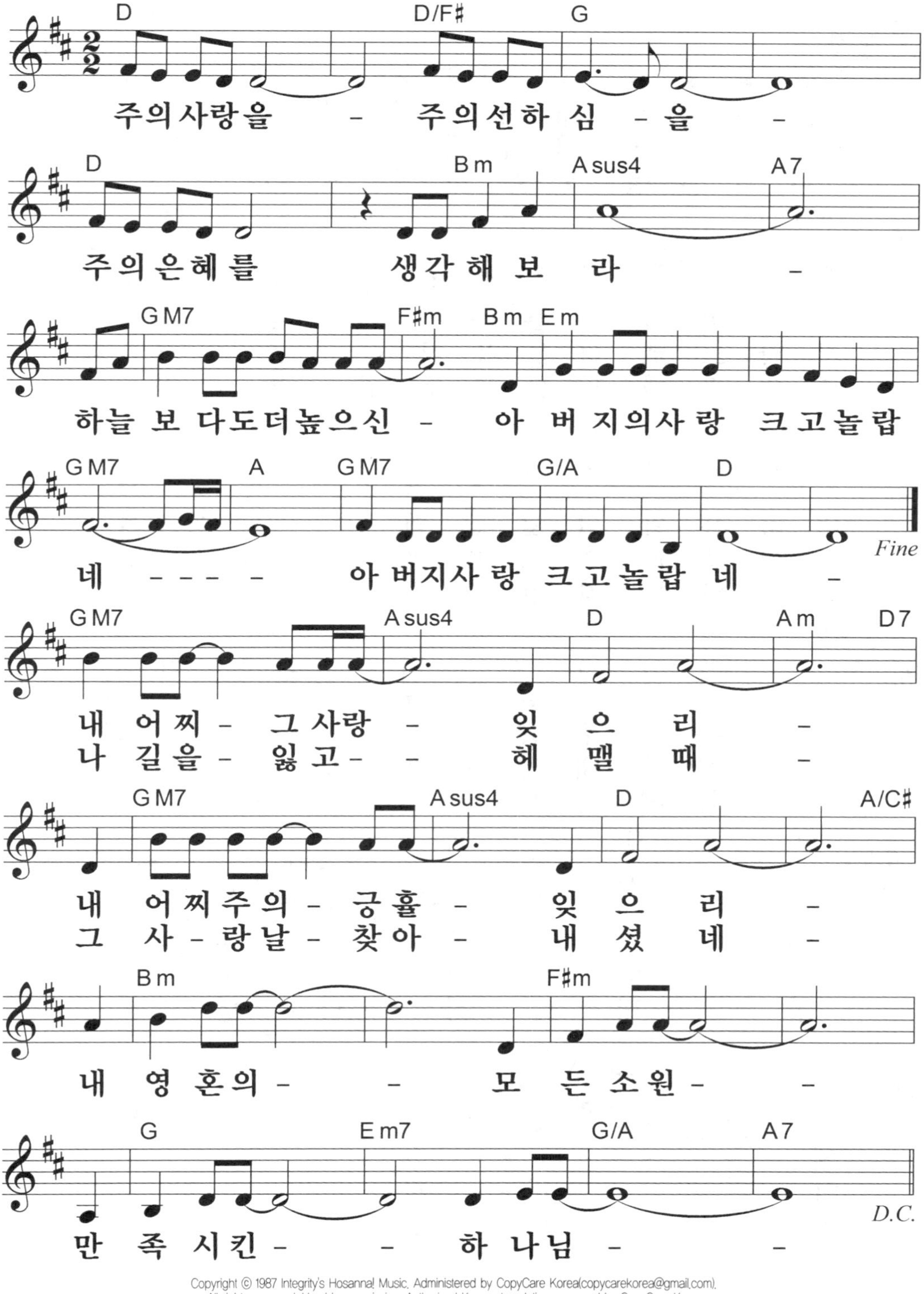

D D/F♯ G
주의사랑을 - 주의선하 심 -을 -
D Bm Asus4 A7
주의은혜를 생각해 보 라 -
GM7 F♯m Bm Em
하늘 보 다도더높으신 - 아 버 지의사랑 크고놀랍
GM7 A GM7 G/A D
네 - - - - 아 버지사 랑 크 고 놀 랍 네 -
Fine
GM7 Asus4 D Am D7
내 어 찌 - 그 사랑 - 잊 으 리 -
나 길을 - 잃 고 - - 헤 맬 때 -
GM7 Asus4 D A/C♯
내 어 찌 주 의 - 긍 휼 - 잊 으 리 -
그 사 - 랑 날 - 찾 아 - 내 셨 네 -
Bm F♯m
내 영 혼의 - - 모 든 소 원 - -
G Em7 G/A A7
만 족 시 킨 - - 하 나 님 - -
D.C.

451 주의 생수 내게 넘치소서

(Living Water)

Carol Foster & Gary Muller & John Watson, Barry Pretorius

D G D/A A7 D A/E
주 의 생 수 내 게 – 넘 치 소 – 서
성 령 이 여 지 금 내 게 오 소 – 서
너 의 삶 을 모 두 주 께 드 리 – 라
D/F♯ G D/A A7 D
성 령 이 여 나 를 다 스 리 소 – 서 – – –
사 랑 으 로 나 를 품 어 주 소 – 서 – – –
주 의 팔 에 너 를 모 두 맡 기 – 라 – – –
D G D/A A D
내 마 음 의 괴 로 움 과 모 든 염 려
두 려 움 과 의 심 벗 게 하 시 – 고
그 가 너 를 자 유 케 하 시 리 – 니
Bm G A D
무 거 운 짐 주 께 모 두 드 리 – – 리
주 님 곁 에 내 영 혼 이 끄 소 – – 서
주 와 함 께 영 원 히 다 스 리 – – 리
D G D A
예 수 예 – – 수 – – –
아 바 아 – – 바 – – –
성 령 하 나 – 님 – – –
Bm G A7 D 1, 2. D A7/E 3. D
예 – – – – – – – – – 수 – –
아 – – – – – 버 – – 지 –
성 – – – – – 령 – – 님

(신) 1573
(구) 2111

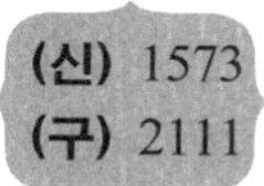

주의 이름 높이며

452

(Lord I lift Your name on high)

Rick Founds

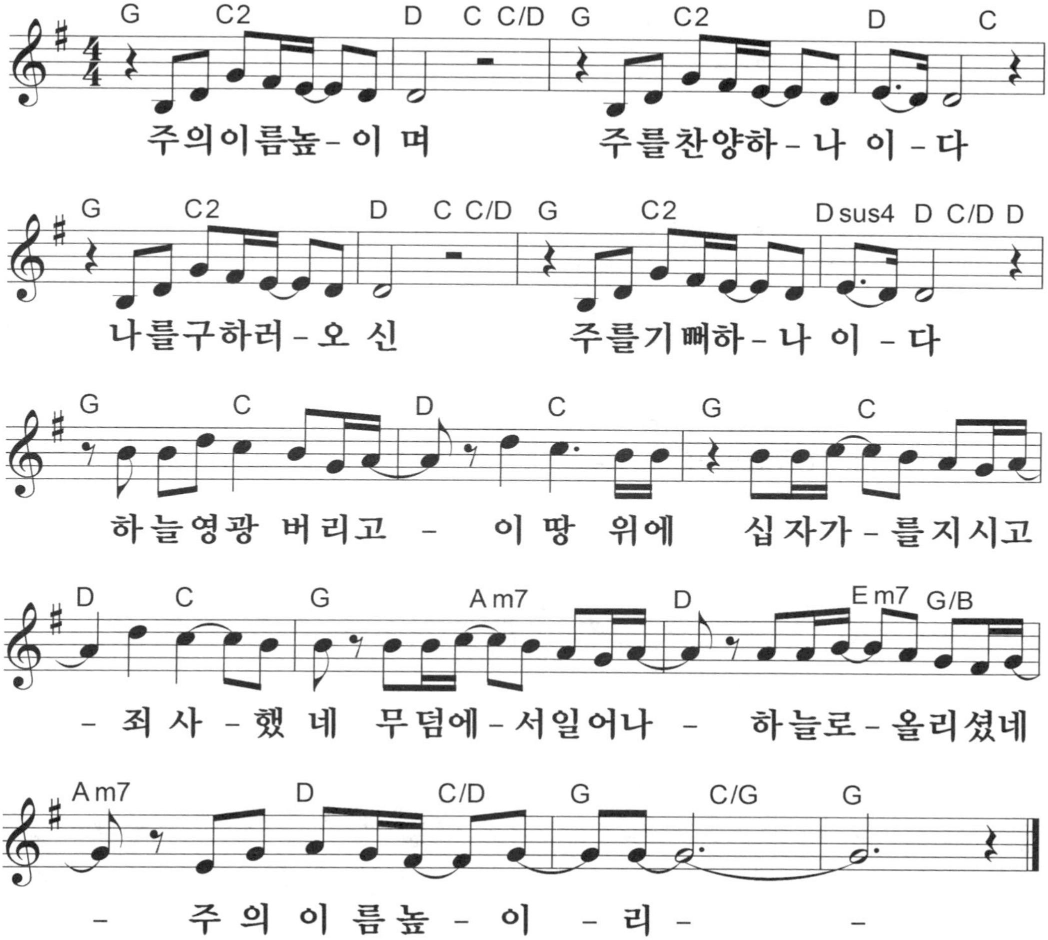

G C2 D C C/D G C2 D C
주의이름높-이 며 주를찬양하-나 이-다
G C2 D C C/D G C2 Dsus4 D C/D D
나를구하러-오 신 주를기뻐하-나 이-다
G C D C G C
하늘영광 버리고 - 이 땅 위에 십자가-를지시고
D C G Am7 D Em7 G/B
- 죄 사 -했 네 무덤에-서일어나 - 하늘로-올리셨네
Am7 D C/D G C/G G
- 주 의 이 름 높 - 이 - 리 - -

453 주의 이름 송축하리

(신) 1303
(구) 1222

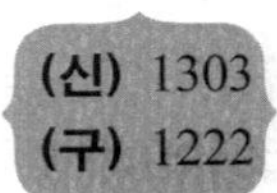

(The name of the Lord)

Clinton Utterbach

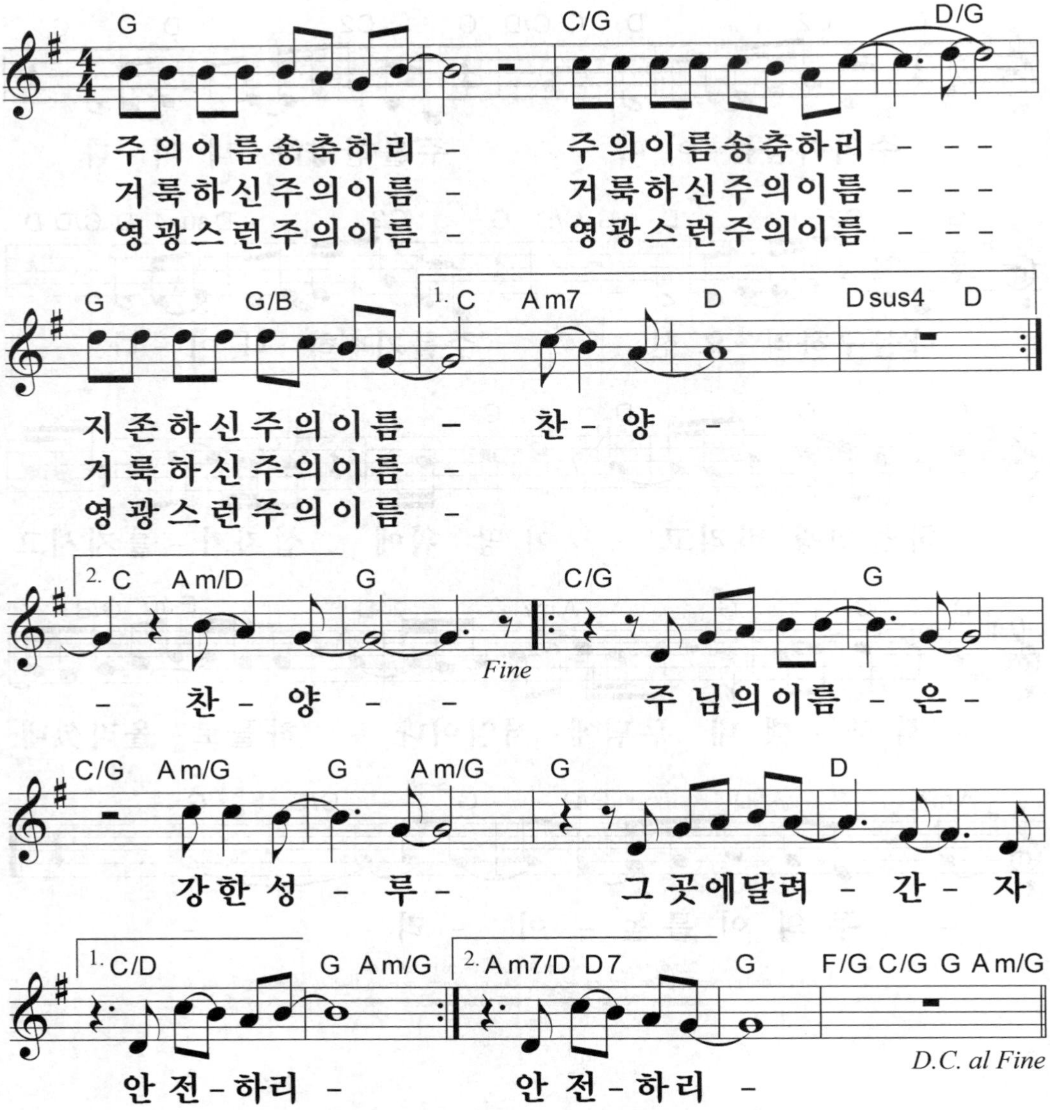

G C/G D/G
주의이름송축하리 - 주의이름송축하리 - - -
거룩하신주의이름 - 거룩하신주의이름 - - -
영광스런주의이름 - 영광스런주의이름 - - -
G G/B 1. C Am7 D Dsus4 D
지존하신주의이름 - 찬 - 양 -
거룩하신주의이름 -
영광스런주의이름 -
2. C Am/D G C/G G
Fine
- 찬 - 양 - - 주님의이름 - 은 -
C/G Am/G G Am/G G D
강한성 - 루 - 그곳에달려 - 간 - 자
1. C/D G Am/G 2. Am7/D D7 G F/G C/G G Am/G
D.C. al Fine
안 전 - 하리 - 안 전 - 하리 -

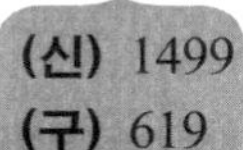

(신) 1499
(구) 619

주의 인자는 끝이 없고

454

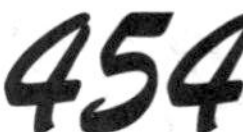

(The steadfast love of the Lord)

Edith McNeill

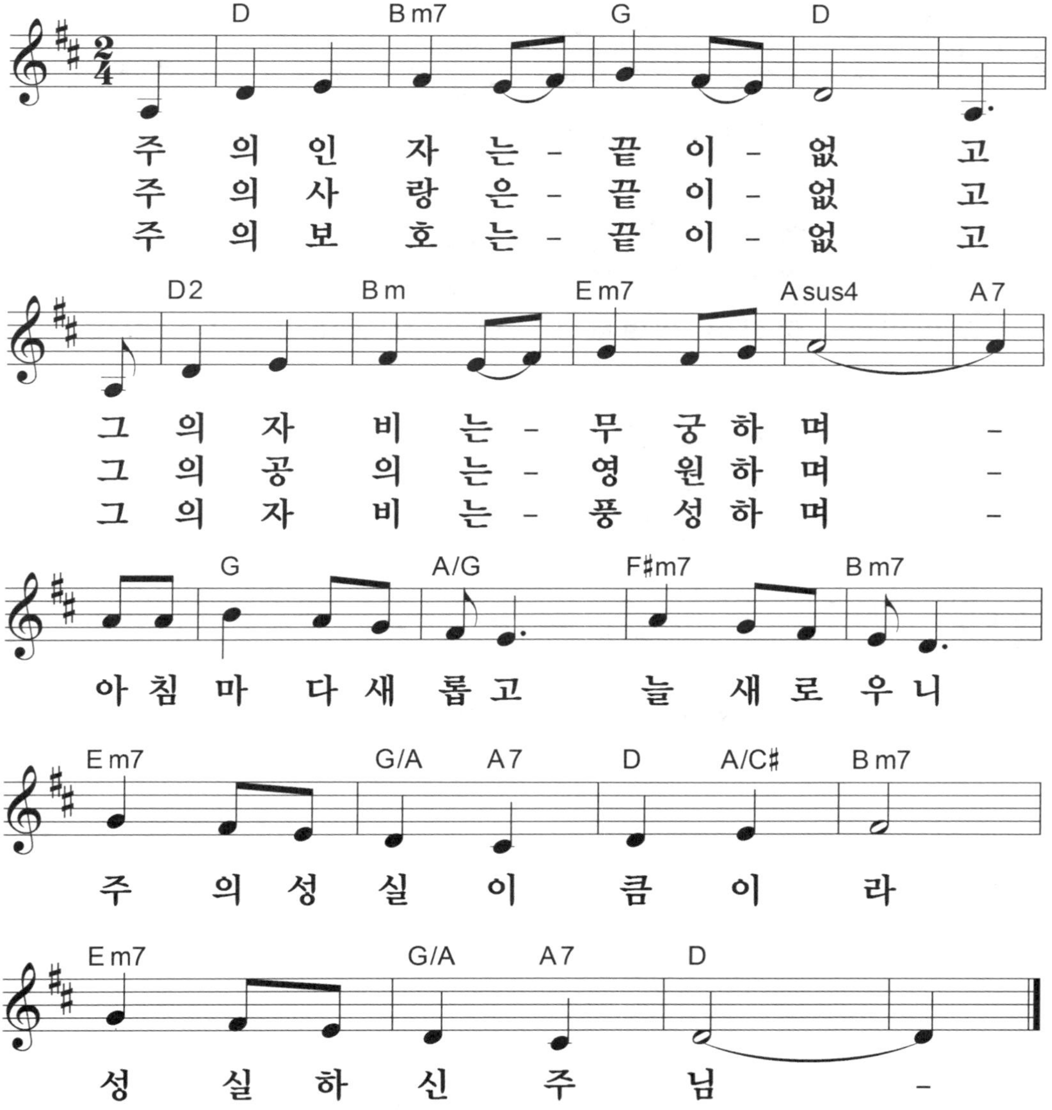

D B m7 G D
주 의 인 자 는 - 끝 이 - 없 고
주 의 사 랑 은 - 끝 이 - 없 고
주 의 보 호 는 - 끝 이 - 없 고
D2 B m E m7 A sus4 A7
그 의 자 비 는 - 무 궁 하 며 -
그 의 공 의 는 - 영 원 하 며 -
그 의 자 비 는 - 풍 성 하 며 -
G A/G F♯m7 B m7
아 침 마 다 새 롭 고 늘 새 로 우 니
E m7 G/A A7 D A/C♯ B m7
주 의 성 실 이 큼 이 라
E m7 G/A A7 D
성 실 하 신 주 님 -

455 주의 인자하심이 생명보다

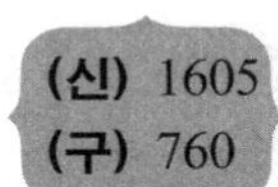

정종원

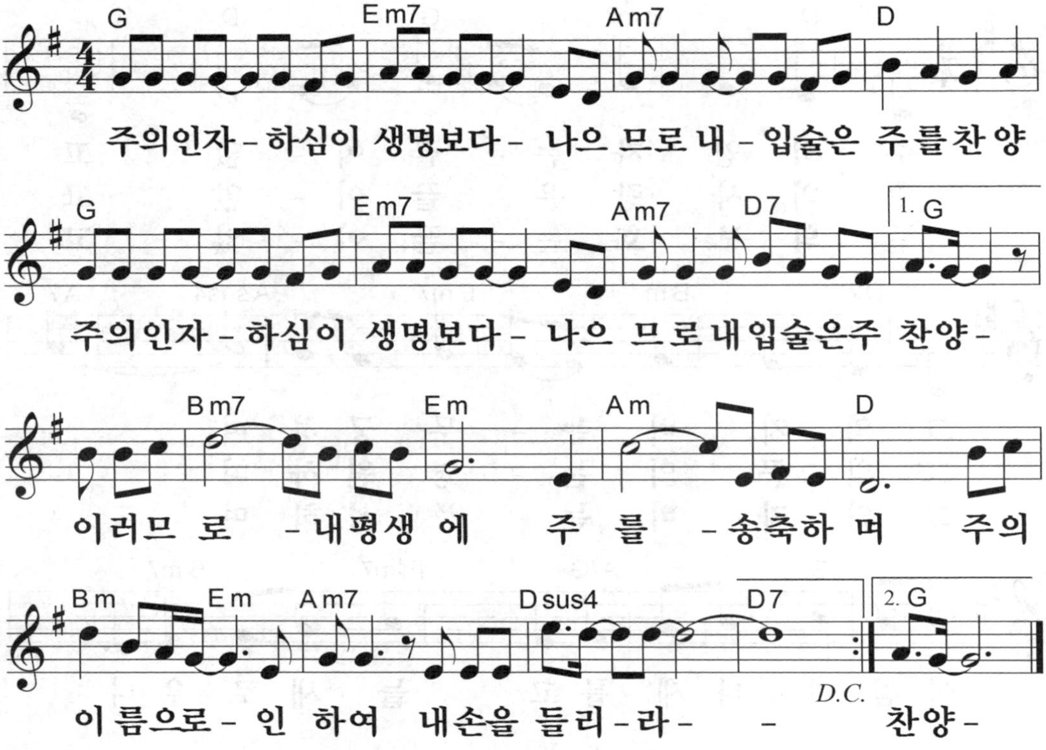

G Em7 Am7 D

주의인자 - 하심이 생명보다 - 나으므로내 - 입술은 주를찬양

G Em7 Am7 D7 1. G

주의인자 - 하심이 생명보다 - 나으 므로내입술은주 찬양 -

Bm7 Em Am D

이러므 로 - 내평생 에 주 를 - 송축하 며 주의

Bm Em Am7 Dsus4 D7 2. G

이름으로 - 인 하여 내손을 들리 - 라 - - 찬양 -

D.C.

주의 임재 앞에 잠잠해 456

(Be Still)

주 의 임재 앞에잠잠해 주 여 기 계 시 네
주 의 영광 앞에잠잠해 주 의빛비 치 네
주 의 능력 앞에잠잠해 주 역사하 시 네

와 서 모두 굽혀경배해 신 령과진 리 로
거 룩 한 - 불태우시며 영 광의관 쓰 네
죄 사 하고 치유하시는 놀 라운주 은 혜

순 결 하 신 주님 거 룩 한 존 전에
그 영 광 찬 란해 빛 되 신 우 리왕
주 믿 는 자 에게 능 치 못 함 없네

주 의 임재 앞에잠잠해 주 여 기 계 시 네
주 의 영광 앞에잠잠해 주 의빛비 치 네
주 의 능력 앞에잠잠해 주 역사하 시 네

457 주의 자비가 내려와

(신) 1581
(구) 1672

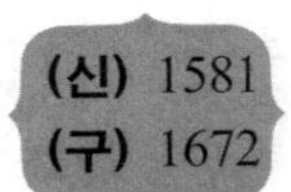

(Mercy is falling)

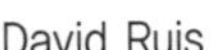

David Ruis

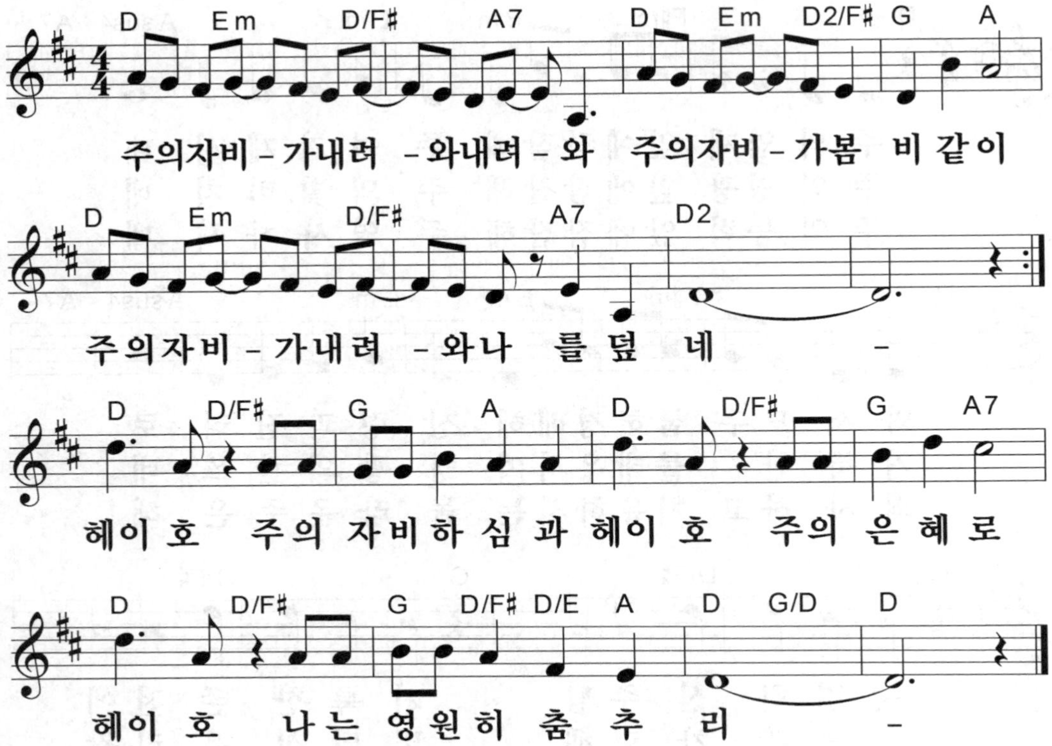

D Em D/F# A7 D Em D2/F# G A
주의자비 - 가내려 - 와내려 - 와 주의자비 - 가봄 비 같이
D Em D/F# A7 D2
주의자비 - 가내려 - 와나 를덮 네 -
D D/F# G A D D/F# G A7
헤이 호 주의 자비하 심 과 헤이 호 주의 은 혜 로
D D/F# G D/F# D/E A D G/D D
헤이 호 나는 영원히 춤 추 리 -

458 주의 피

조영준

G D7 C D7
주 의 피 주 의 피 주 의 피 그피로죽었 네
G D7 C D7 G
주 의 피 주 의 피 주 의 피 그피로살았 네

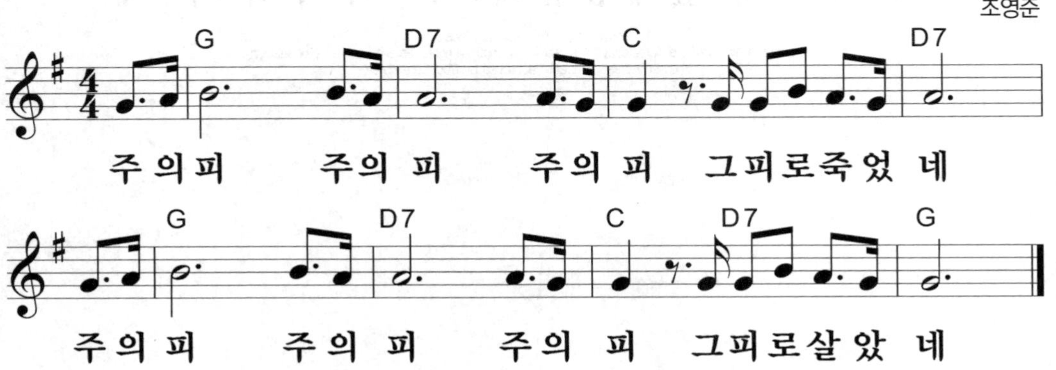

주의 집에 영광이 가득해 459

John Barnett

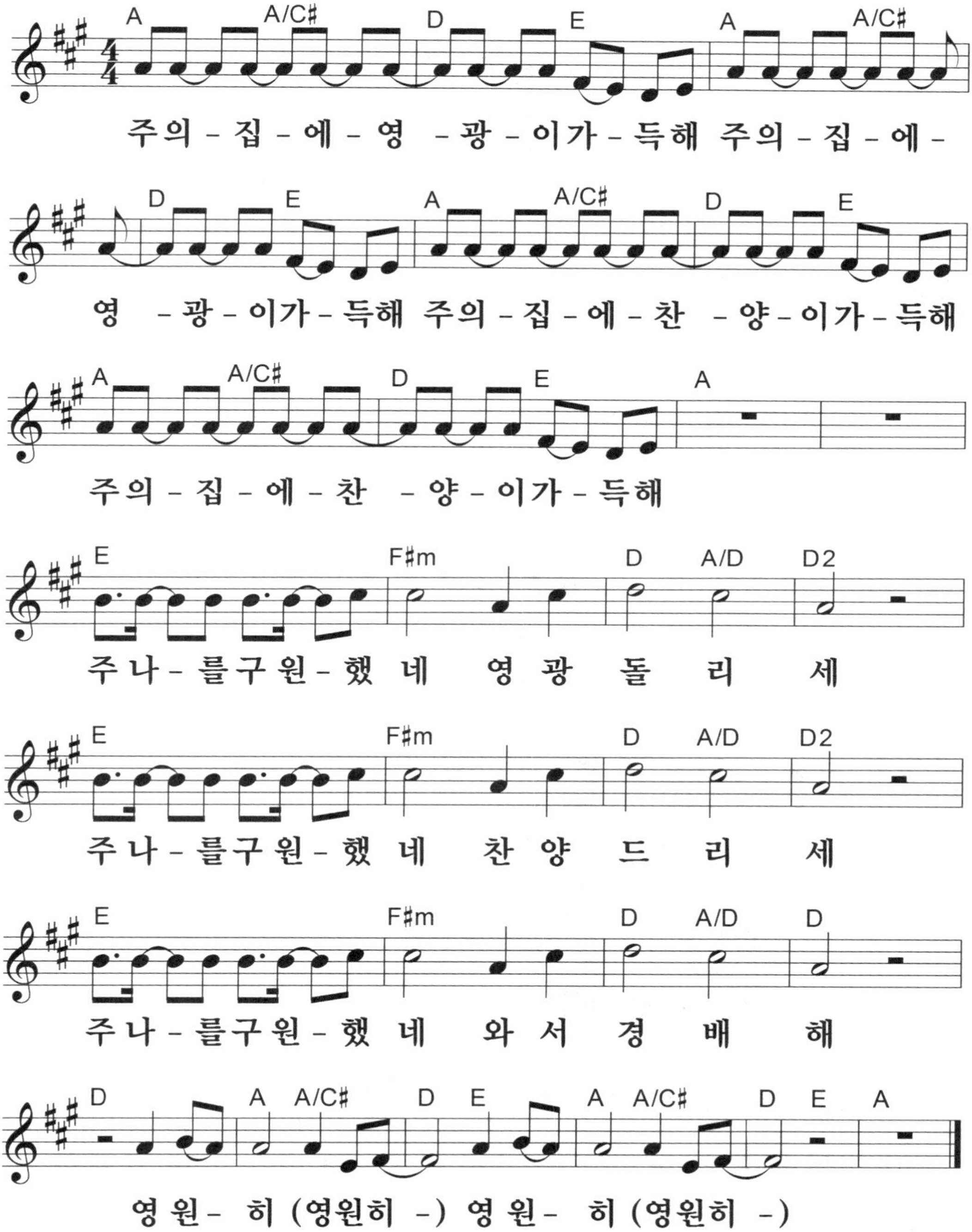

A A/C# D E A A/C#
주의 - 집 - 에 - 영 - 광 - 이가 - 득해 주의 - 집 - 에 -

D E A A/C# D E
영 - 광 - 이가 - 득해 주의 - 집 - 에 - 찬 - 양 - 이가 - 득해

A A/C# D E A
주의 - 집 - 에 - 찬 - 양 - 이가 - 득해

E F#m D A/D D2
주나 - 를구원 - 했네 영광 돌 리 세

E F#m D A/D D2
주나 - 를구원 - 했네 찬양 드 리 세

E F#m D A/D D
주나 - 를구원 - 했네 와서 경 배 해

D A A/C# D E A A/C# D E A
영원 - 히 (영원히 -) 영원 - 히 (영원히 -)

460

주 이름 찬양

(Blessed be Your name)

Beth Redman & Matt Redman

B F# G#m7 E
1. 주 - 이름 - 찬양 - 풍요의 강 - 물흐 - 르는 -
주 - 이름 - 찬양 - 거치른 광 - 야와 - 같은 -
2. 주 - 이름 - 찬양 - 햇살이 나 - 를비 - 추고 -
주 - 이름 - 찬양 - 가는 길 험 - 할지 - 라도 -
B F# E
부요한 땅 - 에살 - 때에 - 주님 - 찬양해 -
인생길 걸 - 어갈 - 때도 - 주님 - 찬양해 -
만물이 새 - 롭게 - 될때 - 주님 - 찬양해 -
고통이 따 - 를지 - 라도 - 주님 - 찬양해 -
B F# G#m7 1. E 2. E
모든축복 주신주님 찬양하 리 리 주의이름
어둔날이 다가와도 난외치
B F# G#m7 E B
을 찬 - 양 - 해 - 주의이름 을 주의이름을 찬 - 양 - 해
F# G#m7 F# E 1. 2. E
- 영화로운 주 이름 - 찬 양 - 주
last time to Coda
B F# G#m7 F# B
님은주 시 며 주 님 은 찾으 - 시 네 내 맘에하 는
F# G#m7 1. E 2. E D.S. al Coda B
말 주 찬양합 니 다 - 주 다 - 주의이름

(신) 1528
(구) 1630

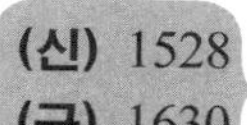

주 이름 큰 능력 있도다

(There is power in the name of Jesus)

Noel Richards

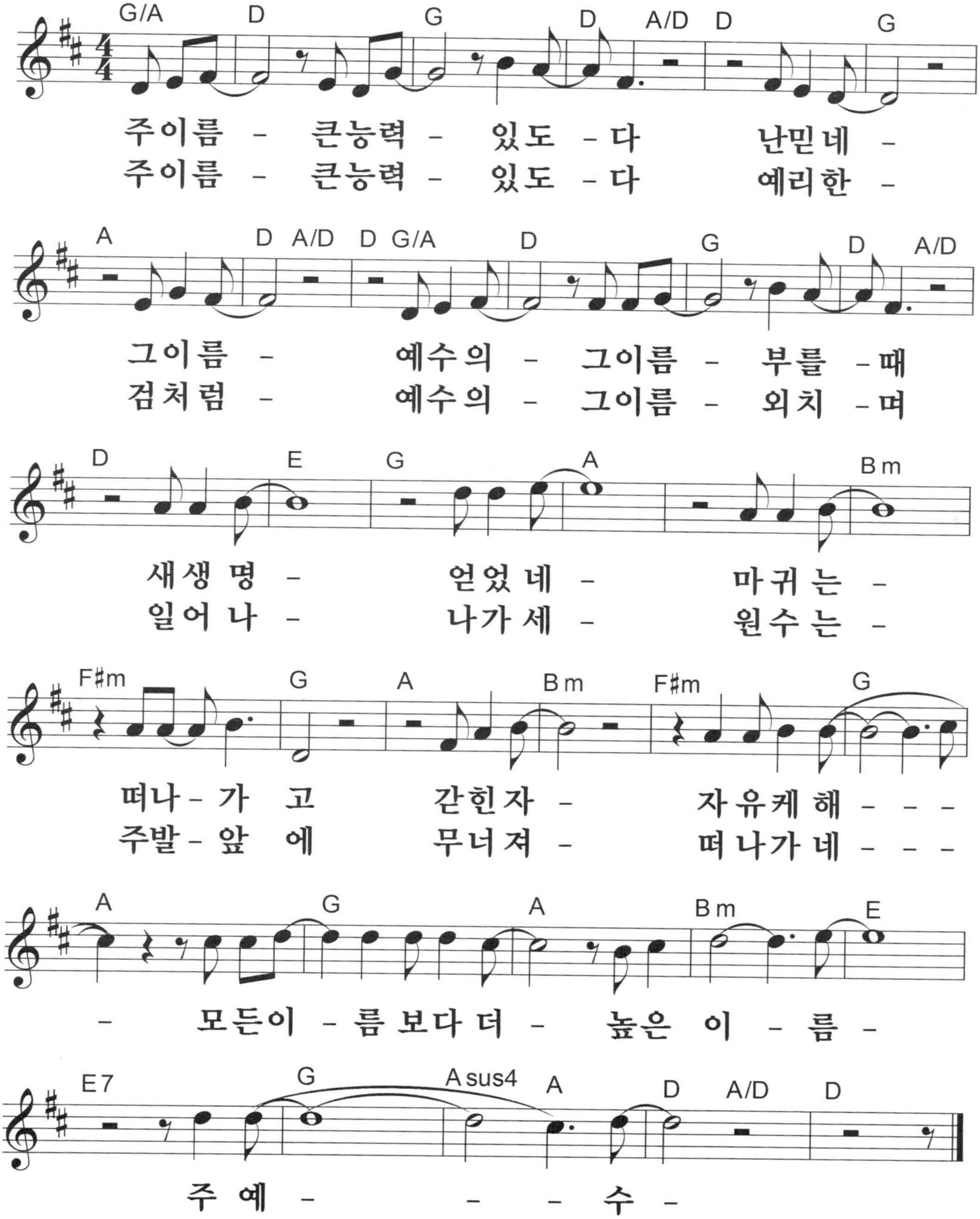

G/A D G D A/D D G
주이름 - 큰능력 - 있도 - 다 난믿네 -
주이름 - 큰능력 - 있도 - 다 예리한 -
A D A/D D G/A D G D A/D
그이름 - 예수의 - 그이름 - 부를 - 때
검처럼 - 예수의 - 그이름 - 외치 - 며
D E G A Bm
새생명 - 얻었네 - 마귀는 -
일어나 - 나가세 - 원수는 -
F#m G A Bm F#m G
떠나 - 가 고 갇힌자 - 자유케해 - - -
주발 - 앞 에 무너져 - 떠나가네 - - -
A G A Bm E
- 모든이 - 름보다더 - 높은 이 - 름 -
E7 G Asus4 A D A/D D
주 예 - - - 수 -

462 주 품에 품으소서

(신) 1629
(구) 1874

(Still)

Reuben Morgan

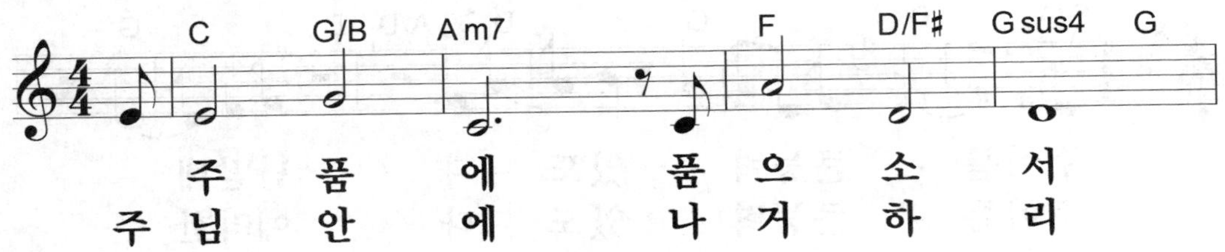

C G/B Am7 F D/F♯ Gsus4 G
주 품 에 품 으 소 서
주 님 안 에 나 거 하 리

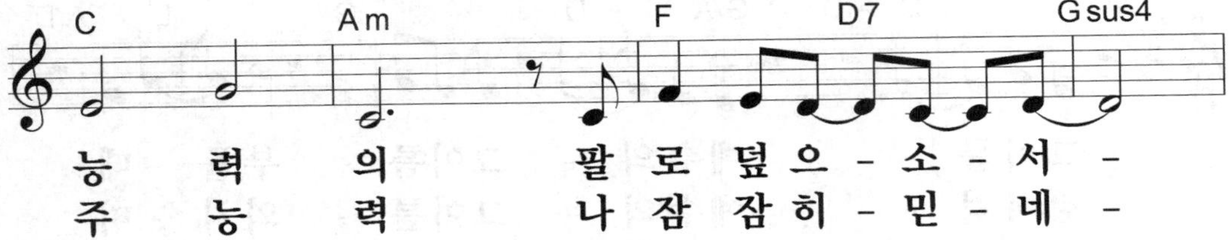

C Am F D7 Gsus4
능 력 의 팔 로 덮 으 - 소 - 서 -
주 능 력 나 잠 잠 히 - 믿 - 네 -

C7 F G Csus4 C7 F G Am
거친파도 날 향해 - 와도 - 주와함께 날 아 오 - 르리 -

F G Csus4 G/B F/A G C
폭풍가운 데 나의 - 영혼 - 잠잠하게 - 주를보 - 리라 -

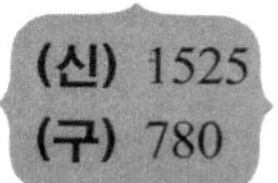

주 하나님 독생자 예수

(Because He lives)

Gloria Gaither & William J. Gaither

E7 A E A7 D A E7

주하나님 독생자예수 날위하여
주안에서 거듭난생명 도우시는
그언젠가 주뵐때까지 주를위해

A Bm7 E7 A E7 A7 D

오시었네 내모든죄 다사하시고
주의사랑 참기쁨과 확신가지고
싸우리라 승리의길 멀고험해도

Bm7 A E7 D A

죽음에서 부활하신 나의구세주
예수님의 도우심을 믿으며살리
주님께서 나의앞길 지켜주시리

A E7 A A7 C#7 D Bm7 A E7

살아계신 주 나의참된소망 걱정근심

A F#m Bm7 E D/E E A E7 A D

전혀없네 사랑의 주 내 갈길인도하니

Bm7 A F#m B7 E7 A

내모든삶 의기쁨 늘충만하네

464 지극히 높은 주님의

(여호와의 유월절)

조영준

F C/E Dm Am
지극히높은 주 님의 나지성소로 들 어갑 -니 다

B♭ F/A Gm7 C
- 세상의신을 벗 고서 주보좌앞에 엎 드 리 리

F C/E Dm Am
내주를향한 사 랑과 그신뢰가사 그 러져 -갈 때

B♭ F/A Gm7 F Fsus4
- 하늘로부터 이 곳에 장 막 이덮이 네 -

F Gm7 C7 F
이곳을덮으 소 서 이곳을비추 소 서

Dm Gm7 C F F7
내안에무너 졌던모든소 -망 다회복되리 -니

F Gm C7 F
이곳을지나 소 서 이곳을만지 소 서

Dm Gm7 C F
내안에죽어 가는모든예 -배 다살아나리 -라

(구) 1898

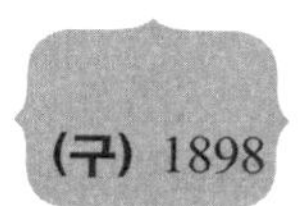

지금 우리는 마음을 합하여 465

(일어나 새벽을 깨우리라)

조동희

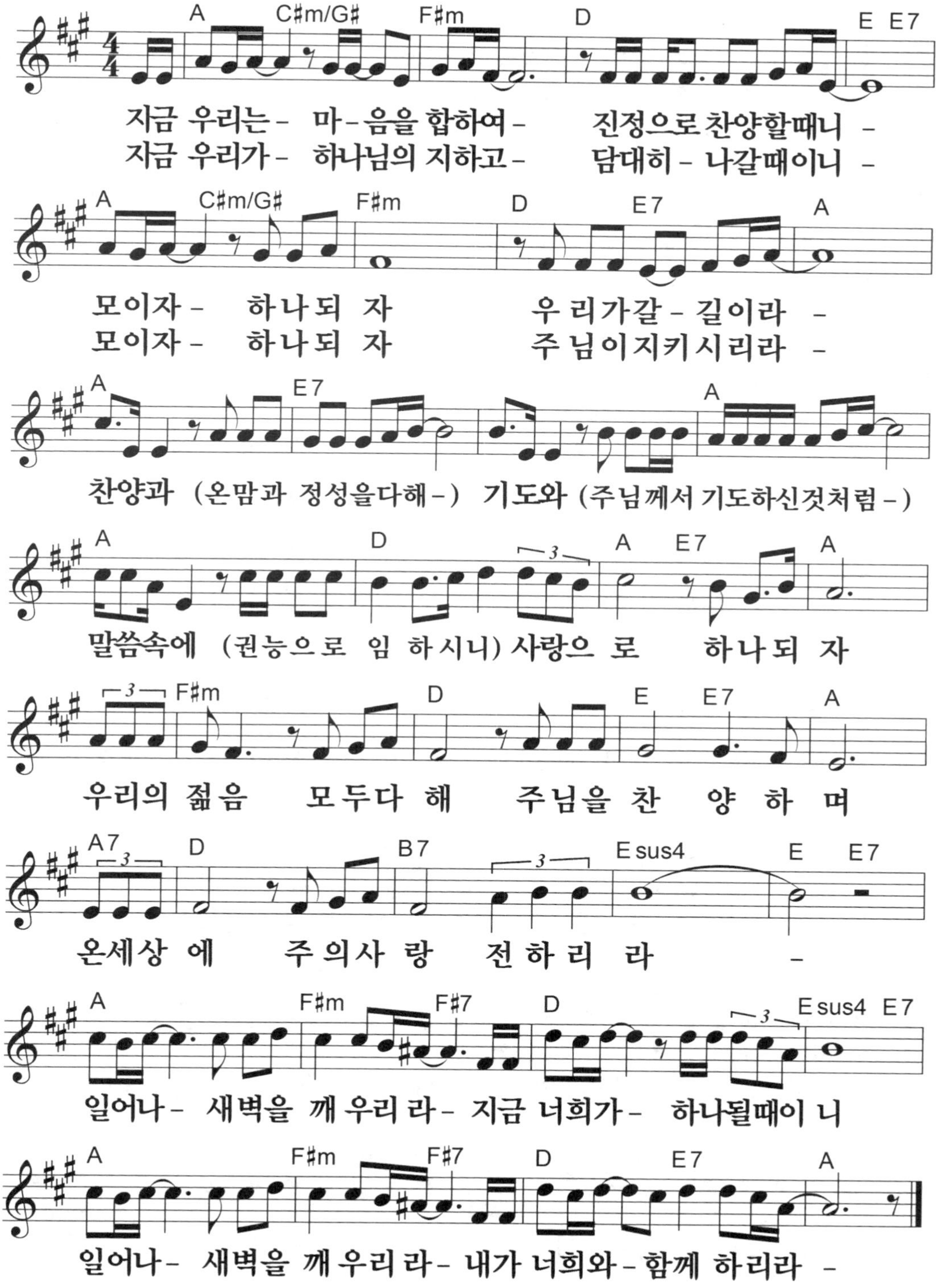

A C#m/G# F#m D E E7
지금 우리는- 마-음을 합하여- 진정으로 찬양할때니 -
지금 우리가- 하나님의 지하고- 담대히 - 나갈때이니 -
A C#m/G# F#m D E7 A
모이자- 하나되 자 우 리가갈-길이라 -
모이자- 하나되 자 주 님이지키시리라 -
A E7 A
찬양과 (온맘과 정성을다해-) 기도와 (주님께서 기도하신것처럼-)
A D 3 A E7 A
말씀속에 (권능으로 임 하시니) 사랑으 로 하나되 자
3 F#m D E E7 A
우리의 젊음 모두다 해 주님을 찬 양 하 며
A7 3 D B7 3 E sus4 E E7
온세상 에 주 의사 랑 전하리 라 -
A F#m F#7 D 3 E sus4 E7
일어나- 새벽을 깨 우리 라- 지금 너희가- 하나될때이 니
A F#m F#7 D E7 A
일어나- 새벽을 깨 우리 라- 내가 너희와-함께 하리라 -

466 지금 서 있는 이 곳에서

(나를 통하여)

이권희

지금 서 있는 이 곳에서

G /B C G/B Am7 D
며 주님을 예배할때- 하늘 가득한-주의 -영광보
G /B C/E D/F♯ B7/D♯ Em7
리라- 나를통하 여 -나의입술을 인 하여---주의
Am7 C/D 1. G /B 2. G
이름높-임을-받으-소서 - 나를통하 서

467 지금은 엘리야 때처럼

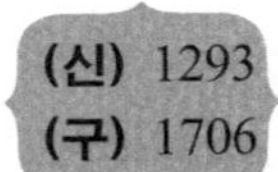

(Day of Elijah)

(신) 1293
(구) 1706

Robin Mark

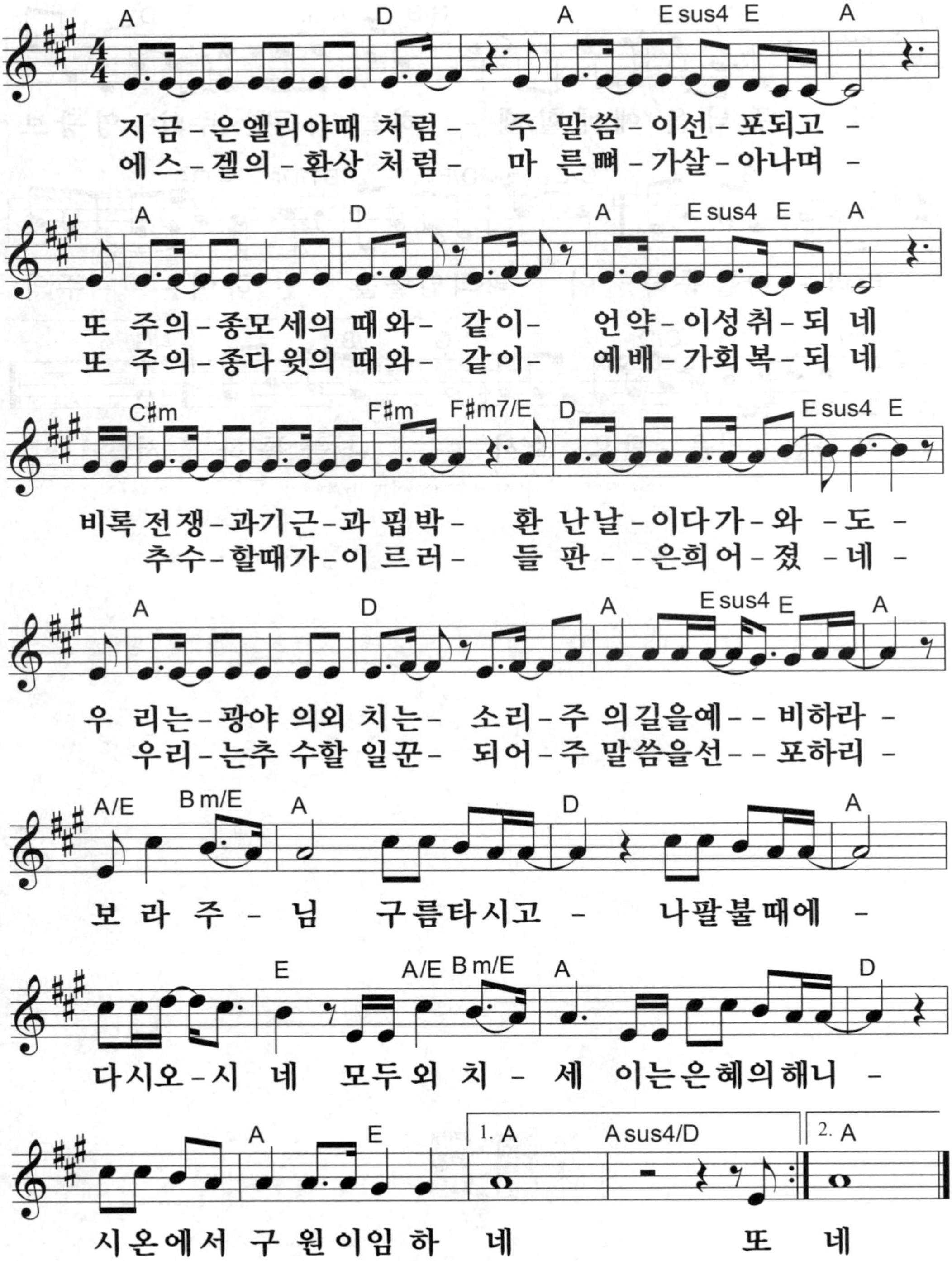

A D A Esus4 E A
지금-은엘리야때 처럼- 주 말씀-이선-포되고 -
에스-겔의-환상 처럼- 마 른뼈-가살-아나며 -
A D A Esus4 E A
또 주의-종모세의 때와- 같이- 언약-이성취-되 네
또 주의-종다윗의 때와- 같이- 예배-가회복-되 네
C#m F#m F#m7/E D Esus4 E
비록전쟁-과기근-과 핍박- 환 난날-이다가-와 -도 -
추수-할때가-이 르러- 들 판 - -은희어-졌 -네 -
A D A Esus4 E A
우 리는-광야 의외 치는- 소리-주 의길을예- - 비하라 -
우리-는추 수할 일꾼- 되어-주 말씀을선- - 포하리 -
A/E Bm/E A D A
보 라 주 - 님 구름타시고 - 나팔불때에 -
E A/E Bm/E A D
다시오-시 네 모두외 치 - 세 이는은혜의해니 -
A E 1. A Asus4/D 2. A
시온에서 구 원이임하 네 또 네

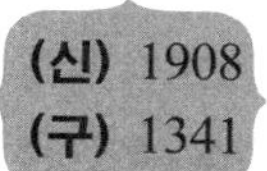

지존하신 주님 이름 앞에 468

(Jesus at Your name)

Chris Bowater

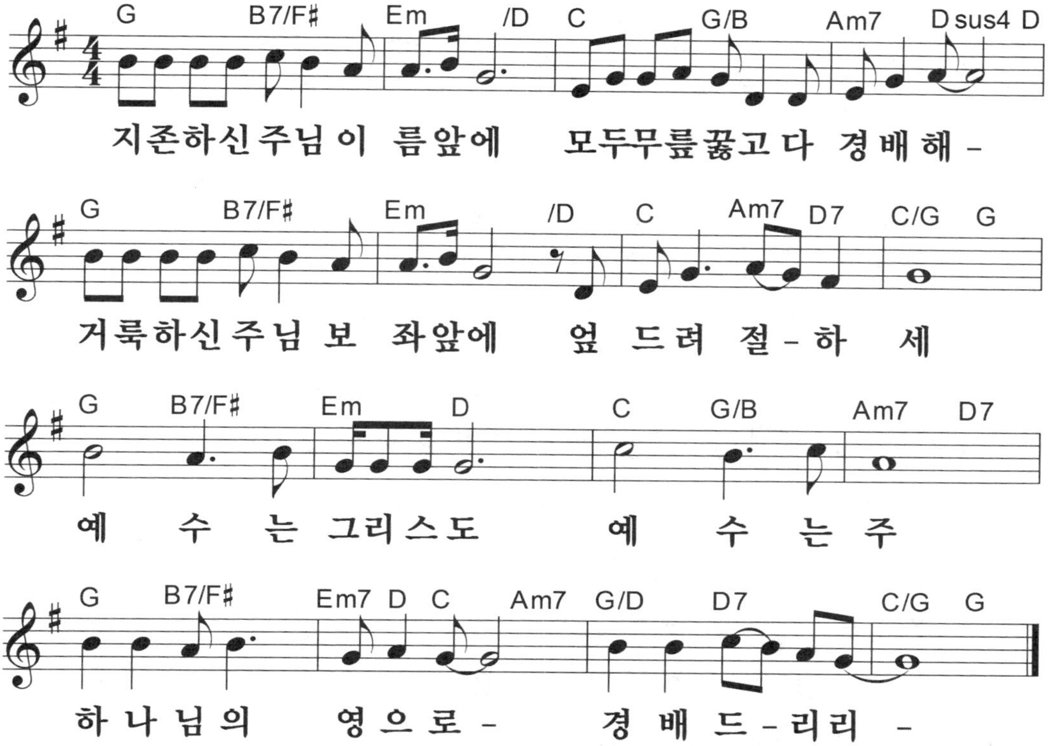

G B7/F♯ Em /D C G/B Am7 Dsus4 D

지존하신주님이 름앞에 모두무릎꿇고다 경배해 -

G B7/F♯ Em /D C Am7 D7 C/G G

거룩하신주님보 좌앞에 엎 드려 절 - 하 세

G B7/F♯ Em D C G/B Am7 D7

예 수 는 그리스도 예 수 는 주

G B7/F♯ Em7 D C Am7 G/D D7 C/G G

하 나 님 의 영 으 로 - 경 배 드 - 리 리 -

469 진정한 예배가 숨쉬는 교회

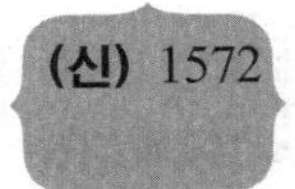

(이런 교회 되게 하소서)

김인식

진 정 한 예 배 가 숨 쉬 는 교 회 주 님 이 주 인 되 시

는 교 회 – 믿 음 의 기 도 가 쌓 이 는 교 회 최 고 의 찬 양 을 드 리

는 교 회 – 말 씀 이 살 – 아 움 직 이 는 교 회 성 도 의 사 랑 이 넘 치

는 교 회 – 섬 김 과 헌 신 이 기 쁨 이 되 어 열 매 맺 는 아 름 다 운 교

회 주 님 의 마 음 닮 아 서 이 웃 을 사 랑 하 는 교 회 주 님

의 – 영 광 을 위 해 서 빛 되 신 주 님 전 하 는 교 회 사 랑

의 불 꽃 이 활 짝 피 어 나 날 마 다 사 랑 에 빠 지 는 교 회 – 주 께

서 사 – 랑 하 는 우 리 교 회 가 이 런 교 회 되 게 하 소 서 –

짐이 무거우냐

(예수께 가면 / Reach Out to Jesus)

Ralph Carmichael

471 찬송을 부르세요

(신) 1857
(구) 1083

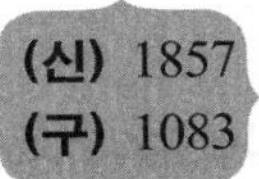

G C A A7 D

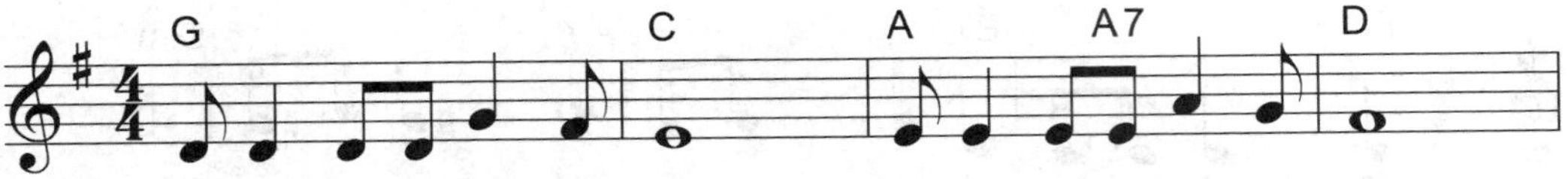

찬송을 부르세요 찬송을 부르세요
기도를 드리세요 기도를 드리세요
서로 사랑하세요 서로 사랑하세요
말씀을 들으세요 말씀을 들으세요
항상 기뻐하세요 항상 기뻐하세요
모두 용서하세요 모두 용서하세요

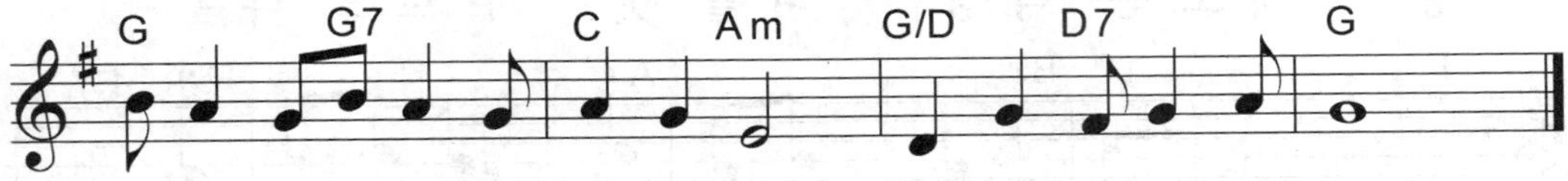

G G7 C Am G/D D7 G

놀라운 일이 생깁니다 찬송 부르세요
놀라운 일이 생깁니다 기도드리세요
놀라운 일이 생깁니다 서로 사랑해요
놀라운 일이 생깁니다 말씀 들으세요
놀라운 일이 생깁니다 항상 기뻐해요
놀라운 일이 생깁니다 모두 용서해요

472 찬양하라 내 영혼아

(신) 1961
(구) 914

(Bless the Lord, oh my soul)

Margaret Evans

3 G C 3 A D

*찬양하라 내 영혼아 *찬양하라 내 영혼아

G C G D7 G

내 속에 있는 것들아 다 *찬양하라

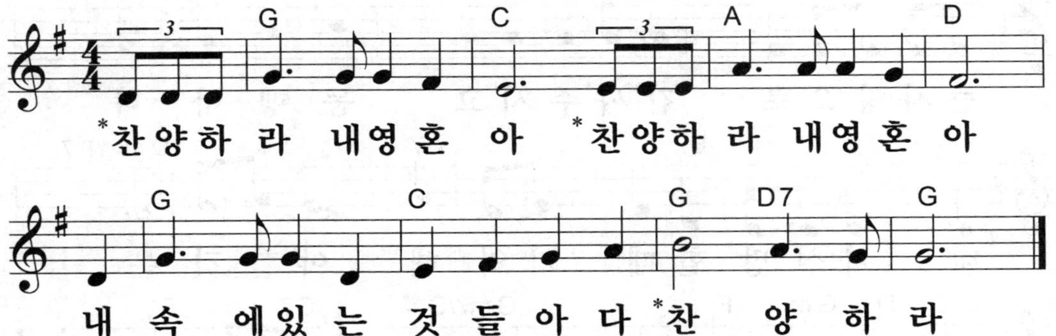

* 감사하라
기뻐하라

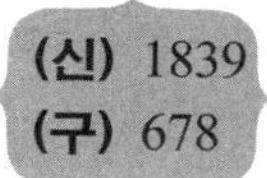

찬송하라 여호와의 종들아 473

(Come bless the Lord)

*찬 송 하라 – – 여 호 와 의 종 들 아

주 님 집 에 – – 서 있는 자 들 아

성 소 향 해 – 손 을 들 고 서 –

*찬 송 하라 – – *찬 송 하라 –

* 기뻐
감사
기도

474

찬양을 드리며

(Into Your Presence Lord)

Richard Oddie

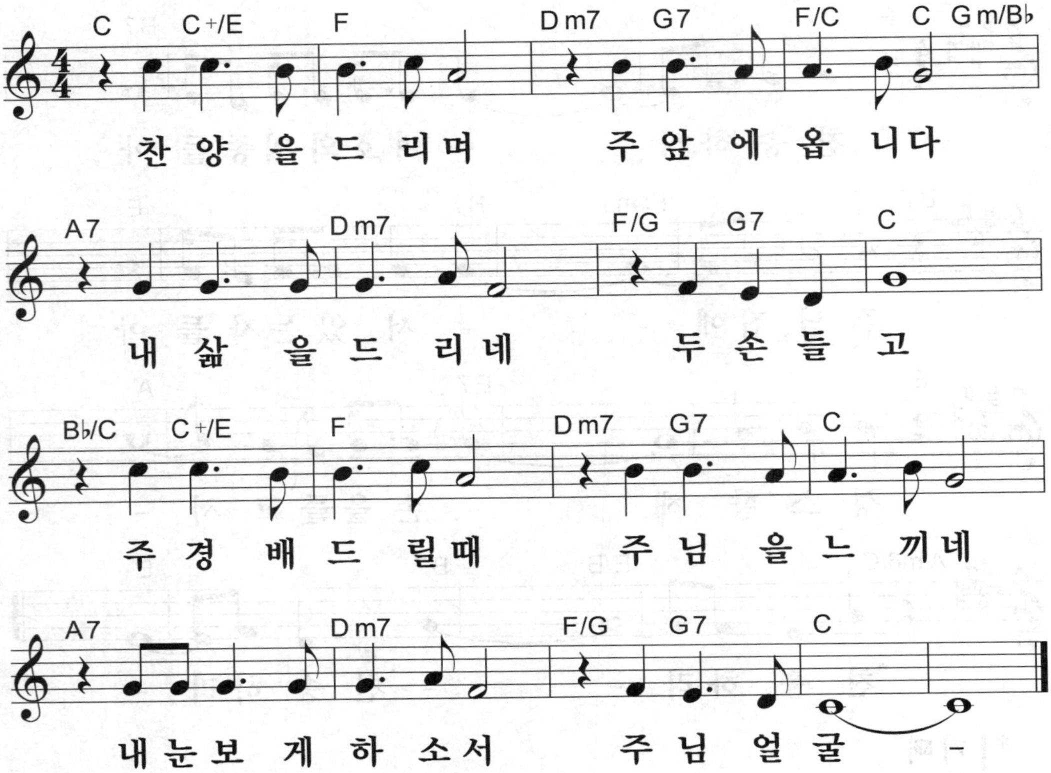

C C+/E F Dm7 G7 F/C C Gm/B♭

찬 양 을 드 리 며 주 앞 에 옵 니 다

A7 Dm7 F/G G7 C

내 삶 을 드 리 네 두 손 들 고

B♭/C C+/E F Dm7 G7 C

주 경 배 드 릴 때 주 님 을 느 끼 네

A7 Dm7 F/G G7 C

내 눈 보 게 하 소 서 주 님 얼 굴 -

(신) 1136
(구) 802

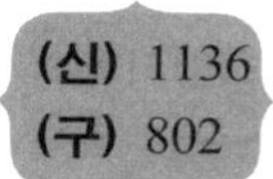

찬양이 언제나 넘치면

김석균

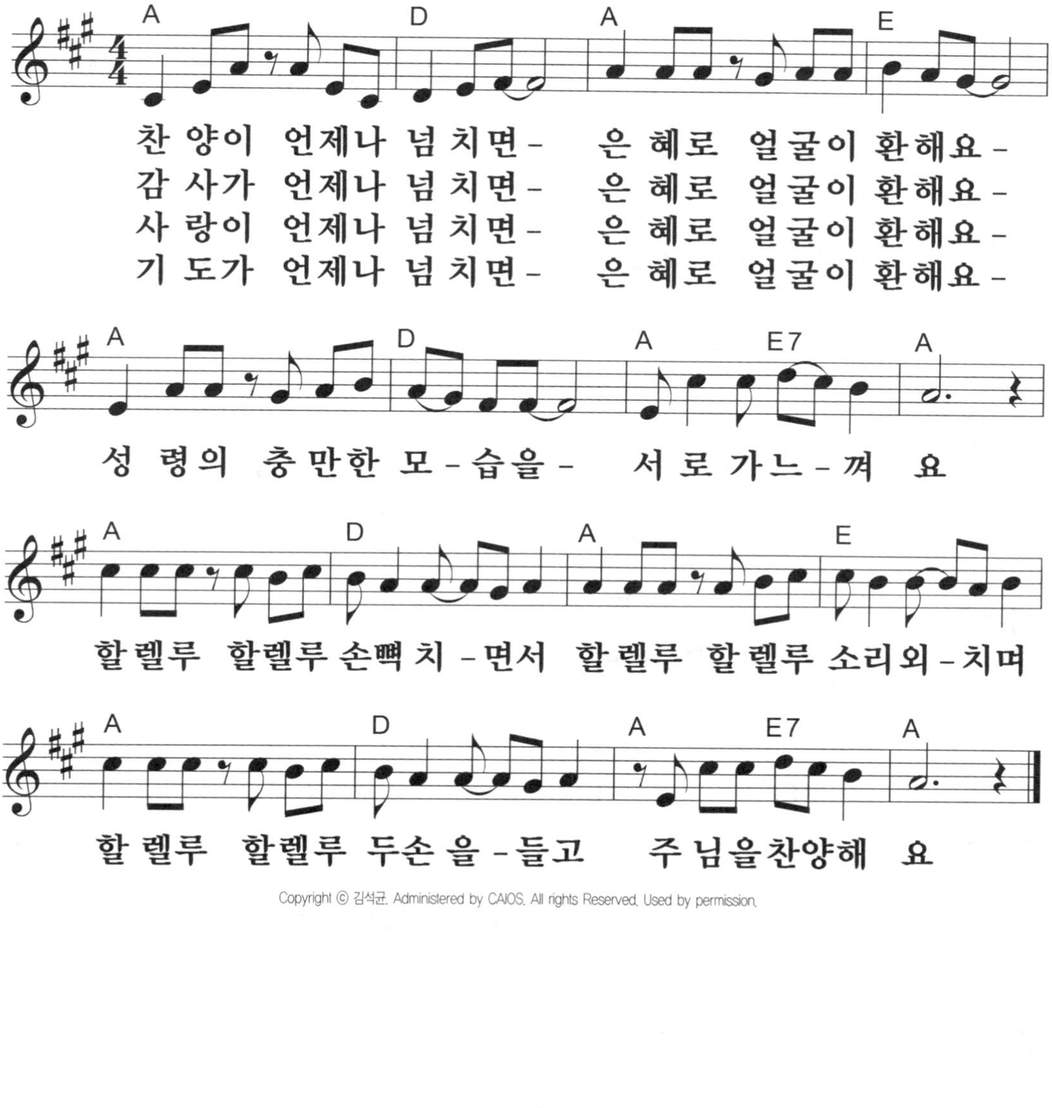

A D A E
찬 양이 언제나 넘 치면- 은 혜로 얼굴이 환해요-
감 사가 언제나 넘 치면- 은 혜로 얼굴이 환해요-
사 랑이 언제나 넘 치면- 은 혜로 얼굴이 환해요-
기 도가 언제나 넘 치면- 은 혜로 얼굴이 환해요-
A D A E7 A
성 령의 충 만한 모 - 습을- 서 로 가느 - 껴 요
A D A E
할렐루 할렐루 손뼉 치 - 면서 할 렐루 할 렐루 소리외 - 치며
A D A E7 A
할 렐루 할렐루 두손 을 - 들고 주 님을찬양해 요

476

찬양하세

(신) 1541
(구) 779

(신) 1551
(구) 2090

창조의 아버지

(Father of creation)

477

David Ruis

478 채우시네 주님이

(채우시네)

정종원

E A B
채우시네 – – 주님이 – – 내 만족을 –
B E
– 아 시네 – – 채우시네 – – 주님이
A B E Last time to
– – 내 필요를 – – 아 시네 –
1. E 2. E A
– 채우시네 – 주 예 수그리스도 안에 서 –
E A
영 광 가운데 – 그 풍성하신 은혜를 –
B7 D.S. E
채 워 주 시 네 – 채 우 시 네 –

(구) 1192

천국에 들어가는 길은

479

Ruth E. Turnwall

E B7 E B7 E A E B7
천 국 에 들 어 가 는 길 은 예 수 님 뿐 이 지 요
E B7 E B7 E A E B7 E
황 금 집 으 로 가 는 길 도 예 수 님 뿐 이 지 요
A E B E F#7 B7
다 른 길 은 다 른 길 은 다 른 길 은 없 어 요 - -
E B7 E B7 E B7 E A E F#7 E B E
천 국 에 들 어 가 는 길 은 예 수 님 뿐 이 지 요

480 천사의 말을 하는 사람도

(신) 1256
(구) 1129

(사랑의 송가)

Tina Benitez

축복하소서 우리에게 481

이 천

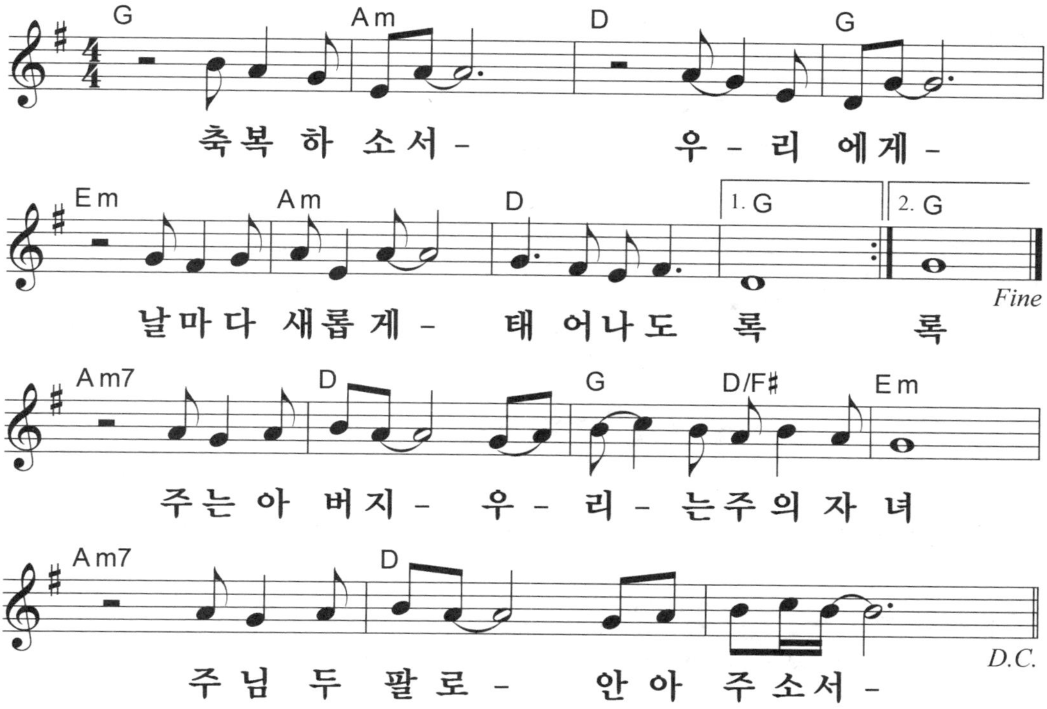

G Am D G

축복 하 소 서- 우 - 리 에게-

Em Am D 1. G 2. G

날마다 새롭게- 태 어나도 록 록

Fine

Am7 D G D/F# Em

주는 아 버지- 우 - 리 - 는주의 자 녀

Am7 D

주님 두 팔로- 안아 주소서-

D.C.

482 축복합니다 주님의 이름으로

(신) 1626
(구) 2178

이형구 & 곽상엽

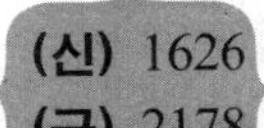

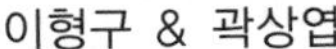

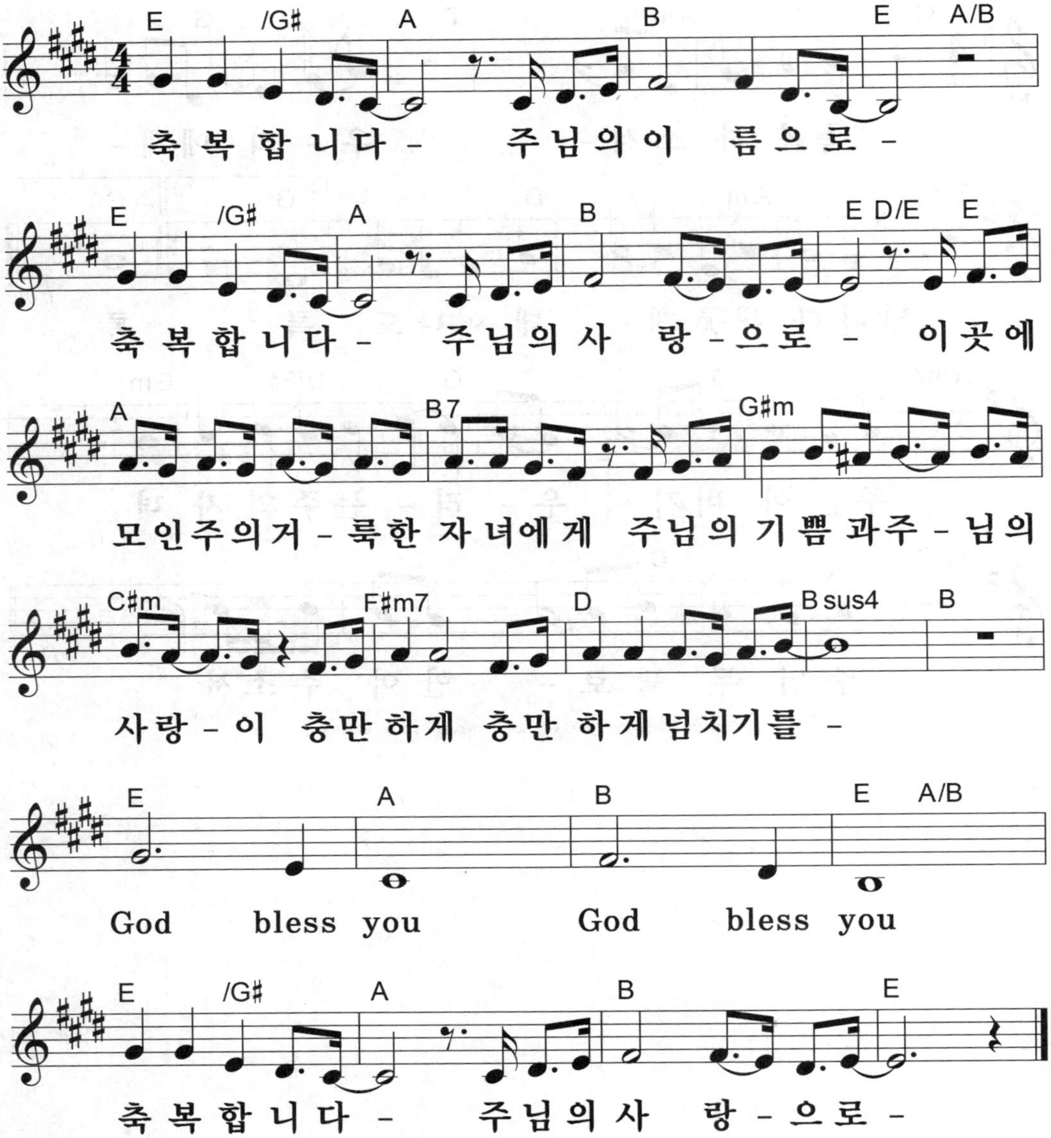

E /G# A B E A/B
축 복 합 니 다 - 주님의이 름으로 -
E /G# A B E D/E E
축 복 합 니 다 - 주님의사 랑-으로 - 이곳에
A B7 G#m
모인주의거-룩한 자녀에게 주님의기쁨과주-님의
C#m F#m7 D B sus4 B
사랑-이 충만하게 충만 하게넘치기를 -
E A B E A/B
God bless you God bless you
E /G# A B E
축 복 합 니 다 - 주님의사 랑-으로 -

(신) 1406
(구) 668

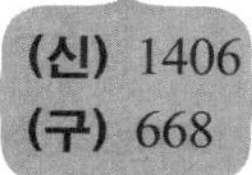

크신 주께 영광돌리세 483

(Great is the Lord)

Robert Ewing

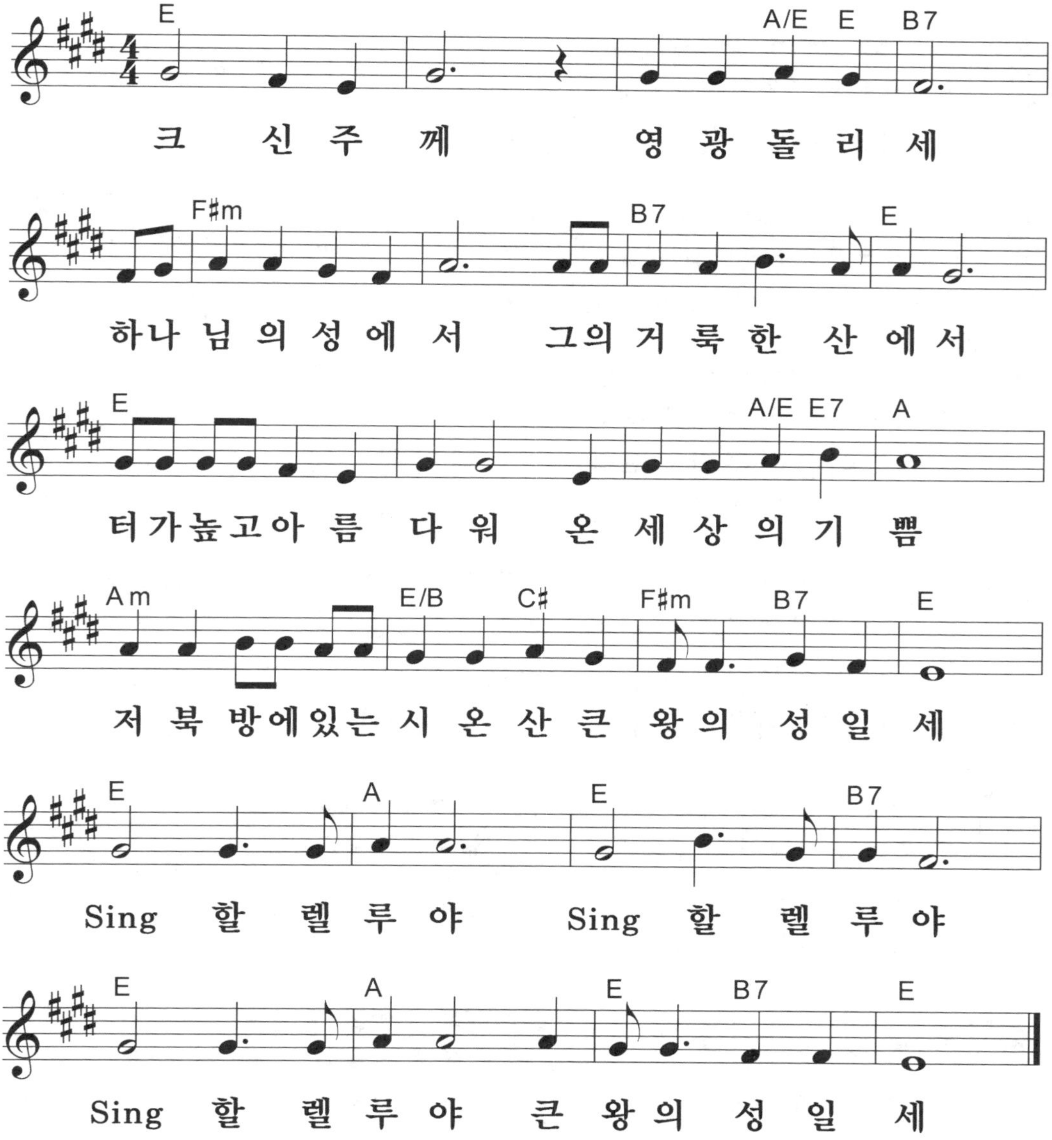

E A/E E B7
크 신 주 께 영 광 돌 리 세
F♯m B7 E
하나 님 의 성 에 서 그의 거 룩 한 산 에 서
E A/E E7 A
터가높고아 름 다 워 온 세 상 의 기 쁨
Am E/B C♯ F♯m B7 E
저 북 방에있는시 온 산 큰 왕 의 성 일 세
E A E B7
Sing 할 렐 루 야 Sing 할 렐 루 야
E A E B7 E
Sing 할 렐 루 야 큰 왕 의 성 일 세

484 태초에 말씀이 계시니

(그 이름 아름답도다 / What a Beautiful Name)

Ben Fielding & Brooke Ligertwood

G2 A Bm7 D2/F♯
-주 휘장찢었 -네 죄와무덤 -잠잠-케해 - 온하늘외
-네 비길자없 -네 영원히다 -스리-는주 - 모든나라
G2 A Bm7 1. A
-쳐 영광찬양 -해 주예수다 -시사-셨네 - 맞설자없
-와 모든영광 -과 모든이름 -위의-이름
2. A D A
- 그이름강력하-도다 - 그이름강력하-도다 - 나의왕-예
Bm7 A G D/F♯
-수그리-스 도 - 그이름강력하-도다 - 대적할자없네
A Bm7 A G
- 그이름강력하-도다 -예수-의 이 -름 맞설자없
G2 A Bm7 A D2/F♯
-네 비길자없 -네 영원히다 -스리-는주 - 모든나라
G2 A Bm7
-와 모든영광 -과 모든이름 - 위의-이 름
1. A 2. G Bm7 A
- 그이름강력하-도다 -름 그이름강력하-도다 - 예수-의이
G Bm7 A G
-름 그이름강력하-도다 - 예 수 -의 이 -름-

485 탕자처럼 방황할 때도

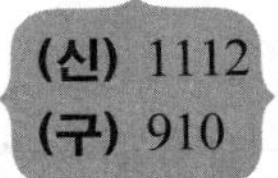

(탕자처럼)

김영기

D F#m G D A A7

탕 자 처 럼 방 황 - 할 때 도 애 타 게 기 다 리 는 -
불 순 종 한 요 나 와 같 이 도 방 황 하 던 나 에 게 -
음 탕 한 저 고 멜 과 같 이 도 방 황 하 던 나 에 게 -

D F#m G Gm D/A A7 D

부 드 런 주 님 의 음 성 이 내 맘 을 녹 이 셨 네 -
따 뜻 한 주 님 의 손 길 이 내 손 을 잡 으 셨 네 -
너 그 런 주 님 의 용 서 가 내 맘 을 녹 이 셨 네 -

G D G D

오 주 님 나 이 제 갑 니 다 날 받 아 주 소 - 서 -

G D Bm D/A A7 D

이 제 는 주 님 만 위 하 여 이 몸 을 바 치 리 다 -
이 제 는 주 님 만 위 하 여 이 생 명 바 치 리 다 -
이 제 는 주 님 만 위 하 여 죽 도 록 충 성 하 리 -

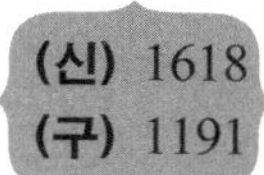

(신) 1618
(구) 1191

평안을 너에게 주노라

486

(My peace I give unto you)

Keith Routlege

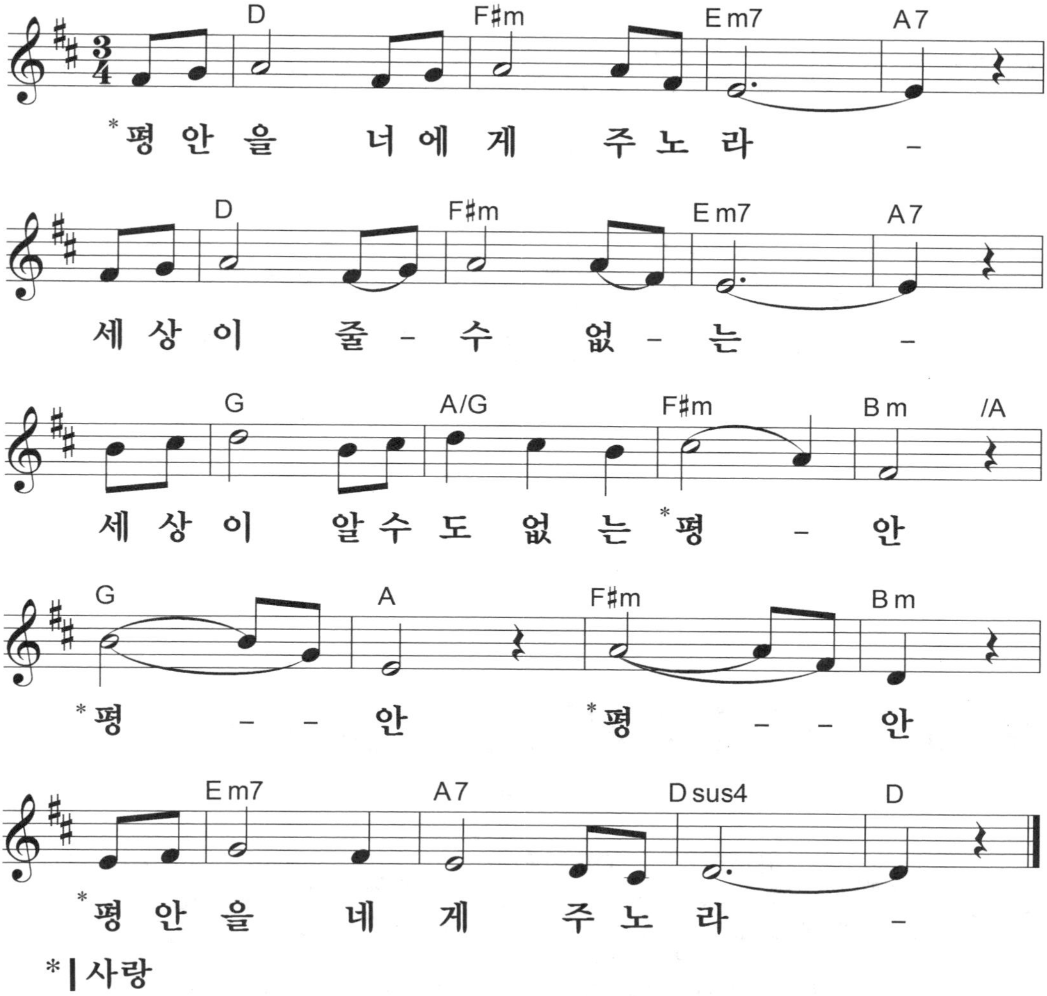

D F♯m Em7 A7
*평 안 을 너 에 게 주 노 라 –
D F♯m Em7 A7
세 상 이 줄 – 수 없 – 는 –
G A/G F♯m Bm /A
세 상 이 알 수 도 없 는 *평 – 안
G A F♯m Bm
*평 – – 안 *평 – – 안
Em7 A7 Dsus4 D
*평 안 을 네 게 주 노 라 –
*| 사랑

487 평화 하나님의 평강이

김창석

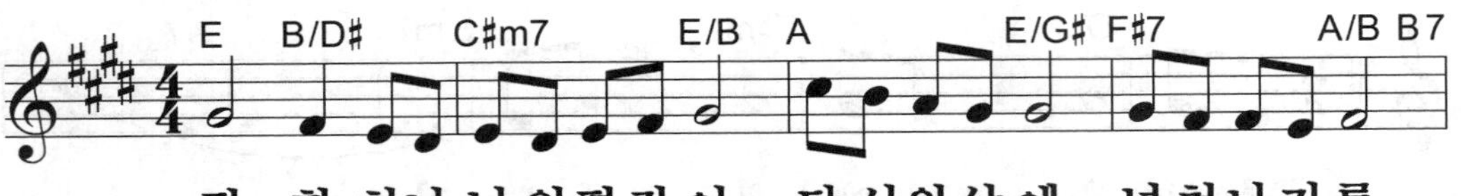
E B/D♯ C♯m7 E/B A E/G♯ F♯7 A/B B7
평 화 하나 님의평강이 당신의삶에 넘쳐나기를

E B/D♯ C♯m7 E/B A E/G♯ F♯m7 A/B B7 E
평 화하나 님의평강 이 당신의삶에 가득 하기를 축복합 니 다

488 하나님 사랑 변치않는다

(진리)

강명식

D Em7 D/F♯ Em7 D Em7 Am7 D7
하나님사랑 변치않는 다 하나님사랑변치않는 다
하나님내길 인도하신 다 하나님내길인도하신 다
반드시기도 응답하신 다 반드시기도응답하신 다
하늘의것을 구하면산 다 하늘의것을구하면산 다
G A/G G F♯m7 B7 Em7 A7 D
세상다변하 고 날버린다해 도 하나님사랑변치않는 다
나의가는길 다 주님께있으 니 하나님내길인도하신 다
때론나의뜻 과 다른길이라 도 반드시기도응답하신 다
세상헛된것 에 소망두지말 고 하늘의것을구하면산 다

풀은 마르고

489

김영진

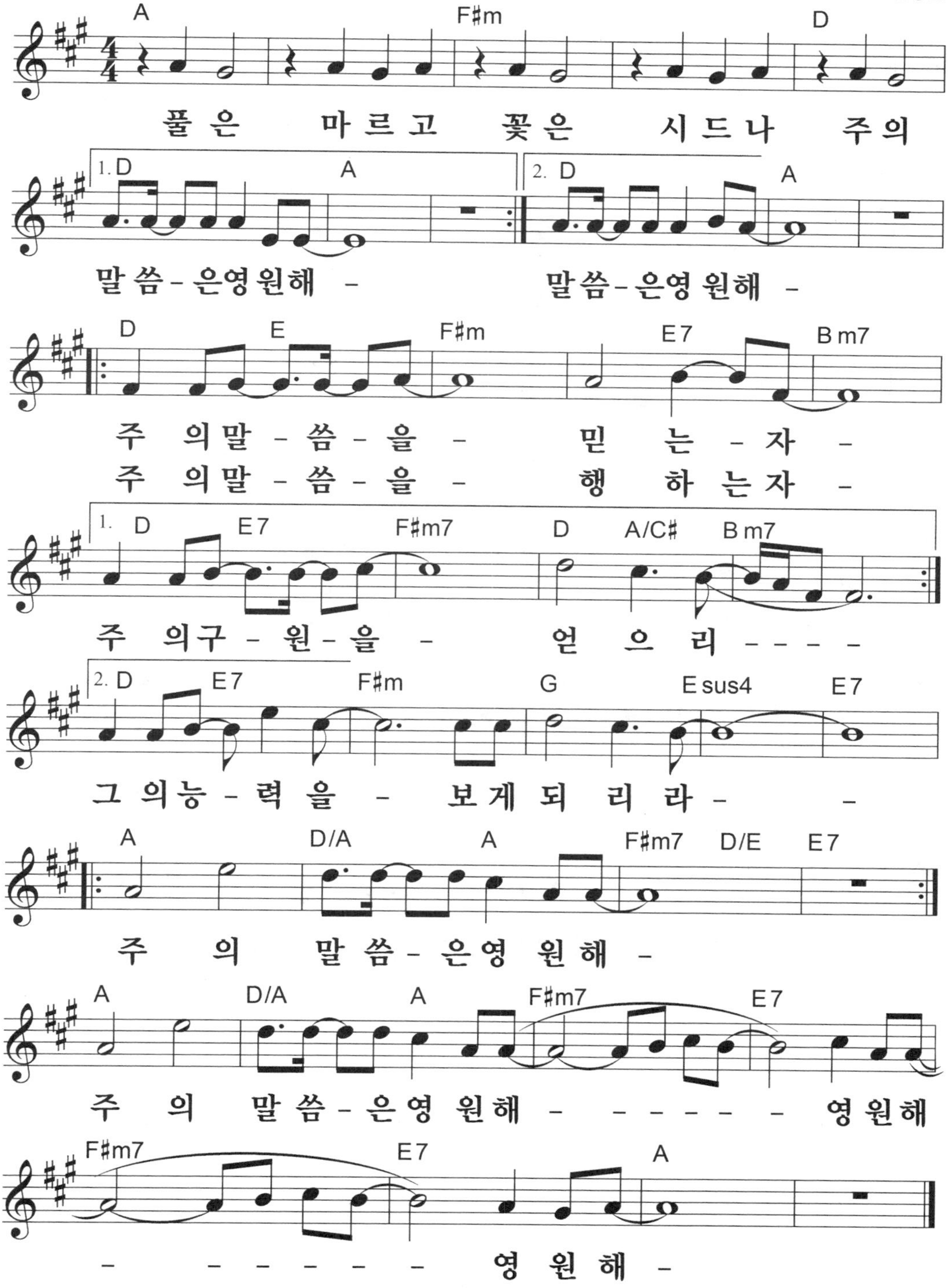

풀은 마르고 꽃은 시드나 주의

말씀-은영원해 - 말씀-은영원해 -

주 의말-씀-을 - 믿 는 -자 -

주 의말-씀-을 - 행 하 는자 -

주 의구-원-을 - 얻 으 리 ----

그 의능-력을 - 보게되 리 라- -

주 의 말 씀-은영 원해 -

주 의 말 씀-은영 원해 - ----- - 영원해

- ------ 영 원 해 -

490 피난처 되시는 주 예수

(피난처되신 주 예수)

인터콥 번역

A E D A D A E
피 난처되 시는주 예수 영 원한승 리의왕
A E D A/C# Bm7 E7 A D/A
주 님의얼 굴을구 할때 주 의빛비 추시 네
A E D A D A E
전 쟁은주 님께속 했네 승 리는우 리의 것
A E F#m7 A/E DM7 E7 A E7
예 수의이 름을높 이며 영 원히찬 양하 리
A E F#m7 C#m7 D A B7 E
주 님의임재에 온 땅흔들리고 우 리 기도에 하 늘문여시네
A E F#m7 C#m7 D A Bm E7 A
온 민족과열방 주 께 경배해 영 원 영원히 보 좌 에 계신-왕 께
하 나 님 어린-양 께

(신) 1507
(구) 1674

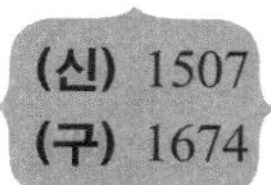

하나님께로 더 가까이 491

(Nearer to God)

Stephen Hah

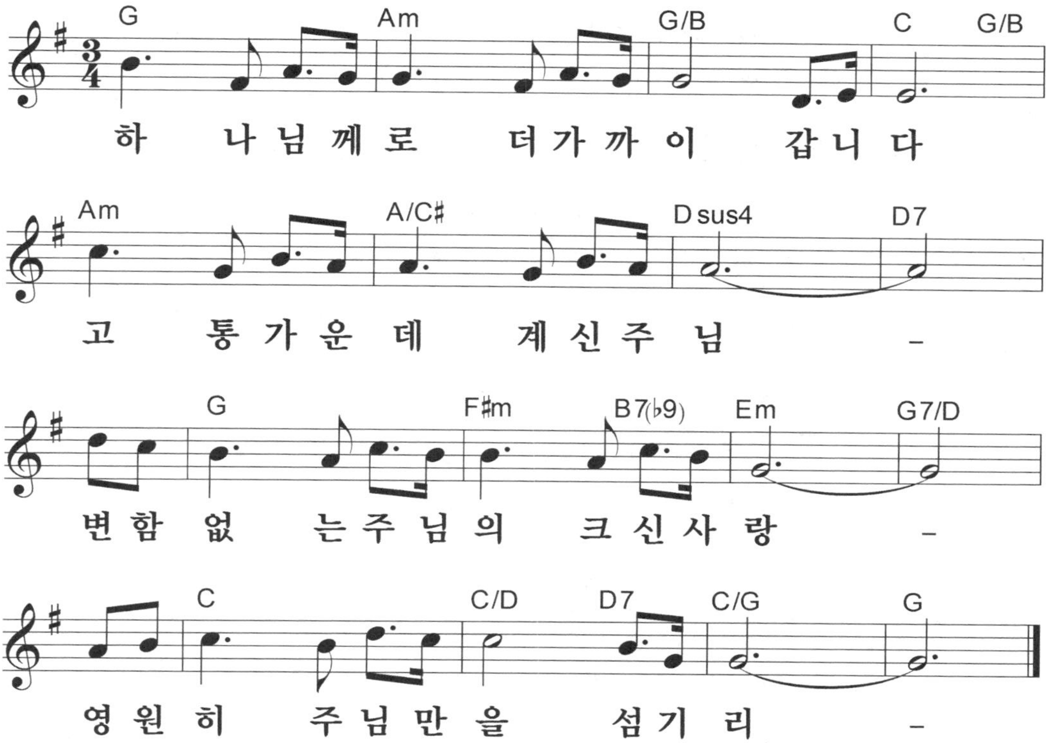

G Am G/B C G/B
하 나님께로 더가까이 갑니다
Am A/C# Dsus4 D7
고 통가운데 계신주 님 –
G F#m B7(♭9) Em G7/D
변함없 는주님의 크신사랑 –
C C/D D7 C/G G
영원히 주님만을 섬기리 –

(구) 1737

하나님께서 당신을 통해 492

김영범

G Em C G/B Am Dsus4 D
하나님께서 당신을통해 메마른땅에 샘물 나게하시 기를
G Em C G/B Am D G
가난한영혼 목마른영혼 당신을통해 주사 랑알기 원하네 –

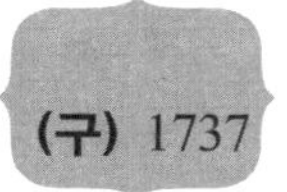

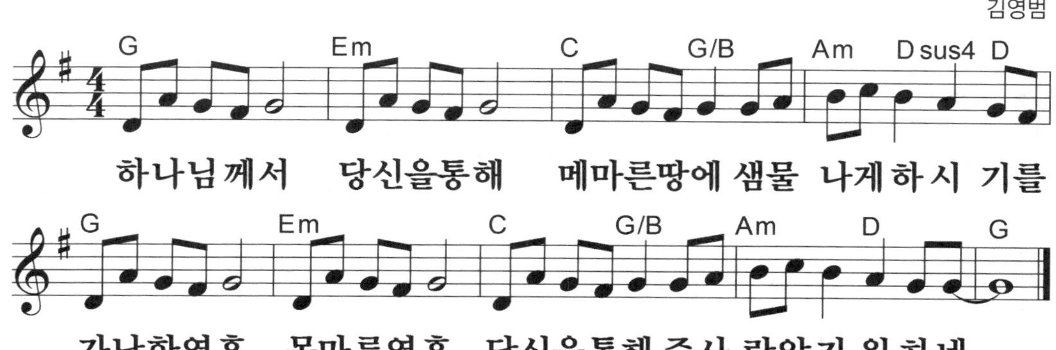

493 하나님께서는 우리의 만남을

(신) 1108
(구) 1163

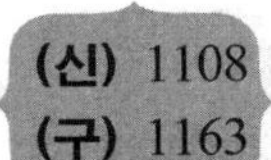

(우리 함께 / Together)

Rodger Strader

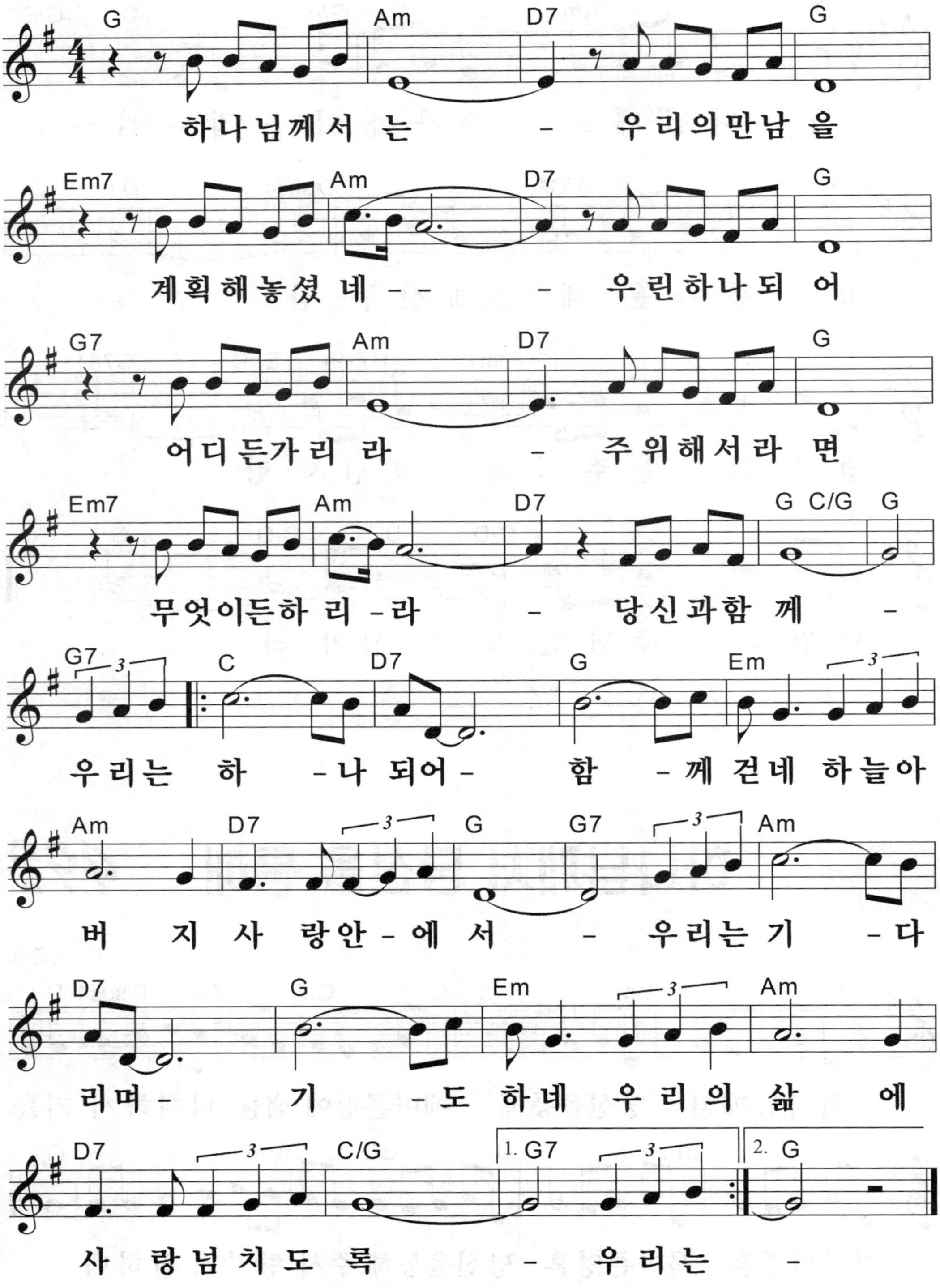

G Am D7 G
하나님께서 는 - 우리의만남 을
Em7 Am D7 G
계획해놓셨 네 -- - 우린하나되 어
G7 Am D7 G
어디든가리 라 - 주위해서라 면
Em7 Am D7 G C/G G
무엇이든하 리 -라 - 당신과함 께 -
G7 C D7 G Em
우리는 하 -나 되어- 함 -께 건네 하늘아
Am D7 G G7 Am
버 지 사 랑안-에 서 - 우리는 기 -다
D7 G Em Am
리며- 기 -도 하네 우 리의 삶 에
D7 C/G 1. G7 2. G
사 랑넘 치 도 록 - 우 리는 -

(신) 2134
(구) 1936

하나님은 너를 만드신 분 494

(그의 생각*요엘에게)

조준모
F Dm Gm7
하나- 님은- 너를 만드신--분- 너를 가장많--이-
하나- 님은- 너를 원하시-는분- 이- 세상그-무엇-
C7 F Dm
알고 계시며- 하나- 님은- 너를 만드신--분-
그누 구보다- 하나- 님은- 너를 원하시-는분-
Gm7 C 3 F C7 F
너를 가장깊--이- 이해하 신단다- 하나- 님은-
너와 같이있--고- 싶어하 신단다- 하나- 님은-
Dm Gm7 C
너를 지키시-는분- 너를 절대포--기- 하지 않으며-
너를 인도하-는분- 광- 야-에-서도- 폭풍 중에도-
F Dm Gm C 3 F F7
하나- 님은-너를 지키시-는분- 너를 쉬-지-않고-지켜보 신단다-
하나- 님은-너를 인도하-는분- 푸른 초-장-으로-인도하 신단다-
B♭ C/B♭ Am Dm Gm C F F7
그의 생각- 셀수 없고- 그의 자비- 무궁하 며
B♭ C/B♭ Am Dm Gm C F
그의 성실- 날마다 새 롭고- 그의 사랑 끝이 없단 다

495 하나님은 너를 지키시는 자

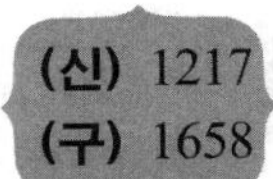

(신) 1217
(구) 1658

정성실

E E/D♯ C♯m E/B A E/G♯ F♯m B7
하나 님은너를지키 시는자너의우편에그늘 되 - 시니 -
E E/D♯ C♯m E/B A B7sus4 B7 E
낮의 해 와 밤의달 - 도 너를 해 치 못 하리 -
E E/D♯ C♯m E/B A E/G♯ F♯m B7
하나 님은너를지키 시는자 너의 환난을면케 하 - 시니 -
E E/D♯ C♯m E/B A B7 E
그가 너 를 지 키시 리 라 너의출 입을지키시리 라
B7 E7sus4 E B7 B7/A E
눈을 들어 산을보아라 너의 도움 어디서오나
G♯/D♯ C♯m A F♯m B7 E
천지 지으신 너를 만드신 여 호와께 로 - 다

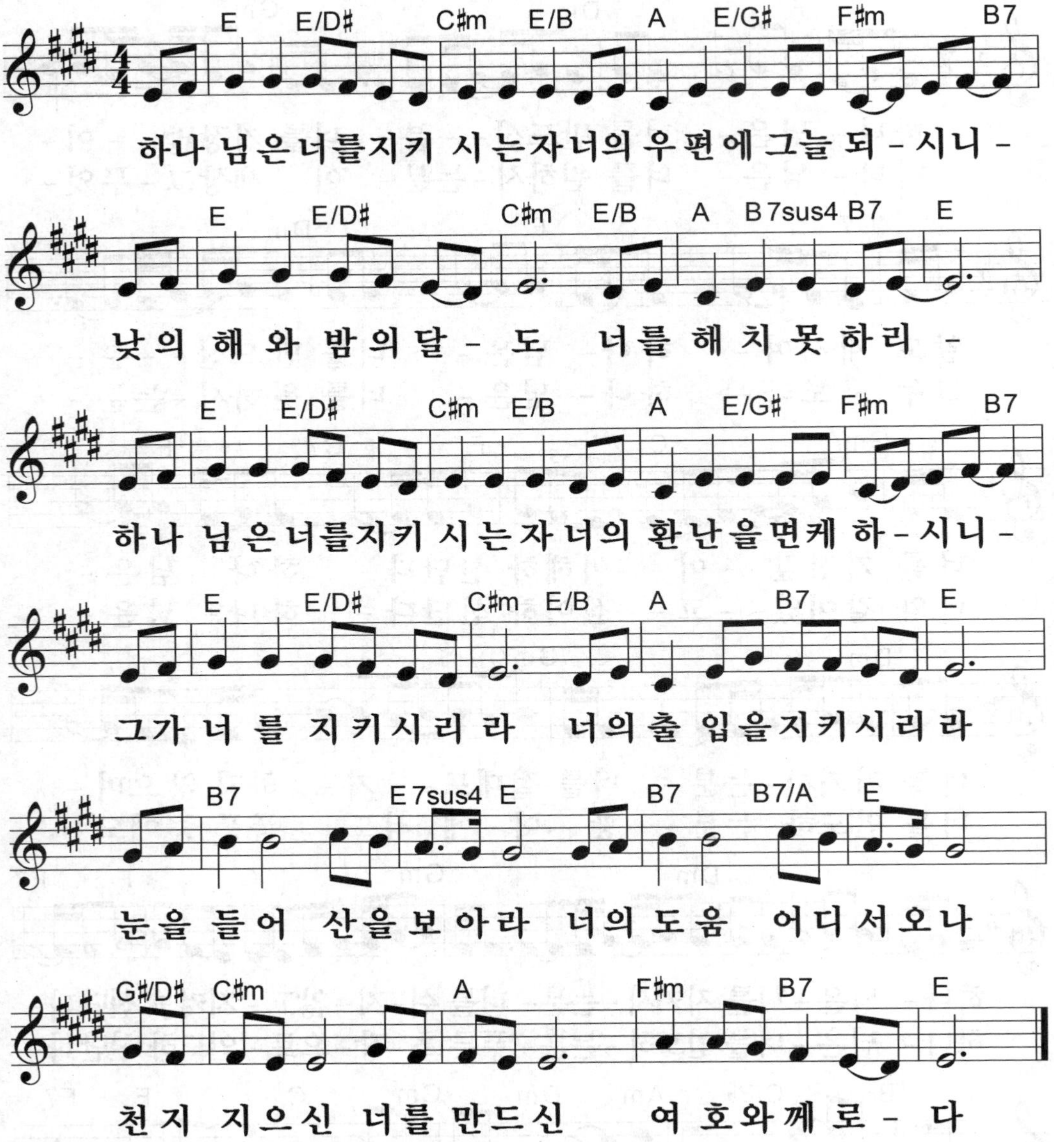

(신) 1064
(구) 667

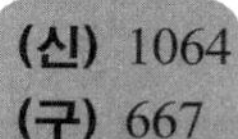

하나님은 우리를

496

김진호

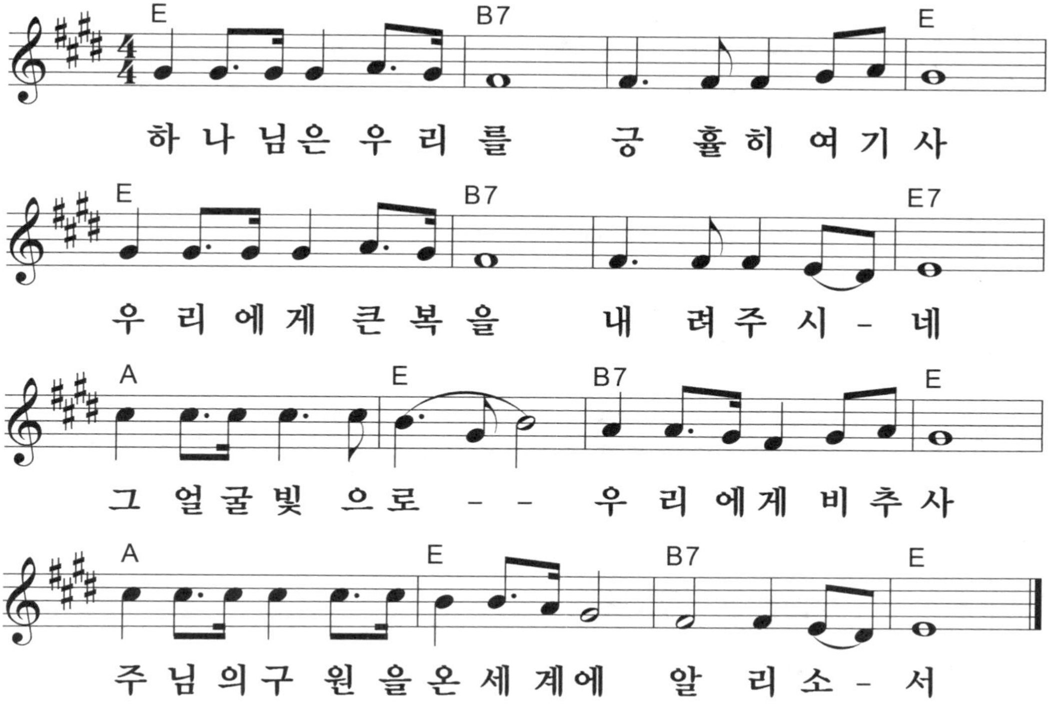

E B7 E
하 나 님은 우 리 를 긍 휼 히 여 기 사
E B7 E7
우 리 에 게 큰 복 을 내 려 주 시 - 네
A E B7 E
그 얼 굴 빛 으 로 - - 우 리 에 게 비 추 사
A E B7 E
주 님 의 구 원 을 온 세 계 에 알 리 소 - 서

497 하나님은 우리의 피난처가

(신) 1599
(구) 1870

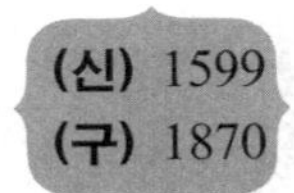

(Psalm 46)

Stephen Hah

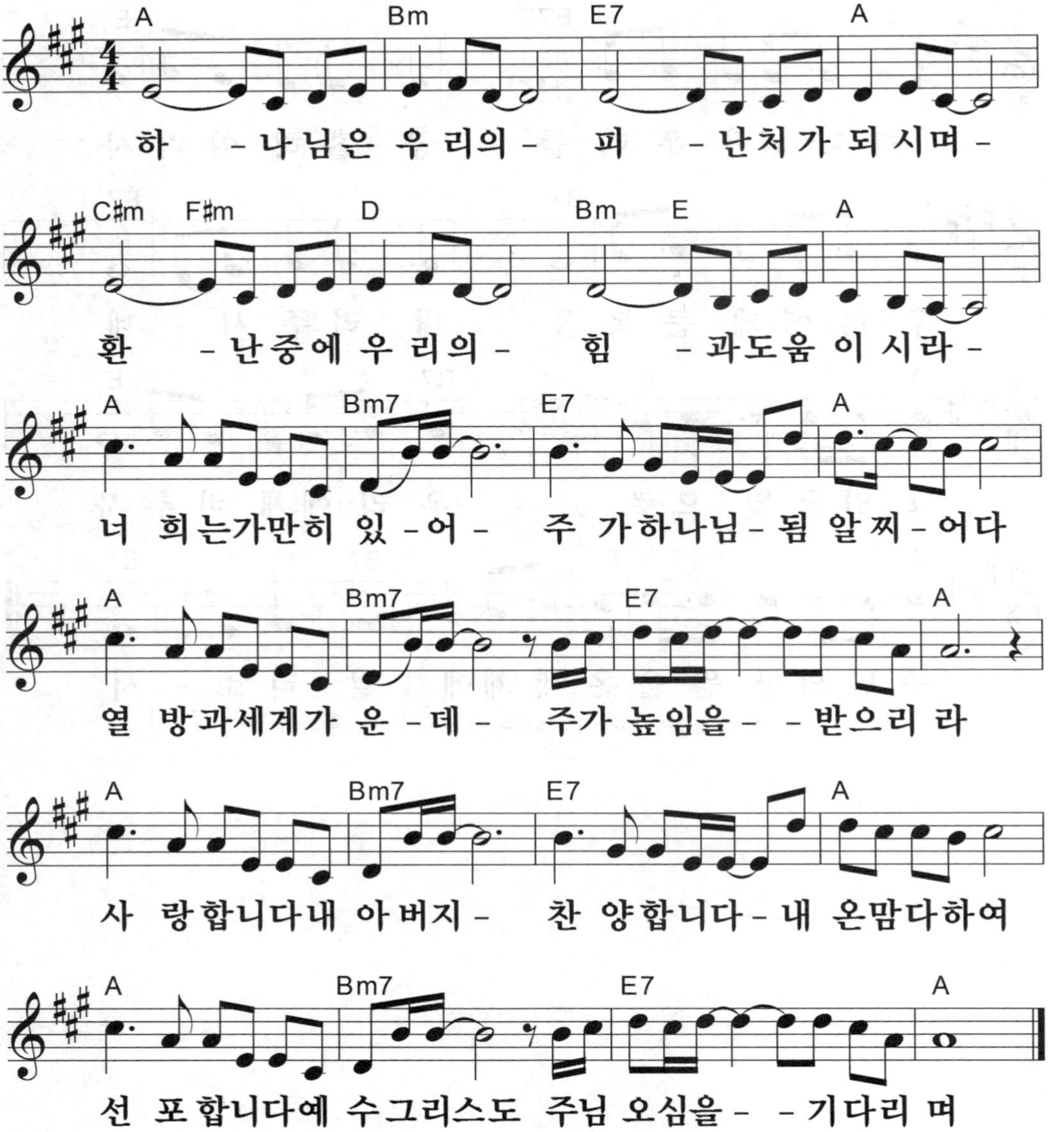

A Bm E7 A
하 - 나님은 우리의 - 피 - 난처가 되시며 -
C♯m F♯m D Bm E A
환 - 난중에 우리의 - 힘 - 과도움 이 시라 -
A Bm7 E7 A
너 희는가만히 있 - 어 - 주 가하나님 - 됨 알 찌 - 어다
A Bm7 E7 A
열 방과세계가 운 - 데 - 주가 높임을 - - 받으리 라
A Bm7 E7 A
사 랑합니다내 아버지 - 찬 양합니다 - 내 온맘다하여
A Bm7 E7 A
선 포합니다예 수그리스도 주님 오심을 - - 기다리 며

하나님의 그늘 아래

498

한성욱

A E/G# F#m
하나님의 - 그늘 - 아 래 - 내모든것 - 다
C#m D E/D C#m F#m
내려 - 놓 - 고 - 나 - 잠잠히 - 주를 묵상하네 - 그
Bm D/A D/E E A
놀라 - 우 - 신 - 은혜를 - 끝이없는 -
E/G# F#m C#m
주의 - 사 랑 - 강물되어 - 흘러 - 흘 - 러 - 내
D E/D C#m F#m B7 E
- 영혼에 - 자유함주시네 - 날 새롭게하 - 시 네 -
E A G F#sus4 F#/A# Bm D/A
하나님사 랑 - 그 사 랑 - 날 자 유 케 하
D/E E A G F#sus4 F#/A# Bm D/E A
네 - 하나님사 랑 - 그 사 랑 - 날 회 복 케 하 네

499 하나님의 사랑을 사모하는 자

(신) 1683
(구) 1285

(주만 바라 볼지라)

박성호

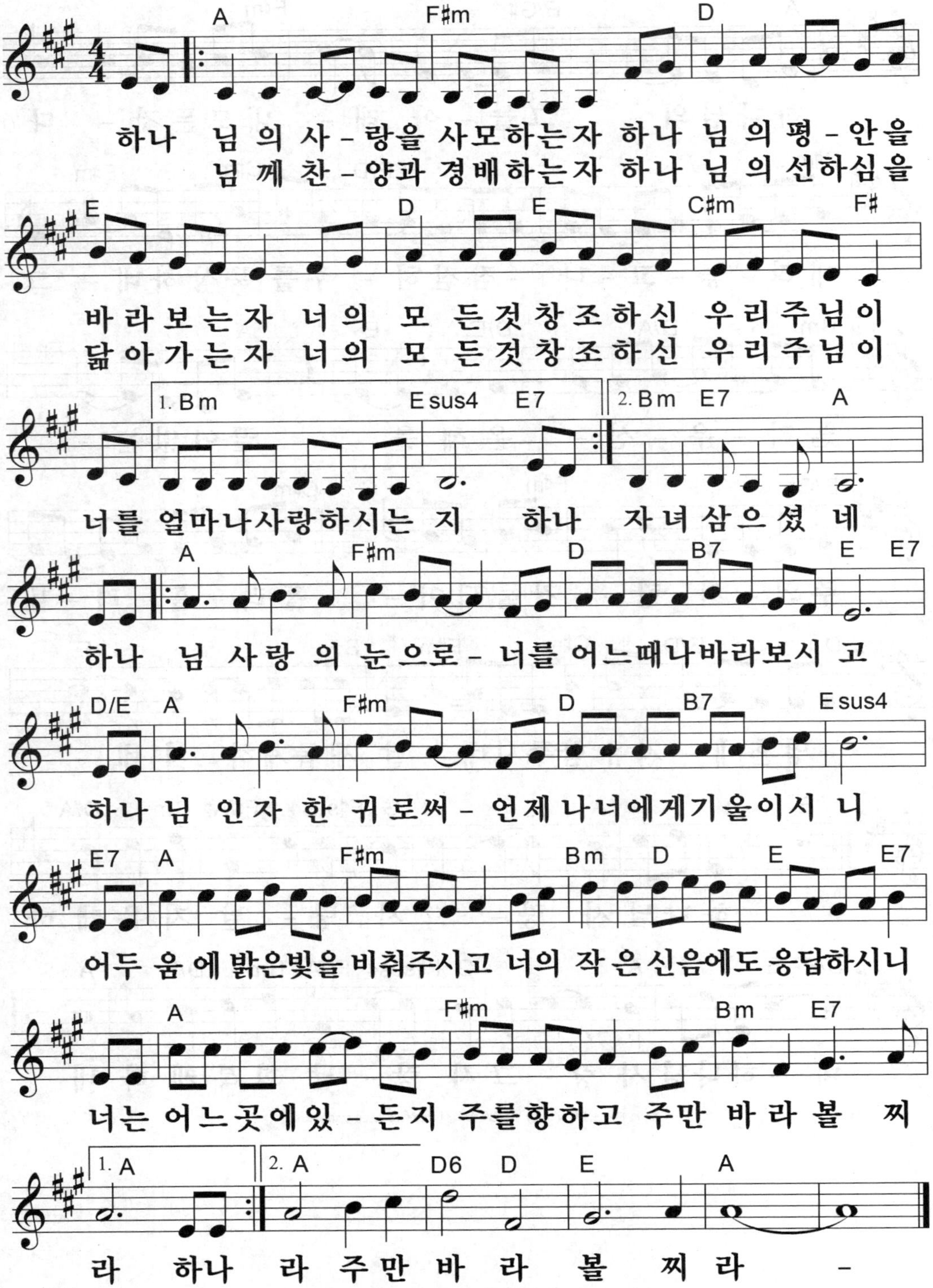

하나 님의 사-랑을 사모하는자 하나 님의 평-안을
님께 찬-양과 경배하는자 하나 님의 선하심을

바라보는자 너의 모 든것창조하신 우리주님이
닮아가는자 너의 모 든것창조하신 우리주님이

너를 얼마나사랑하시는 지 하나 자녀 삼으셨 네

하나 님 사랑 의 눈으로- 너를 어느때나바라보시 고

하나 님 인자 한 귀로써- 언제나너에게기울이시 니

어두 움 에 밝은빛을 비춰주시고 너의 작 은신음에도 응답하시니

너는 어느곳에있-든지 주를향하고 주만 바라 볼 찌

라 하나 라 주만 바 라 볼 찌 라 -

하나님의 영이

500

장종택
A
D
하나님 - 의영 - 이 - 나를만 - 지시 - 네 -
하나님 - 의영 - 이 - 나를고 - 치시 - 네 -
하나님 - 의영 - 이 - 새롭게 - 하시 - 네 -
A
E
하나님 - 의 영 - 이 - 나를 만 - 지시 - 네 -
하나님 - 의 영 - 이 - 나를 고 - 치시 - 네 -
하나님 - 의 영 - 이 - 새롭 게 - 하시 - 네 -
A
D
하 나 님 - 의 영 - 이 - 나 를 만 - 지 시
하 나 님 - 의 영 - 이 - 나 를 고 - 치 시
하 나 님 - 의 영 - 이 - 새 롭 게 - 하 시
D
A
E7
A
- 네 - 내 영 혼 만 - 지 - 시 네
- 네 - 내 영 혼 고 - 치 - 시 네
- 네 - 내 영 혼 새롭 게하 - 시 네

501 하나님의 음성을 듣고자

(시편 40편)

(신) 1934
(구) 568

김지면

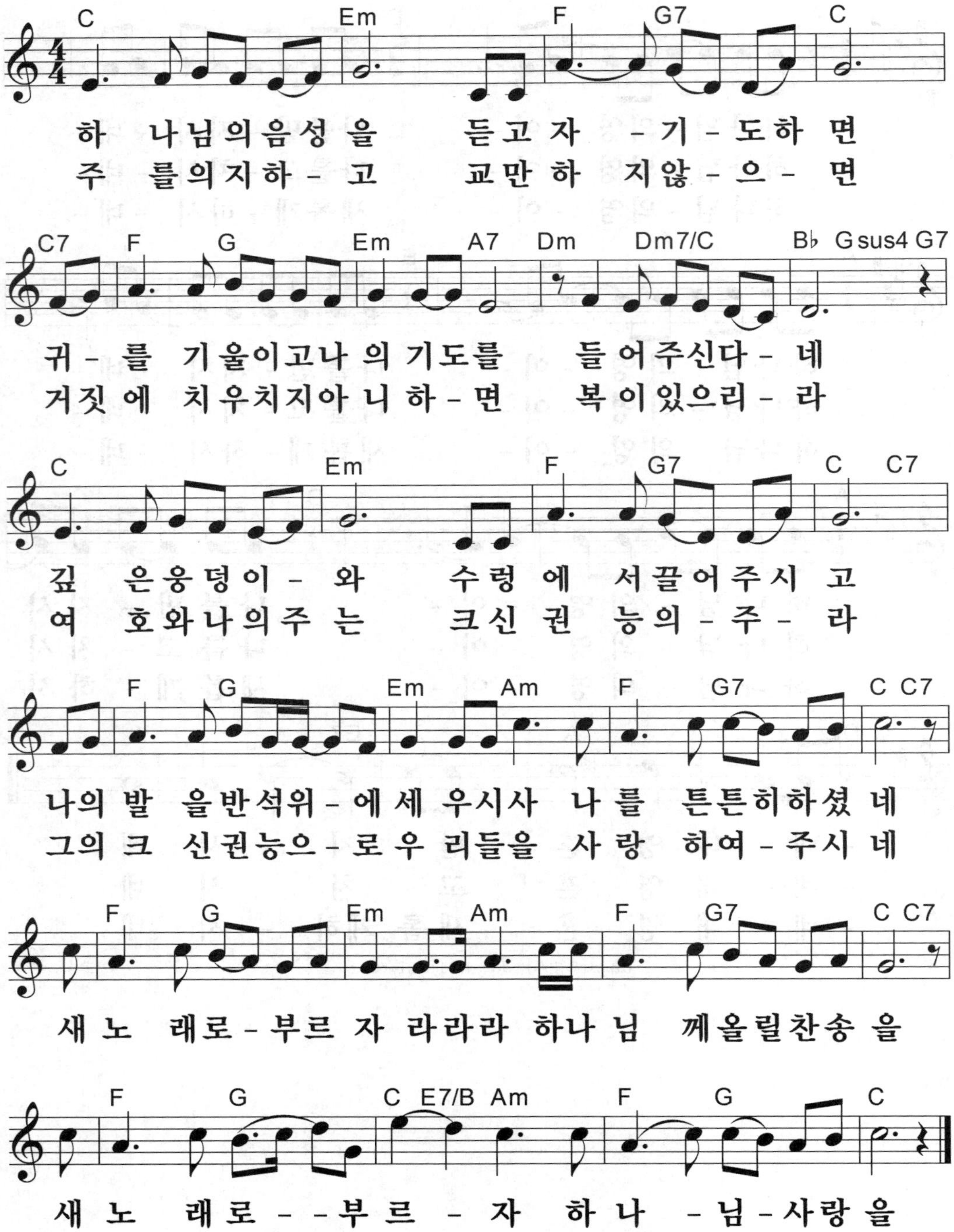

C Em F G7 C
하 나님의음성을 듣고자 - 기 - 도하 면
주 를의지하 - 고 교만하 지않 - 으 - 면
C7 F G Em A7 Dm Dm7/C B♭ Gsus4 G7
귀 - 를 기울이고나 의 기도를 들어주신다 - 네
거짓에 치우치지아 니 하 - 면 복이있으리 - 라
C Em F G7 C C7
깊 은웅덩이 - 와 수렁 에 서끌어주시 고
여 호와나의주 는 크신 권 능의 - 주 - 라
F G Em Am F G7 C C7
나의발 을반석위 - 에세 우시사 나 를 튼튼히하셨 네
그의크 신권능으 - 로우 리들을 사 랑 하여 - 주시 네
F G Em Am F G7 C C7
새 노 래로 - 부르 자 라라라 하나 님 께올릴찬송 을
F G C E7/B Am F G C
새 노 래로 - - 부 르 - 자 하 나 - 님 - 사랑 을

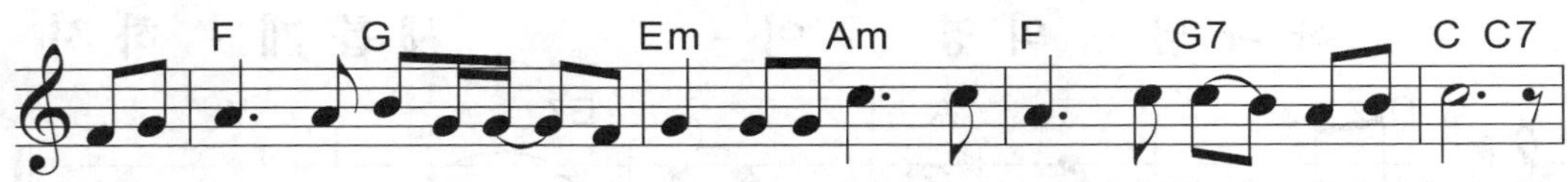

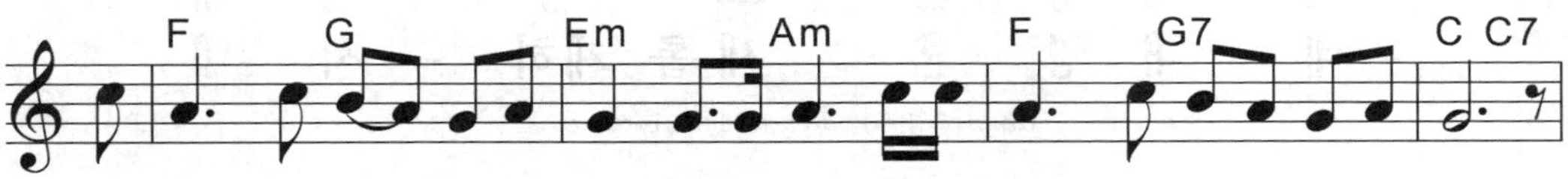

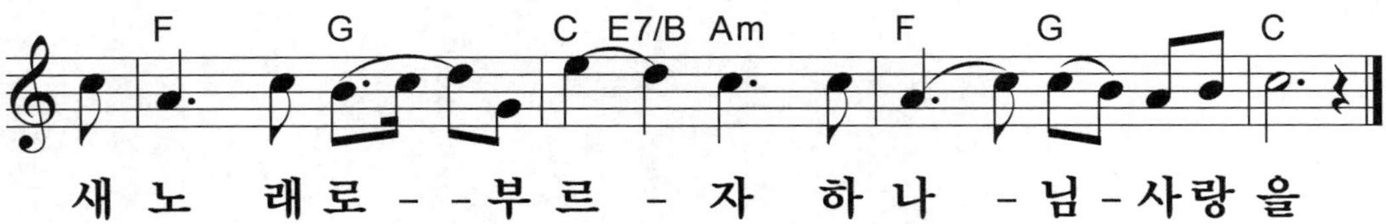

하나님이 세상을 사랑하사 502

(KI KO AHAV)

Em D C G/B C G/B Am7 D7

하 나님이 -세상 을사랑하사 독 생자를 우 리 게주셨으니

G D/F♯ Em Bm7 C G/D D7 G D7

주를 믿는자마다 멸망치않고 영 원한생명얻-으 리

G D/F♯ Em Bm7 C G/B Am7 D7

할렐 루 - -야 할렐 루 - 야 할렐 루 - -야 할렐 루 야아멘

G D/F♯ Em7 Bm7 C G/D D7 G

할렐 루 - -야 할렐 루 - 야 할렐 루 - -야 -아 - 멘

503 하나님이시여

(주는 나의)

(신) 1592
(구) 1911

유상렬

C2 Em F Dm G G7
하나님이시 – 여 하나님이시 – 여 주는 나의 하나님이 시 로다
C2 Em F Dm Gsus4 G7
나의몸과마 – 음 주를갈망하 – 며 이제 내가 주께고백 하 는말
C A7 Dm G
여호 와는 – 나의 빛이요 – 여호 와는 – 나의 구원이시니 –
C E7/B G/A Am Dm D7 G7
내가 누구를 – 두려워 하리요 – 여호 와는 생명의 피난처시니 –
C E7/B Am Am/G Dm Gsus4 G7
주의 인자가 – 생명보다 나으므로 내 입술이 – 여호와를찬 양하리 –
C E7/B Am Am/G Dm F/G C
내 평생에 – 주를찬양 하며 – 주의 이 름으 – 로내손들리라 –

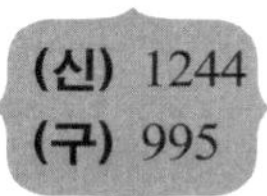

(신) 1244
(구) 995

하나님 한번도 나를

504

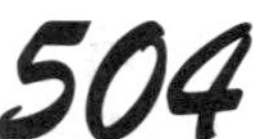

(오 신실하신 주)

최용덕

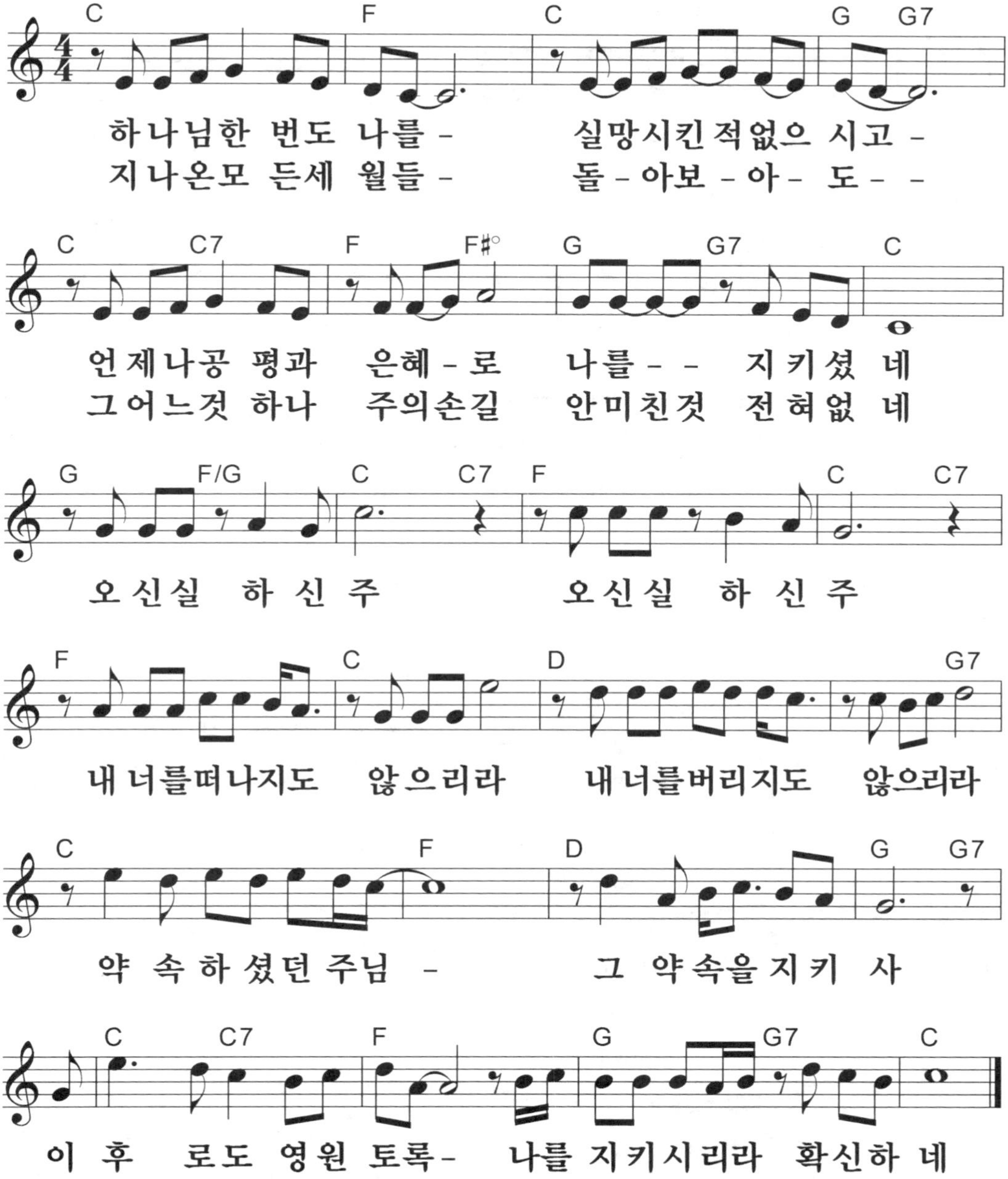

하 나 님한 번도 나를 - 실망시킨적없으 시고 -
지 나 온모 든세 월들 - 돌 - 아보 - 아 - 도 - -
언 제 나공 평과 은혜 - 로 나를 - - 지 키셨 네
그어느것 하나 주의손길 안미친것 전혀없 네
오 신실 하 신 주 오 신실 하 신 주
내 너를떠나지도 않으리라 내 너를버리지도 않으리라
약 속 하 셨던 주님 - 그 약속을지키 사
이 후 로도 영원 토록 - 나를 지키시리라 확신하 네

505 하늘보다 높으신 주 사랑

(하나님께서 세상을 사랑하사)

Scott Brenner

A E/G# F#m A/E
하늘보다 – 높으신주사랑 – 바다보다 – 넓으신주사랑

D A/C# Bm7 E sus4 E
– 나 를 – 향 한 – 크고높 – 으 신 – 사 – 랑

A E/G# F#m A/E
– 헛되고헛된 – 그 모 – 든것 – 내게서멀리 – 거 두 – 셨 – 네

D A/C# 1. Bm E sus4 E
– 나 의 – 수 치 – 찬 양 되 – 었 네 –

2. Bm E sus4 E A E/G#
– 찬양되 – 었 네 – 영 원 – 히 감 – 사 드 – 리 리 – 주님

D/F# A/E E A E/G#
– 의 그 – 은 – 혜 – 날찾 – 아 주 – 신 그 – 사 랑 – 오 주

D/F# E sus4 E A E/G#
– 님 내 – 전 – 부 – 사 랑 – 해 요 – 경 배 – 해 요 – 나 주

D/F# A/E A/C# D Bm A
– 위 해 – 살 – 리 – 영원토 – 록 신 – 실 하 – 신 주 – 사 랑

하늘보다 높으신 주 사랑

Esus4 E A E/G♯ D/F♯ A/E D A/C♯ Bm7 Esus4 E
- 을전 - 하 - 리 -
Asus4 A E/G♯ D/F♯ A/E A/C♯
하 나님 - 께 서 - 세 - 상 을 - 사랑 - 하 - 사 독생자를주셨
D A/C♯ 1. Esus4 E 2. Esus4 E
-으니 믿는-자는영생 -을얻-으-리- -을얻-으-리- 난믿네
A E/G♯ D/F♯ A/E A/C♯ 1. D A/C♯ A
- 난 - 믿네 - 난 - 믿네 - 다시사
Esus4 E D/F♯ 2. D A/C♯ A Esus4 E
- 신독 - 생 - 자 - 난믿네 - 난 - 믿네 - 난 - 믿네
3. D A/C♯ A Esus4 E A
- 난 - 믿네 - 난 - 믿네 -

506 하늘에 계신 아버지

(주기도문 / The Lord's Prayer)

(신) 1909
(구) 1200

Albert Malotte(d.1964) & Peter Henry Mooney

A E7 A D E7 A Bm E
하 늘 에 - 계 신 아 버 지 - 이 름 거 룩 하
A F#m C#m F#m C#
사 주 님 나 라 임 하 시 고 뜻
D A E A D A D A
이 이 루 어 지 이 다 일 용 할 양 식
Bm E A F#m G# F#m
주 시 고 우 리 들 의 큰 죄 - 다 용 - 서 하 옵
G# A Bm B
시 고 또 시 험 에 들 게 마 시 고 악 에 서 구 원 하
E7 A D Bm
소 서 대 개 주 의 나 라 - 주 의 권 세 - 주 의
Dm/F A/E F#m Bm E7 A
영 광 - 영 원 - 히 - 아 - - 멘

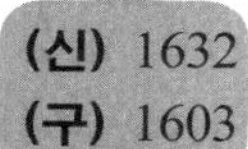

하늘 위에 주님 밖에

(God is the strength of my heart)

Eugene Greco

A D/A A D/A

하늘위 에주 -님- 밖에 -

A D/A Em/A A7

내가 사모할자-이세상-에- 없- 네 -

DM7 A/C# Asus4/B E7 A

내 맘 과 힘 은 믿 을수- 없 네 -

DM7 A/C# Asus4/B D6/E

오 직 한 가 지 그 진 리를-민네 주는나의

508 하늘의 문을 여소서

(임재)

조영준

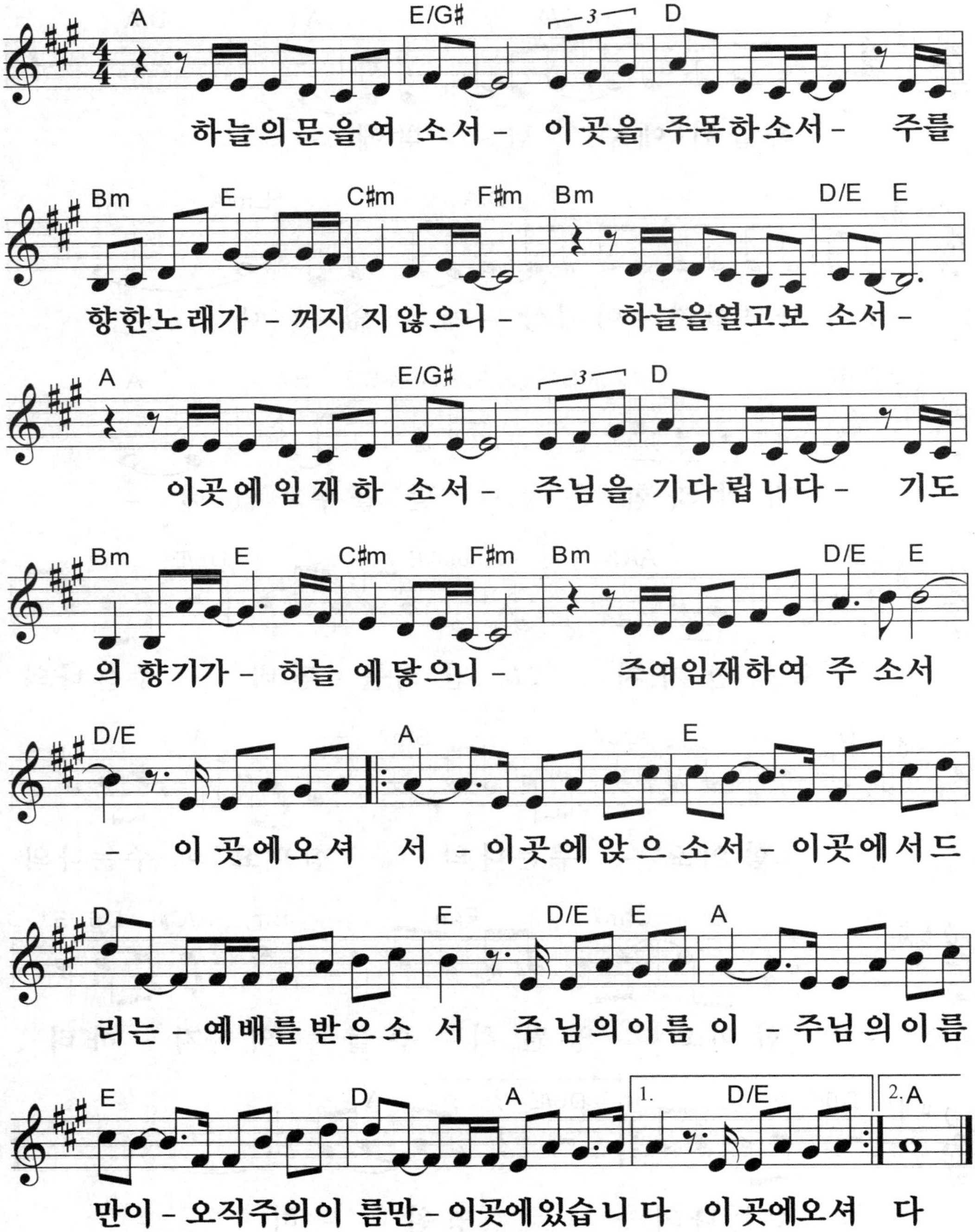

하늘의문을여 소서 - 이곳을 주목하소서 - 주를

향한노래가 - 꺼지 지않으니 - 하늘을열고보 소서 -

이곳에임재하 소서 - 주님을 기다립니다 - 기도

의 향기가 - 하늘 에닿으니 - 주여임재하여 주 소서

- 이곳에오셔 서 - 이곳에앉으 소서 - 이곳에서드

리는 - 예배를받으소 서 주님의이름 이 - 주님의이름

만이 - 오직주의이 름만 - 이곳에있습니 다 이곳에오셔 다

하늘의 영광을 다 버리고 509

(섬김)

전종혁 & 강찬

C G/B F/A C/G F C/E
하늘의 - 영광을 - 다 버 - 리고 - 낮 은 이곳에 -
Dm7 /G G C G/B F/A G/B C G/B
내 려오 - 신주 - 죽 기까 - 지나를 - 사 랑하신 -
Am7 /G F♯dim Gsus4 C /E
그 사랑 얼 마 나 - 큰지 - 우 리 가 높 아 - 지 면 그 가
G/F F G/E Dm7 Gsus4 G G/F
낮추시리 우 리가 낮 아 - 지면 - 그가높 이 시리 - 하나 - 님 이
Em7 A7 Dm7 Fm6 C/G G/A Am7
- 원 하시는 - 세 상 - 으로 - 나자신을 - 낮 추 - 는 - 섬김으로
Dm7 /G C /E G/F F C/E
- 내 발 을 닦 아 - 주 - 사 먼 저 섬 기 시 고 서 로 사
Dm7 Gsus4 G G/F Em7 A7
랑 하 - 라 - 고 말 씀 하 시 였네 - 하나 - 님 이 - 원 하시는 - 세 상
Dm7 Fm6 C/G G/A Am7 Dm7 /G C
- 으로 - 나자신을 - 드 리 - 는 - 섬김의모 - 습이 - 되기를 -

510 하늘이여 외치라

(Let The Heaven Shout Aloud)

(신) 1678
(구) 2172

Stephen Hah

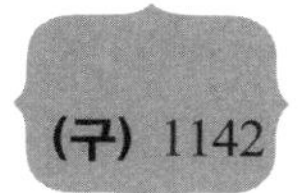

(구) 1142

한 마음 주소서

511

Bob Gilman

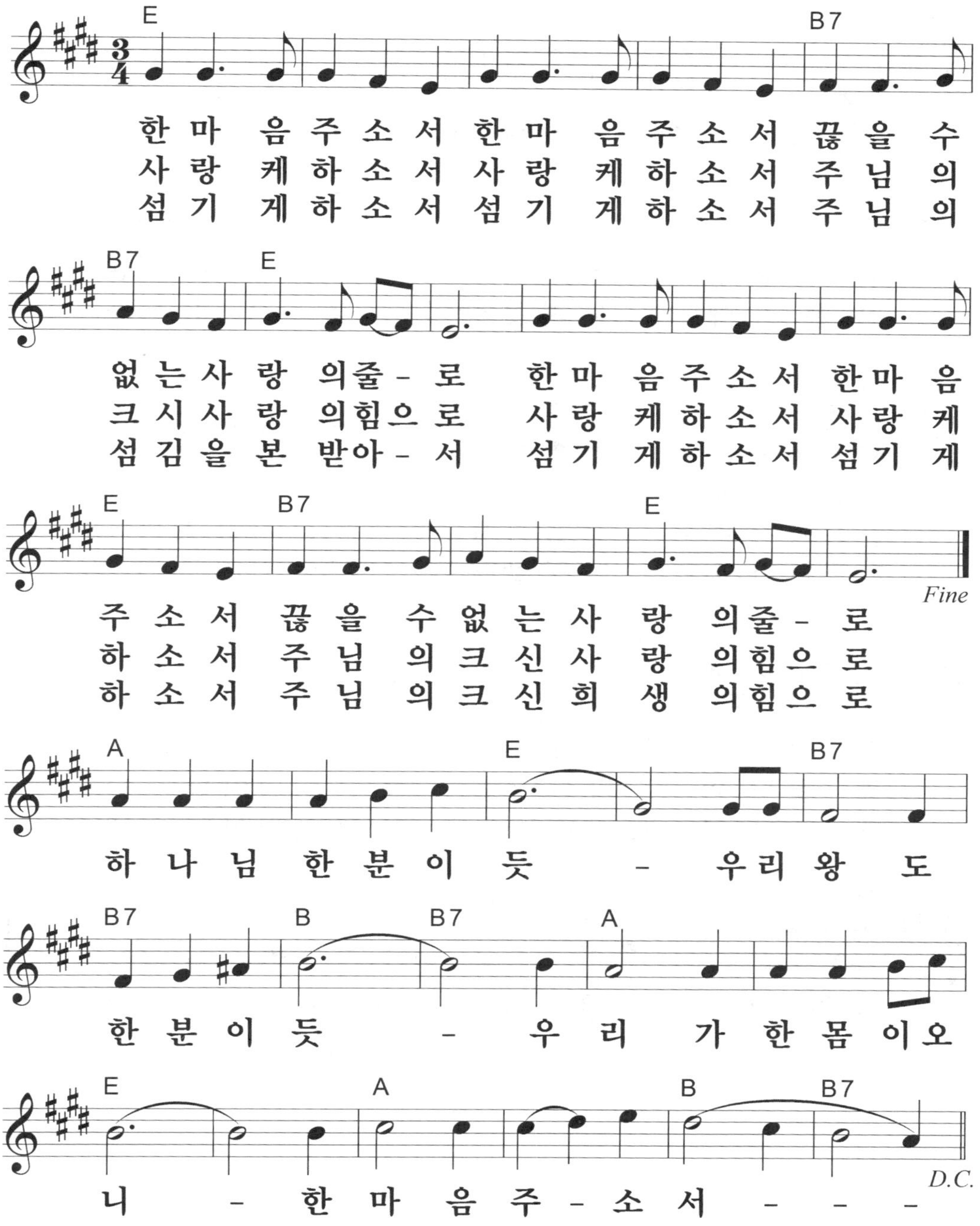

E
B7
한 마 음 주 소 서 한 마 음 주 소 서 끊 을 수
사 랑 케 하 소 서 사 랑 케 하 소 서 주 님 의
섬 기 게 하 소 서 섬 기 게 하 소 서 주 님 의
B7
E
없 는 사 랑 의 줄 - 로 한 마 음 주 소 서 한 마 음
크 시 사 랑 의 힘 으 로 사 랑 케 하 소 서 사 랑 케
섬 김 을 본 받 아 - 서 섬 기 게 하 소 서 섬 기 게
E
B7
E
주 소 서 끊 을 수 없 는 사 랑 의 줄 - 로
하 소 서 주 님 의 크 신 사 랑 의 힘 으 로
하 소 서 주 님 의 크 신 희 생 의 힘 으 로
Fine
A
E
B7
하 나 님 한 분 이 듯 - 우 리 왕 도
B7
B
B7
A
한 분 이 듯 - 우 리 가 한 몸 이 오
E
A
B
B7
니 - 한 마 음 주 - 소 서 - - -
D.C.

512 할 수 있다 하면 된다

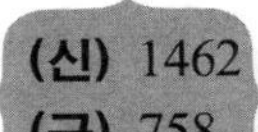

(할 수 있다 해 보자)

윤용섭

D A7 D G D A7

할 수 있 다 하 면 된 다 해 보 - 자

D A7 D G A7 D

믿 는 자 에 게 능 치 못 함 이 없 으 리 라

A7 D D7 G E7 A7

나 는 부 족 해 도 나 는 약 해 도 주 님 도 와 주 신 다
믿 음 가 지 고 - 꿈 을 가 지 고 주 님 바 라 보 아 라
기 도 하 면 서 - 찬 양 할 때 에 주 님 함 께 하 신 다

G A7 D G E7 A

의 심 말 고 두 려 워 말 라 좋 은 일 일 어 난 다
성 령 님 이 도 와 주 신 다 좋 은 일 일 어 난 다
할 렐 루 야 할 렐 루 - 야 기 적 이 일 어 난 다

D A7 D A7 D

말 씀 안 에 서 믿 음 안 에 서 할 수 있 다 해 보 자

(신) 1384
(구) 1094

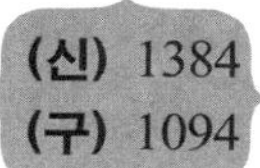

할 수 있다 하신 이는

513

이영후 & 장욱조

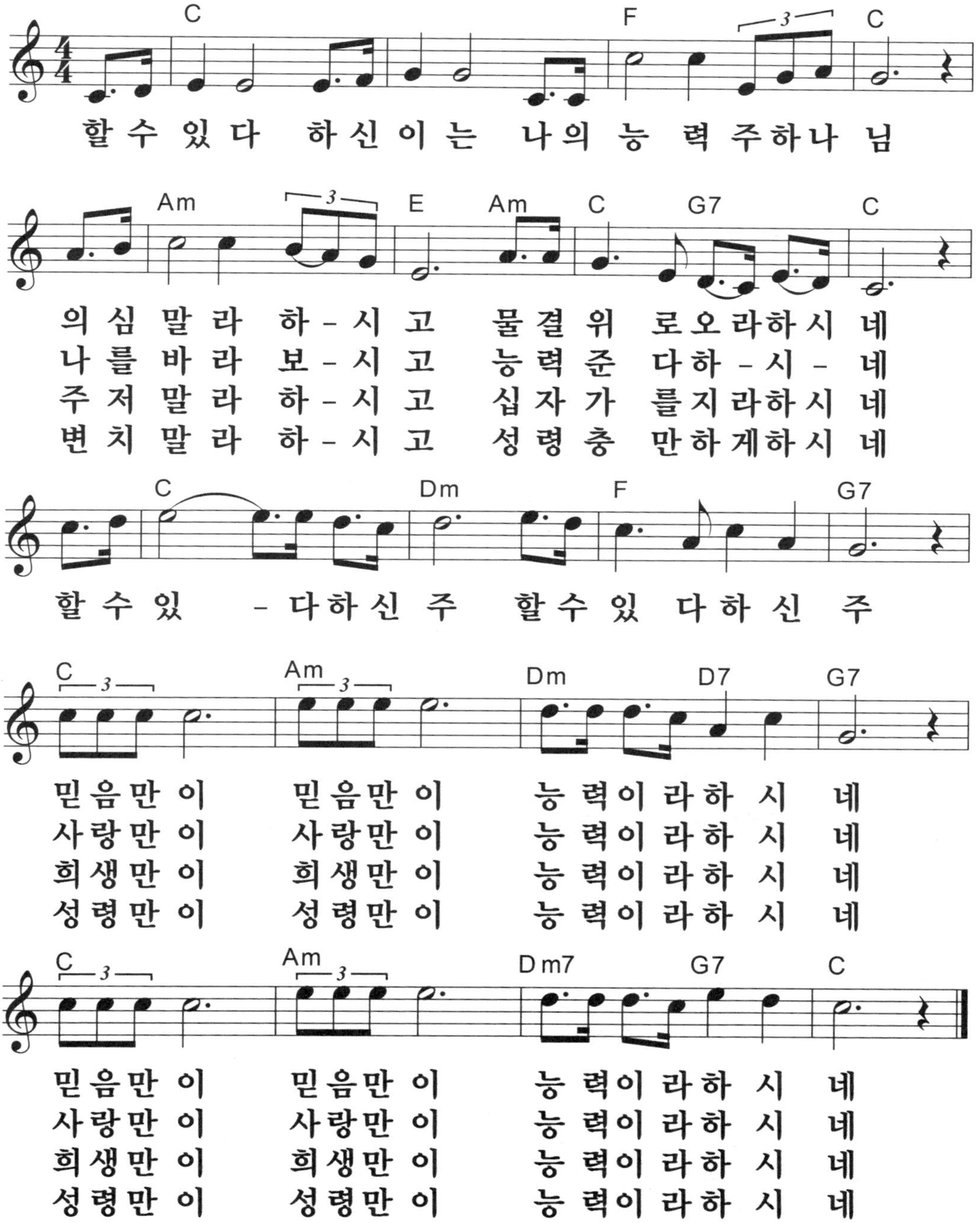

C F C
할 수 있 다 하 신 이 는 나 의 능 력 주 하 나 님
Am E Am C G7 C
의 심 말 라 하 - 시 고 물 결 위 로 오 라 하 시 네
나 를 바 라 보 - 시 고 능 력 준 다 하 - 시 - 네
주 저 말 라 하 - 시 고 십 자 가 를 지 라 하 시 네
변 치 말 라 하 - 시 고 성 령 충 만 하 게 하 시 네
C Dm F G7
할 수 있 - 다 하 신 주 할 수 있 다 하 신 주
C Am Dm D7 G7
믿 음 만 이 믿 음 만 이 능 력 이 라 하 시 네
사 랑 만 이 사 랑 만 이 능 력 이 라 하 시 네
희 생 만 이 희 생 만 이 능 력 이 라 하 시 네
성 령 만 이 성 령 만 이 능 력 이 라 하 시 네
C Am Dm7 G7 C
믿 음 만 이 믿 음 만 이 능 력 이 라 하 시 네
사 랑 만 이 사 랑 만 이 능 력 이 라 하 시 네
희 생 만 이 희 생 만 이 능 력 이 라 하 시 네
성 령 만 이 성 령 만 이 능 력 이 라 하 시 네

514 항상 진실케

(신) 1633
(구) 824

(Change my heart, oh God)

Eddie Espinosa

CM7 Dm7 G C
항상진실케 - 내맘바꾸사 -
Am Dm F/G G7 C
하나님닮게 - 하여주소 서
Fine
Esus4 E7 Am Dm G7 CM7
주는토 기 장이 나는진흙 -
Esus4 E7 Am /G D/F# F/G G
날빛으 소 -서 기도 하 오 니
D.C.

515 형제의 모습 속에 보이는

(신) 1426
(구) 1233

박정관

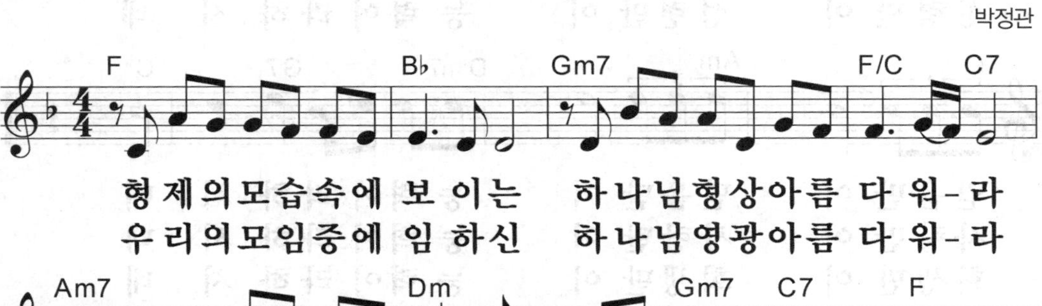
F B♭ Gm7 F/C C7
형제의모습속에 보 이는 하나님형상아름 다 워-라
우리의모임중에 임 하신 하나님영광아름 다 워-라
Am7 Dm Gm7 C7 F
존귀한주의자녀 됐 으니 사랑 하며 섬 기 리
존귀한왕이여기 계 시니 사랑 하며 섬 기 리

해가 뜨는 새 아침 516

(송축해 내 영혼 / 10,000 reasons(Bless the Lord))

517 해뜨는 데부터

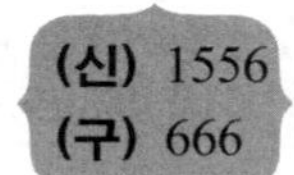

(From the rising of the sun)

(신) 1556
(구) 666

Paul S. Deming

E E G#m7
해뜨는데 부터- 해지는데 까지- -
E F#m7 B7 E 1. A/B
주 이 름 찬양받으 리 해뜨는데
2. E7 A E G#7
할 렐-루 야 여호와의모든종들 아
A B7 E A
주 이 름 찬양해 이제부터 영원-까 지
E G# A B7 E
주 이 름 찬 송 할 지 로 다

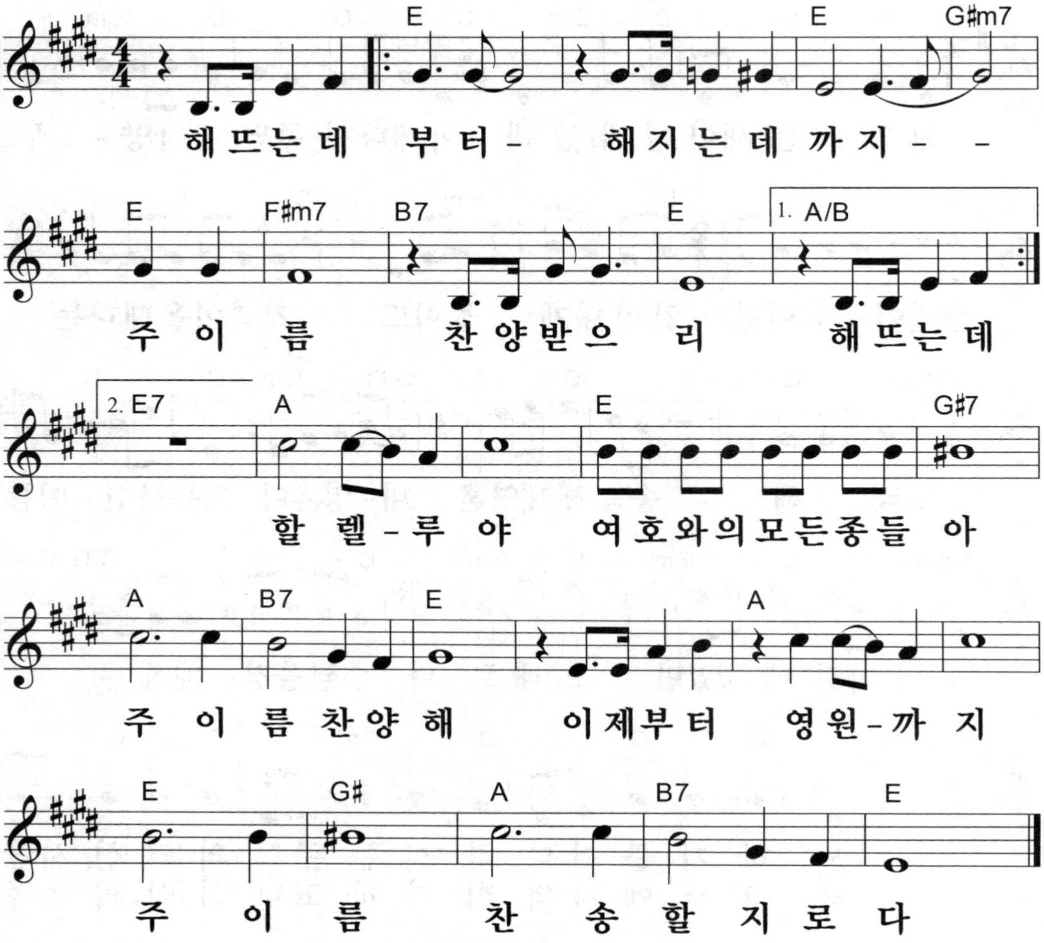

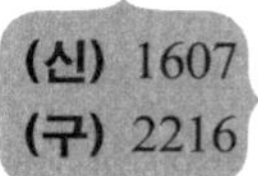

허무한 시절 지날 때

518

(성령이 오셨네)

C E7(b13)(#9) Am7 Gm7 F#7(♭5) FM7 Em7 Am7

허무한시절지날때 - 깊은한숨내쉴때 - 그런풍경보 - 시며 - 탄식
억눌린자갇힌자 - 자유함이없는자 - 피난처가되 - 시는 - - 성

Dsus4 D7 G7 C E7(b13)(#9) Am7 Gm7 F#7(♭5)

하는분 - 있네 - 고아같이너희를 - - 버려두지않으리 -
령님계 - 시네 - 주의영이계신곳에 - 참자유가있다네 -

FM7 Em7 Am7 Dm7 G7 C G7 C Dm7

내가너희와영원히 - 함께하 - 리라 - 성령이오 - 셨네 -
진 - 리 - 의영이신 - 성 령이오 - 셨네 -

Esus4 E7/G# Am7 Gm7 FM7 Em7 Am7 C2/D D7 G7 /F

성 - 령이오셨네 - 내주의보내신 - 성령이오 - 셨네 -

C/E Dm7 Esus4/B E/G# Am7 Gm7 FM7 C/E Dm7 G7(♭9) C

우리인생가운데 - 친히찾아 - 오셔서 - 그나라꿈꾸게하시네

519 호산나

(Hosanna)

(신) 1672
(구) 1236

Carl Tuttle

G D Em C D

호 산 -나 호 산 -나 호 산나높은곳에 서
영 -광 영 -광 왕의왕께영광 을

G D Em C D

호 산 -나 호 산 -나 호 산나높은곳에 서
영 -광 영 -광 왕의왕께영 광 을

C D7 G G7 C D7 G G7

주의이름높여 - 다찬양하라 -

C D7 G D/F♯ Em C D G

귀하신주나의 하 나 님 주 님께영광돌 리 세

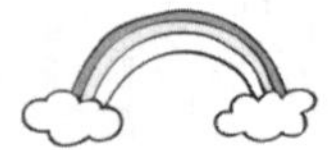

(신) 1245
(구) 1877

힘들고 지쳐 낙망하고

520

(너는 내 아들이라)

이재왕 & 이은수

C CM7 F C Am D7 G7
힘들고지-쳐낙망 하고넘-어져- 일어날힘 전혀 없-을때 -에-
E7 E7/G♯ Am C G7
조- 용히다가와- 손 잡아주시며- 나- 에게 말씀 하시네 -
C CM7 F C Am D7 G7
나에 게실망하-며-내 자신연-약해- 고통 속에 눈물흘-릴때 -에-
E7 E7/G♯ Am C G7 C
못자 국난그손길- 눈물 닦아주시며- 나- 에게 말씀 하-시네 -
C G/B Am C/G F C/E D7 G7
너 는내아들-이 라 오 늘날내가 - 너를낳았도다-
C G/B Am C/G F G7 C
너 는내아들-이 라 나의 사 랑하는 내 아들이라 -
Fine
B♭ F/A C/G F/A B♭ F/A C F/G G7
언 제 나 변 함-없이 - 너 는 내 아들이라 -
C E7/B E7/G♯ Am/G F D7/F♯ Gsus4 G7
나의 십자가고통- -해산의 그고통으로 - 내가 너를 낳았으니 -
D.S.

BEST 520

다 함 께 주 찬 양

초판 발행일	2019년 3월 1일
펴낸이	김수곤
펴낸곳	ccm2u
출판등록	1999년 9월 21일 제 54호
악보편집	노수정, 김종인
업무지원	기태훈, 김한희
디자인	이소연
주소	서울시 송파구 백제고분로 27길 12
전화	02-2203-2739
FAX	02-2203-2738
E-mail	ccm2you@gmail.com
Homepage	www.ccm2u.com
블로그	https://blog.naver.com/missiontorch

*** 파본이나 잘못된 책은 교환해 드립니다.**